JN441558

옷장사 & 1,000만 인터넷쇼핑몰 NEW 비상구
iPTV, 인터넷방송
홈쇼핑몰
가이드
POWER UP

옷장사 & 1,000만 인터넷쇼핑몰 NEW 비상구

iPTV,인터넷방송
홈쇼핑몰 가이드 POWER UP <영상소스 CD 포함>

저자 | 정창곤, 빅터 리

1판1쇄 인쇄 | 2008년 7월 2일
1판1쇄 발행 | 2008년 7월 4일

펴낸곳 | 조윤커뮤니케이션
펴낸이 | 안혜경
편집장 | 최몽순
주소 | 서울시 종로구 내수동 72번지 경희궁의 아침 3-1606
전화 | 02-730-8841 팩스 | 02-730-8814
출판등록 | 제2-3307호
등록일자 | 2001년 4월 13일

ISBN 978-89-91216-27-3 03000

값 23,000원

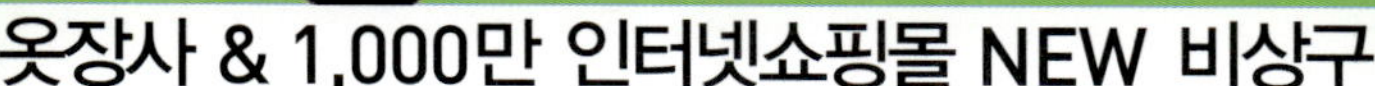

옷장사 & 1,000만 인터넷쇼핑몰 NEW 비상구

iPTV, 인터넷방송 홈쇼핑몰 가이드 POWER UP

정창곤 · 빅터 리 지음

조윤커뮤니케이션

인터넷 · 홈 · 쇼핑몰, 1,000만 인터넷쇼핑몰의 운영 전략 업그레이드

정보기술(IT)의 발달과 네트워크 고도화 등의 환경이 조성되면서 인터넷TV(iPTV), 디지털 멀티미디어방송(DMB) 등의 뉴미디어가 등장, 지상파TV는 2012년까지 현재의 아날로그 방송을 종료하고 모든 방송 프로그램을 디지털로 전환할 계획이다.

케이블TV도 디지털방식의 가입자 확보에 나선 결과, 1,500만 가입자 가운데 100만 가입자를 디지털케이블TV 가입자로 확보. 통신업체들이 주도하는 미디어는 소비자와 1대 1 양방향 커뮤니케이션을 중요시하고 있다.

방송계가 가장 위협적으로 느끼고 있는 iPTV의 경우 2006년 하반기부터 하나로텔레콤이 실시간 방송을 제외한 주문형비디오(VOD) 방식으로 서비스를 제공한 이후 KT, LG데이콤 등의 거대 통신업체들이 참여해 3월말 기준, 하나로텔레콤 88만, KT 50만 등 130만 가입자를 돌파했으며, 2008년 2월 기준으로 지상파DMB 이용자는 969만2000명, 위성 DMB 가입자는 131만명으로 '가입자 1천만 시대' 에 돌입했다.

다채널, 다매체 시대에 돌입한 방송환경의 급변으로 수많은 대학 및 학원에서 방송기술 인력을 양성하고자 하고, 업계에서도 필요인력확보에 나서고 있으나 수요에 비해 공급이 턱없이 부족한 실정이다. 이에 따라, 핸드폰을 활용한 모바일방송 시대까지 열리면서, 방송콘텐츠 제작인력 양성이 절실하게 되었고, 근간 출간된 관련 교재와 서적이 거의 없다시피 하여 독자 수요가 급속도로 팽창하는 상태인 게 사실이다.

이 책은 국내 309만명 취업준비생을 위한 1인 창업안내서인 동시에 극심한 불황을 겪으면서도 출로를 찾지 못해 침체기에 접어든 1,000만 온라인쇼핑몰 운영자를 위한 판매마케팅 지침서이다.

기존 대기업 위주의 TV홈쇼핑을 통해 유통하던 제조업체는 인터넷 · 홈 · 쇼핑몰을 통해 비싼 수수료를 내지 않아도 되고, 내 상품 팔고 기다려야 했던 긴 결제기간을 기다리지 않아도 된다.

인터넷 종합쇼핑몰 사이트를 통해 입점하여 팔거나 개인 독립쇼핑몰을 운영하며 판매에 어려움을 겪던 인터넷쇼핑몰 운영자는 1인 홈쇼핑을 통해 소비자를 찾아가는 판매마케팅을 할 수 있다.

인터넷 기반의 모든 사이트는 핸드폰을 통해 직송출하기에 이르 렀으며 iPTV를 통해 TV 시청자층까지 인터넷쇼핑몰 고객으로 유도할 수 있는 길이 열렸다.

뿐만 아니라, 대기업에서도 인터넷 동영상을 볼 수 있는 TV까지 개발하여 시장에 출시하는 등, 1인 홈쇼핑 시장은 이제 발전기에 돌입했다고도 볼 수 있다.

이 책에서 제공하는 내용은 인터넷 · 홈 · 쇼핑몰에 필요한 기본 장비 운영과 상품 구성 및 방송지식과 다양한 판매법을 독자들에게 공개한다.

패션디자이너 빅터 리

CONTENTS

CONTENTS

인터넷 · 홈 · 쇼핑
part 2

인터넷 ‘홈’ 쇼핑

1 기초

2 사진 & 동영상

3 자막

4 부가 기능

5 특수 효과

"소비자에게 가장 손쉽게 접근하는 것이 인터넷이다.
iPTV는 미래의 TV가 될 것이다."

노베르트 슈나이더, 독일 미디어청장

Chapter 1
기초

01 _ 1인 인터넷 방송 만들어볼까?

02 _ 기본 장비 및 운영 방법 안내

03 _ 1인 홈쇼핑 스튜디오 만들기

04 _ 인터넷 · 홈 · 쇼핑 · 소니베가스 · 설치하기
단축아이콘 & 세팅, 데몬과 CD스페이스

05 _ 사진 및 동영상 파일 불러오는 방법

06 _ 작업 파일 저장 방법(veg, wmv)

01 1인 인터넷 방송(웹 사이트, 블로그) 만들어볼까?

미디어 동향과 1인 미디어의 전망

나만의 인터넷 '홈' 쇼핑방송 창업에 즈음하여 사업의 전망을 따져보고자 한다. 뉴스를 접할 기회가 많아진 현대인들은 더 이상 9시를 기다려서 뉴스를 보지 않는다는 통계에만 의하지 않더라도 9시 뉴스의 시청률 또한 9%대로 하락했다.

아울러 DMB, 모바일 등의 휴대용 통신기기 사용자가 폭발적으로 증가하였으며 DMB 판매가 1,500만대를 돌파 하였고, 이는 작년의 100배 이상의 성장률이다. 미디어는 집이나 사무실이 아닌 즉, 장소와 시간에 구애받지 않는 시대인 것이다. 제작 환경에 있어서도 퀄리티 높은 방송사의 영상물보다 시청자가 직접 제작한 영상물(UCC)이 화제이다.

와이브로 기술의 발전은 동영상 포털의 확산과 휴대전화 인터넷상용화와 멀티미디어 기반 산업의 빠른 성장을 가져 왔으며, 휴대용 노트북 UMPC는 이러한 발전을 더욱 앞당기는 결과를 낳았다.

결과적으로, UCC는 컨텐츠 시장을 주도할 것으로 예상되는데 본 사업성을 검토하기 위해서는 국내 인터넷 환경을 눈여겨보지 않을 수 없는 바, 통신 업계의 동향을 보면 지배적 역무가 포함된 결합 상품이 합법화가 된 가운데 인터넷 전화(VoIP)가 국내 통신 서비스 시장의 최대 변수로 부상했다. VoIP는 인터넷 기반이라는 점에서 초고속 인터넷과 결합 효과가 크다. KT가 준비하는 영상 VoIP는 초고속 인터넷 망을 이용해 VoIP와 인터넷을 동시에 쓸 수 있다. SK텔레콤도 KT에 대응하는 결합 상품으로 SK네트웍스나 SK텔링크의 VoIP를 묶을 것으로 예상된다. 특히 SK네트웍스가 무선VoIP를 출시했다는 점에서 와이브로가 활성화될 경우 KT와 SK텔레콤 모두 VoIP를 활용할 수 있다.

LG파워콤은 모회사인 LG데이콤의 VoIP 서비스는 물론이고 자사 초고속인터넷과 묶은 결합상품을 출시하며, 하나로텔레콤은 시내전화와 초고속인터넷을 묶은 결합상품 판매에 적극적이지만, VoIP 경쟁으로 옮겨갈 경우 동참이 불가피할 것이다.

기간통신사업자나 지역 케이블 사업자들(CJ, 온미디어, CNM, 태광) 역시 직접 VoIP 사업을 하거나 케이블TV사업자(SO)들이 공동출자한 KCT를 이용한 결합상품을 준비 중이다. SO(지역 케이블 중계사업자)는 '방송+전화+초고속인터넷'의 트리플 플레이 서비스(TPS) 출시가 기간 통신사업자보다 빠를 수도 있다.

무엇이 달라지며 어떤 장점 때문에 모든 통신 사업자가 iPTV를 대세로 보며 투자를 할까?

iPTV(인터넷 프로토콜 티브이 internet protocol tv)란 TV를 통해 인터넷 서비스를 이용할 수 있도록 개발된 서비스 및 장비를 말한다. 기존의 TV에다 전용 모뎀(또는 셋톱 박스)이라는 기기만 덧붙이면 되며, TV나 라디오 켜듯이 그냥 전원만 넣으면 인터넷을 이용할 수 있는 상태가 된다.

따라서 어려운 PC에 익숙하지 않은 사람이라도 간단히 리모콘이나 무선 키보드를 이용해 인터넷 검색은 물론 영화감상, 홈쇼핑, 홈뱅킹, 홈트레이딩, 화상서비스, 온라인 게임, 노래방, MP3 등 TV 인터넷이 제공하는 다양한 컨텐츠 및 부가서비스를 제공 받을 수 있다. 현재 서비스 되고 있는 몇몇 TV는 '인터랙티브TV'이며 이것은 iPTV의 전 단계라 할 수 있다.

인터랙티브 TV란 기존의 아날로그 방송이 디지털로 전환됨에 따라 방송 전파상에 데이터를 전송함으로써 TV에 대화형 서비스 기능을 구현한 서비스 및 장비를 말한다. 홈뱅킹, 전자우편 등의 서비스도 가능하며, 영화를 유료로 볼 수 있는 ppv(Pay per View), 동일한 영화를 일정한 시간 간격으로 계속 방영하여 시청자가 편리한 시간에 영화를 볼 수 있는 NVOD(near video on demand), 인터넷등의 서비스를 제공할 수 있다.

인터랙티브 TV는 아날로그 방송이 디지털 방송으로 전환됨에 따라 방송 프로그램을 기반으로 하는 각 종 부가 정보를 대화형으로 제공하는 서비스 유형이지만, iPTV는 디스플레이로 TV를 활용할 뿐 인터넷 접속을 통해 쌍방향 컨텐츠를 제공하는 서비스라는 점에서 커다란 차이점이 있다.

따라서 인터랙티브 TV에서는 셋톱박스를 사용하며, iPTV에서는 반드시 인터넷 모뎀을 사용해야 한다. 현재는 두 가지 형태가 하나로 융합되어 휴대폰과 가정용 PC, 노트북 등에

서비스되는 상용화 단계인 것이다.

해외 iPTV동향

영국 – 세계 최초 데이터방송 실시, 데이터방송 보급률 최고

- 지상파(BBC): T-Commerce, 인터넷접속, 전화, 연동퀴즈, 투표, 인터렉티브 드라마(에피소드나 이용시간 등을 시청자가 선택)제공
- 위성(BskyB): 축구독점 중계권을 이용한 스포츠배팅 서비스, 게임, SMS서비스, T-Commerce
- 케이블CWC: 양방향 TV를 통한 게임, 퀴즈, 스포츠서비스 제공

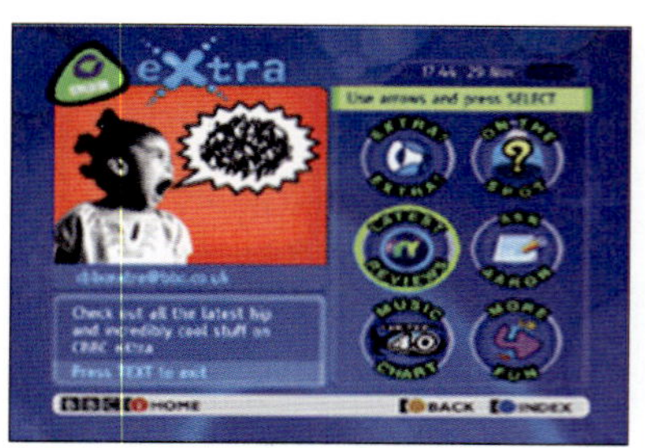

미국 – 플랫폼 사업자, 솔루션 사업자 활발하게 데이터방송 참여 중

독립형 데이터방송 위주로, DirecTV는 스포츠 스코어, 날씨, 증권정보를 제공하고, Echostar는 스포츠, 뉴스, 날씨정보, 게임, 어린이전용 오락 및 교육서비스, 생활정보 제공, Cable Vision은 개인사진서비스, SMS, 지역정보, 교통, 날씨, 뉴스, 정보 제공

Charter는 게임, 스포츠, 날씨, 경제정보, 건강정보서비스 제공한다.

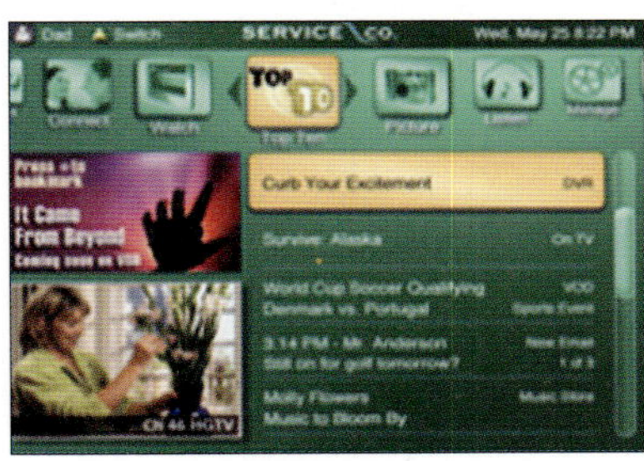

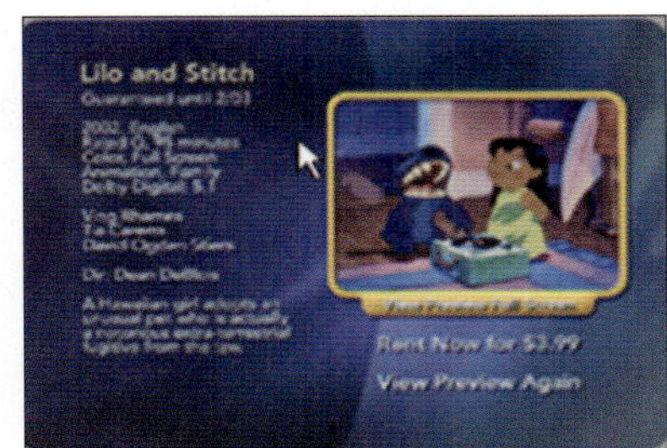

일본 – 플랫폼, 솔루션 사업자들 활발하게 데이터방송 참여 중, 독립형 데이터 방송 위주

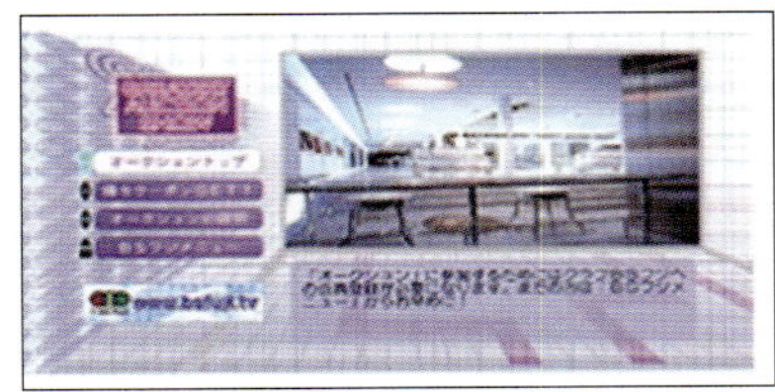

왜 인터넷 '홈' 쇼핑방송일까?

소비자가 만든 컨텐츠이며, 선호도 또한 소비자에 의해 필터링 된 컨텐츠라는 점에서 완성도 높은 방송CF와는 비교할 수 없는 설득력과 리얼리티를 장점으로 쌍방향 대화와 함께 홍보할 수 있기 때문이다.

지상파나 케이블의 일방적 방송 광고물은 트랜드를 살릴 수 없다고 할 수 있는데, 이것은 홈쇼핑 광고뿐만 아니라, 방송프로그램 또한 다르지 않다. 월 단위로 정리하여 프로그램을 기획하는 방송사는 그 때, 그 때 트랜드를 만드는 소비자를 따라올 수 없으며, 반대로 소비자는 그러한 트랜드가 접목된 컨텐츠를 원한다. 방송은 양방향으로 진화하고 있는 것이다.

새롭게 등장하는 디지털 케이블 TV, iPTV , VIIV, voip 등의 새로운 미디어는 양방향 서비스를 기초로 하고 있는데, 이것은 더 이상 방송은 방송국만 만드는 것이 아니라 소비자와 함께 대화형으로 만들어야 경쟁력이 있다는 판단에서이다.

그렇다면 인터넷, 지상파, 케이블 등 모든 미디어를 접할 수 있는 모바일의 경우 어디서 수익모델을 찾을까?

4세대 모바일 수익은 멀티미디어 dmb, iPTV, 디지털 케이블등 신규 매체의 기반은 웹, 즉 인터넷이다. 휴대용 디바이스는 다양한 컨텐츠를 원하며 그 중 개인이 운영하는 홈쇼핑 인터넷방송의 서비스야 말로 가장 큰 수익 모델이라 할 수 있다.

기존의 인터넷 방송의 시스템 구성과 인터랙TV 수익 흐름

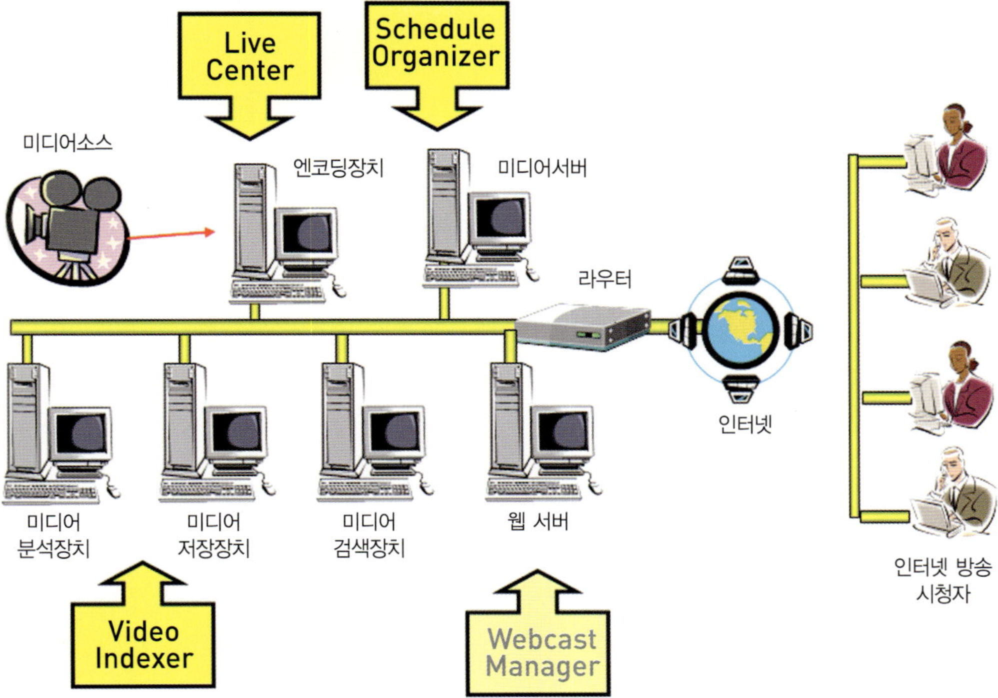

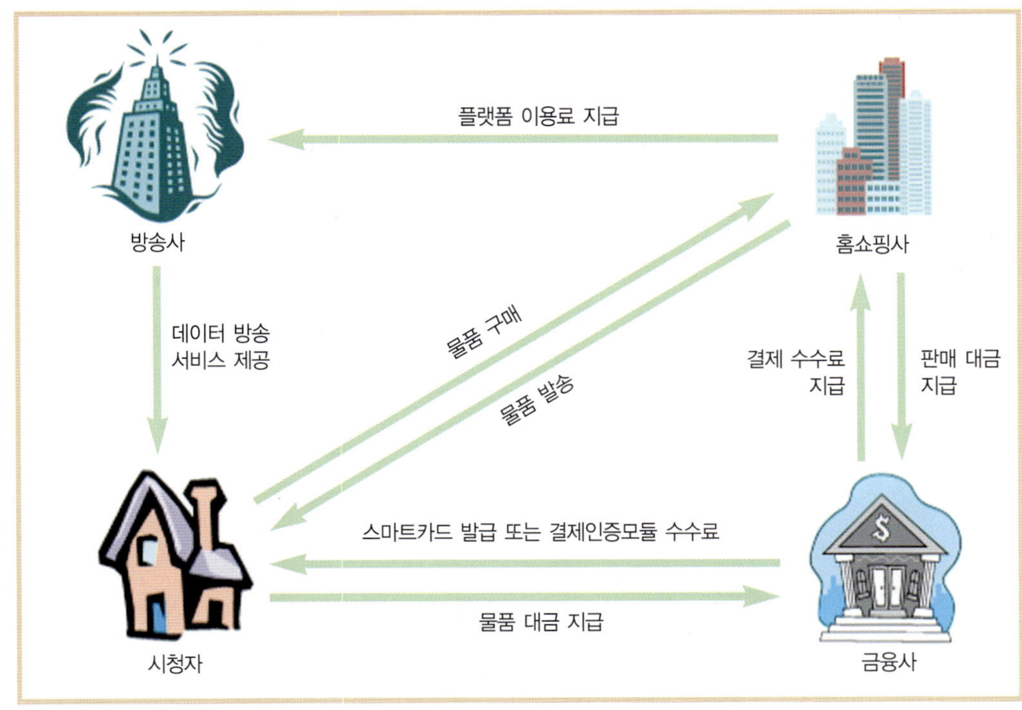

인터넷 '홈' 쇼핑몰 지원 사업, U 마스터의 사업 계획

1,000만명에게 안정된 **수입보장**이 가능한 **고객 인프라** 구축사업

의식주 계열(협력)사 ← U · Master → U-거장그룹(1,000만 회원)

단계	사업	내용
1차	GPS레저폰	[1인 소개 GPS레저폰 개통시] ▶10만원 개통수당+통신수당
2차	LCD TV(42″)	[동지역 독점사업자 자격부여] ▶개설비 : 550만원
3차	마티드(택배)	[LCD TV(42″)사업참여] ▶투자비용 : 1,100만원
4차	빌라/아파트	[마티드(택배)사업참여] ▶투자비용 : 1억1천만원
5차	U-Master주주	[빌라/아파트 사업참여] ▶투자비용 : 2억2천만원
		투자주주 : 10억원

U-Master 멤버 → 맞춤 컨설팅 → 사업전개 → 사업자 1/소비자

장애인 대단법인화 ↔ 2% 연계고용 ↔ 계열(협력)기업

사업전개 ↔ 사업자n/소비자

Daum의 우리동네 상점 사업 구성도

- **TV시청자 및 PC이용자**는 IPTV 및 인터넷상으로 매장에 대한 실시간정보를 생방송, VOD, 이미지 또는 텍스트 형태로 보면서 주문
- **사업주**는 IPTV 및 인터넷상으로 홍보, 주문접수 및 매장관리를 실시간으로 할 수 있어 매출증대에 도움

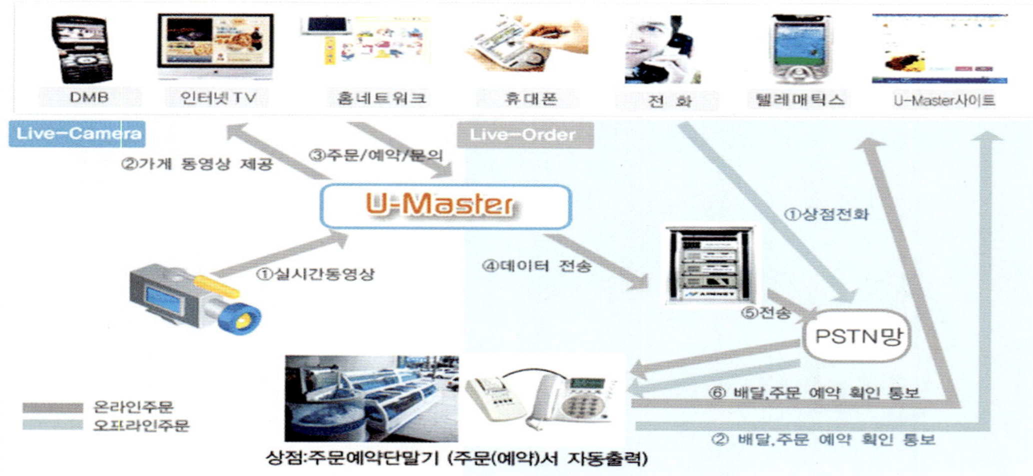

Live – MtoM 개요

- 모바일 인터넷을 활용한 광고를 시행함에 있어, 이동전화가입자 상호간 광고를 추천토록 하고
- 광고 또는 정보를 추천한 이동전화가입자에게는 다양한 인센티브를 제공(전달료 지원 등)하여
- 광고주, 이동전화가입자, 네트웍사업자(이동3사)등 가치사슬 상의 모든 참여자에게 이익이 되는 무선인터넷 광고비지니스 모델

Live – MtoM 개략도

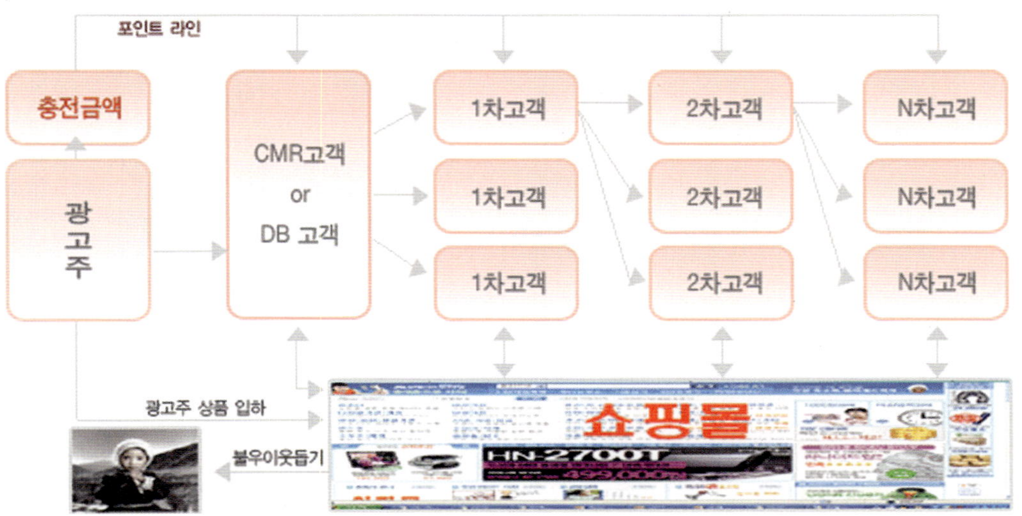

예) 인터넷 기반의 매체 간 차이 (모든 형태의 서비스에서 인터넷 '홈' 쇼핑몰이 보여짐)

서비스 비교	초고속인터넷	무선인터넷	무선랜	휴대인터넷	위성DMB
서비스 내용	고정위치의 인터넷 접속	이동전화이용 무선인터넷 접속	무선 초고속 인터넷	이동 중 인터넷접속	이동 중 방송수신 (TV, 동영상, 음악)
사용범위	실내	실내/외, 전국	실내/외 전국 Hot Spot	실내/외, 전국(Hot Zone)	전국
전송속도	초고속 (8–20Mbps)	초고속 (200–300Kbps)	초고속 (11Mbps)	고속(1–2Mbps)	고속 (1.7Mbps)
이동성	없음	매우높음	낮음	높음	높음
요금	3만원 대 정액제	고가의 종량제 (부분 정액제)	저가의 정액제 (유선+1만원)	중저가의 정액 또는 부분정액제 (3만원대)	저가의 정액제 (1만원대)
콘텐츠	인터넷 콘텐츠	무선인터넷 콘텐츠	인터넷콘텐츠	인터넷콘텐츠	방송서비스
이용단말기	PC, iPTV	휴대폰, PDA, 전자사전	노트북, PDA	노트북, PDA, 스마트폰	PDA, 스마트폰, 차량 네비게이션
상용화시기	서비스 중	서비스 중	서비스 중	서비스 중	서비스 중

※ 인터넷 이용 가능한 모든 단말기가 인터넷 홈쇼핑이 이뤄지는 미디어이다.
어떤 유형의 시청자들을 소비자로 공략할 것인지를 계획하여 사업을 전개한다.

실제 전송되는 인터넷홈쇼핑 동영상의 例 (우측 검정 박스 부분)

인터넷 '홈' 쇼핑몰의 첫걸음

휴대용 iPTV의 확대 및 상용화

휴대용 IP-TV 는 TV 와 관계없이 개인이 원하는 정보를 유/무선 인터넷을 통하여 자료를 공유, 각 종 VOD 서비스를 제공받을 수 있으며 시간과 공간의 제약 없이 방송, 영화, 성인물, 홈쇼핑 등을 시청 할 수 있는 장비로 모바일통신장치와 호환된다.

세부특징

- 휴대용으로 프라이버시 보호
- 유/무선 인터넷을 통한 실시간 방송 청취 가능
- 5.6" 의 TFT LCD 대형 화면을 제공- 필요에 따라 USB 메모리에 자료 저장 기능
- 인터넷을 통한 Down Load 기능
- 다양한 동영상 포맷 지원
- 하드웨어를 통한 Decoding 방식으로 안정성이 우수
- 4/8/16/32 배속 검색기능

구성 ; iPTV Management Server – VOD스트리밍 서버-유무선 Network-휴대용 iPTV

컨텐츠의 구성

컨텐츠란 총체적인 매체를 활용하며 느끼고 정리하고 재창출시키는 제반 내용물이며, 전통적인 컨텐츠에 컴퓨터 기술과 통신기술이 융합된 것이기도 하다. 소설, 그림, 사진, 영상, 음악을 막론하고 멀티미디어 상품이나 서비스의 근간을 이루는 모든 지적 재산을 포함한 의미이다.

인터넷 '홈' 쇼핑 = 내용 + 거래 + 서비스

- 특징 멀티미디어 표현 가능성
  기존의 정보와 차별화를 줄 수 있는 기회를 제공
  내용과 고객간, 고객간, 제공자와 고객간의 교류
  핵심이 되는 차별화 된 멀티미디어 컨텐츠로 고객들은 관심을 유도하고,
  다양한 협력관계를 통하여 제공되는 서비스에 의해 고객들이 모이도록 한다.

인터넷 '홈' 쇼핑의 가공 절차

컨텐츠 기획; 취급 품목의 특징을 살리고 개성있는 설명과 자막 내용, 촬영 셋트를 구상.
컨텐츠 개발; 카메라 촬영, 사진을 이용한 편집, 동영상을 이용한 편집 등으로 완성.
컨텐츠 런칭; 완성된 컨텐츠를 다양한 창구(포털, 블로그, DMB, iPTV 등)송출 및 관리.

기술적인 특성과 투자가 많은 사이트개발과 컨텐츠 생산보다는 기획 단계에서 조사된 요구 사항(상품의 공급, 매출, 재고처리, 수익 등)을 충분히 고려하고 반영하는 창업 철학이 필요하다.

인터넷 '홈' 쇼핑 개인 인터넷쇼핑몰 또는 블로그 구성

1. 사이트 구축의 이유를 생각하며 무엇을 위해, 왜 구축하는가를 고민해야 한다.
2. 소비자가 누구인가를 파악, 명확하고 구체적인 대상선정이 필요하다.
3. 어떤 내용(코믹, 신뢰, 예술, 실용 기타)과 어떤 상품으로 사이트를 구성할까.
4. 사이트의 관리와 소비자와의 대화에 필요한 요소와 사이트 운영의 매커니즘의 이해?

웹사이트, 포털 제공 나의 쇼핑몰, 블로그 구축 시 고려사항

- 사용자 위주의 디자인
- 사이트 목적에 부합하는 일관된 디자인 컨셉과 통일된 이미지
- 친근함과 편안함을 주는 디자인
- 일관되고 사용자의 편의를 고려한 인터페이스
- 빠른 접속
- 무분별한 그래픽의 사용의 자제
- 심플하면서도 기능적으로 부족함이 없는 방식으로 데이터의 최적화
- 원하는 메뉴에 쉽고 빠르게 도달할 수 있는 시각적 Navigation
- 지속적인 Communication(다양한 정보, 대화창 웹2.0)
- 쌍방향 커뮤니케이션이 가능한 인터넷의 매체특성을 최대한 활용
- 사용자의 요구사항을 실시간으로 반영할 수 있는 채널 마련
- 구축 후 철저한 사후 관리
- 사용자의 편의를 도모하고 관심을 끌 수 있는 사이트로의 발전을 추구

〈나의 온라인 매장, 블로그 메뉴 구성의 예〉

공지사항	뉴스, 핫이슈 등
컨텐츠	제공자만의 특화된 정보 제공/ 고객 중심/
community	자료실, 게시판, 전자우편, 토론방, 채팅, 소모임 등 Q&A
서비스	이벤트, 참여도에 따른 서비스 제공, 메일진 등
전문자료	제공되는 컨텐츠와 관련된 전문 정보제공:자료실, 추천사이트
다양한 검색기능제공	맞춤 정보서비스, 북마크, 개별 메뉴화면, 정보탐색의 전략적 방법제공
고객관리	회원등록, 데이터 구축, 고객의 의견을 수렴할 수 있는 기능 사후관리
마케팅/홍보전략	차별화된 정보 제공 및 서비스 부여
엔터테인먼트	내용구성과 제시 방법내의 재미의 요소가 첨가되도록
소비/활용 기능	쉬운 인터페이스/편리한 검색방법, 장바구니, 보안, 결재 시스템

사이트 관리

사이트의 유지와 갱신은 단순히 사이트를 관리하고 유지하는 것 이상의 의미를 갖고 있다. 한 번 방문하거나 물건을 구매한 고객이 또 그곳을 찾는 것은 다양한 부가 서비스와 편리성, 효율성에 있다고 볼 수 있다. 따라서 사이트 관리자는 고객이 원하는 정보를 수시로 파악하여 점검, 갱신해야 한다.

웹사이트 유지 책임자를 정하고 비용을 고려하여 갱신방법, 갱신주기, 갱신범위 등에 대한 방침을 미리 정해두는 것이 좋다.

유지갱신은 CSS나 템플릿 등의 규정화 된 사이트 맵에 의해 이루어지는 것이 안정적이며 각종 포털 사이트의 유저 쇼핑몰 관리메뉴와 포털 블로그 관리 툴을 사용한다.

〈시청률/집중도 분석〉

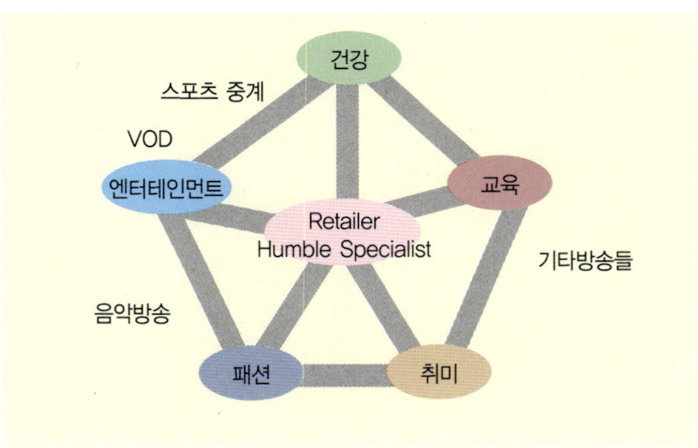

인터넷 '홈' 쇼핑의 성공적 운영의 핵심을 말하자면 PP(상품 프로그램 공급자)로써의 책임이다.

시청률이 그다지 높지 않아 큰 광고수익을 올리지 못 하는 상태로, 광고효과와 상승의 체감 폭이 큰 그룹은 어디인가, 시청자가 많지 않으나 높은 집중도를 보이는 그룹과 콘텐츠 내용이 전문적 관심사를 다루기 때문에 광고의 내용이 고객 타깃팅이 비교적 용이한 그룹을 구분해야 한다. 이와 같은 데이터를 분석해서 다양하게 런칭 한다면 성공 가능성이 더 높아질 것이다.

02 기본 장비 및 운용 방법

인터넷 '홈' 쇼핑을 운영하기 위하여 아래의 기존 쇼핑몰 운용의 전반적인 매커니즘을 알면 최소 필요한 장비 준비에 불필요한 투자를 줄일 수 있다.

〈기존 인터넷 쇼핑몰의 구조도〉

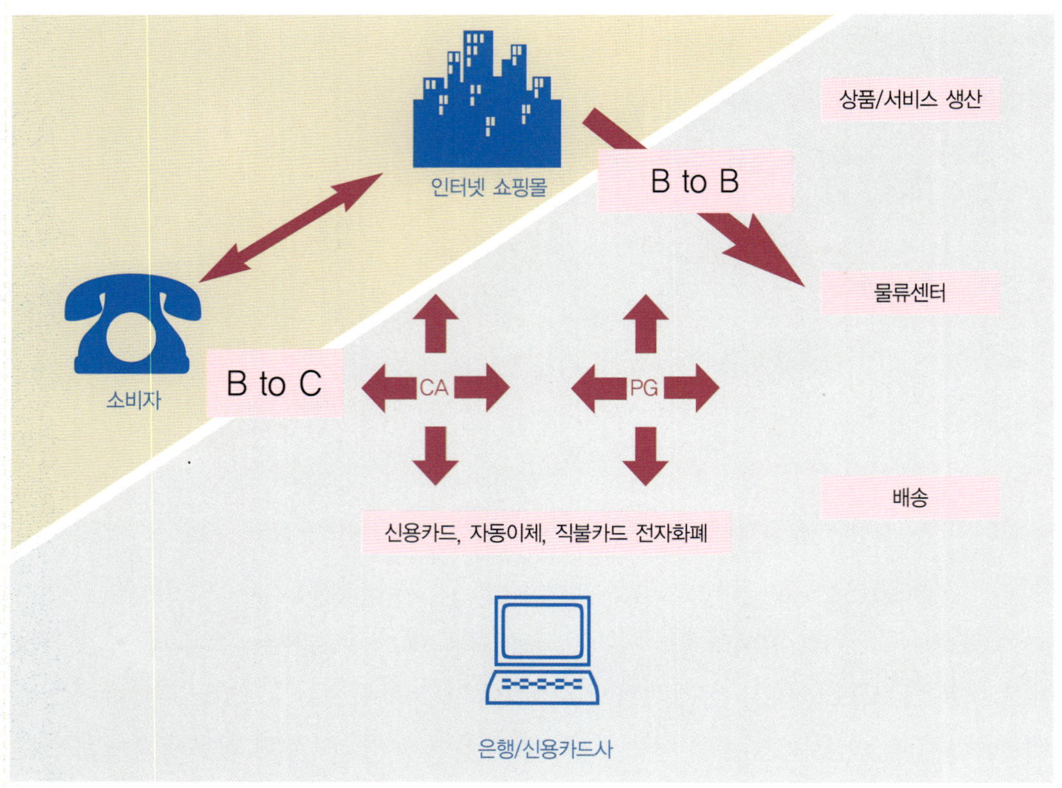

자체 홈쇼핑 운영시스템과 컨텐츠 제작 구축-(PC 하나, 카메라 하나면 끝)

하드웨어 선택

- 소프트웨어의 권장 사양을 감안한다.
- 예상 상품수와 예상 컨텐츠수를 산정하여 작업공간과 저장이 용이한 사양을 선택한다.
- 적정 용량 확보 및 추가 업그레이드 소요 파악
- 비즈니스 성장에 따른 단계적 투자를 고려하여 초기 투자는 최소화한다.
- 대규모 인터넷 홈쇼핑으로의 확장성을 염두에 두고 컨텐츠 제작 우선사양을 고려한다.
- 시스템의 HA(High Availability)를 이용한 고도의 가용성 확보
- 2대의 시스템을 쓰는 효과와 컨텐츠의 저장 공간과 회계업무용 공간 확보를 위해 외장 하드디스크 활용이나, 모니터의 듀얼사용 등을 추가 할 수 있다.

〈다양하게 세팅된 컴퓨터, 일반PC에 외장 하드디스크를 활용한 예〉

PC홈쇼핑 운용시 소비자 결재 시스템, 신용카드 지불대행 서비스 업체.

- 데이콤: SET, SSL 보안 지불(www.shopfinder.net)
- KICC : SSL 보안 지불(www.kicc.co.kr)
- 메타랜드 : SET, SSL 보안 지불(www.metaland.co.kr)
- 이니텍: SET, SSL 보안 지불(www.initech.com)
- KCP : SET,SSL 보안 지불(www.kcp.co.kr)

장비 구성

기존의 대형 인터넷방송의 시설 구성의 예

〈영상 인코딩 송출 랙과 스위처 및 캠 모니터〉

〈베타 영상소스 플레이어와 표준 모니터(좌) 크로마 스튜디오 오디오믹서(우)〉

〈음악 방송용 오디오CD와 영상 송출용 베타 테입 자료실〉

〈영상 촬영장비 PD170과 트라이포트(좌) 합성화면 연출을 위한 크로마키보드 데스크(우)〉

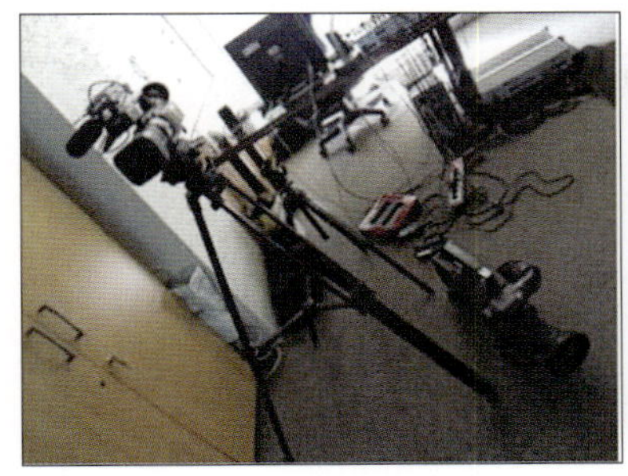

위의 예와 같이 기존의 인터넷 방송사들은 인터넷서버와 전송환경을 고려하지 않은 무리한 시설 투자가 많았다.

그 결과 TV영상 전송용의 고가의 장비가 인터넷방송에서는 오히려 영상의 크기와 용량을 줄여야하는 애물단지로 전락 되었다.

최근에는 저렴한 디지털카메라 와 디지털카메라 겸용 고성능 휴대폰이 다양하게 출시되어 많은 유저들이 다양한 컨텐츠를 생산하며, 동시에 포털 블로그, 전문 블로그, 카페 등의 인코딩환경 또한 눈부신 발전을 거듭하여 누구나 쉽게 UCC를 제작하며, 각종 홍보영상과 뉴스, 정보, 취미 등 다양하게 활용되고 있다.

1인 미디어용 인터넷 '홈' 쇼핑 장비 구성의 예

- 넌 리니어(디지슈트)편집 컴퓨터 또는 사양 좋은 일반 컴퓨터 하드웨어.(메모리 1GB)
- 베가스 6또는 7 소프트웨어(편집 프로그램)
- 편집용, 화면 큰 모니터 (1개 혹은 듀얼)
- 우퍼 스피커 1쌍
- 마이크와 헤드폰 일체형 헤드셋
- 디지털 카메라, 디카겸용 휴대폰, 디지털 캠코드(삼각대)

인터넷 '홈' 쇼핑 기초 운용 전략 7가지

첫째, 창업 후 단기간에 컨셉과 방문자를 늘리는데 주력하라

일반 오프라인 업체의 경우 매출의 3%를 지출하는데 인터넷업체 대부분이 초기에는 매출의 50%를 마케팅과 광고에 투자하고 있다. 초기 광고/홍보가 중요한 것은 인터넷에서 광고/홍보/마케팅 비용이 일반 오프라인 업체의 일반관리비/시설투자와 같은 의미이기 때문이다. 오프라인의 소매업체는 좋은 상권을 차지하기 위하여 고비용의 임대비를 사용하게 되고 좋은 매장을 위하여 인테리어와 설비에 투자되는 자본 비용이 엄청난 것과 마찬가지이다. 광고/마케팅 비용에 대한 합리적인 투자는 소비자의 기억에서 좋은 위치를 선점하기 위한 노력인 셈이기 때문에 결국 좋은 길목에 자신의 개인 쇼핑몰을 위치시키는 결과로 이어진다.

투자시 주의할 점은 컨셉과 개성이 있는 마케팅 전개이다. 그래야 컨셉이 고객의 머리속의 기억되어 마케팅 노력이 효율적으로 수행될 수 있다.

현재 인터넷 쇼핑몰 동향을 보면 마케팅 차별화에 대한 이해와 실천이 거의 없다. 가령, 오프라인 매장인 Wal Mart의 Everyday Low Price~!라는 슬로건을 보면 '월마트에 가면 가격 부분에서 소비자는 혜택을 볼 수 있다' 는 점에서 차별화가 분명하듯 아무개 몰에 가면 안전하다!! 아동복에 있어서는 최고의 색상을 만든다!! 등의 컨셉이 필요하다. 이런 저런 면에서 타 쇼핑몰과 '다르다' 라는 것을 소비자가 인지하도록 해야 하는 것이다. 최근엔 인터넷 쇼핑몰 광고가 지상파를 통해 보이는데 대부분의 경우 '특색에 대한 컨셉' 이 없는 '그냥 좋은 쇼핑몰' 이 라는 홍보에 주력한다. 인터넷 '홈' 쇼핑 시대의 도래에도 불구하고 수준 낮은 마케팅으로 일관하는 일부 대형 쇼핑몰의 전략을 소비자가 신뢰하기는 힘들 것이다.

둘째, 해당 분야 1위의 시장 점유율을 획득하라

심리학적으로 소비자는 머리 속에 많아야 5~10개의 쇼핑몰만 기억한다. 따라서 분야별 1위만 성공할 수 있다. 새롭게 부각되는 컨텐츠, 블로그나 사이트의 외관, 유저 환경 등이 함께 보강된다면 그야말로 경쟁력 있는 쇼핑몰로 자리 잡을 수 있다. 앞으로 수년후, 1인 미디어로 경험이 쌓이게 된다면 국내의 경우 고객 머리 속에 종합쇼핑몰에 대한 인식은 결국 한 두 개로 압축될 수박에 없을 것이다.

셋째, 브랜드 이미지와 소비자(방문자)가 중요하다

홍보에 있어 일관성있는 컨셉으로 초기에 고유한 브랜드 이미지를 구축해야한다. 브랜드는 사람들의 기억에서 도메인보다 더욱 상징적으로 기억되도록 돕는 역할을 하기 때문이다. 이러한 기억은 소비자가 본인 사이트로 방문을 유도할 뿐만 아니라 신뢰를 준다. 브랜드가 주는 신뢰는 구매를 확대시킬 수 있으며, 다소 비싼 가격에 대한 고객 감정을 최소화함으로써 장기적으로는 오프라인 매장을 개업할 수 있는 밑거름이 된다. 가격 비교 사이트가 트래픽이 많고 구매 정보가 인터넷을 통해 공유되며, 물류비용에 대한 부담은 대부분의 대형 쇼핑몰들의 수익구조를 악화시키고 있다는 점을 상기하면 브랜드 관리는 중요한 부분임에 틀림없다.

넷째, 소비자 욕구 충족을 위한 컨텐츠를 제공하라!

인터넷쇼핑의 취약점 중에 하나가 쇼핑의 개성을 느낄 수 없다는 점이다. 예전과 달리 인터넷 기반 기술이 발전했으므로 영상과 재미를 이용한 현실감 있는 화상을 제공하지 않고는 매출을 올릴 수 없는 상황이 올 수 있다. 따라서 쇼핑몰을 통해 지속적으로 재미있는 컨텐츠를 제공하고 사이트 내의 편안하고 재미있는 정보에 대한 고려가 있어야 할 것이다. 쇼핑몰은 물건을 구매하지 않아도 고객에게 무엇인지 도움이 되는 정보를 제공할 수 있고 재미있다는 느낌을 줘야한다는 것이다.

백화점에도 임대 매장과 직영 매장이 있는 것처럼 포탈 사이트가 각종 전문 쇼핑몰을 개설 · 유치한다. 이들과 경쟁하려면 다양한 컨텐츠 공간으로서의 종합적 기능이 중요해지게 되는데 이의 관건은 즐거우며, 체계적이고 통합적인 정보의 제공에 있다.

비즈니스에서는 상품정보와 함께 상품비교 정보를 제공할 수 있도록 해주어야하며 상품개발이나 기업의 비전 등을 알리는 기능, 상품과 관련된 생활창조 제안기능, 특별행사 기능, 고객 참여 기능 등이 필요할 수 있다.

고객이 흥미를 유발하고 신뢰할 수 있도록 컨텐츠를 구성해야하는데 이러한 방법으로 쇼핑몰을 방문한 소비자가 오래 머물 수 있도록 투표를 하도록 해준다든지 게임, 운세, 디지털 다이어리, 웹 2.0 대화창 등을 배려해 주는 것도 좋은 방법이다.

다섯째, 소비자 편의 우선

일반적으로 소비자들에게 보이는 부분 즉, 쇼핑몰의 웹페이지를 프론트오피스라고 일컫고 그 이면에서 이루어지는 시스템, 배송, 결재 등을 백오피스라고 부를 수 있다.

그동안 프론트 오피스에 대한 비중이 현재까지는 높았지만, 점차 백오피스에 대한 중요성이 높아지고 있는데 그 이유는 기존 소비자 DB마케팅을 통해 2차 매출을 일으킬 수 있으며 사이트의 확장시 고객DB와 상품의 공유, 배송조회 등을 알아야만 가격경쟁력 및 유연성, 고객만족을 제고할 수 있기 때문에 장기적으로 경쟁에서 생존하기 위한 밑바탕이 된다. 업무 프로세스의 소비자 우선 체계를 통해 커뮤니케이션 경로 및 피드백 경로를 데이터화 해줌으로써 다양한 경로를 통해 유입되는 고객 정보를 고객 서비스 향상 및 즉각적인 대응, 지식 축적이 가능해 진다.

여섯째, 오프라인 업체와의 차별화

인터넷 '홈' 쇼핑몰은 단지 경쟁관계에 있는 쇼핑몰뿐만 아니라 오프라인 유통업체들과의 경쟁에서도 승리해야한다.

오프라인과 차별화를 시도하는 것은 인터넷쇼핑몰 시장에서 차별화 척도가 된다. 그 이유는 오프라인에서 구할 수 있는 것을 인터넷상에서 편하게 구한다는 것 외의 차이가 없기 때문이다. 그렇다면 어떻게 오프라인과의 차별화를 구할 수 있을까?

인터넷의 논리를 조금만 고려해도 전략적 대안이 만들어 진다. 인터넷의 정의를 '연결들의 연결' 이라고 한다면 이 연결들을 잘 이어주고 활용한 제품을 기획해야한다. 오프라인에 없는 제품일수록 온라인에서 판매되는 제품의 프리미엄을 갖다.

이런 차별화된 제품으로 어떤 것들이 있을까? "제품+컨텐츠+서비스+중개"의 조합을 가진 제품이 바람직하다. 제품이 있어야하고, 이 제품과 관련한 여러 정보를 통해 소비자가 이 제품을 명확히 알 수 있도록 해주는 것은 기본이다. 서비스와 중개를 함께 제공한다는 것은 정보를 쉽게 찾을 수 있도록 돕는 것이다. 여행사 관광 상품, 꽃배달 서비스나 웨딩 패키지와 같이 실제적인 제품과 서비스 혹은 가이드 기능, 상담 기능을 함께 제공하는 제품의 성공은 눈부실만하다.

이와 함께 오프라인과의 연계를 고려해야한다. A몰에서 실시하고 있는 산후조리원 연결망 서비스, 이사서비스 등은 기존 오프라인 업체들을 연결해주고 고객이 이 네트웍에 대한 정보를 쉽게 접근 가능하주도록 해주어 성공한 사례이다. 오프라인과의 연계는 오프라인과의 공동 마케팅도 가능하게 한다.

일곱번째, 제품, 가격, 구색, 편리, 브랜드 등 상거래와 기업윤리에 충실하라

통계에 의하면 점포 선택요인은 온라인에서도 대부분 유효하다는 점을 명심해야한다. 컨텐츠는 오프라인의 종업원이 해주던 역할을 함으로써 고객을 이끌게 된다는 점을 기억하고 컨텐츠 강화에 신경을 써야한다. 대개의 쇼핑몰들은 다양한 제품 및 서비스, 컨텐츠 구색을 갖추기 어려우므로 관련업종과의 제휴 및 연계를 통해 파트너 쉽을 확보하여 신속하고 지속적인 컨텐츠 강화를 분담하고 있다. 컨텐츠 연계에 어려움이 있다면 필자에게 연락주면 컨텐츠를 무상 제공하는 다양한 업체와 연결해 드리겠다.

끝으로 이러한 모든 노력이 여러분 인터넷홈쇼핑의 브랜드 이미지와 효율적으로 연결될 수 있는 시스템을 고려해야한다. 이를 위해 자기 브랜드 자산의 측정과 이를 기반으로 한 관리가 이루어져야한다.

03 1인 홈쇼핑 스튜디오 만들기

일반적인 스튜디오의 기능을 모두 갖추면서 작은 공간에서도 효율적인 최적의 구성을 갖추기 위해서는 먼저 무엇이 필요한가를 알아야하겠다.

다음의 그림 1~ 13 중 본인에게 적합한 스튜디오 소품을 선택해서 자택이나 매장에서 활용해 보자.

그림 3-1 〈배경용 와이어셋트에 배경롤을 설치한 모습〉

그림 3-2 〈배경 풀 셋트 와 조명 풀 셋트〉

그림 3-3 〈배경 셋트와 반사 조명 셋트〉

그림 3-4 〈카메라 tutxj와 동시 연동되는 조명 스트로보〉

그림 3-5 〈스트로보의 부위별 기능 1〉

그림 3-6 〈스트로보의 부위병 기능 2〉

그림 3-7 〈대형 조명기〉

그림 3-8 〈중형 조명기〉

그림 3-9 〈조명기 헤드〉

그림 3-10 〈반사판 셋트〉

그림 3-11 〈플래시 내장, 우산형 반사 조명기〉

그림 3-12 〈우산형 반사조명기의 내부〉

그림 3-13 〈소형 상품 배경셋트〉

배경 롤지를 선택할 때 원색이면 모든 색상이 별 문제 없으나, 가급적 블루 스크린을 구매하는 것이 편집 시 유용하다.

개인 스튜디오는 3평 공간 안에서 촬영과 배경, 조명이 모두 이루어 질수 있으므로 가정에서도 손쉽게 구축할 수 있으며 접이식이므로 공간을 멀티로 활용할 수 있다.

인터넷 · 홈 · 쇼핑 · 소니베가스 · 설치하기

– 단축아이콘 & 세팅, 데몬과 CD스페이스

04

소니베가스의 특징은 다양한 종류의 동영상과 오디오 파일을 입력(import), 출력(Export) 할 수 있다는 점이다. 컴퓨터 사양이 높지 않아도 무리 없이 동작되며 특히 방송용 디지털 소스와 HDV 편집도 지원하고 캡처를 하면 바로 MPEG -2 TS파일로 저장된다. 출력도 CD 방송용6mm 등 다양하게 지원하므로 아마추어에서 프로기사까지 누구에게나 유용한 편집 프로그램이다. 소니베가스 프로그램은 정품으로 판매되고 있다.

베가스 버전이 시중에 상당히 많으므로 가장 쉽게 구할 수 있는 베가스 6.0 과 7.0의 설치 방법을 순서대로 따라하자. 먼저 베가스를 설치하기 위해서는 데몬, 또는 CD스페이스라는 프로그램부터 설치해야 한다.

이 프로그램은 자료 다운로드에서 검색 창에 프로그램명을 입력하고 찾은 다음 유틸리티를 다운 받아 설치하면 된다. 기타 인터넷 검색창에 '소프트웨어'를 검색하면 다양한 곳에서 제공하고 있다.

베가스 설치 순서

베가스 6 설치 그림

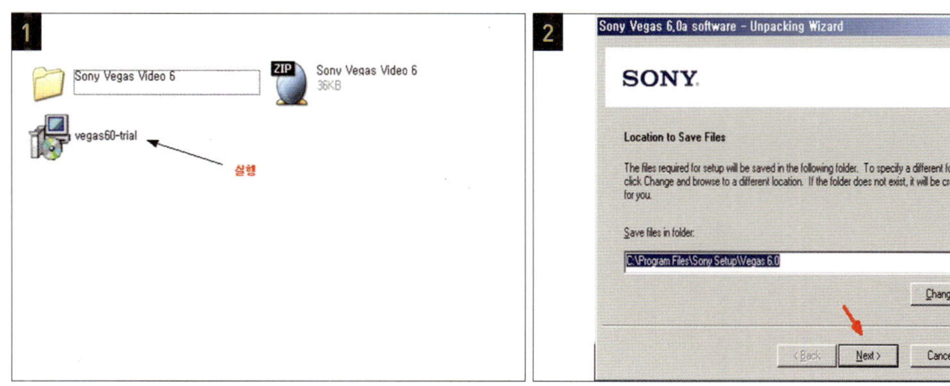

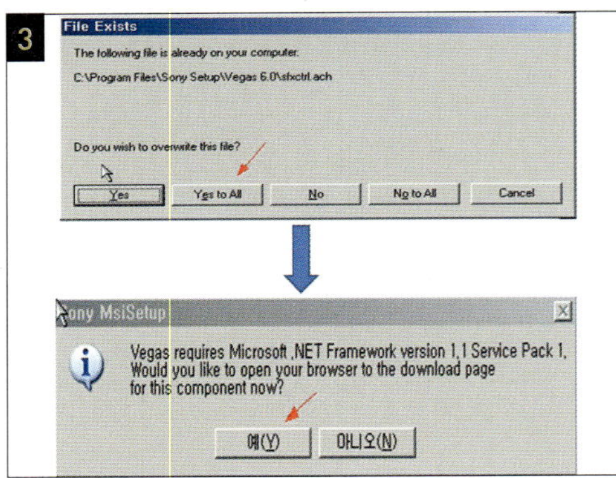
3
File Exists
The following file is already on your computer.
C:\Program Files\Sony Setup\Vegas 6.0\sfxctrl.ach
Do you wish to overwrite this file?
Yes
Yes to All
No
No to All
Cancel
Sony MsiSetup
Vegas requires Microsoft .NET Framework version 1.1 Service Pack 1. Would you like to open your browser to the download page for this component now?
예(Y)
아니오(N)

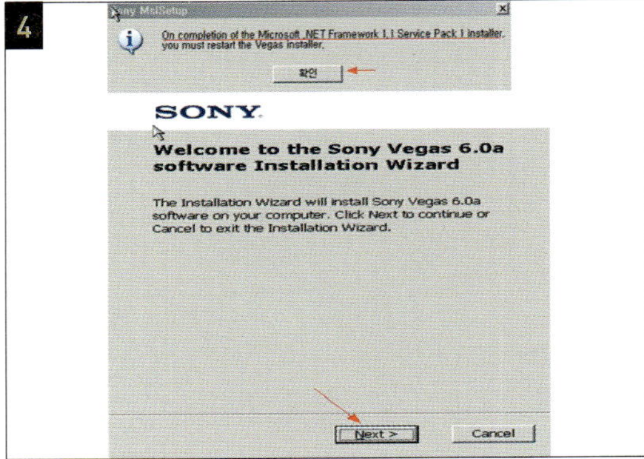
4
On completion of the Microsoft .NET Framework 1.1 Service Pack 1 Installer, you must restart the Vegas installer.
확인
SONY
Welcome to the Sony Vegas 6.0a software Installation Wizard
The Installation Wizard will install Sony Vegas 6.0a software on your computer. Click Next to continue or Cancel to exit the Installation Wizard.
Next >
Cancel

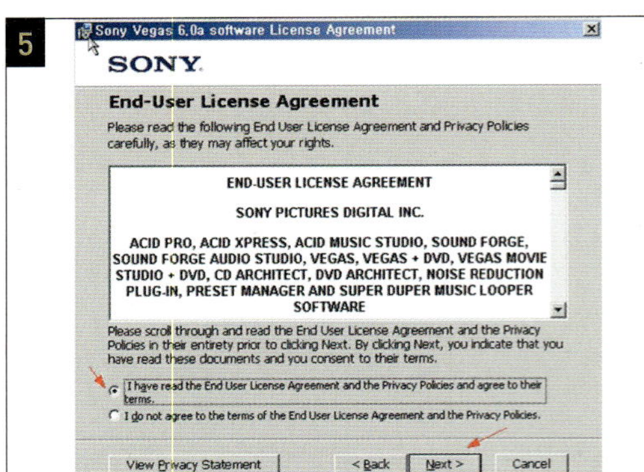
5
Sony Vegas 6.0a software License Agreement
SONY
End-User License Agreement
Please read the following End User License Agreement and Privacy Policies carefully, as they may affect your rights.
END-USER LICENSE AGREEMENT
SONY PICTURES DIGITAL INC.
ACID PRO, ACID XPRESS, ACID MUSIC STUDIO, SOUND FORGE, SOUND FORGE AUDIO STUDIO, VEGAS, VEGAS + DVD, VEGAS MOVIE STUDIO + DVD, CD ARCHITECT, DVD ARCHITECT, NOISE REDUCTION PLUG-IN, PRESET MANAGER AND SUPER DUPER MUSIC LOOPER SOFTWARE
Please scroll through and read the End User License Agreement and the Privacy Policies in their entirety prior to clicking Next. By clicking Next, you indicate that you have read these documents and you consent to their terms.
I have read the End User License Agreement and the Privacy Policies and agree to their terms.
I do not agree to the terms of the End User License Agreement and the Privacy Policies.
View Privacy Statement
< Back
Next >
Cancel

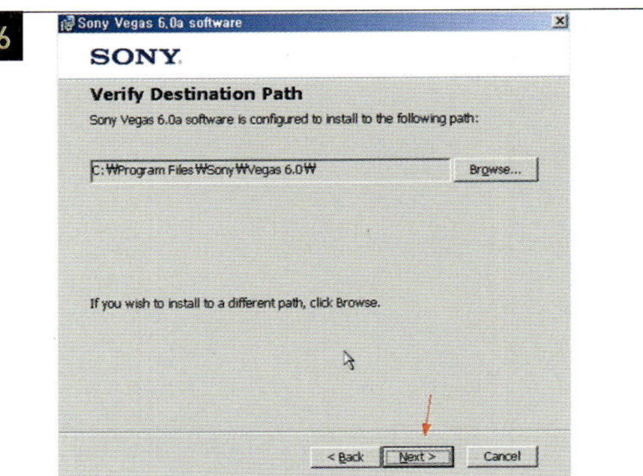
6
Sony Vegas 6.0a software
SONY
Verify Destination Path
Sony Vegas 6.0a software is configured to install to the following path:
C:₩Program Files₩Sony₩Vegas 6.0₩
Browse...
If you wish to install to a different path, click Browse.
< Back
Next >
Cancel

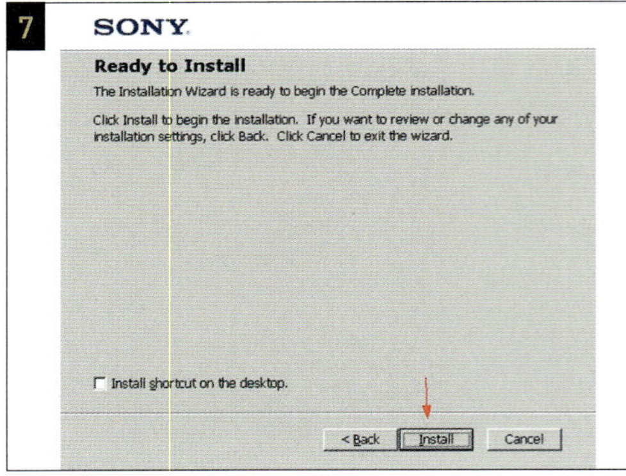
7
SONY
Ready to Install
The Installation Wizard is ready to begin the Complete installation.
Click Install to begin the installation. If you want to review or change any of your installation settings, click Back. Click Cancel to exit the wizard.
Install shortcut on the desktop.
< Back
Install
Cancel

8
SONY
Sony Vegas 6.0a software has been successfully installed.
Sony Vegas 6.0a software has been successfully installed.
< Back
Finish
Cancel

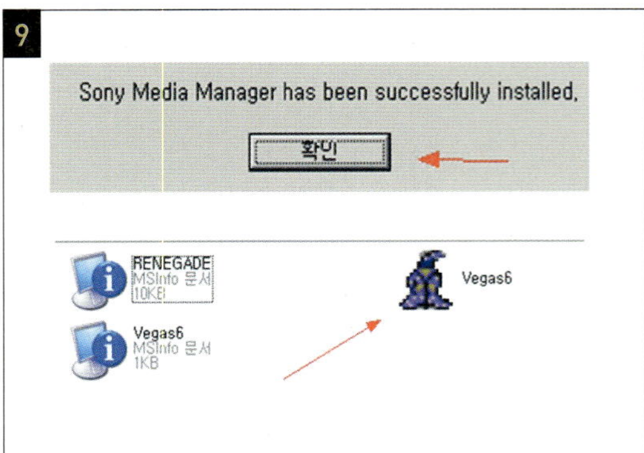
9
Sony Media Manager has been successfully installed.
확인
RENEGADE
MSInfo 문서
10KB
Vegas6
Vegas6
MSInfo 문서
1KB

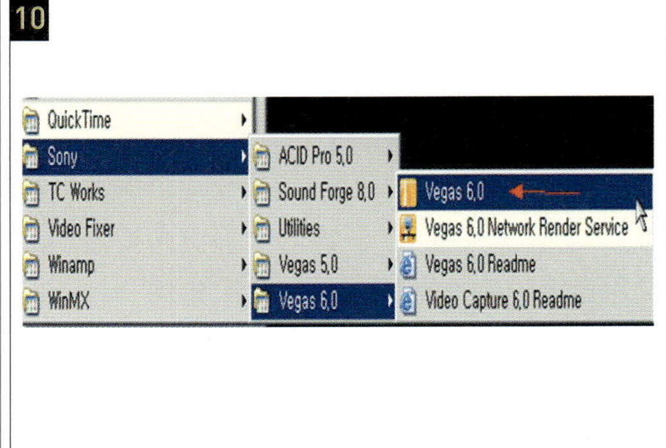
10
QuickTime
Sony
TC Works
Video Fixer
Winamp
WinMX
ACID Pro 5.0
Sound Forge 8.0
Utilities
Vegas 5.0
Vegas 6.0
Vegas 6.0
Vegas 6.0 Network Render Service
Vegas 6.0 Readme
Video Capture 6.0 Readme

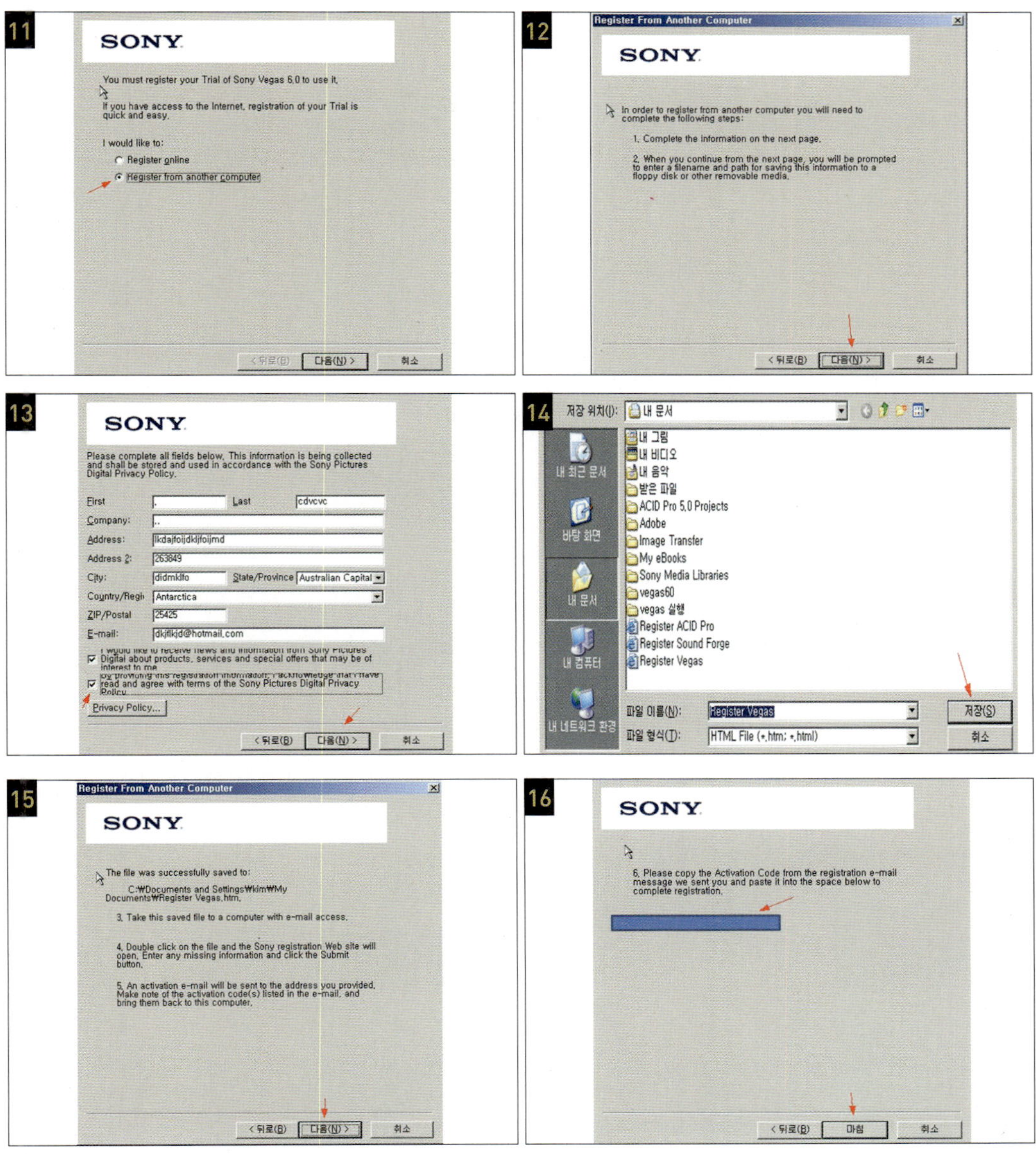
11
SONY
You must register your Trial of Sony Vegas 6.0 to use it.
If you have access to the Internet, registration of your Trial is quick and easy.
I would like to:
Register online
Register from another computer
< 뒤로(B) 다음(N) > 취소
12
Register From Another Computer
SONY
In order to register from another computer you will need to complete the following steps:
1. Complete the information on the next page.
2. When you continue from the next page, you will be prompted to enter a filename and path for saving this information to a floppy disk or other removable media.
< 뒤로(B) 다음(N) > 취소
13
SONY
Please complete all fields below. This information is being collected and shall be stored and used in accordance with the Sony Pictures Digital Privacy Policy.
Privacy Policy...
< 뒤로(B) 다음(N) > 취소
14
저장 위치(I): 내 문서
내 그림
내 비디오
내 음악
받은 파일
ACID Pro 5.0 Projects
Adobe
Image Transfer
My eBooks
Sony Media Libraries
vegas60
vegas 실행
Register ACID Pro
Register Sound Forge
Register Vegas
파일 이름(N): Register Vegas
파일 형식(T): HTML File (*.htm; *.html)
저장(S)
취소
15
Register From Another Computer
SONY
The file was successfully saved to:
C:₩Documents and Settings₩kim₩My Documents₩Register Vegas.htm.
3. Take this saved file to a computer with e-mail access.
4. Double click on the file and the Sony registration Web site will open. Enter any missing information and click the Submit button.
5. An activation e-mail will be sent to the address you provided. Make note of the activation code(s) listed in the e-mail, and bring them back to this computer.
< 뒤로(B) 다음(N) > 취소
16
SONY
6. Please copy the Activation Code from the registration e-mail message we sent you and paste it into the space below to complete registration.
< 뒤로(B) 마침 취소

베가스 7 설치 그림

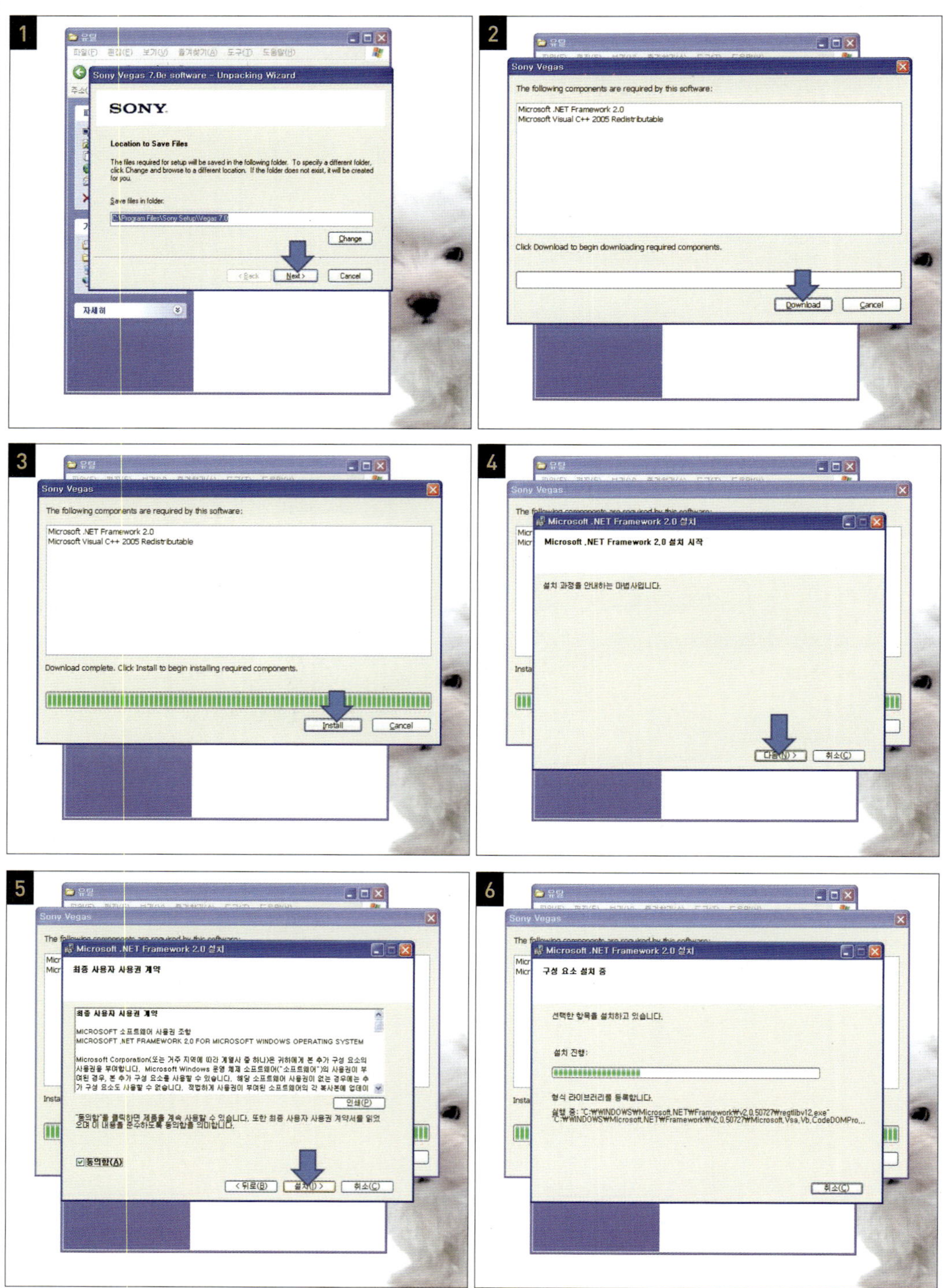

1
Sony Vegas 7.0e software - Unpacking Wizard
SONY
Location to Save Files
Next >
Cancel
2
Sony Vegas
The following components are required by this software:
Microsoft .NET Framework 2.0
Microsoft Visual C++ 2005 Redistributable
Click Download to begin downloading required components.
Download
Cancel
3
Sony Vegas
The following components are required by this software:
Microsoft .NET Framework 2.0
Microsoft Visual C++ 2005 Redistributable
Download complete. Click Install to begin installing required components.
Install
Cancel
4
Microsoft .NET Framework 2.0 설치
Microsoft .NET Framework 2.0 설치 시작
설치 과정을 안내하는 마법사입니다.
다음(N) >
취소(C)
5
Microsoft .NET Framework 2.0 설치
최종 사용자 사용권 계약
동의함(A)
< 뒤로(B)
설치(I) >
취소(C)
6
Microsoft .NET Framework 2.0 설치
구성 요소 설치 중
선택한 항목을 설치하고 있습니다.
설치 진행:
형식 라이브러리를 등록합니다.
취소(C)

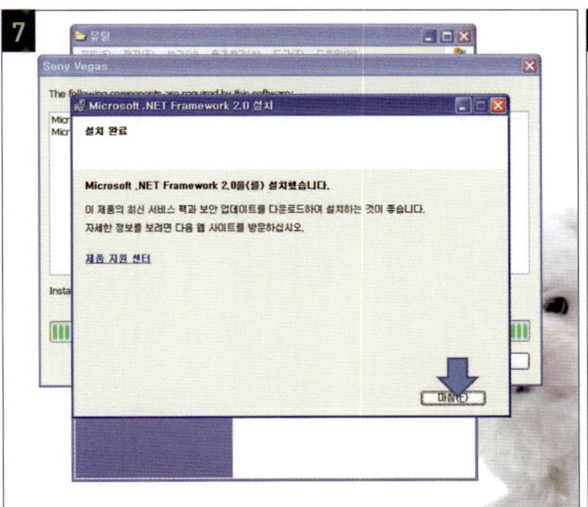
7
Sony Vegas
Microsoft .NET Framework 2.0 설치
설치 완료
Microsoft .NET Framework 2.0을(를) 설치했습니다.
이 제품의 최신 서비스 팩과 보안 업데이트를 다운로드하여 설치하는 것이 좋습니다.
자세한 정보를 보려면 다음 웹 사이트를 방문하십시오.
제품 지원 센터
마침(F)

8
Sony Vegas 7.0e software
SONY
Welcome to the Sony Vegas 7.0e software Installation Wizard
The Installation Wizard will install Sony Vegas 7.0e software on your computer. Click Next to continue or Cancel to exit the Installation Wizard.
Next >
Cancel

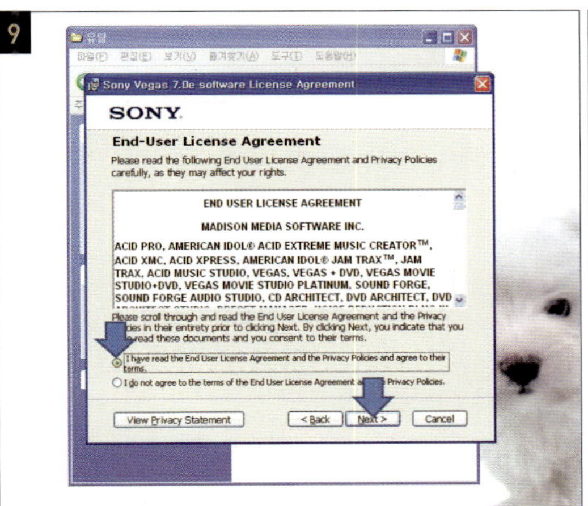
9
Sony Vegas 7.0e software License Agreement
SONY
End-User License Agreement
Please read the following End User License Agreement and Privacy Policies carefully, as they may affect your rights.
END USER LICENSE AGREEMENT
MADISON MEDIA SOFTWARE INC.
View Privacy Statement
< Back
Next >
Cancel

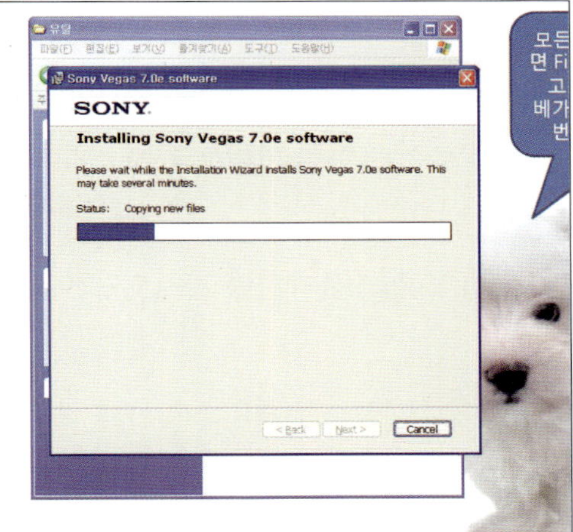
10
Sony Vegas 7.0e software
SONY
Installing Sony Vegas 7.0e software
Please wait while the Installation Wizard installs Sony Vegas 7.0e software. This may take several minutes.
Status: Copying new files
< Back
Next >
Cancel

05 사진(이미지) 및 동영상 파일 불러오는 방법

소스 가져오기 - 영상이나 사진을 편집하기 위해서는 소스(동영상, 사진 , 소리 파일)를 컴퓨터로 가져와야 한다.

1.비디오 장치에서 가져오기(캠코더 또는 VTR을 IEEE1394 케이블로 PC에 연결한다.)

2.파일로 만들어진 비디오 가져오기(CD 또는 메모리카드, USB메모리, 다운받기등)

3.사진 파일 가져오기

4.오디오 또는 음악파일 가져오기

가져오는 방법은 캡처(Capture)와 임포트(import)로 나눌 수 있다.

Capture

비디오 장치에서 영상 및 소리를 가져오는 것을 캡처(Capture)라고 부릅니다. 현대에 와서 아나로그 장비에서 디지털장비로 전환되며 디지털 캠코더가 많이 보급되어 레코드라는 용어와 캡처 라는 용어가 사용되고 있는데, 일반적으로 `레코딩 한다`라는 용어보다 캡처라는 용어를 많이 쓴다.

영화나 CF제작사는 프리랜서들의 개별적인 편집 장비를 통해 작업된 소스를 여러 사람이 공유하기 위해 네트워크를 이용해 편집을 하는데 소스를 저장 장치에 등록을 하는 것을 인제스트(ingest)라고도 한다. 모두 같은 의미이다.

import

파일로 만들어진 비디오 소스나 사진 소리 파일 등을 가져오는 것을 임포트(import)라고 한다. 열기(Open)는 이미 만들어진 편집 파일을 불러 올 때 사용하는데, 다른 일반적인 프로그램 사용에서는 열기를 많이 사용하므로 파일을 가져오는 것으로 생각하기 쉬운데 편집된 파일 즉 프로젝트 파일을 불러오는 방법이지 소스를 가져오는 방법이 아니다.

요즘은 대부분 디카를 사용해서 사진과 동영상을 촬영하거나 인터넷에서 동영상 소스를 가져와 임포트 편집 할 수 있다.

소스(사진 또는 동영상) 불러오기

영상 편집을 하려면 카메라로부터 촬영된 비디오 원본을 캡처해 동영상을 가지고 편집을 하지만 처음 배울 때는 사진(정지 영상)으로 편집하는 것이 이해하기 쉽고, 개인 인터넷 홈쇼핑에서도 이런 작업이 많이 쓰이고 효과적이므로 사진을 불러오는 과정을 설명하겠다.

그림 5-1의 좌측 아래를 보면 윈도우 탐색기와 같은 형태가 보인다.

그림 5-1

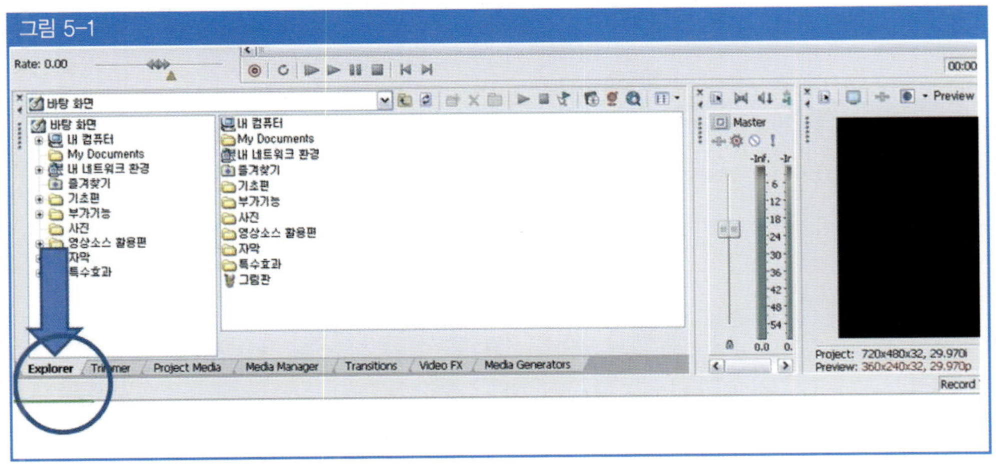

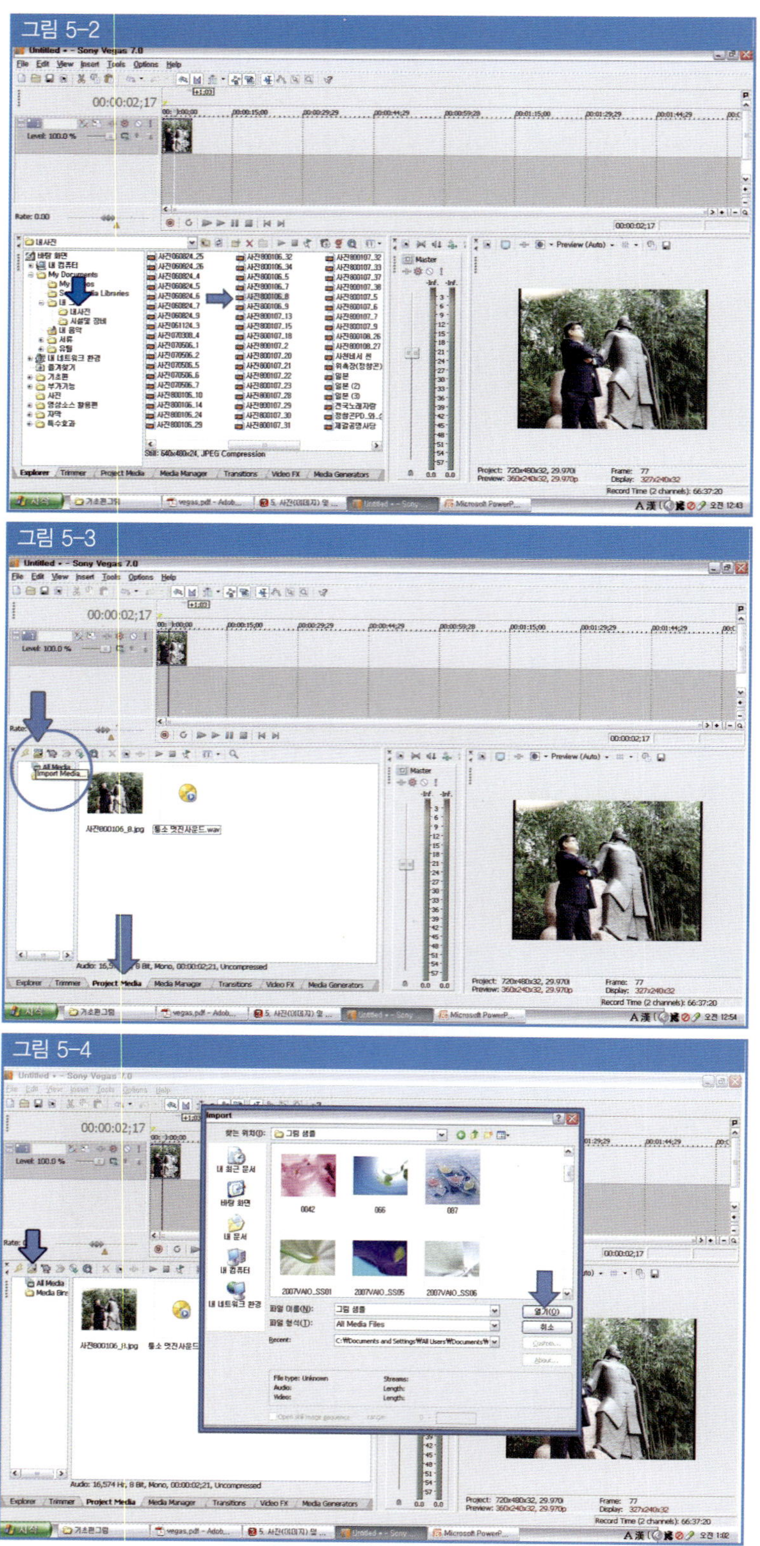

그림 5-2

그림 5-3

그림 5-4

제일 아래 여러 종류의 Tab이 보이는데 Explorer 탭을 클릭하면 파일을 찾을 수 있는 탐색 창이 열린다. 이 곳에서 원하는 소스(그림 파일, 동영상 파일, 소리 파일 등)를 찾아 더블 클릭하면 타임라인에 올라간 그림이 보인다. (그림 5-2)

Explorer 창 외에 프로젝트 미디어(project media)창이 필요한 소스만을 불러와서 작업 할 수 있으며 미리보기가 되므로 훨씬 편리하다. 이제부터는 그림 5-3처럼 프로젝트 미디어 창을 열고, 임포트 미디어로 불러와서 작업하도록 하겠다.

임포트 미디어를 클릭하면 그림 5-4처럼 검색 창이 나타나고 원하는 사진을 선택, 열기를 클릭해서 불러오면 된다.

사진은 오디오가 없으므로 음악파일을 따로 모아둔 폴더를 만들어 보관 했다가 불러오면 편리하며, 영상의 경우에는 영상을 불러와서 상단에 있는 편집 창 타임라인에 올리면 오디오가 같이 붙어 있는 것을 확인 할 수 있다.

편집을 위하여 타임라인에 올리는 방법은 프로젝트 미디어 창에 있는 소스를 클릭한 상태로 끌어서 타임라인 위로 가는데 이것을 드래그라고 하며 클릭을 놓는 것을 드롭이라고 한다.(드래그&드롭)

그림 5-5

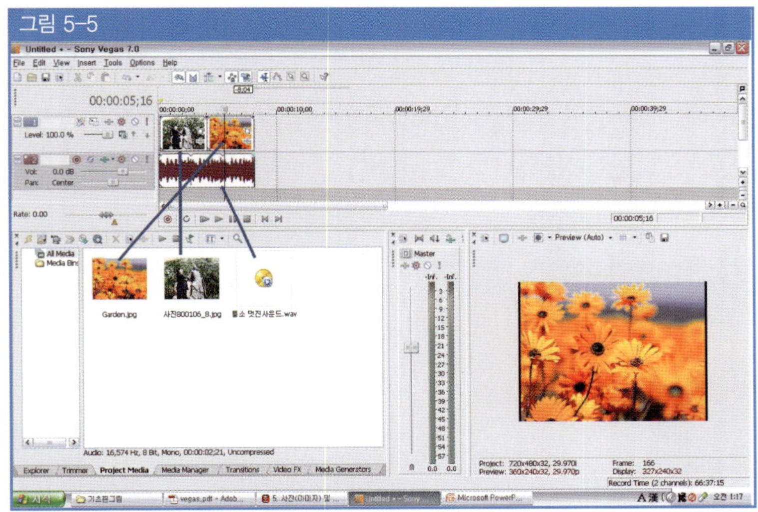

그림 5-5와 같이 됐다면 이제 편집 준비가 되었다.

〈DV 캡처하기(Capture)〉

그림 5-6

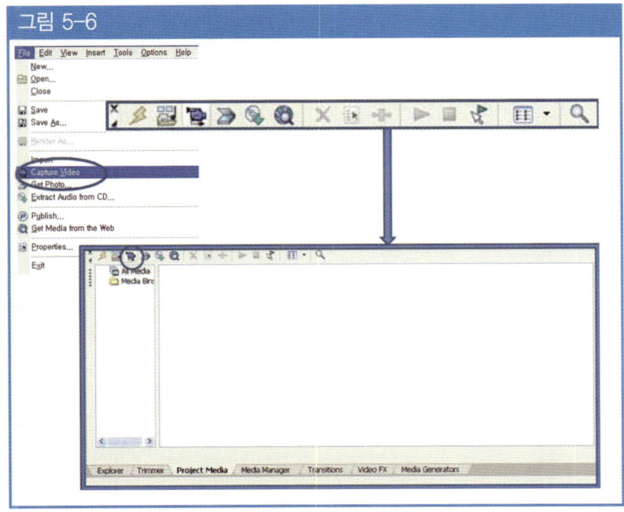

캠코더와 컴퓨터를 IEEE1394 케이블로 연결한다. 캠코더는 VCR모드로 전환한다. 실행 방법은 File메뉴에서 Capture Video를 선택한다. 또 다른 방법은 아래 Media Project탭을 클릭한 다음 메뉴 바에서 Capture Video 버튼을 클릭하는 방법이 있다. (그림5-6)

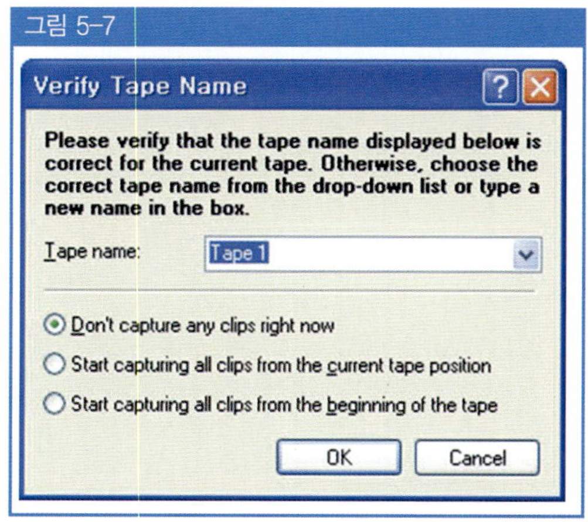

그림 5-7

Capture Video를 선택하면 Verify Tape Name창이 열린다. Tape 이름을 입력하고 OK버튼을 클릭한다. **Don't Capture any clips right now**는 바로 캡처 하지 말라는 뜻이고, **Start Capturing all clips from the current tape position**은 현재 위치에서 바로 캡처를 시작하라는 뜻이다.

Start capturing all clips from the beginning of the tape는 테이프 시작부터 캡처를 하라는 의미인데, 통상적으로 캡처 할 때는 **Don't Capture any clips Right now**를 선택한다. 이 옵션을 선택하고 OK버튼을 클릭한다.(그림 5-7)

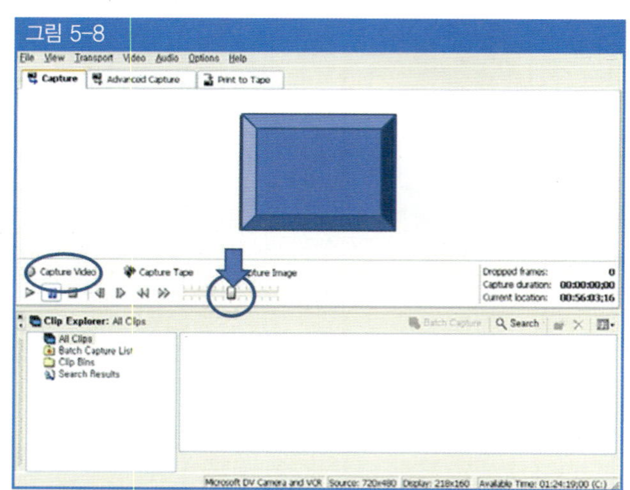

그림 5-8

검색 바를 좌 우로 움직여 원하는 영상을 찾는다. 캡처를 하고 싶은 부분을 찾은 후 그림 5-8과 같이 Capture Video를 클릭하면 캡처가 시작된다.

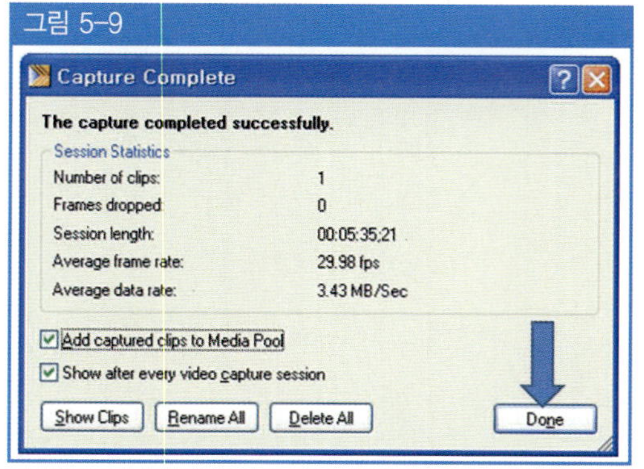

그림 5-9

캡처를 끝내는 Stop버튼을 클릭하면 그림 5-9와 같이 Capture Complete창이 열린다. 일반적으로 Done을 선택한다. 클립을 보려면 Show Clips를 클릭하며 이름을 바꾸려면 Rename All을 선택하고 이름을 바꾼다. 삭제하고 싶으면 Delete All을 선택하면 된다.

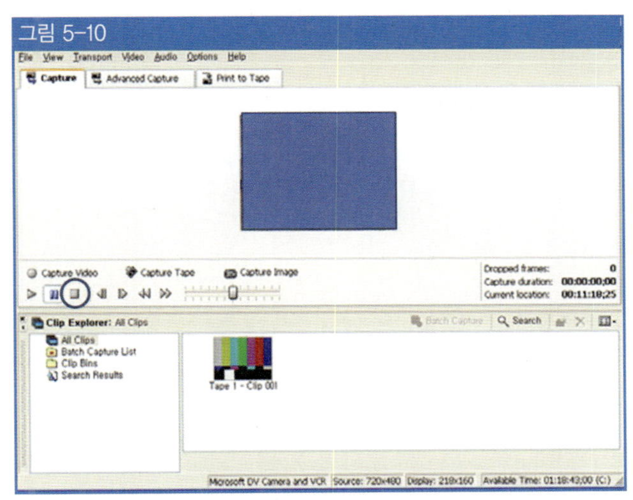

Done을 클릭하면 그림 5-10과 같이 방금 캡처 한 클립이 Clip Explorer 창에 나타난다.

Tip

코덱(CODEC)

Compress/Decompress, Coder/Decoder의 합성어, 디지털로 처리된 영상과 음성을 압축하고 해제하는 기술이다. 영상 또는 음성의 신호를 디지털 신호로 변화하는 코더(Coder)와 그 반대로 변환시켜 주는 디코더(Decoder)의 기능을 함께 갖춘 소프트웨어를 말한다.

코덱의 종류

AVI (Audio Video Interleaved) MS사 제작 코덱, Capture 및 저장 방식에 따라 AVI 형식 Type 1, 과 Type 2 가 있다. 프리미어는 Type 2방식만 지원

WMV (Window Media Video) 7, 8, 9; MS사 제작 코덱으로 가장 호환성이 좋고 인터넷용 스트리밍 기능과 HD화질을 수용하고 보안성을 강화한 (DRM : Digital Rights Management) 차세대 코덱. WMV9 경우 H.264와 거의 같은 코딩 효율을 보인다.

MOV (Quick Time); Apple컴퓨터의 동영상 코덱

MPEG (Moving Picture Experts Group)

MPEG 1; 1991년 ISO(국제표준화기구) 11172로 규격화한 영상압축 기술 VHS 수준 화질

MPEG 2; 1994년 ISO에서 13818로 규격화한 영상압축 기술. 방송용 화질, DVD

MPEG 4; 초고속 인터넷용으로 1999년 승인됨

VC-1; MS에서 개발한 윈도우즈 미디어 비디오 9 코텍을 SMPTE에서 표준화한 규격

Quick Time Reference; 아비드 OMF파일을 사용하여 변환하기 위해 사용 하는 코덱

H.264 (MPEG -4 Part 10 , MPEG -4AVC); 현재 최고의 화질과 최대의 압축률을 갖고 있는 코덱 MPEG-4에 비해 같은 화질을 유지하면서 거의 2배 가깝게 더 압축을 할 수 있다.

(AVC:Advanced Video Coding) Avi계열

DivX (Digital Internet Video eXpress) 마이크로소프트사의 MPEG4기술을 이용해 상용화 계획에 반대하는 해커들에 의해 탄생 현재는 DiVX.COM사의 상용코덱

Xvid; MPEG-4 기술을 이용한 공개 형 코덱 규격이 통일되지 않아 에러율이 간혹 있다.
Sorenson Video코덱은 MAC OS에서 출발한 코덱이다. 컴퓨터 성능이 좋아야 한다.

Cinepak Codec; 초당 15Frame일 때 사용하던 초창기 코덱이다.

Microsoft Video 1; 아날로그 비디오를 압축하기 위해 사용하던 코덱이다.
Intel I.263 , H.261 , H.262 , H.263 낮은 데이터 전송률을 가지는 표준 화상회의 코덱
높은 압축률을 제공하는 반면 움직임이 많은 영상은 부적절하다.

DV-NTSC , DV-PAL
DV코덱의 유형
DV, miniDV , DVCAM (25Mbps/sec)
DVCPro 25 (25Mbps/sec)
DVCPro 50 (50Mbps/sec)
DV코덱은 전세계 50여 개 기업이 참여하여 탄생시킨 코덱이다.
DV코덱을 업무용으로 개발한 것이 DV CAM방식 방송용으로 만든 것이 DVCPro 25 , DVCPro 50
JPEG2000 2000년 웨이블릿 방식 채택 압축효율이 높음 압축 복원 시 무손실

작업파일 저장 방법(veg, wmv) 06

앞서 5항에서 불러왔던 소스들을 아직 편집은 하지 않았지만 후에 멋진 영상으로 편집하기 위해서는 현재의 상태까지 진행된 그대로 베가스 작업 파일(Veg.파일)을 저장하면 다음에 다시 여기 저기 폴더에서 불러오는 불편이 없어진다.

간단하므로 천천히 따라해 보자.

그림 6-1

먼저 그림 6-1과 같이 맨 위쪽 도구 모음 위의 메뉴 줄, 제일 앞에 있는 파일메뉴를 클릭한다.

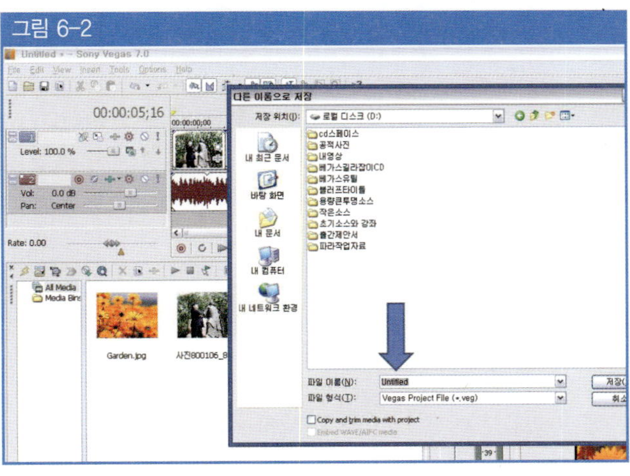

그림 6-2

아래로 다양한 하위메뉴들 중에 세이브 에즈(save as)를 클릭하면 그림 6-2와 같이 저장할 위치를 검색하는 창이 뜬다.

적당한 폴더 또는 새 폴더를 만들고 화살표의 파일 이름을 타이핑 한 다음 저장을 클릭하면 된다. 그리고 베가스 창을 닫더라도 다시 작업파일을 더블 클릭하면 저장당시의 작업 상태 그대로 불러 올 수 있다. 편집이 끝난 완성된 작업 상태에서도 작업파일을 꼭 저장해야 다음에 다시 작업하지 않고 약간의 수정으로 좀 더 완성도 높은 컨텐츠를 얻을 수 있다.

그림 6-3

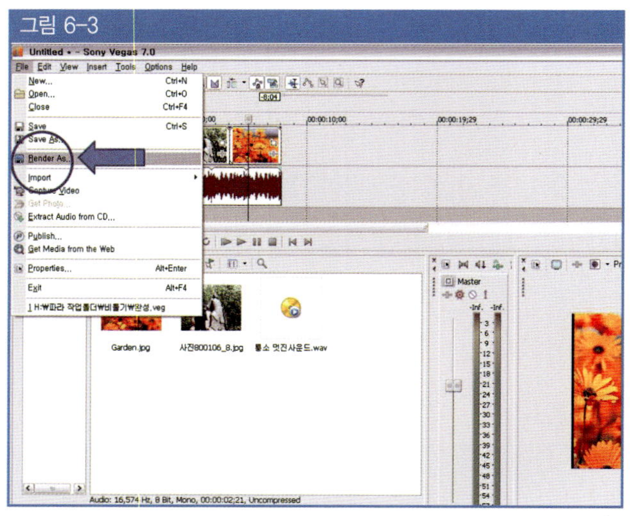

이제 완성된 결과물을 작업파일이 아닌 영상물 즉, 윈도우미디어 플레이어에서 재생 할 수있는 WMV 파일로 저장해 보겠다. 그림 6-1에서 처럼 상위 메뉴 줄의 파일 메뉴를 다시클릭 해서 6-3과 같이 랜더 에즈(render as)를 클릭한다.

그림 6-4

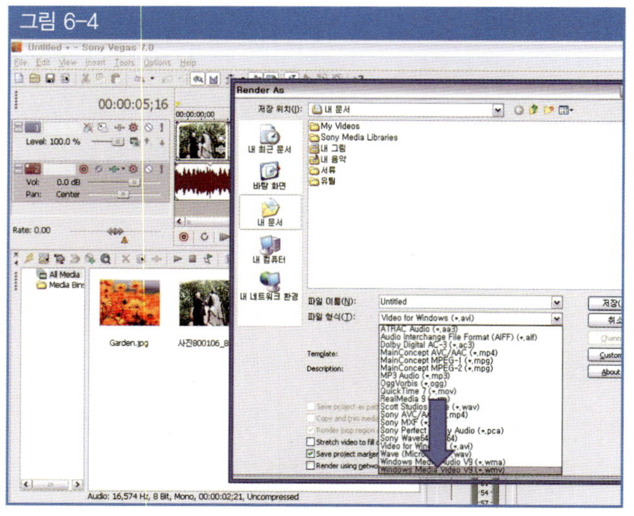

이번에는 랜더링이 끝난 완성물을 저장할 위치와 어떤 형식의 컨텐츠로 저장할지를 지정하는 설정창이 나타난다.

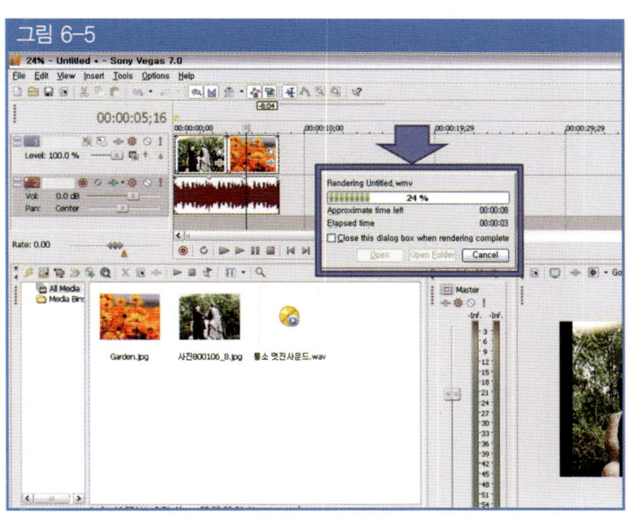

그림 6-5

그림 6-4와 같이 이름을 타이핑한 다음 파일형식 하위메뉴 검색 버튼을 클릭하여 제일 밑에 있는 wmv를 클릭해서 설정하자. 그리고 파일 저장소도 지정한 후 저장을 클릭하면 랜더링을 시작한다. (그림 6-5)

베가스는 다양한 형식의 파일을 출력한다. Mpeg1, Mpeg2, Mpeg4, MOV, RM, AVI, WMV, MXF 등의 동영상 파일과 각종 오디오 파일을 지원해 특별히 다른 변환 프로그램 없이도 많은 형식의 파일 출력이 가능하며, MS사에서 개발한 WMV9 코덱 압축률이 좋다.

File 메뉴	
New	새로운 편집하기
Open	편집한 프로젝트 파일 열기
Close	닫기
Save	프로젝트 파일 저장하기
Save As	다른 이름으로 저장하기
Render As	동영상 파일로 만들기
Import	파일 가져오기
Capture Video	비디오 테이프 캡처하기
Get Photo	스캐너에서 파일 가져오기
Extract Audio From CD	오디오 CD제작하기
Publish	ACIDplanet 홈페이지에 영상 올리기
Get Media from the Web	웹에서 동영상. 오디오 파일 가져오기
Properties	프로젝트 속성 정하기
Exit	종료하기

Edit 메뉴	
Undo	취소하기
Redo	취소 되돌리기
Cut	자르기
Copy	복사하기
Paste	붙이기
Paste Repeat	반복해 붙이기

Edit 메뉴

Paste Insert	삽입하여 붙이기
Paste Event Attributes	이벤트 속성만 붙이기
Delete	삭제하기
Trim	트림(테두리) 하기
Split	분할하기
Post Edit Ripple	리플 편집
Select	선택하기
Editing Tool	메뉴에 여러 가지 선택 툴
Switches	여러 가지 스위치 기능
Take	테크 편집하기
Group	그룹으로 묶기
Stream	스트림
Channels	오디오 믹스 및 좌우 조절 기능
Undo All	작업 모두 취소
Clear Edit History	편집 이력 삭제

View 메뉴

Toolbar	툴 바 보기
Status	상태 바 보기
Window Layouts	창 보기 설정, 기본 레이아웃으로 가려면 Load default Layouts
Focus to Track View	JKL키를 누르면 재생을 하지 않는다. 트랙으로 가기 기능이다.
Explorer	탐색 창 보기
Trimmer	트리머 창 보기
Mixer	믹서 창 보기
Video Preview	미리 보기 창 보기
Project Media	프로젝트 미디어 창 보기
Edit Details	에디트 디테일 창 보기
Transitions	트랜지션 효과 창 보기
Video FX	비디오 효과 창 보기
Media Generators	미디어 제너레이터 창 보기
Plug in Managers	플러그 인 매니저 창 보기
Video Scopes	비디오 스코프 보기
Surround Panner	서라운드 패널 보기
Media Manager	미디어 매니저 창 보기

View 메뉴

XDCAM Explorer	XD캠 탐색 창 보기
Mixer Preview Fader	원본 조절 믹서 페이더
Audio Bus Tracks	오디오 버스 트랙
Video Bus Tracks	비디오 버스 트랙
Event Media Marker	마커 보이기
Active Take Information	정보 보여주기
Waveforms and Frames	프레임만 보이기
Event Buttons	이벤트에 버튼 표시하기
Event Fade Lengths	페이드 길이 표시하기
Video Event Edge Edit Frames	트림 위치 모니터
Audio Envelopes	오디오 인벨롭
Video Envelopes	비디오 인벨롭
Show Envelopes	인벨롭 보여주기
Minimize All Tracks	트랙 최소화
Rebuild Audio Peaks	오디오 피크 다시 설정

insert 메뉴

Audio Envelopes	오디오 인벨롭
Video Envelopes	비디오 인벨롭
Audio Track	오디오 트랙 만들기
Video Track	비디오 트랙 만들기
Audio Bus	오디오 버스
Audio Assignable FX	오디오 효과 적용하기
Empty Event	빈 이벤트 만들기
Text Media	타이틀 만들기
Generated Media	미디어 만들기
Time	공백 만들기
Marker	마커(위치, 시간 표시) 설정
Region	리전(구간 선택 표시) 설정
Audio CD Track Region	오디오 CD트랙 구간 설정
Audio CD Track Index	오디오 CD트랙 목록 만들기
Command	커맨드 만들기

Tools 메뉴

Audio	외부 오디오 툴, 오디오 효과 작업
Video	비디오 효과, 움직임 등 여러 작업하기
Render to New Track	파일변환 후 새 트랙에 불러온다. 트랙 합침(Mixing) 기능
Preview in Player	플레이어를 선택해 미리 보기
Selectively Prerender Video	선택적으로 파일 랜더링
Clean Up Prerendered Video	프리랜더 비디오 삭제
Build Dynamic RAM Preview	램프리뷰
Print Video to Tape	캠코더 테이프로 출력하기
Print Video to HDV Tape	HDV 테이프 출력, Export to PSP(PlayStation Portable)
Scripting	스크립팅
Clean Project Media	편집에 사용하지 않은 미디어파일을 삭제한다.

Options 메뉴

Quantize to Frames	이벤트를 프레임 단위로 이동
Enable Snapping	달라붙는 기능을 활성화한다.
Snap to Grid	그리드에 달라 붙는다.
Snap to Markers	마커에 달라 붙는다.
Snap to All Events	모든 이벤트에 붙는다.
Grid Spacing	그리드 간격 설정
Ruler Format	눈금 자 표시 형식 설정
Automatic Crossfades	자동으로 크로스 페이드
Quickfade Audio Edits	오디오를 S키로 잘랐을 때 자동 페이드인/아웃 되는 기능이다.
Auto Ripple	자동으로 공간을 채운다
Lock Envelopes to Events	이벤트와 엔벨로프 잠금
Ignore Event Grouping	오디오 비디오 분리 기능
Loop Playback	반복 재생하기
Metronome	메트로놈 작동하기
Bypass All Audio FX	오디오 효과 적용 하지 않고
Mute All Audio	모든 소리 나지 않게
Mute All Video	모든 화면 보이지 않게
Timecode	미디 타임코드
External Control	외부 미디 컨트롤
Customize Toolbar	툴 바 설정
Customize Keyboard	키보드 설정
Preferences	환경설정

Chapter 2

사진& 동영상

01 _ Cross Fade 효과 (겹침 기능)

02 _ 사진 삽입 시 여백 없애기

03 _ 사진(이미지) 줌인, 줌아웃

04 _ Event Pan/Crop 효과 (사진 → 영상)

05 _ Transitions 효과 (장면 전환)

06 _ CrossFade로 불러오기

07 _ 길이 조절 | Fade in/out

01 Cross Fade 효과(겹침 기능)

지금부터 여러분이 배우실 크로스, 페이드 효과는 말 그대로 앞 소스의 마지막 부분이 뒷 소스의 앞부분과 겹쳐지며 사라지고 뒷 소스가 나타나는 가장 기본이 되는 편집 방법이다.

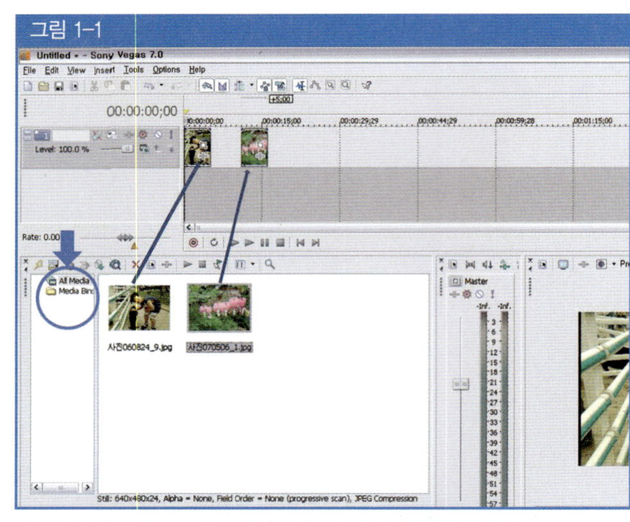

그림 1-1

먼저 그림 1-1과 같이 그림 소스를 불러온다. 불러오는 순서는 프로젝트미디어 - 임포트 미디어 클릭 - 검색 창에서 소스 찾기- 선택 후 열기 - 드래그해서 타임라인에 올리기이다. 이 과정을 반복해서 몇 장의 소스를 불러온다.

그림에서 보면 타임 라인에 올린 소스가 너무 작게 보여서 크로스 페이드 효과를 작업하기가 어렵다. 이럴 경우 타임라인의 하단에 있는 타임바를 그림1-2와 같이 끝부분을 클릭하여 줄여 준다. 타임 바를 줄일수록 타임라인의 단위가 시간에서 프래임 별로 볼 수 있게 커지는 것을 알 수 있으며 소스도 편집하기 좋게 길이가 길어지는 것을 알 수 있다.

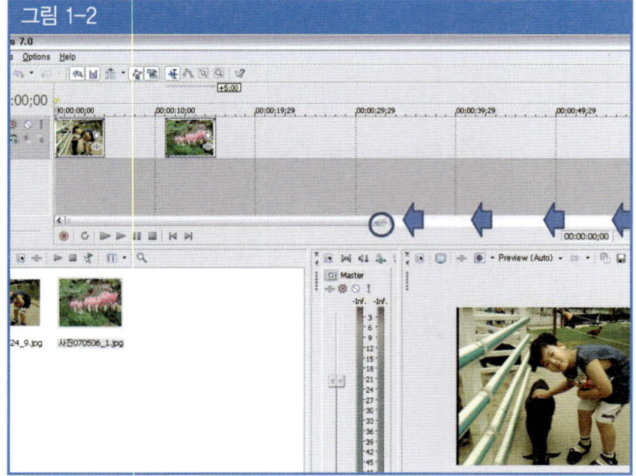

그림 1-2

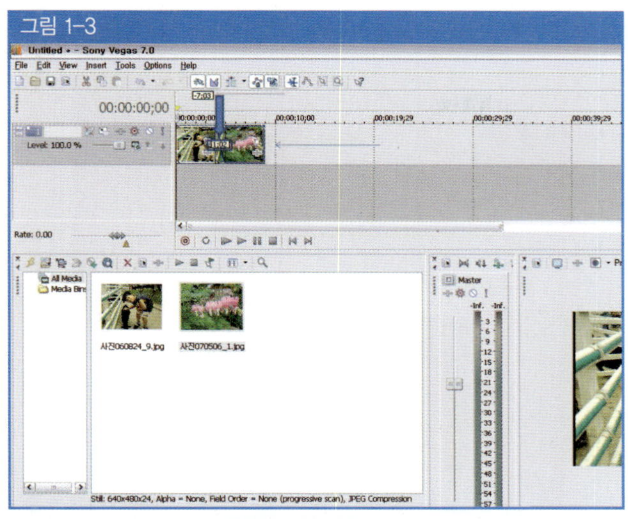

그림 1-3

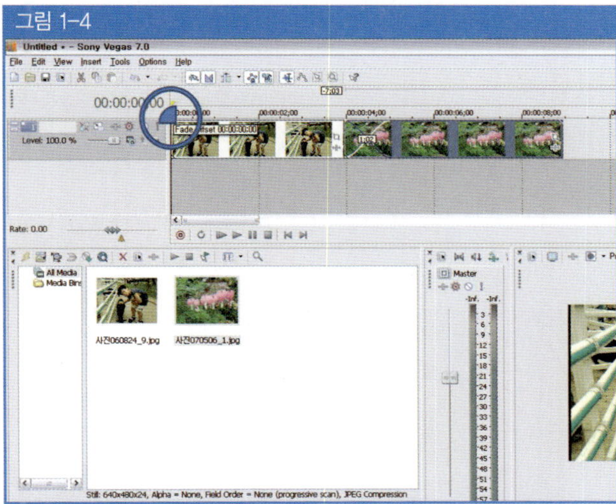

그림 1-4

그림 1-5

앞 소스에 뒷 소스를 겹치기만 하면 스스로 크로스 페이드가 적용된다. 이때 그림 1-3처럼 크로스적용 시간이 나타난다. 이 시간 간격을 조절하며 길게 혹은 짧게 장면 전환을 연출하자.

그렇다면 소스 겹치는 효과처럼 소스 시작도 서서히 나타나고(페이드 인), 끝나는 부분도 서서히 사라지는(페이드 아웃) 것은 어떻게 할까?

매우 간단한다.

먼저 타임 바를 줄여 더욱 소스의 길이를 늘이고, 그림 1-4와 같이 앞 소스의 시작점의 모서리에 마우스를 올리면 표시된 부분, 부러진 반달 모양이 나타난다.

표식이 나타나는 지점에서 클릭하여 소스의 안쪽으로 이동하면 파도 모양의 페이드 간격이 생기며 마우스를 적당한 시간을 찾은 다음 놓으면 된다.

그림 1-6

마지막 부분도 그림 1-6과 같이 앞 부분 같은 방법으로 페이드아웃 시킨다.

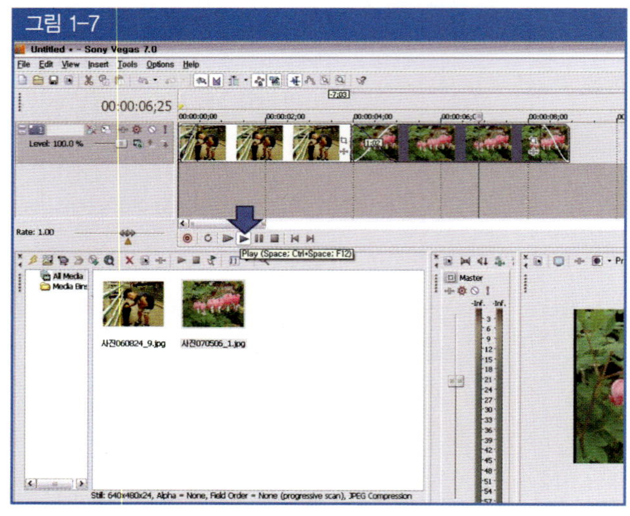

그림 1-7

타임 라인 하단의 플레이 스위치를 클릭하여 모니터를 통해 확인 해보자.

모니터 창에 뭔가 모르게 꽉 차지 않은 느낌이다. 지금부터 모든 편집에서 가장 중요한 것을 배워 보겠다.

그림이나 영상이 작업창에서는 그런대로 화면에 나타나 보이지만 실제로 저장 할 때는 원래의 소스 크기로 저장 되므로 이것을 화면에 채우는 작업은 항상 먼저 해야 할 중요한 작업이다.

그림 1-8

먼저 그림 1-8과 같이 앞 소스 위로 마우스의 커서를 올리고 마우스 오른쪽 을 클릭하면 메뉴가 나타난다.

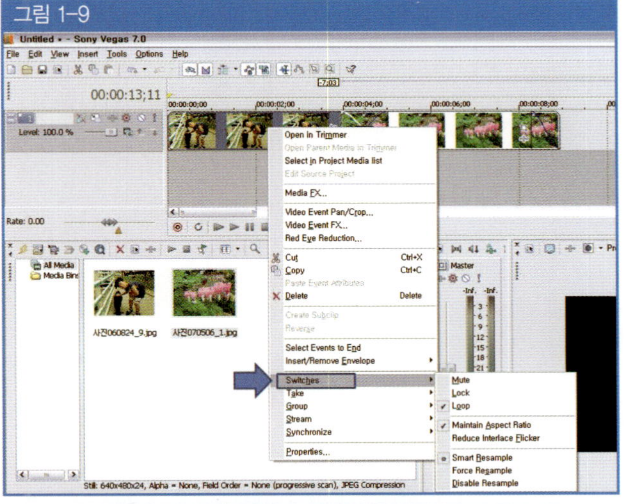

그림 1-9

다음은 메뉴의 하단에 그림 1-9와 같이 스위처를 선택 클릭 한다. 스위처의 세부메뉴가 뜨는 것을 확인할 수 있다.

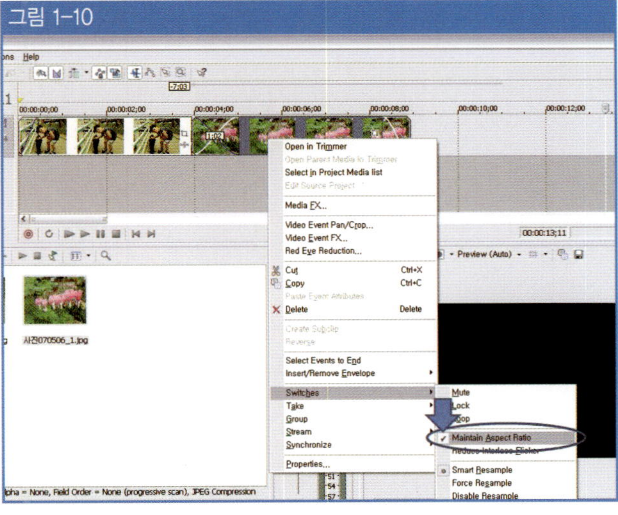

그림 1-10

세부 메뉴에서 메인테인 익스펙트 레이티오(maintain Aspect ratio)에 체크 되어있는 것을 볼 수 있다. 이것을 클릭하여 체크를 해제해주면 된다.(그림1-10)

이 작업은 모든 소스 자막, 동영상, 사진 그래픽 소스 등에 반드시(오디오는 제외) 해야 하는 매우 중요한 작업이므로 미리 소스를 타임 라인에 올릴 때 하는 것이 좋다.

편집의 기본 단위 3가지 (Cut, Scene, Sequence)

① 커트(Cut) 화면 (畵面) : 영상의 최소 단위이다. 글자로 치면 한 단어와 같다. 우리가 글을 쓸 때 아무렇게나 쓰지 않듯이 편집도 나열하는 영상문법이 있다. Cut은 편집에서의 의미이고 Shot은 촬영 할 때 사용하는 용어이다.

② 씬(Scene) 장면(場面) : 동일한 장소, 동일한 시간에 이루어지는 액션이나 대사로 구성된 장면

③ 시퀀스(Sequence) 국면(局面) : 씬 들이 모여 구성된 일종의 짤막한 토막 이야기 (에피소드 Episode)국면

스위치(Switch)기능

Mute : 적용한 트랙을 보이지 않게 한다.

Lock : 삭제 이동 변형 편집을 하지 못하게 잠근다.

Loop : 이벤트를 트림으로 길이를 늘이면 시작점부터 반복해서 늘이는 기능이다. 이 기능을 끄면 늘인 부분이 Stop모션으로 늘어난다.

Maintain Aspect Ratio : 프리뷰 창에 가로 세로를 유지한다. 기능을 끄면 프리뷰 창에 딱 맞게 영상을 채운다. 실제 영상이 늘어나거나 줄어들지는 않고 모니터만

Reduce Interlace Flicker : 속도를 변경했을 때 깜박임을 줄여준다.

Smart Resample : 프로젝트의 프레임 비율과 이벤트의 비율이 다를 경우 리샘플링한다.

Force Resample : 무조건 리샘플링 한다.

Disable Resample : 샘플링 하지 않는다.

스위치란 전원 스위치와 같이 기능을 켜고 끄는 역할을 한다. 클릭하면 앞에 체크 표시가 되면 활성화된 것이다.

사진 삽입 시 여백 없애기 02

사진의 크기가 가로 세로의 길이가 다양한 경우 화면에 불러 왔을때 그림 2-1과 같이 맞지 않는 경우가 많다.

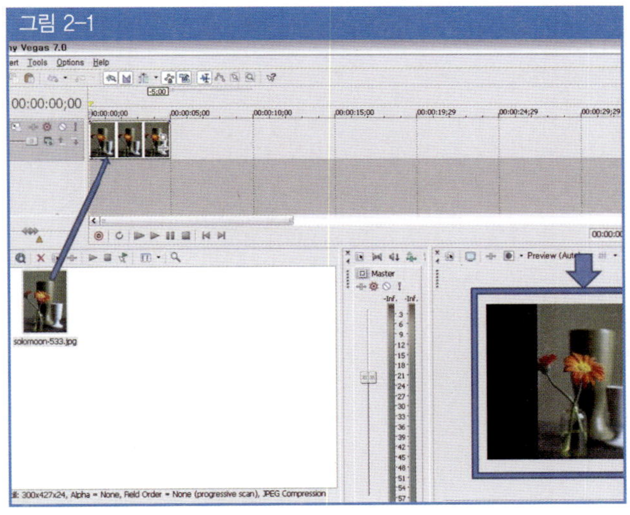
그림 2-1

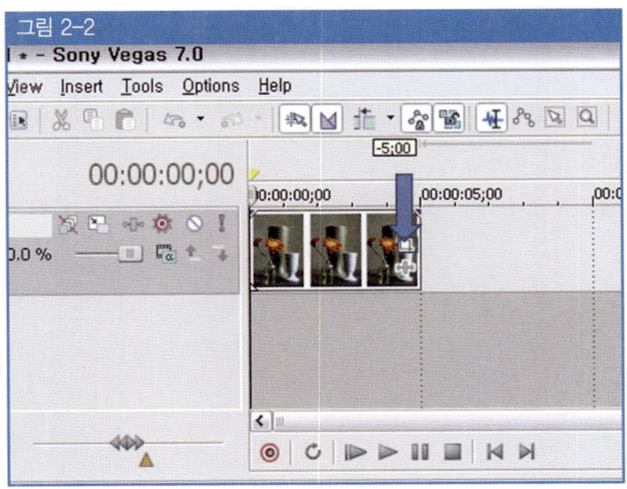

그림 2-2

이때 타임라인의 소스에 마우스 커스를 올려놓고 바로 마우스 오른쪽을 클릭해서 스위처의 메인테인 익스팩트 레이티오 기능을 체크하게 되면 원래의 사진이 심하게 일그러지면서 화면을 억지로 채우게 된다.

그러므로 스위처 기능을 사용하기전에 먼저 화면과 유사한 크기부터 맞춘 후에 스위처의 기능을 써서 화면에 딱 맞게 배치하는 것이 순서이다.

먼저 타임라인의 소스의 뒷 부분 가운데 그림 2-2의 작은 사각공간 표식이 보이면 여기를 클릭하자.

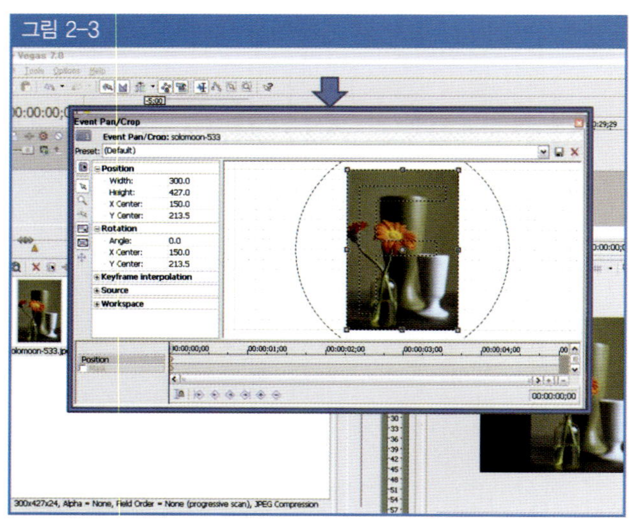

소스의 사각표식은 이벤트 팬 크롭 메뉴로써 크기를 조절할수 있는 메뉴이다. 그림 2-3과 같은 소스크기 조절 창이 나타난다.

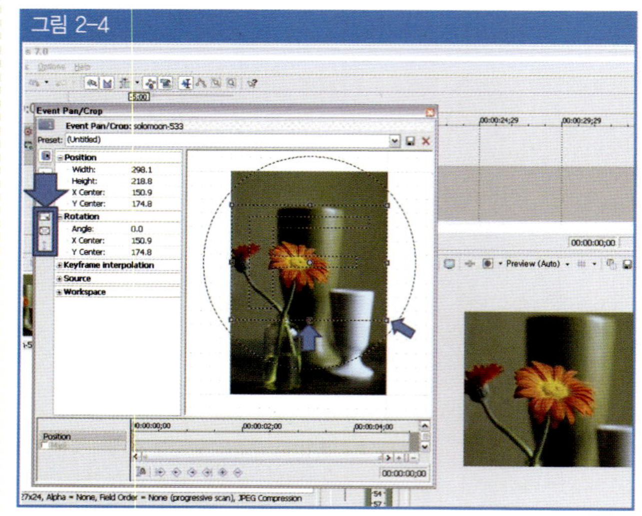

조절 창속의 소스 모서리나 위, 아래에 마우스 커스를 올리면 화살표가 생기는데, 이때 클릭해서 움직여 보면 줄이거나 늘일 수 있다. 여기서 중요한 것은 그림 2-4의 화살표가 가르키는 조절창의 움직임을 콘트롤하는 부분이다.

체크를 하고 움직여 보고 미리 체크되어 있는것을 클릭해서 풀고 움직임을 주는 등의 방법으로 미리보기 모니터를 보면서 원하는 크기를 조절하자.

원하는 크기로 적당한 크기를 정한 후 창을 닫고 지난 과제에서 배운 스위처의 메인테인 익스팩트 레이티오를 체크하면 된다.

편집을 할 때 기능을 잘 몰라 이것저것 클릭하다 보면 미리 보기 창, 오디오 믹서 창 등이 사라지는 일이 발생한다. 이런 경우 원래 상태로 되돌아가려면 View 메뉴 Window Layouts /Load Defaults Layouts을 클릭하면 원래 레이아웃 상태로 쉽게 돌아간다.

사진(이미지) 줌인 / 줌아웃 03

2번 항의 이벤트 팬 크롭은 소스에서 화면에 나타낼 영역을 설정하는 창인 동시에 사진에서 동영상처럼 줌인과 줌아웃을 하는 기능도 수행한다.

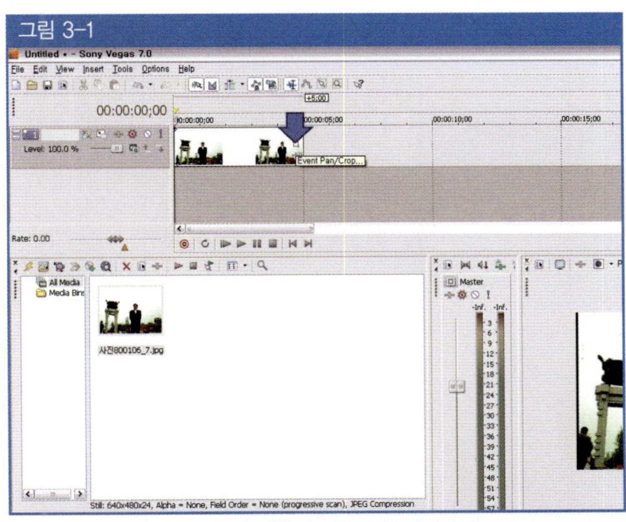

그림 3-1

먼저 소스를 불러와서 그림3-1과 같이 타임 라인에 놓고 소스에서 꼭 먼저 해야 할 설정인 마우스 오른쪽 눌러서 스위처의 메인테인 엑스팩트 레이티오를 체크하는 것 잊지 말고 다음 이벤트 팬 크롭을 클릭한다.

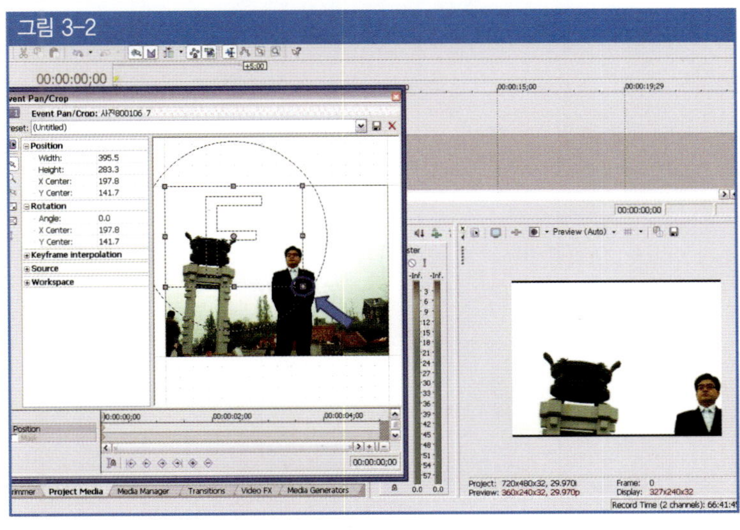

그림 3-2

이벤트 팬크롭의 조절창의 점선 모서리에 커서를 올리면 화살표가 표시되는데 이때 안쪽으로 이동하면 화면이 줄어든다.(그림3-2) 미리보기 모니터를 보면 화면이 줌인 되어 소스의 일부분만을 나타내고 있다.

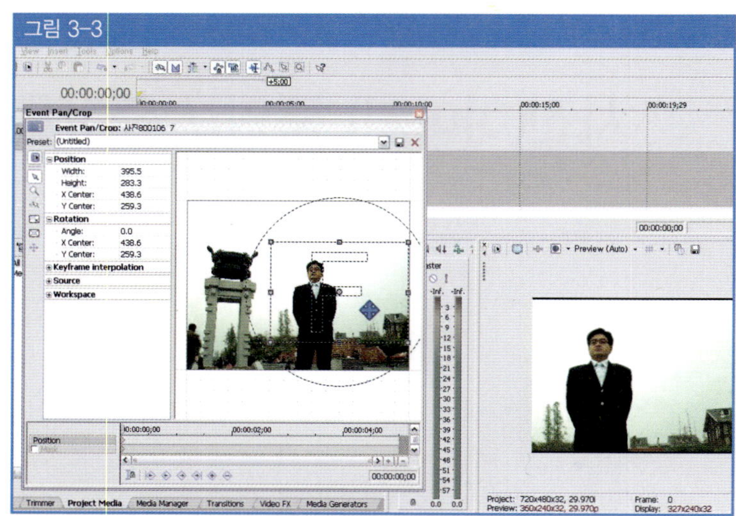

그림 3-3

이번에는 그림3-3과 같이 조절창 점선 모서리가 아닌 안쪽으로 마우스 커스를 가져가서 클릭 하자. 그리고 점선 전체를 옆으로 이동하면서 미리보기 모니터를 살펴보며 원하는 구도를 찾아서 클릭을 한다.

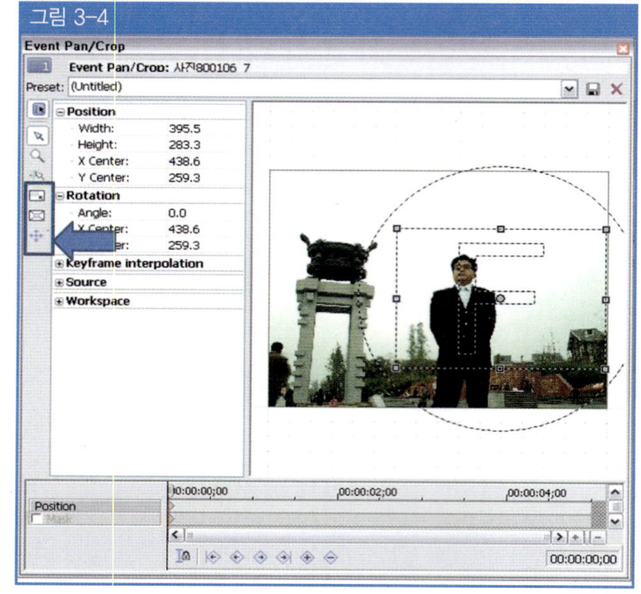

그림 3-4

만약 점선 사각조절창이 원하는 데로 옆으로 가지 않거나 마음대로 움직이지 않는 방향이 있다면 이것은 그림 3-4의 화살표가 표시하는 제어 메뉴 중에 맨 밑의 방향 제어에 한 방향으로 설정되어 있는 것이다.

클릭하여 방향을 설정하거나 해제 할 수 있다.

이벤트 팬 크롭 기능을 이용해서 시작 할 때는 큰 화면인데 점점 줌 인 되었다가 옆으로 이동한 다음 줌 아웃되는 동영상을 사진에서도 연출 할 수 있다.

이것은 이벤트 팬 크롭의 설정 창 하단의 키 프레임으로 시간 조절을 함으로써 가능하다.

4항 활용편의 키 프레임 배우기 항목을 참조하면 쉽게 이해 할 수 있다.

Event Pan/Crop 효과(사진 → 영상) 04

3항에서 이벤트 팬 크롭으로 줌 인과 줌 아웃 이동 등을 화면에 보여 지도록 설정해 보았다면 이번에는 3항과 키 프레임을 활용해서 사진으로 동영상과 같은 효과를 만들어 보겠다. 이 효과는 사진뿐만 아니라 카메라맨이 동영상을 찍어 왔는데 촬영된 동영상의 구도가 단조롭다면 직접 이벤트 팬 크롭으로 다이나믹한 영화 같은 영상으로 편집 할 수 있다. 천천히 따라하면서 완전하게 숙지하는 것이 비결이다.

먼저 베가스를 열고 이미지를 가져와서 타임 라인에 올려놓는다. 기본적으로 이미지는 타임라인에 올려 지면 5초로 설정된다.

그림 4-1

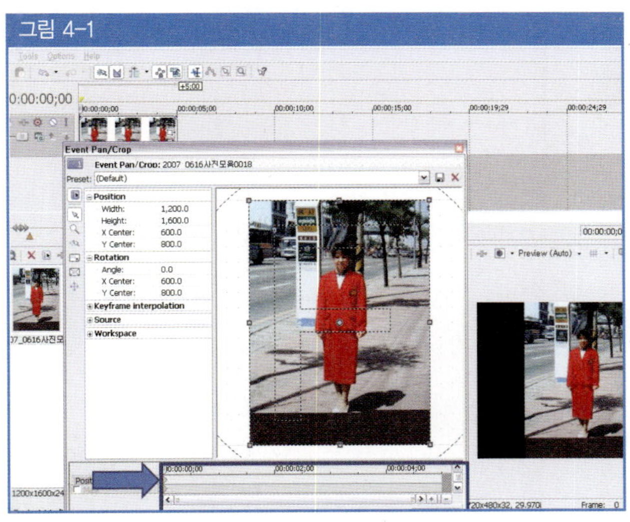

그림 4-1과 같이 이벤트 팬 크롭 창을 열면 창의 제일 하단부(화살표 표시)에 키 프레임 시간 자가 보이다.

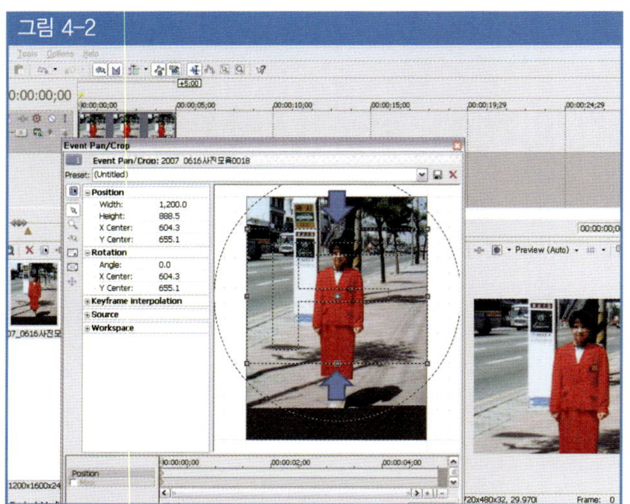

그림 4-2

키 프레임 시간자를 조절하기 전에 제일 먼저 보여질 그림 구도를 잡는다.(그림4-2)

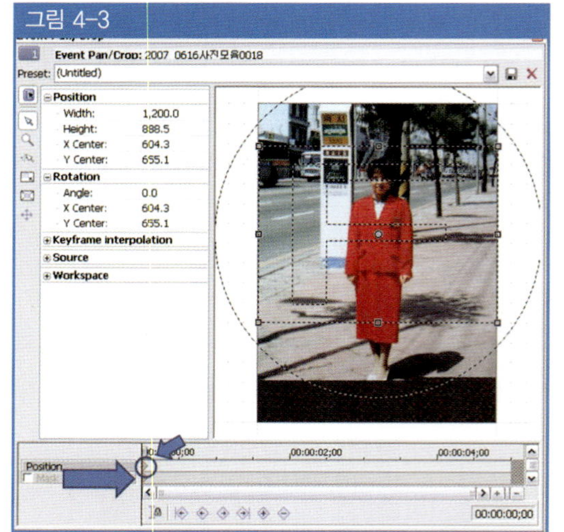

그림 4-3

첫 화면의 구도를 잡은 다음 키 프레임 시간자의 제일앞쪽(그림 4-3)키 프레임 조절버튼은 이미 설정 된 것이다.

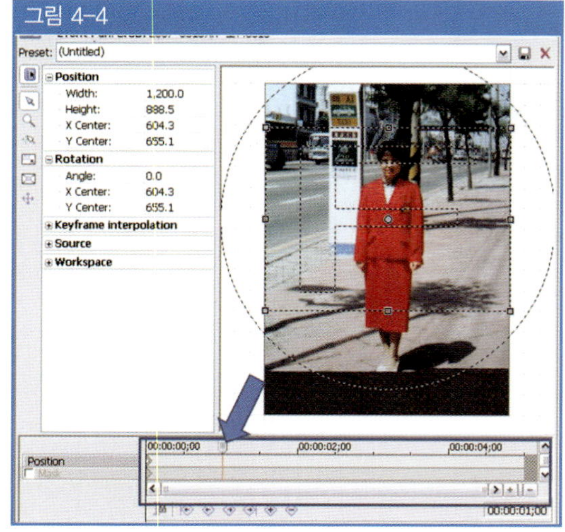

그림 4-4

이번에는 조절 버튼위의 키(그림4-4의 화살표)를 1초 뒤로 움직이다. 이것은 미리 시간을 지시하는 것이다. 키프레임 조정 창에서의 지시는 항상 키로 시간을 먼저 지정하고 그 다음 움직임이나 색상 변화 등 다양한 변화를 지시하는 것이 순서이다.

그림 4-5

움직임을 준다. 그림 4-5와 같이 저자는 줌인을 주겠다.(시작부터 서서히 1초간 줌 인되는 효과)

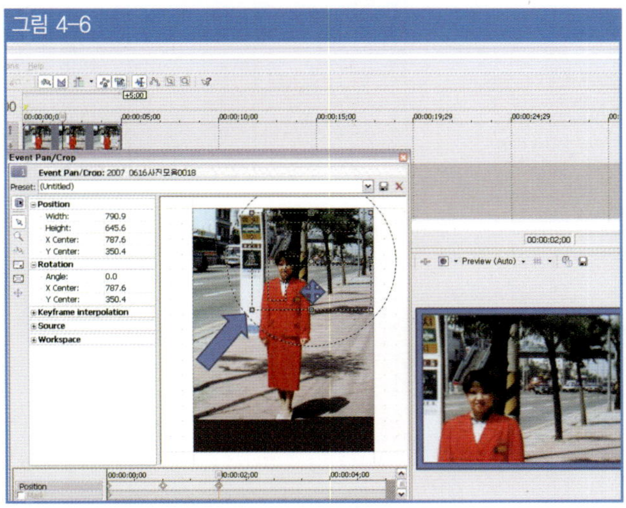

그림 4-6

다시 키 프레임 시간자의 키를 2초 후로 이동시키고, 그림 4-6과 같이 이벤트 팬 크롭 조절창의 점선 전체를 움직여 이동한다.(화면 전체의 옆으로 움직임)

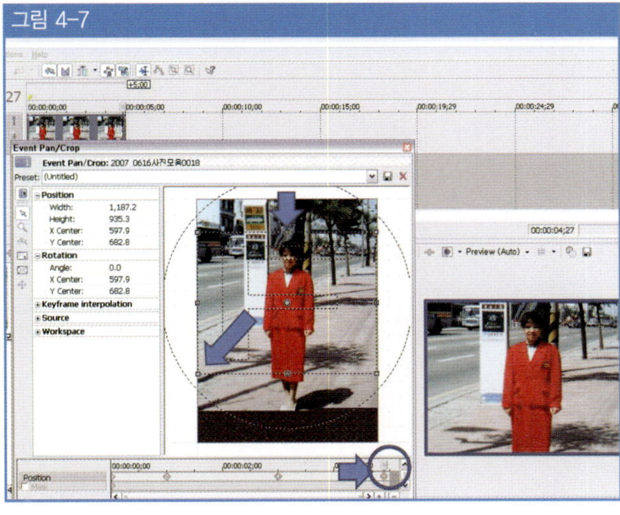

그림 4-7

미리보기 모니터로 확인하면 도움이 된다. 다시 키 프레임 시간자의 키를 2초 후로 이동시키고 그림 4-7과 같이 줌 아웃 한다.

이벤트 팬 크롭 창을 닫고 플레이 해보세요. 사진 한 장으로 영화 같은 멋진 카메라 웍이 연출됐다.

툴 바(Tool Bar)버튼 추가

툴 바에 버튼을 추가 하려면 툴 바 빈 공간을 더블 클릭한다.

도구 모음 사용자 정의 창이 열린다.
좌측 항목에서 추가할 버튼을 선택하고 추가 버튼을 클릭하면 추가된다.
순서는 추가한 다음에도 아래 위로 드래그해 바꿀 수 있다.
잘 못 추가 했을 경우 선택하고 제거를 할 수 있다.

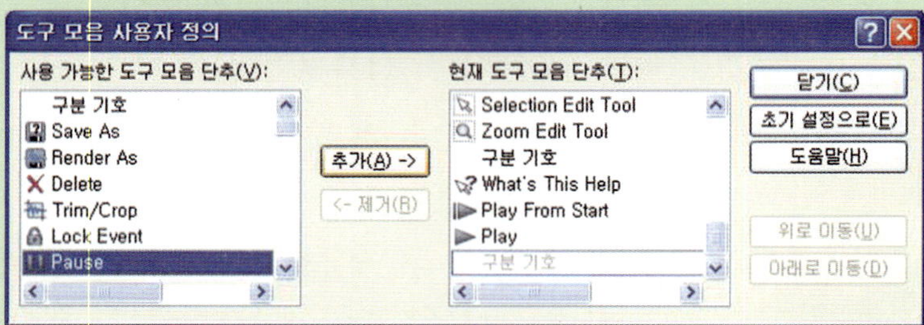

Play From Start, Play, Pause 버튼을 추가한 툴 바 화면이다.

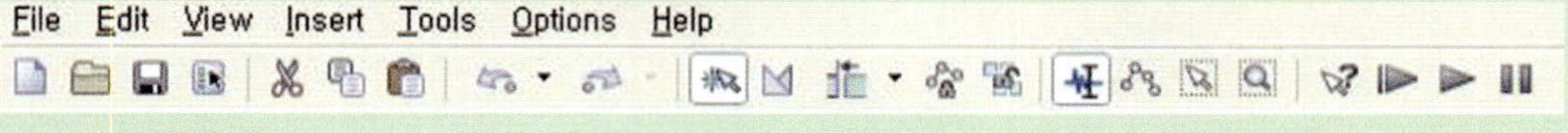

Transitions 효과(장면 전환) 05

앞서 배운 페이드, 즉 겹치는 효과 외 장면전환효과는 상당히 다양하며 베가스에서는 단순히 앞 화면을 밀어내며 들어오는 다음 화면 효과에서부터 3D로 앞 화면을 멀리 보내며 뒷 화면이 날아 들어오는 듯한 효과까지 수백 가지의 Transitions 즉 장면전환 효과가 있다. 이번 단계에는 효과를 적용 시키는 방법에서 효과의 고르는 방법, 그리고 적용시켰던 효과를 삭제 하는 방법 등을 알아보겠다.

그림 5-1

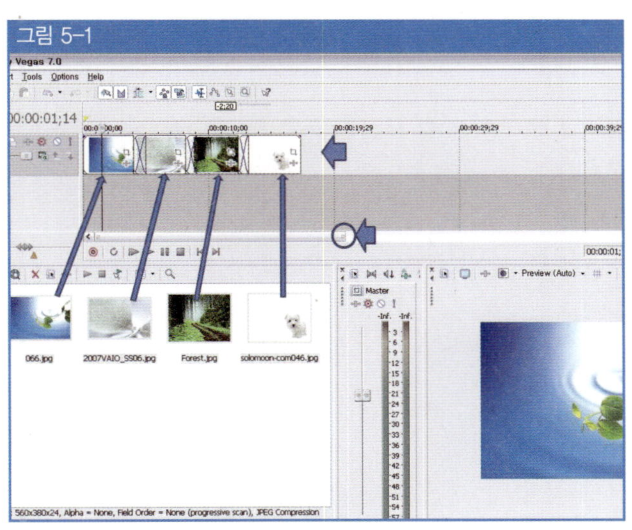

먼저 이미지를 프로젝트 미디어로 불러온다.(트랜지션 효과는 이미지와 동영상등 모든 소스에 적용 시킬 수 있다) 불러온 이미지 여러 장을 타임 라인에 페이드 효과 적용때와 같이 그림 5-1처럼 겹쳐 놓자.

이미지가 작아서 겹쳐진 부분이 작게 보일때는 타임라인의 하단에 시간 조절 바의 끝부분을 클릭하여 드래그로 줄이면 소스창이 길어지며 페이드 효과 적용하기가 쉽다.

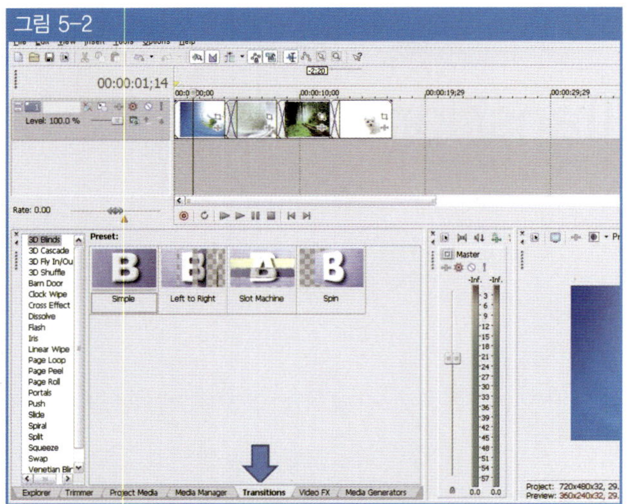
그림 5-2

이미지를 원하는 길이로 적당히 페이드 시킨 상태에서 베가스 하단의 프로젝트 미디어가 있는 메뉴 줄의 Transitions 메뉴를 클릭하면 그림5-2와 같은 트랜지션 메뉴와 창이 열린다.

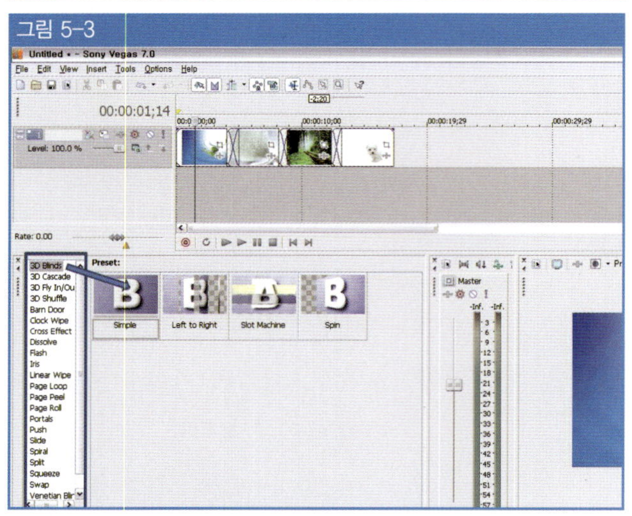
그림 5-3

트랜지션창에는 그림 5-3의 트랜지션 메뉴의 제일 위쪽의 메뉴 3D브라인드만 나타나 있다. 바로 이 효과들을 적용해도 되지만 하위에있는 다양한 트랜지션효과들이 많으므로 골고루 적용시켜 보면서 선호하는 트랜지션 효과를 선택하면 된다.

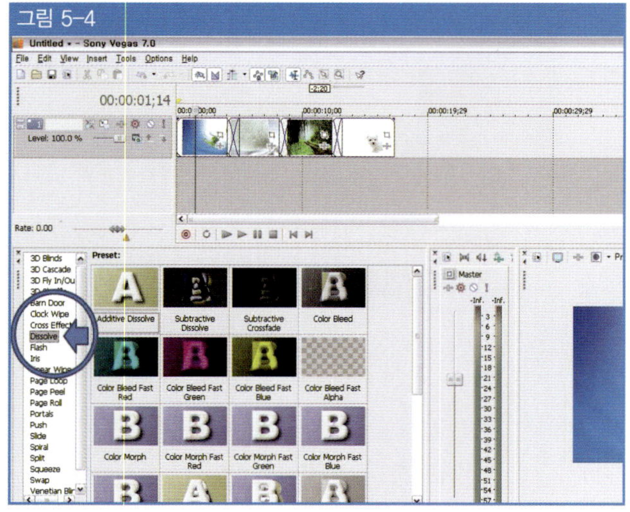
그림 5-4

실용적인 효과 적용을 위하여 가장 자주 쓰이는 Dissolve(디졸브)효과를 적용 하기위해, 그림5-4와 같이 디졸브 메뉴를 클릭하면 다양한 디졸드 효과들이 창에 나타난다.

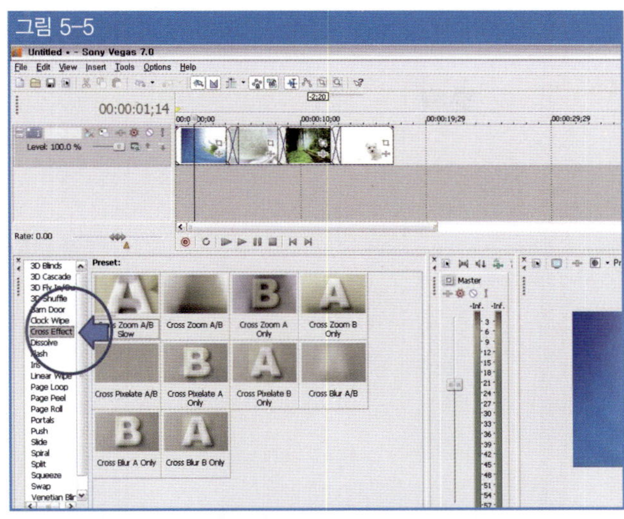
그림 5-5

디졸브 효과는 페이드효과와 유사하므로 어떻게 달라졌는지 처음에는 판단하기가 쉽지 않으므로 그림 5-5와 같은 크로스 에펙트(Cross Effect)를 쓰는 것도 좋은 예이다.

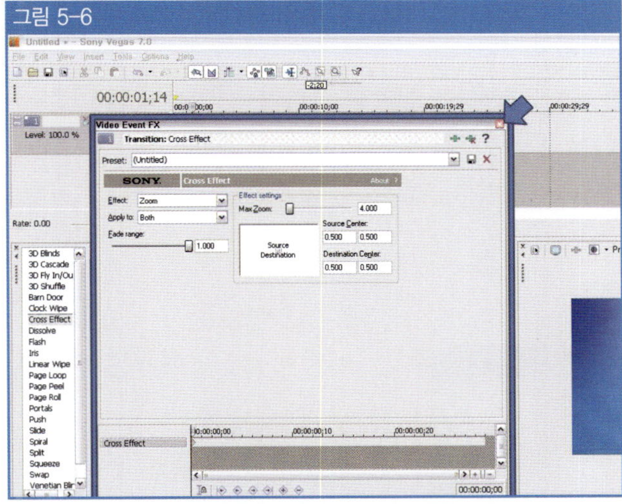
그림 5-6

이미지가 페이드(서로 겹쳐짐)가 되지 않은 부위에는 트랜지션 효과는 적용되지 않으므로 타임 라인의 소스들이 겹쳐진 부분에 각각의 효과 들을 적용 시킨다. 적용시키는 방법은 트랜지션창의 선택한 효과를 클릭한상태로 드래그 해서 타임라인 소스의 겹쳐진 부분에서 놓으면 된다. 여기까지 진행하면 그림 5-6와 같은 조절창이 뜨는데 이것은 무시하고 그냥 닫는다.

그림 5-7

각각의 소스 별로 겹쳐진 부분마다 반복한다.

마치고나면 그림 5-7과 같이 효과가 적용 되었다는 표시가 타임라인의 소스에서 나타난다.

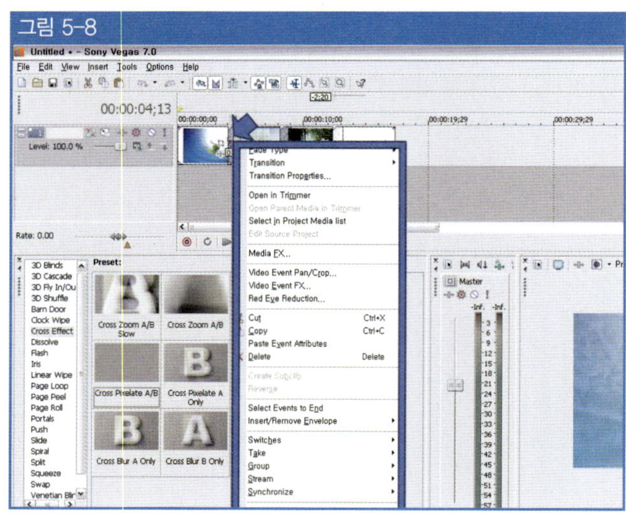

그림 5-8

타임라인 하단의 플레이 버튼을 클릭해서 미리보기 창을 보면 적용된 효과를 모니터할 수 있다.

하지만 편집자가 목적했던 연출 의도와 다른 효과가 적용되었다면 효과를 다시 적용해야 하므로 이번에는 먼저 적용시켰던 효과를 삭제해보겠다.

가장 간단한 방법은 타임라인 위의 되돌리기 메뉴를 클릭하는 방법인데 한단계의 수정은 가능하지만 초기 작업했던 1개의 잘못된 편집이나 효과 적용을 고치기위하여 많은 작업순서를 되돌리기 한다는 것은 상당한 시간적, 정신적 손해이다.

그러므로 여기서는 수정 부위만 간단하게 원점으로 되돌려 보겠다.

먼저 수정하고자하는 효과 적용 부분에 마우스 커스를 놓고 오른쪽을 클릭해서 그림 5-8과 같이 메뉴를 연다.

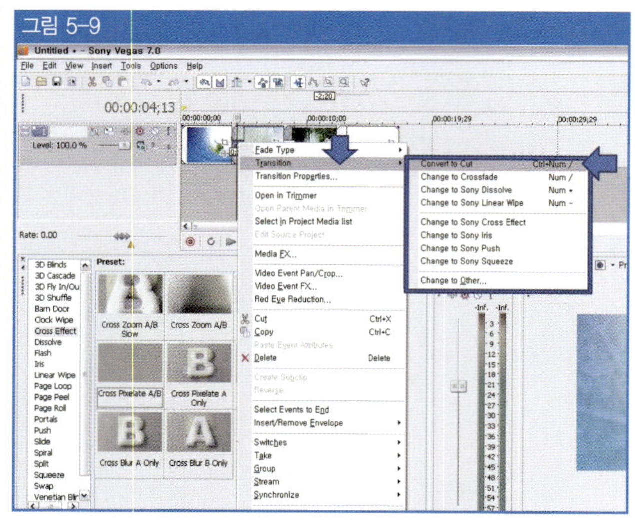

그림 5-9

그림 5-9와 같이 메뉴창의 두 번째 메뉴 트랜지션을 클릭해서 다시 뜨는 하위 메뉴의 제일 위, 첫 번째 메뉴인 컨버터 투 컷을 클릭한다.

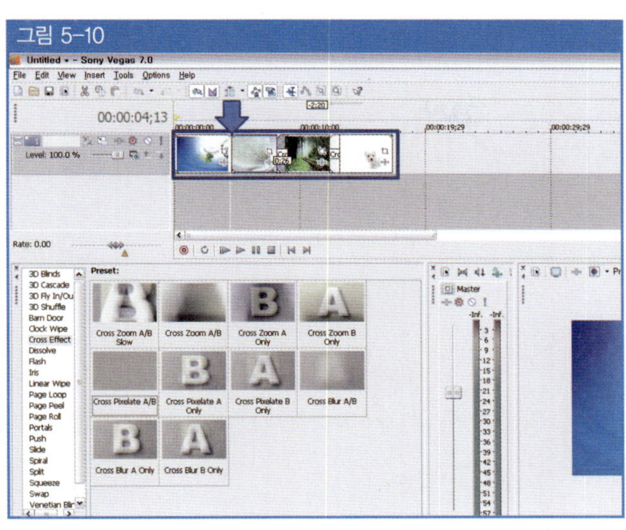

이제 처음 페이드로 겹쳐 놓았던 효과는 물론 크로스 에펙트 효과도 사라졌다.

그림 5-10과 같은 상태를 확인한 후 다시 페이드와 효과 적용을 반복하자.

Chapter 2

Tip

화면 연결 방법

화면 연결 방법은 Cut과 Cut의 연결 방법과 장면 전환을 위한 효과편집 방법이 있다.
대부분의 편집은 CUT과 CUT의 연결 방법이다.

NLE 편집에서는 CUT연결 방법이 두 가지 방법이 있다.
① Overwrite(덮어 쓰기)방법과
② Insert (삽입)방법이 있다.

효과 편집에는
① Transition effect : Dissolve, Wipe, Fade in-out
② Segment effect : Superimpose, Picture in Picture,Resize,Chroma key Luma Key, Matte Key, Color effect
③ Motion effect : Slow motion, Fast motion, Stop motion, Fit to Fill

트랜지션 이팩트는 Cut과 Cut사이에 적용하는 효과이고 세그먼트 이팩트는 화면 전체에 적용하는 효과이다. 세그먼트 이팩트를 베가스에서는 Video FX라고 한다. 모션 이팩트는 속도를 조절하는 효과이다.

06 Cross Fade로 불러오기

특정 이미지를 한 개, 두 개 불러올 때는 별문제가 없으나 여러 개를 한꺼번에 불러 와서 크로스 페이드 효과까지 적용하려면 많은 시간이 걸린다.

예를 들어 웨딩사진으로 사진앨범을 제작한다든지, 의류 홈쇼핑을 시작 했는데 옷의 종류를 다양하게 보여줄 수 있게 많은 옷을 촬영했고 특히 모델이 다양한 포즈로 사진을 많이 찍었다면 카탈로그를 동영상 형태로 만들고자 할 때 많은 업무량이 생긴다.

이 때 한꺼번에 사진들을 불러오며 특히 동일한 크로스 페이드 효과를 적용할 수 있다면 많은 시간을 절약하고 업무 효율을 극대화 할 수 있다.

지금부터 따라하며 숙지하기 바란다.

그림 6-1

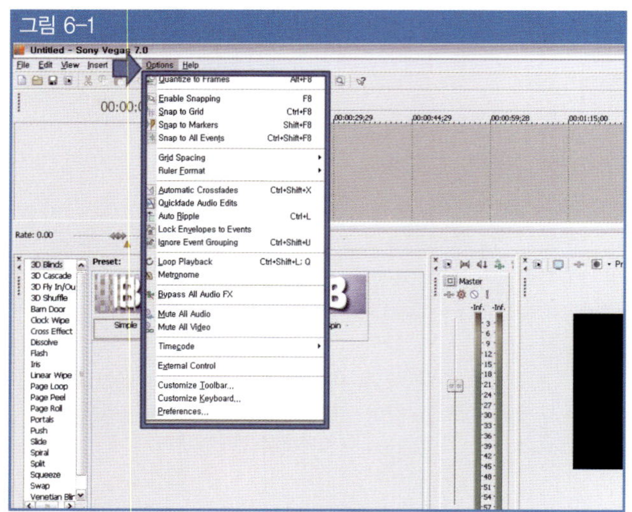

먼저 베가스 창을 열고 그림 6-1과 같이 상위 메뉴의 옵션을 클릭해서 옵션메뉴 창을 연다.

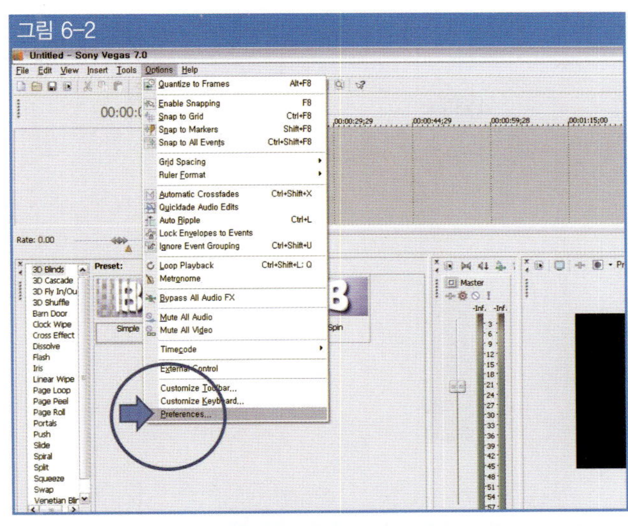
그림 6-2

다음은 그림6-2와 같이 옵션 메뉴창의 제일 밑에 있는 프리프렌세스(freferences..)를 클릭 한다.

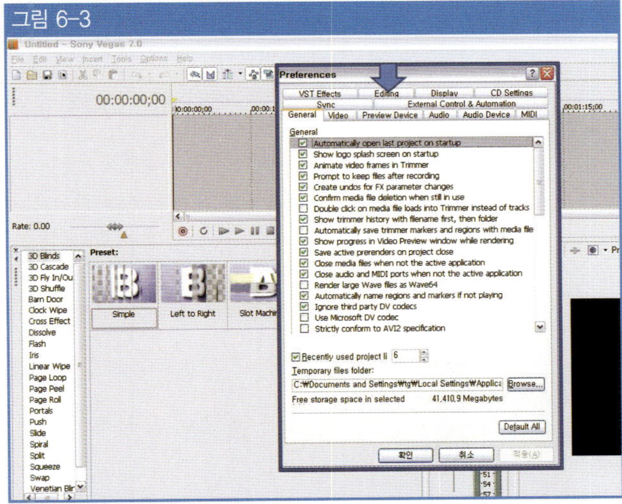
그림 6-3

프리프렌세스(freferences..)의 조정및 설정창이 그림 6-3과 같이 나타 난다. 여기서 창의 상단에 있는 에디팅 메뉴를 클릭한다.

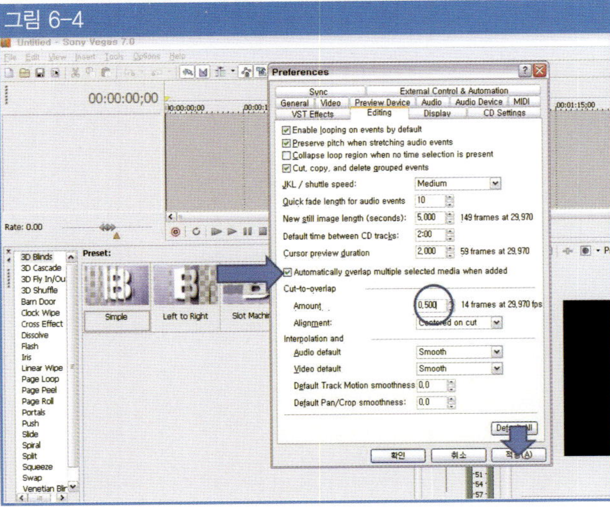
그림 6-4

에디팅 설정 창으로 바뀌었다. 창의 중간 부분(그림 6-4의 화살표)의 빈칸을 체크 한다. 자동으로 모두 불러 온다는 항목에 체크한 것이며, 그리고 바로 밑에 있는 시간 표시칸(그림6-4의 동그라미)에 0.500으로 다시 수정한다.

이 부분은 크로스 페이드되는 시간을 0.5초로 수정한 것이다. 그 다음에 적용을 누른 다음 확인을 클릭한다. 주의; 적용을 누르지 않고 확인만 클릭해서는 옵션이 적용되지 않으므로 주의 하자.

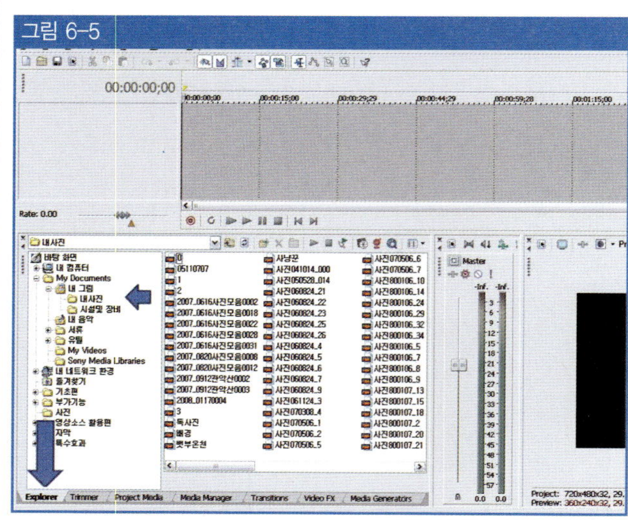

그림 6-5

확인해볼 차례이다. 베가스하단 메뉴의 익스프롤러를 클릭해서 그림6-5와 같이 사진모음 창을 연다.

그림 6-6

이미지를 모아 놓은 폴더를 선택하면 그림6-5와 같이 창에 많은 이미지파일이 나타난다.

타임라인으로 한꺼번에 가져가기위하여 그림 6-6과 같이 창의 제일 위 공백에 클릭한 다음 드래그로 파일들 전체를 선택하고 타임라인에 드래그로 올려놓는다.

모든 이미지가 한꺼번에 0.5초 크로스페이드 되어 타임라인에 올라갔다. 꼼꼼하게 체크하고 편리하게 사용하는 것을 잊지 말자.

Red Eye Reduction

디지털 사진 촬영에서 적목 현상(눈이 붉게 되는) 사진을 수정하는 기능이 베가스 7 에서 추가되었다. 실행 방법은 영상 소스에 우측 마우스 버튼을 클릭해 메뉴에서 Red Eye Reduction을 클릭한다.

Red Eye Reduction창이 열린다.

Red Eye Reduction창 우측 하단 +버튼을 클릭해 눈 부분의 영상을 확대한다. 마우스 포인터를 눈 부분에 드래그하면 붉은 부분의 눈동자가 검정으로 바뀐다. Close버튼을 클릭해 완료한다.

길이 조절 | Fade in/out 07

이미지와 동영상 파일의 자르기와 길이조절은 촬영본 가편집의 기본이 되는 편집 방법이다. 아직 가공되지 않은 촬영 원본 소스는 그야말로 소스일 뿐이지만 간단한 자르기로 OK컷과 NG컷을 골라내어 OK컷만을 타임라인 상에 나열함으로써 1차 가공된 가 편집본이 되는 것이다.

아울러 페이드 인과 아웃으로 가편집본 완성을 배워 보겠다.

일단 그림 7-1과 같이 베가스를 열어 동영상을 타임라인에 올려 놓는다.

그림 7-1

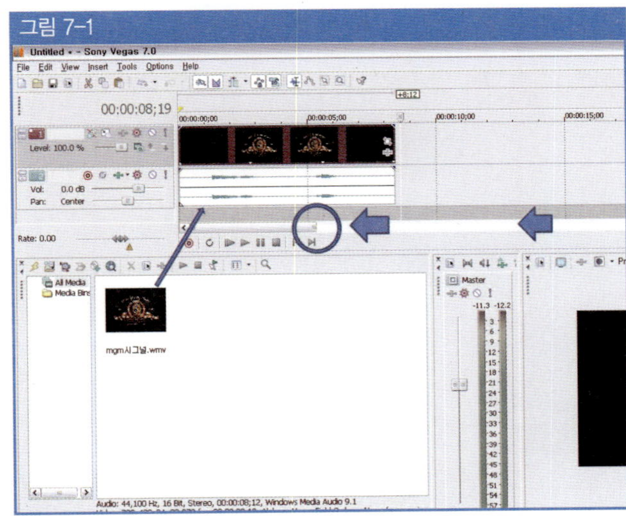

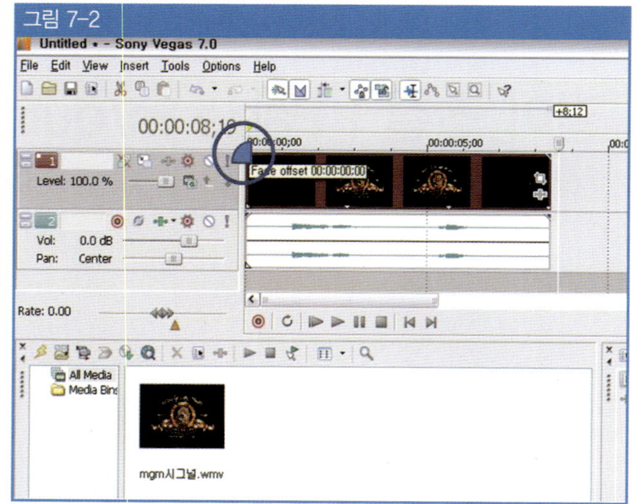

그림 7-2

동영상 길이가짧은 경우 그림 7-1의 화살표대로 타임라인 바를 줄여주면 소스의 길이가 늘어난다. 하지만 작업공간의 보기가 길어질 뿐 원래의 시간은 변함없다. 먼저 소스영상의 첫 모서리부분에 마우스 커스를 가져가면 그림 7-2와 같이 부채꼴 모양의 기호가 나타난다.

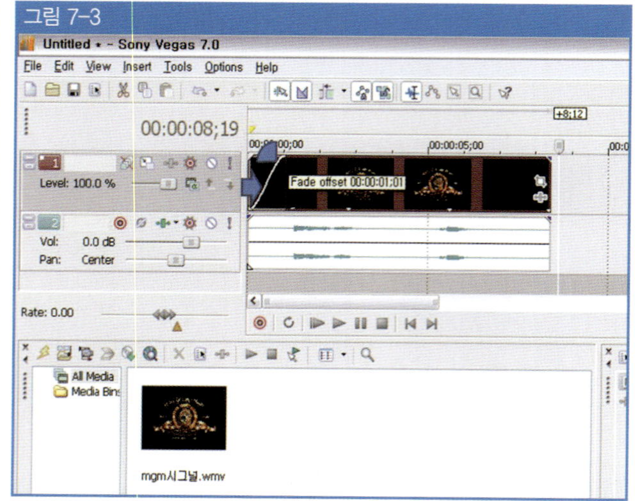

그림 7-3

부채골 기호가 나타나는 지금을 클릭한 상태로 그림 7-3과 같이 안쪽으로 드래그하면서 시간을 조절하며 적당한 길이를 맞추자. 시간은 드래그 할 때 숫자로 나타난다. 이것으로 페이드인 되었다.

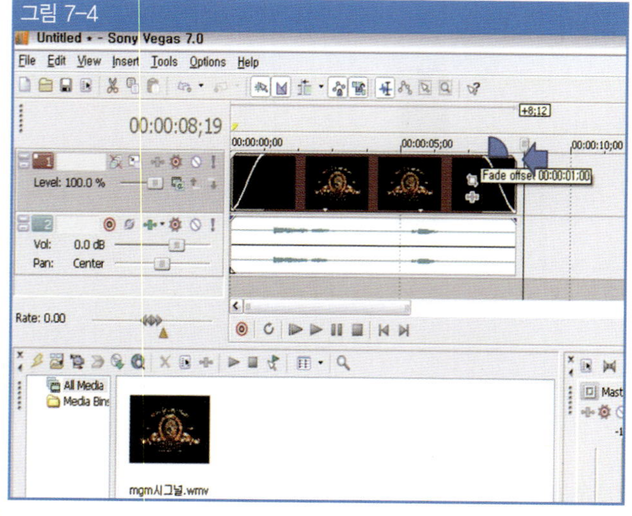

그림 7-4

다음은 소스영상의 마지막 부분도 페이드 인과 같은 방법으로 그림 7-4와 같이 페이드 아웃 적용한다.

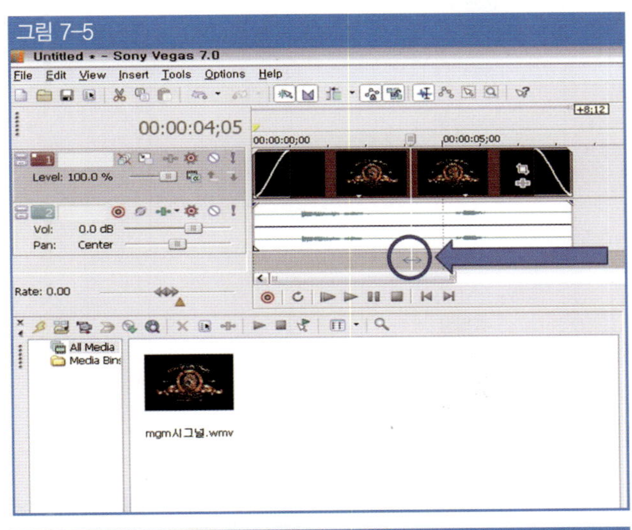

그림 7-5

시작과 끝의 마무리는 되었으므로 소스영상 중간의 가운데 부분을 잘라 봅시다. 타임라인의 소스영상의 자르고자 하는 분분에 그림 7-5와 같이 눈금자를 가져다 놓는다. 눈금자 선에 커서를 올리면 양쪽 화살표가 나타날 때 클릭해서 끌면 빠르게 움직일 수 있다.

Chapter 2

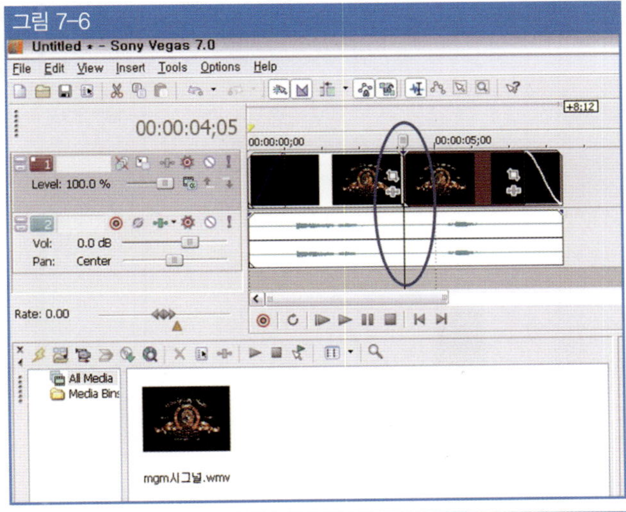

그림 7-6

원하는 위치는 미리보기 모니터를 보면서 NG컷을 찾아내며, 원하는 부분에 눈금자를 놓고 클릭을 해제하고 키보드의 S키를 타이핑 하면 그림 7-6과 같이 영상이 잘린다.

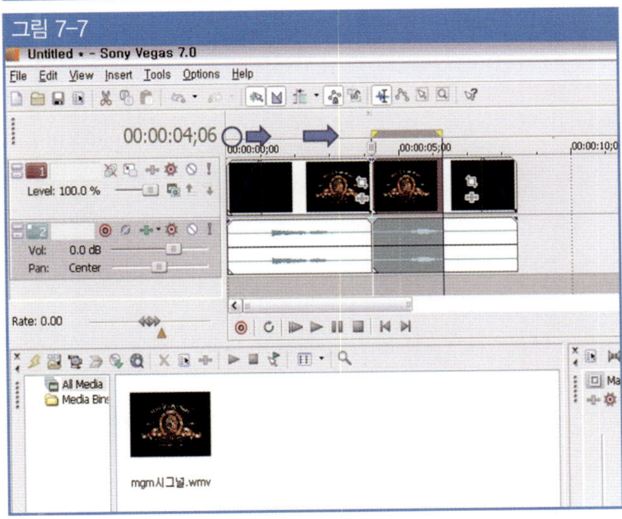

그림 7-7

키보드 S키 외에도 일정 구간을 한 번에 잘라내는 방법도 있다. 그림 7-7의 노란색 두 개의 구간설정 눈금자로 일정구역을 우선 선택한다. 선택방법은 타임라인 시간자 위치 바로위의 노란 눈금자(그림7-7의 화살표참고)를 클릭해서 끌어주면 된다.

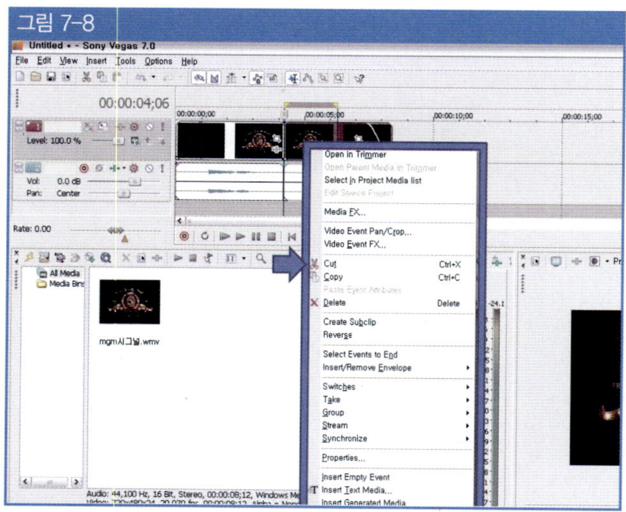

그림 7-8

그 다음 순서는 선택한 짙은 색의 구간에 마우스커서를 올려놓고 마우스의 오른쪽을 클릭하면 메뉴가 그림 7-8처럼 나타난다. 이 때 메뉴 중 컷(cut)을 클릭한다.

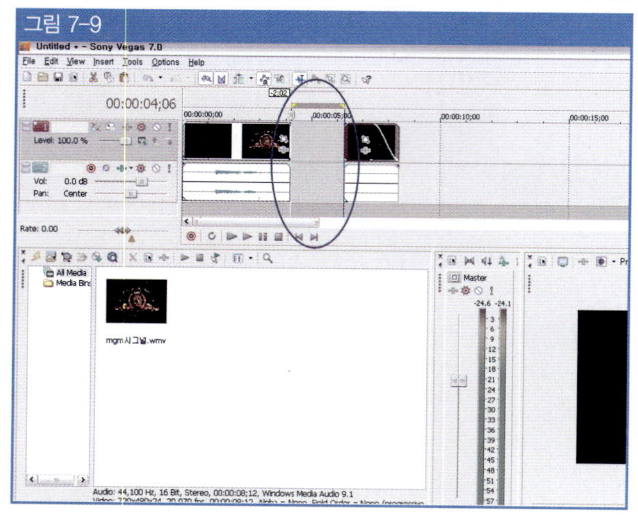

그림 7-9

선택한 구간이 한 번에 사라진 것을 확인할 수 있다.(그림7-9)

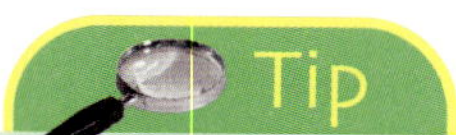

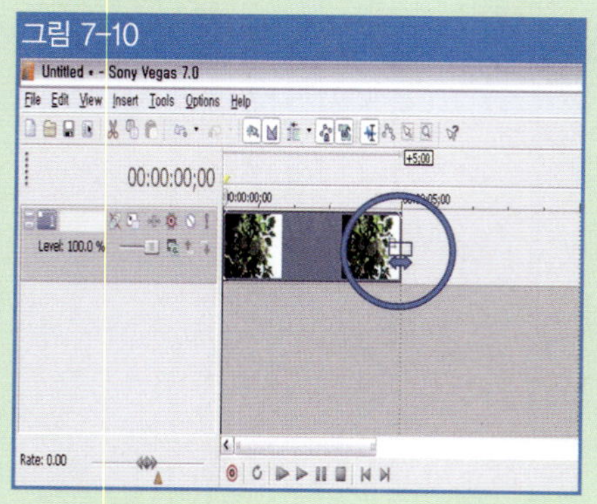

그림 7-10

영상 편집은 영상을 적당한 길이로 자르고 붙이는 작업이다. 원하는 길이로 줄이고 늘이는 방법은 영상 소스 끝 지점에 마우스 포인터를 가져가면 포인터 모양이 양쪽 화살표 와 네모 모양으로 바뀐다. 이 상태에서 밖으로 끌어당기면 길이가 늘어난다. 안으로 끌어당기면 길이가 줄어든다. STILL 사진 경우는 마구 늘어나지만 동영상 소스는 원래 길이 이상은 늘어나지 않고 시작지점부터 다시 반복되어 이어진다. 마지막 장면을 스톱 상태로 늘이는 방법도 있다. (그림7-10)

Chapter 3

자막

01 _ 삽입 + 색상 만들기

02 _ 흐르는 효과 만들기
(TV에서 아래 부분에 흐르는 연출)

03 _ 영화 같은 엔딩 효과
(축소된 화면과 위로 올라가는 연출)

04 _ 화면 아래 배경 & 색깔 바꾸기

05 _ 타이핑 효과 만들기

06 _ 혜성이 지나가면서 나타내는 효과

07 _ 은은한 그라데이션 효과

08 _ 3D 효과 만들기

01 삽입 + 색상 만들기

베가스는 기존의 1대1편집에서 불가능했던 자막 삽입기능을 가지고 있어서 방송사에서 꼭 구비해야 했던 자막기가 굳이 필요 없이 자막기의 역할을 수행한다.

단, 한글 인식기능이 떨어지므로 베가스의 미디어 제네레이트의 텍스트(그림 1-1)창을 활용해서 자막을 이용하되, 직접 타이핑하면 바로 인식하지 못하고 두 번 타이핑해야 겨우 텍스트를 완성 시킨다.

번거로움을 피하기 위하여 미리 메모장이나 한글프로그램을 열고 미리 타이핑을 해 놓았다가 이것을 복사해서 붙여넣기 하는 것이 업무에 효율적이다.

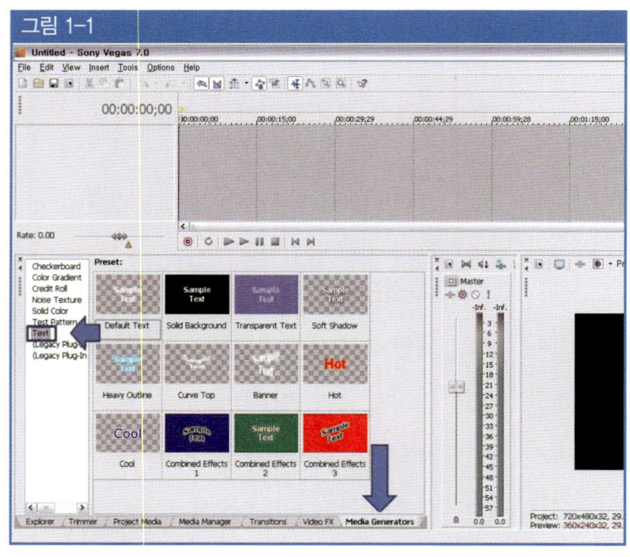

먼저 그림1-1과 같이 베가스를 열고 하단 메뉴줄의 미디어 제네레이트를 열고 왼쪽 하부메뉴중 텍스트를 클릭 그림과 같은 텍스트 종류 창을 연다.

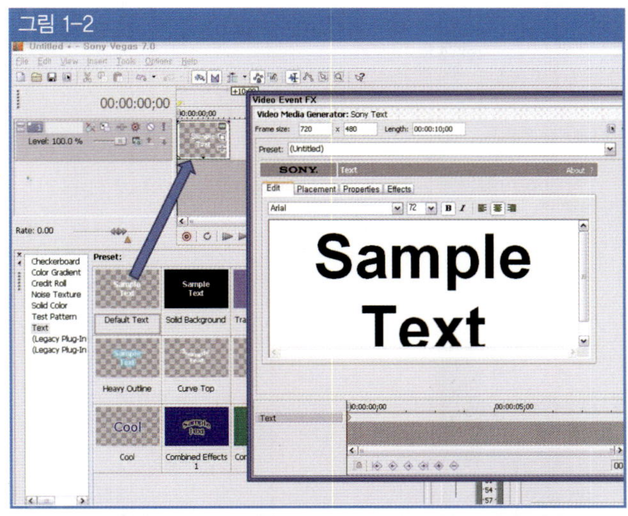

그림 1-2

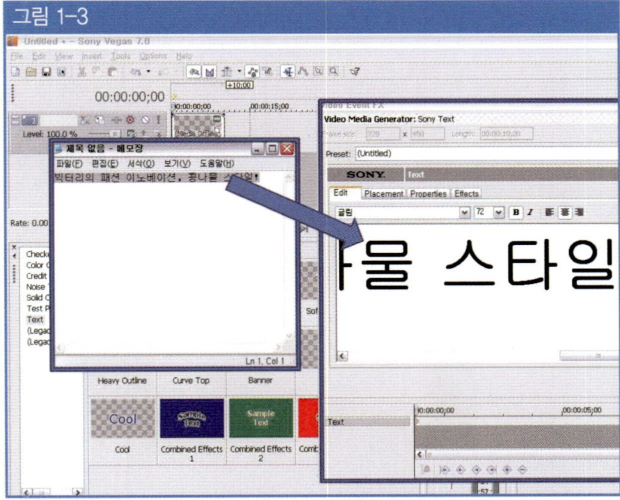

그림 1-3

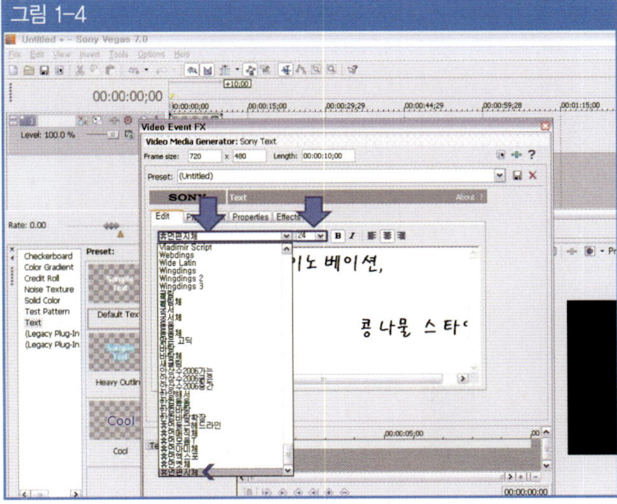
그림 1-4

다양한 텍스트 창의 종류가 있다. 여러분은 그림자가 없는 텍스트를 비롯하여 그림자가 있거나 칼라 배경이 있는 다양한 텍스트로 자막을 연출해 보기 바란다.

이번 자막 연습 과제에서는 가장 기본이 되는 일반 텍스트 창을 그림 1-2와 같이 타임라인에 올려 놓고 다양하게 연출해 보겠다.

텍스트 창을 드래그해서 타임라인에 놓으면 그림 2-1과 같은 텍스트 입력창이 열린다.

먼저 샘플 텍스트(Sample Text)를 삭제하고 그림 1-3과 같이 미리 타이핑 해놓은 메모장의 문구를 복사해서 창에 붙여넣기 한다.(메모장은 항상 열어 두는 것이 비결)

먼저 설정되어 있던 텍스트 크기를 줄이고, 폰트(글씨체)종류를 선택해서 그림1-4와 같이 수정 한다. 이때 미리보기 화면을 모니터하며 사이 띄기나 엔트 키로 줄 바꿈을 하며 원하는 기본 적인 틀을 잡는다.

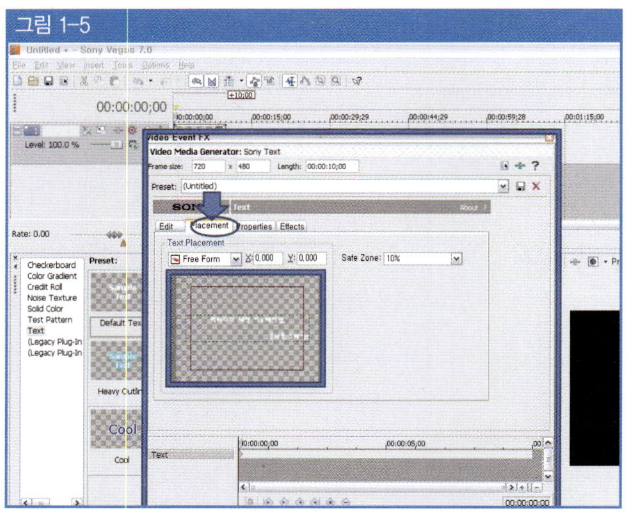

그림 1-5

다음은 텍스트 입력창에서 완성하지 못했던 자막의 위치를 바로 잡기위하여 그림 1-5와 같이 프라스멘트 메뉴를 클릭해서 조절 창을 연다.

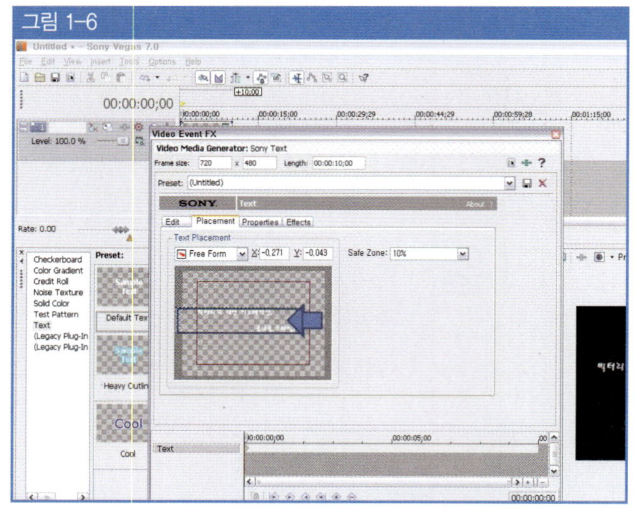

그림 1-6

이때 조절창에 마우스를 올리면 손바닥 기호가 생성된다.

클릭한 상태에서 움직이면 자막전체가 따라 움직이다.

그림 1-6 과 같이 적당한 위치로 미리 보기 모니터를 보며 자막을 이동 시킨다.

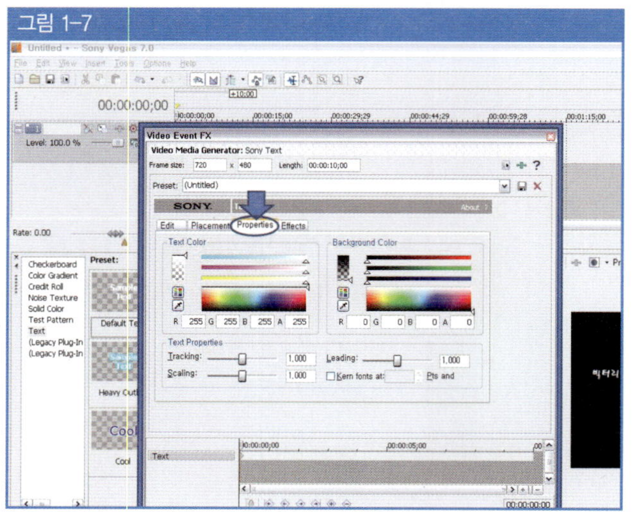

그림 1-7

자막은 적당한 위치를 잡았으므로 이제 자막의 색상을 선택하겠다.

자막 입력창 메뉴 중 프로퍼티스(properties)를 클릭하여 그림 1-7과 같이 색상 조정 창을 연다.

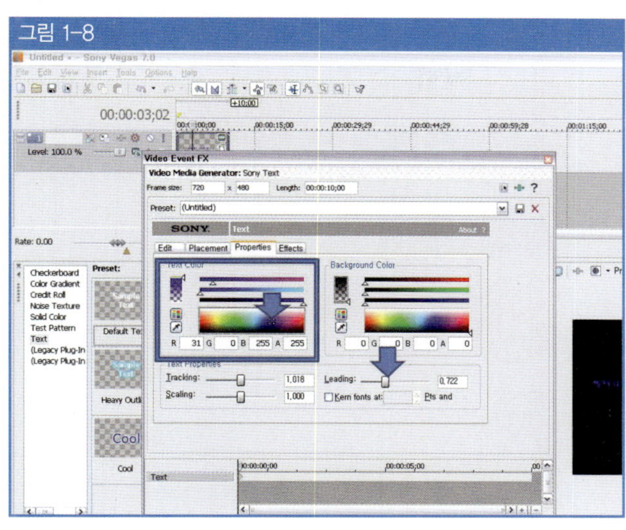
그림 1-8

색상 조정 창의 외쪽 메뉴 텍스트 컬러의 색상 판에 그림 1-8과 같이 마우스 포인트를 움직여 원하는 색상에 클릭한다. 미리보기 모니터를 살피며 초점 포인트를 움직여 색상을 세밀하게 선택하고 마우스를 푼다. 오른쪽 백 그라운드 컬러는 배경이 삽입될 예정이므로 그냥 둔다. 백 그라운드 컬러 밑의 리딩(leading)레버를 움직여 위, 아래 글자 간격을 재조정 할 수 있다.

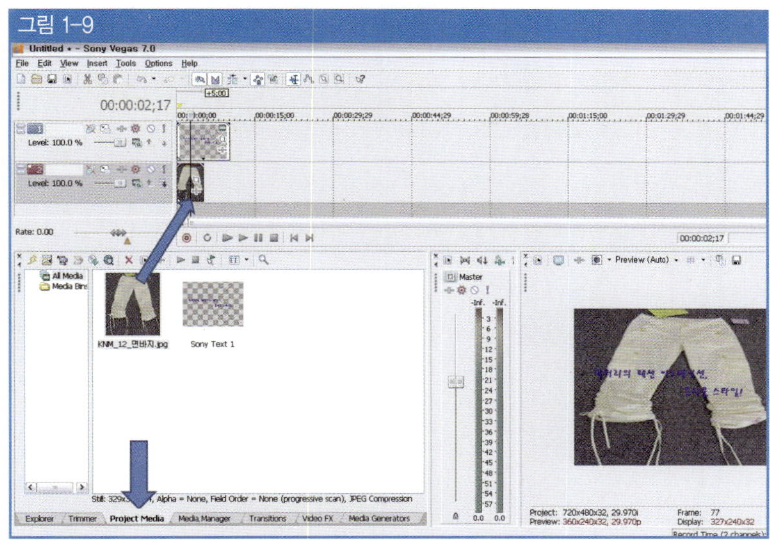
그림 1-9

텍스트 컬러의 아래 레버는 텍스트에 그림자를 조절할 수 있다. 연습해 보시기 바란다.

일단 조정 창을 그림 1-9와 같이 닫고 배경 그림을 불러온다.

그림을 타임라인에 올려 놓으니 배경과 자막이 어울려 원하는 화면이 되었다.

화면에 텍스트 화면과 텍스트 사이즈가 맞지 않을 때는 텍스트와 이미지 모두, 사진 편에서 배운 스위처 기능 메인테인 익스펙트 레이티오 체크하는 것 잊지 말자.

자막의 수정이 필요할 때는 그림 1-10의 자막 소스 내, 우측 상단의 제네레이터 미디어(필름 모양)을 클릭하면 조절 창이 다시 열린다.

그림 1-10

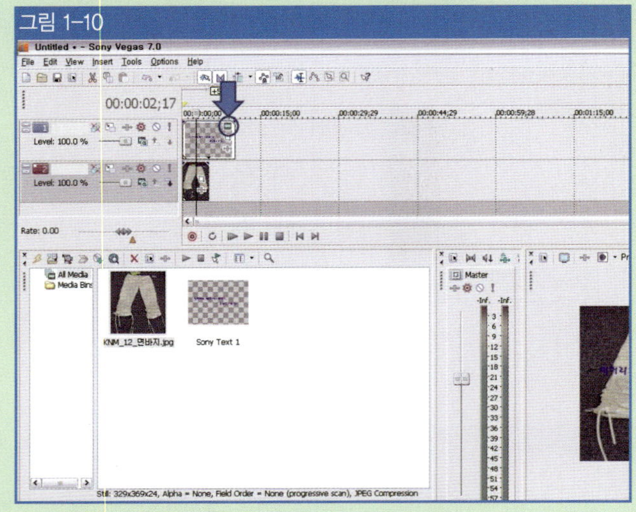

흐르는 효과 만들기 (TV에서 아래 부분에 흐르는 연출) 02

상품의 부가 설명이나 홍보 영상의 내용 등 자막으로 표현해야 할 때가 있다. 기존의 쇼핑몰들은 단순히 사진과 함께 부연 내용을 많은 글로써 표현하는데 소비자들이 모든 글을 다 읽어 보기에 부담스럽다.

인터넷 '홈' 쇼핑에선 TV에서처럼 영상 하단에 왼쪽에서 오른쪽으로 자막을 흐르게 함으로써 상품의 장점과 부연 내용을 확실하게 전달하며 더욱 영상을 돋보이게 한다.

천천히 따라해 보면 쉽게 이해 할 수 있는 동시에 가장 많이 쓰이므로 정확하게 숙지하는 것이 좋겠다.

그림 2-1

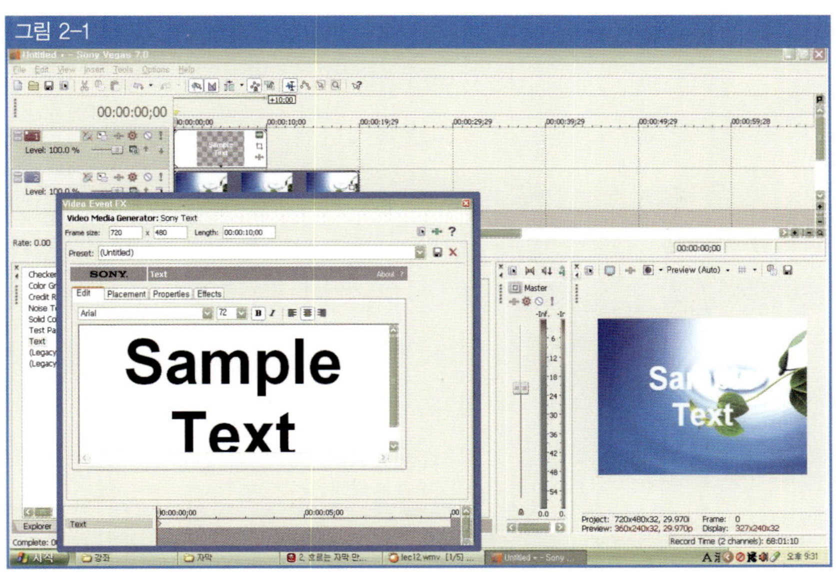

그림 베가스를 열고 적당한 그림을 불러온 후 그림 2-1과 같이 미디어 제네레이터를 연다.(항상 그림과 텍스터를 타임라인에 올린 후에는 스위처의 메인테인 익스팩트 레이티오를 체크하는 것 명심하자!)

그림 2-2

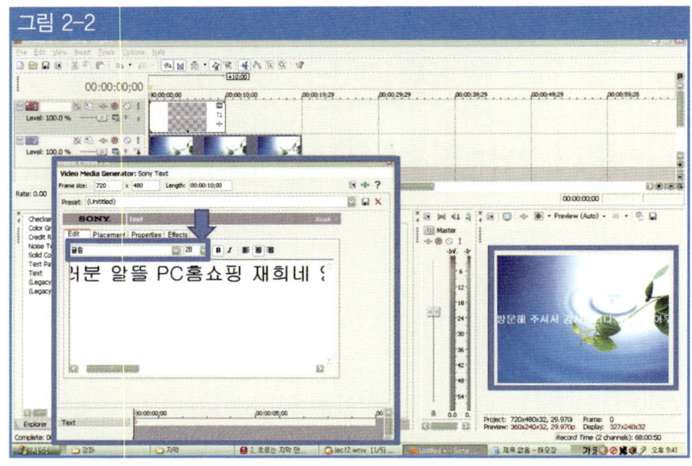

일단, 텍스터의 샘플 자막을 없애고 원하는 내용을 타이핑한다. 베가스에서는 한글 자막을 타이핑하면 두 번째에 인식하는 불편이 있으므로 미리 메모장을 열고 타이핑한후 드래그 복사해서 붙여넣기 하면 편리하다. 편의상 여러분이 잘 볼 수 있게 조금 큰 글씨를 사용한다. 여러분은 적당한 크기를 조절하면 된다.

텍스트가 영상 중간에 있는 것이 모니터에 나타난다. 이제 텍스트를 움직일 차례이다.

일단 텍스터 조정창의 메뉴를 보면 에디터가 열려있다. 바로 옆에 있는 펠리스먼트를 클릭하면 그림 2-3과 같은 창이 나타난다.

다음순서는 화면에 있는 자막에 마우스를 가져가서 커서가 손모양일 때 클릭하여 자막을 그림 2-4처럼 완전히 화면 하단의 오른쪽으로 빼냅니다. 첫 글자가 화면에서 완전하게 빠져 나가야 자연스럽다.

이때 중요한 것은 팰리스먼트 창의 화면 바로 위의 X, Y에서 Y값이 중요하다.

Y값을 옆에 적어 두거나 외워두면 자막이 오른쪽에서 왼쪽으로 흐를 때 똑 바로 흐르므로 보기가 좋다.

그림 2-3

그림 2-4

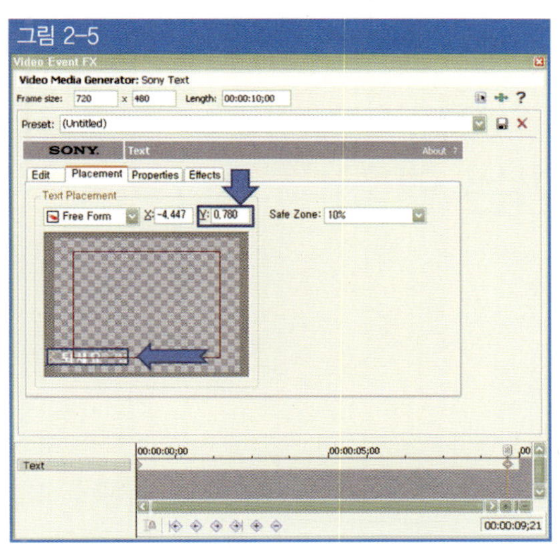

그림 2-5

다음은 그림2-5와 같이 키 프레임을 체크(오른쪽 제일 끝 부분 가깝게)하고 텍스트를 왼쪽으로 완전히 빼낸다.

텍스트를 왼쪽으로 빼낸 후 화면 위의 Y값을 확인해보면 숫자가 달라졌을 겁니다. 먼저 외우거나 메모 해두었던 Y값으로 수정하고, 팰리스먼트 창을 닫는다.

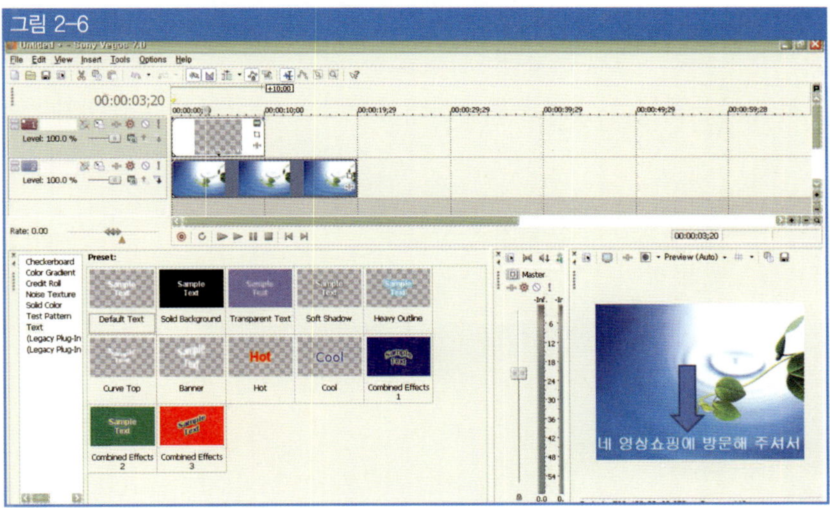

그림 2-6

그리고 그림 2-6과 같이 플레이 해보면 정확하게 오차없이 자막이 흘러간다.

멋진 내용으로 여러분의 홈쇼핑에 자막을 넣어 보자.

03 영화 같은 엔딩 효과 (축소 화면과 위로 올라가는 연출)

앞에서는 영상 시작 부분에 등장하는 부제 자막과 화면 하단에 흐르는 자막을 배워 보았다. 이번에 배울 자막은 영상물 끝 부분에 주요 캐스팅과 감독 그리고 주요 스텝 등의 이름이 밑에서 위로 올라가는 엔딩 자막을 배워 보도록 하겠다.

단순이 배경위로 올라가는 것이 아니고 영화에서처럼 NG장면이나 주요 장면 등을 화면의 왼쪽 중간에 축소시킨 화면에 보여 지는 동시에 화면 오른쪽의 배경 없는 부분에 자막이 올라가도록 연출해 보겠다.

먼저 베가스를 열고 동영상을 불러 온다.

그림 3-1

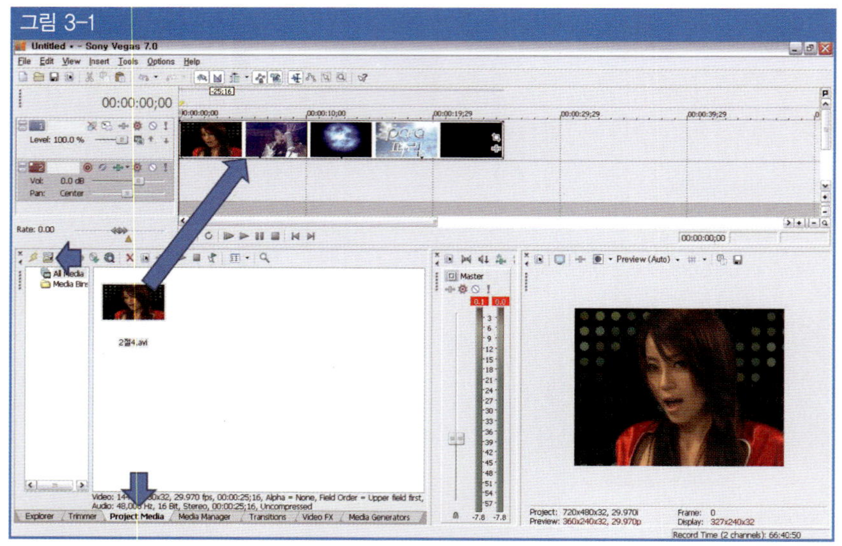

영상과 자막으로 클로징 스크롤을 만들기에 그림 3-1과 같이 오디오트랙은 삭제하고 뮤직비디오의 영상만 타임라인에 올렸다.

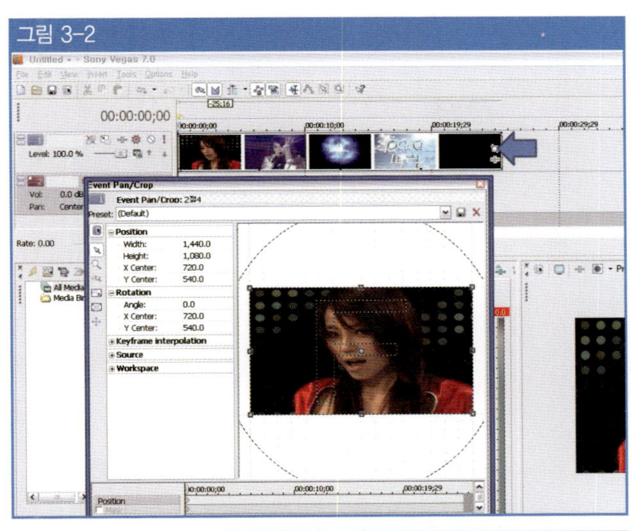
그림 3-2

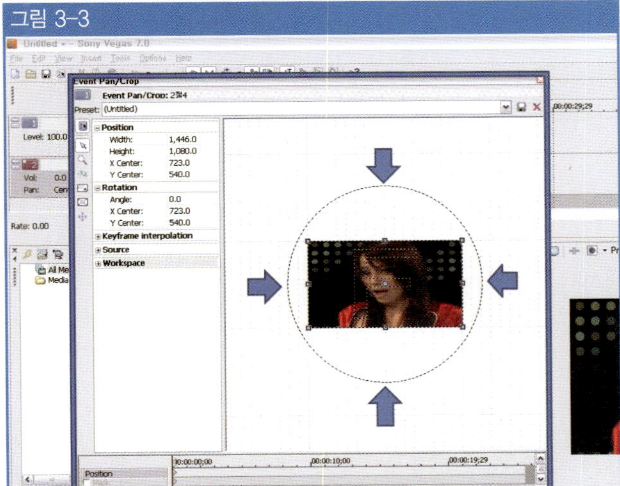
그림 3-3

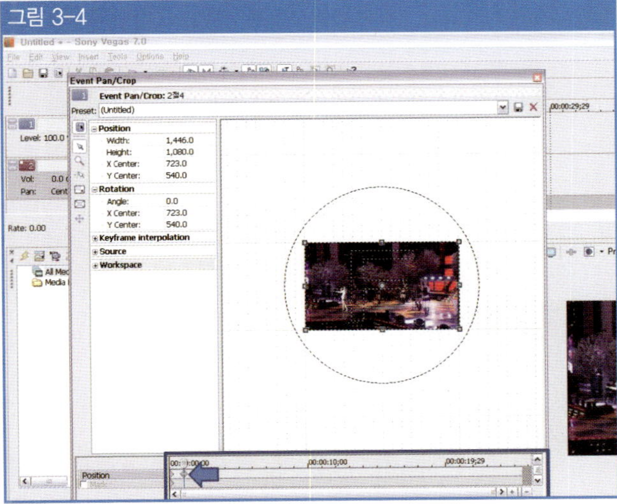
그림 3-4

화면 크기를 줄이기 위하여 영상의 오른쪽 끝부분 가운데 위치한 이벤트 팬크롭 기호를 클릭해서 그림 3-2와 같이 창을 연다.

창에 보이는 화면의 크기가 작업하기에 용이하지 못한 경우가 많다. 이 경우 화면에 마우스 포인트를 올려놓은 상태에서 마우스 휠을 돌리면 화면이 작아지며, 작업하기 좋은 크기로 조정 할 수 있다. 또한 그림 3-3과 같이 창의 크기도 충분히 늘여준다.

다음 순서는 창의 하단에 있는 키 프레임을 조절 할 차례이다.

현재 화면으로 1초에 일단 키를 준다. 그림 3-4의 눈금자 밑 라인(화살표)에 더블 클릭하면 된다.

항상 키 프레임을 먼저 움직인 후에 화면을 움직이는 것은 시간을 먼저 지정해 주고 그 시간에 시간자가 도달했을 때 변화가 일어나라고 명령하는 것이다.

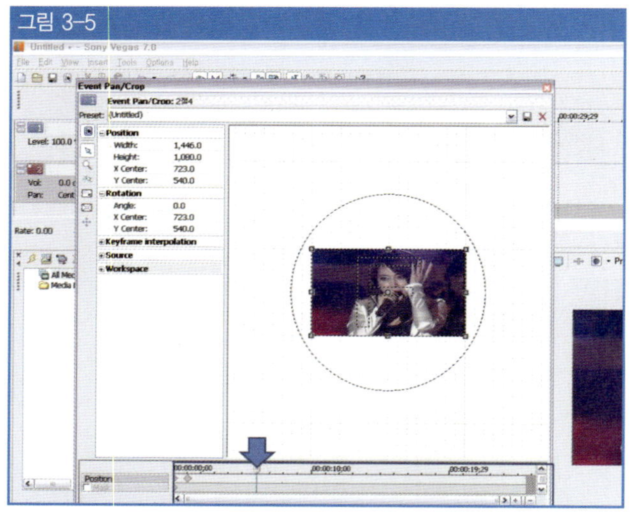
그림 3-5

다음 순서는 그림3-5와 같이 화면 변화 없이 5초 뒤에 한번 클릭한다. 그러면 시간자가 이 부분으로 온다. 화면 움직임 없이 시간자를 움직인 이유는 앞서 1초까지는 변화가 없어야 되며 1초 후부터 움직이기 시작해서 5초까지 움직임을 끝내라는 명령을 하기 위해서이다.

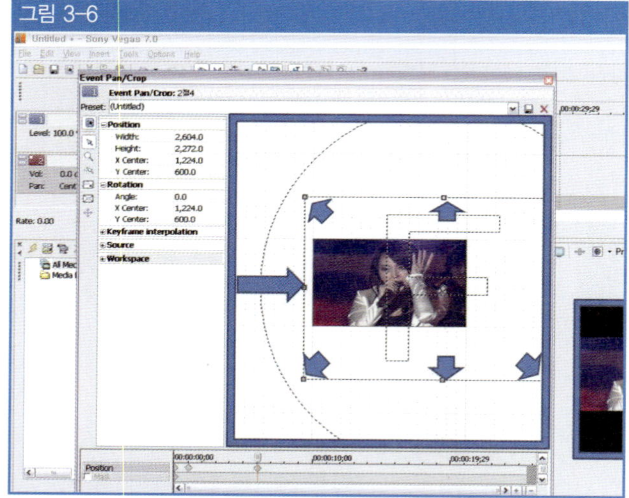
그림 3-6

화면 크기와 위치를 그림 3-6과 같이 조정한다. 이벤트 팬 크롭 창의 화면을 줄이면 미리보기 모니터창의 영상은 커지는 반대 성질로 조정되므로 반드시 미리보기창을 모니터하며 이벤트 팬 크롭창을 제어해야 한다.

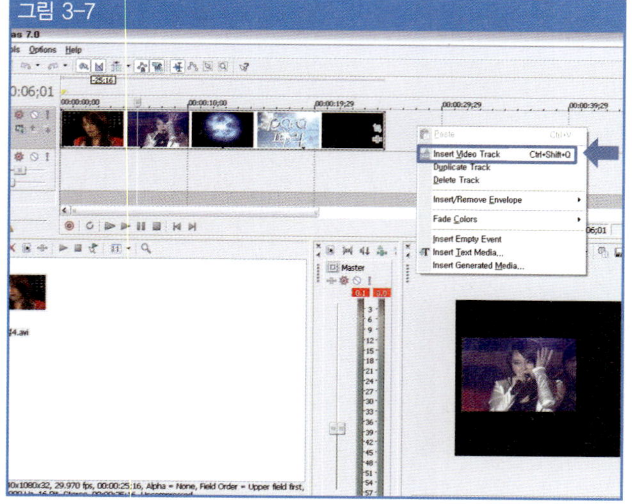
그림 3-7

창을 닫고 플레이 해보면 1초 머물고 바로 화면이 작아지기 시작해서 원하는 크기로 5초 만에 머무는 영상이 완성되었음을 확인 할 수 있다.

다음은 자막을 완성하기 위해 그림 3-7과 같이 영상소스 옆, 빈 공간에 포인트를 놓고 마우스 오른쪽을 클릭한 다음 인서트 비디오 트랙을 다시 클릭한다.

그림 3-8

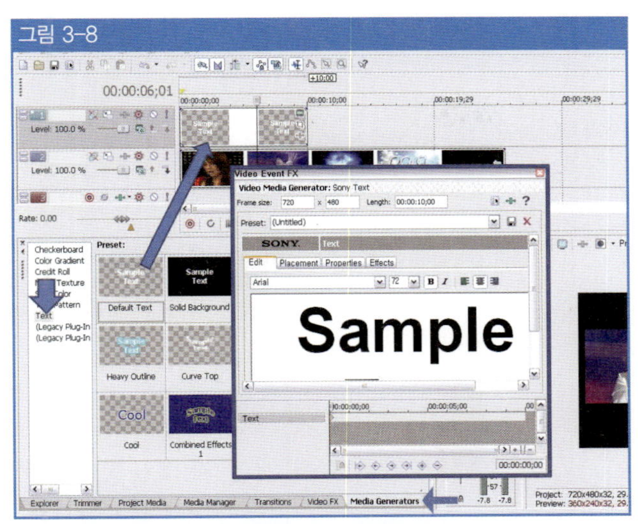

영상소스 트랙 위로 새로운 비디오 트랙이 생기면 베가스 하단의 미디어 제너레이터 메뉴를

클릭, 텍스트 메뉴를 선택하여 그림 3-8과 같이 텍스트를 타임라인의 새로운 트랙에 올린다.(텍스트를 타임 라인에 오리는 즉시 텍스트 입력창이 열림)

그림 3-9

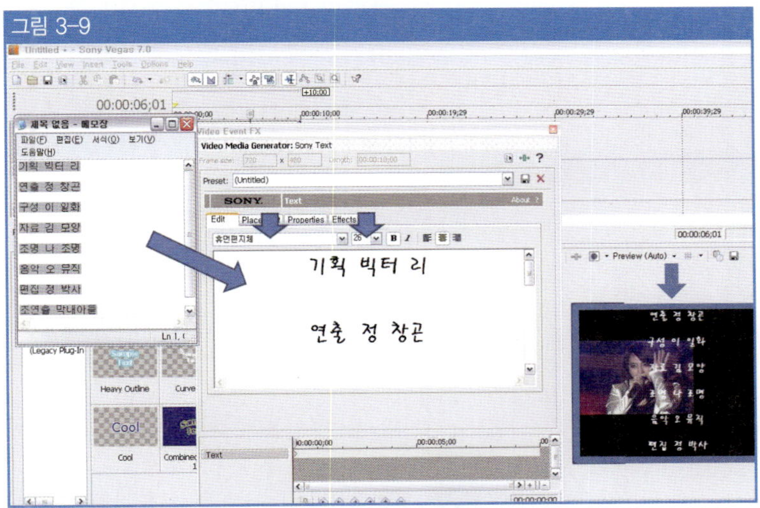

샘플 텍스트는 지우고 준비한 자막을 입력하기 전에 미리 적당한 크기를 조절한다.

미리 메모장에 입력해 놓은 자막을 복사해서 붙여넣기 한다.(그림 3-9) 그 다음, 글자체를 고르는 것이 순서이다.

그림 3-10

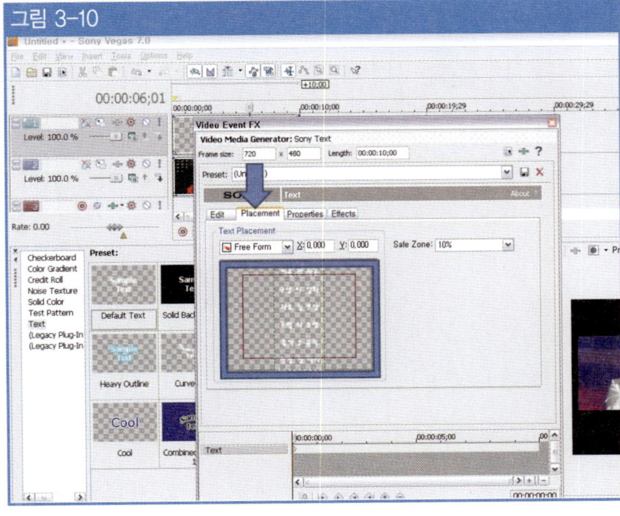

미리보기 창을 살펴보면 자막이 중앙에 있으므로 오른쪽으로 보내야 하며, 또한 밑에서 위로 올라가는 작업이 남았으므로 그림 3-10과 같이 자막 입력 창의 펠리스먼트 메뉴를 클릭한다.

Chapter 3

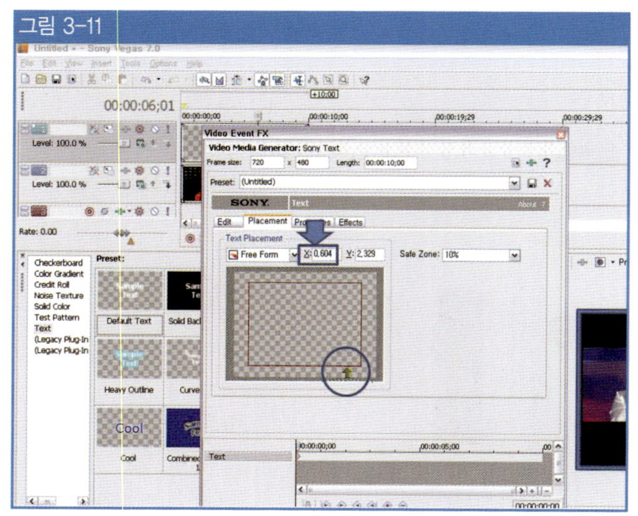
그림 3-11

자막에 마우스 포인트를 올려 손바닥 모양으로 포인트가 바뀌면 클릭해서 자막 전체를 드래그로 그림 3-11과 같이 오른쪽 하단으로 완전히 내린다.(깜박이는 노란 화살표가 생길 때 까지 내림)

미리보기 창을 모니터하며 조정하는 것이 비결이다. 여기서 가장 중요한 것은 자막 조정 창 위의 엑스(X)값이다. 자막이 본인이 만족하는 위치의 하단으로 완전히 빠졌을 때의 엑스 값을 따로 외우거나 메모해 둔다.

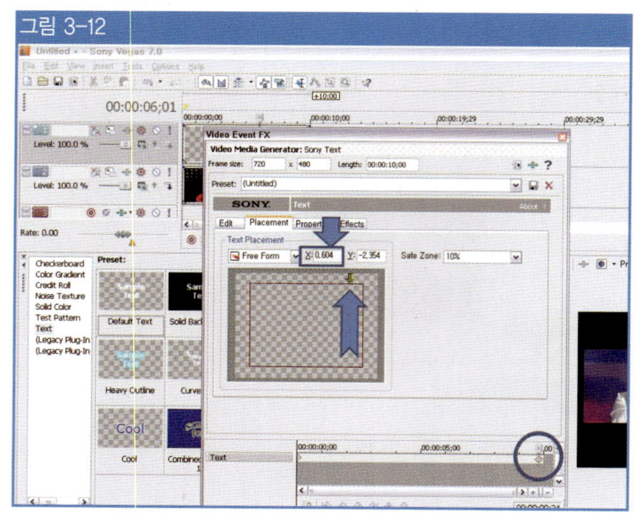
그림 3-12

이제 키 프레임을 조정한다. 그림 3-12와 같이 키 프레임 라인의 10초 위치에 한번 클릭하면 시간자가 이 위치로 이동한다. 그 다음에 자막을 더래그로 완전히 위로 빠지도록 이동 시킨다. 먼저 메모해두었던 엑스(X)값을 수정 입력한다.

그림 3-13

그림 3-14

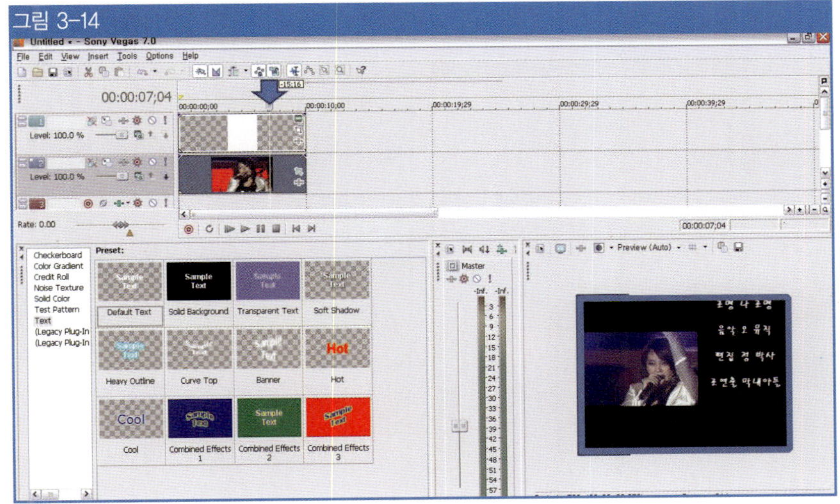

시간자를 움직이며 미리보기 창을 모니터 해보면 시작과 끝이 딱 맞아 졌다. 자막 입력창을 닫고 플레이 해보자.(그림3-13, 3-14)

스크롤링 타이틀 (Scrolling Title)

Media Generators탭에서 Credit Roll을 선택하면 8개의 스크롤 타이틀 샘플이 있다.

타임라인으로 드래그 하면 Video Event FX창이 열린다. 스크롤링 타이틀은 키프레임 작업을 하지 않아도 애래 위로 움직인다. Video Event FX창에서 Item Text 항목에 글자를 입력한다. 우측 Position 네모 난 양쪽 끝 지점을 잡고 이동하면 글자의 위치를 조절할 수 있다. Scroll 우측 메뉴를 클릭해 스크롤 방향을 결정 할 수 있다. Styles 탭을 클릭해 글씨체, 크기, 색상,자간거리 등을 조절할 수 있다. 추가로 입력하려면 Insert text Here를 클릭하고 입력한다. 좌측 네모난 부분을 클릭하면 새로운 입력 항목이 생긴다.

04 화면 아래 배경 & 색깔 바꾸기

앞서 배운 영상의 하단에 흐르듯 지나가는 자막이 영상으로 인해 잘 보이지 않는 경우 자막이 지나가는 부분에도 자막 색상과 반대되는 색상의 배경을 삽입함으로써 자막이 눈에 잘 띄게 하는 자막 배경 만들기를 배우겠다.

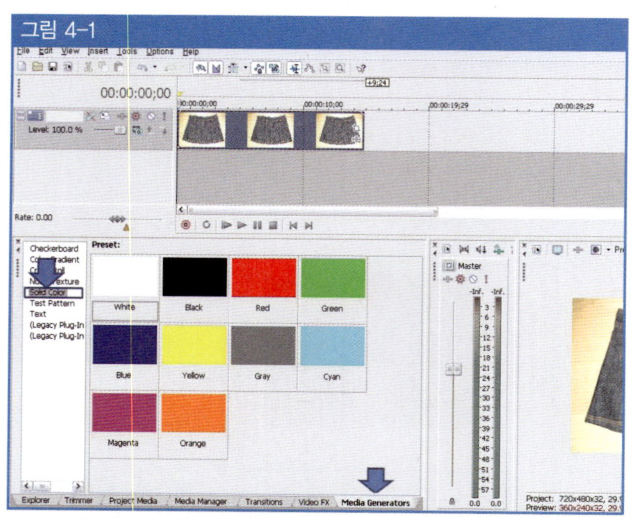

먼저 베가스를 열고 배경이 될 그림을 불러온다. 그림 4-1과 같이 미디어 제네레이터의 솔리드 컬러를 클릭한다.

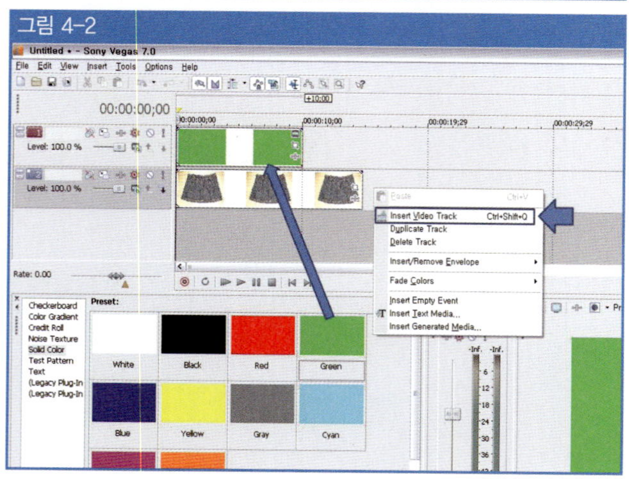

타임 라인에 배경 소스위에 비디오 트랙을 추가한 다음 선택한 솔리드 컬러를 드래그로 올린다.(그림4-2)

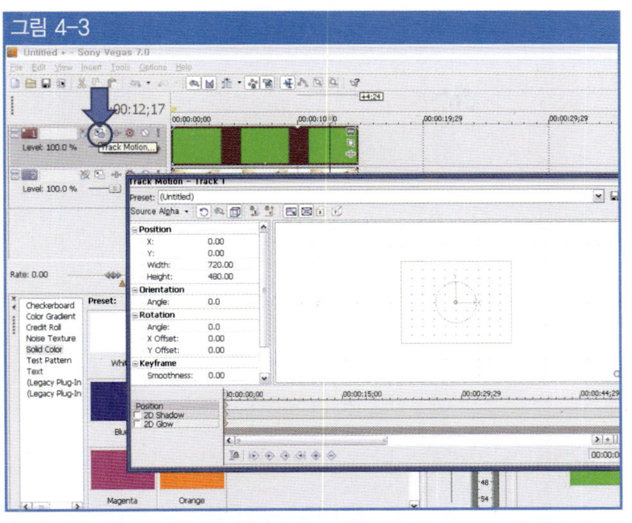
그림 4-3

컬러 조절창이 뜨는 닫고, 타임라인에 올려진 솔리드컬러의 왼쪽 트랙 메뉴의 트랙모션(그림 4-3)을 클릭 하면 그림 4-3과 같은 트랙 모션 입력 창이 뜬다.

Chapter 3

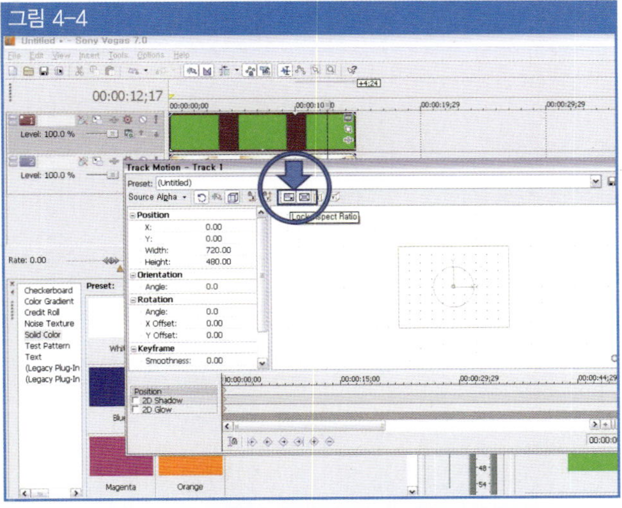
그림 4-4

입력창의 상단의 그림 4-4의 메뉴2개가 클릭이 되어 있으면 부분적 트랙모션이 되지 않으므로 클릭을 해제한다.

솔리드 컬러를 자막의 배경크기로 줄이고 적당한 위치에 배치시킨다.

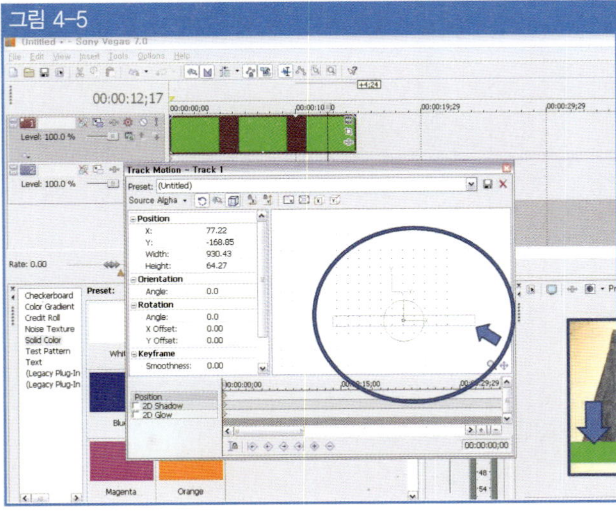
그림 4-5

방법은 미리보기 창을 모니터하며 그림 4-5와 같이 모서리를 클릭한 상태로 드래그하며 넓이와 부피를 조절하는 방식이며, 위치이동은 안쪽을 클릭해서 드래그로 움직이는 방식이다. 원하는 위치에 그림과 같이 잘 배치 된것을 확인하면 트랙모션 창을 닫는다.

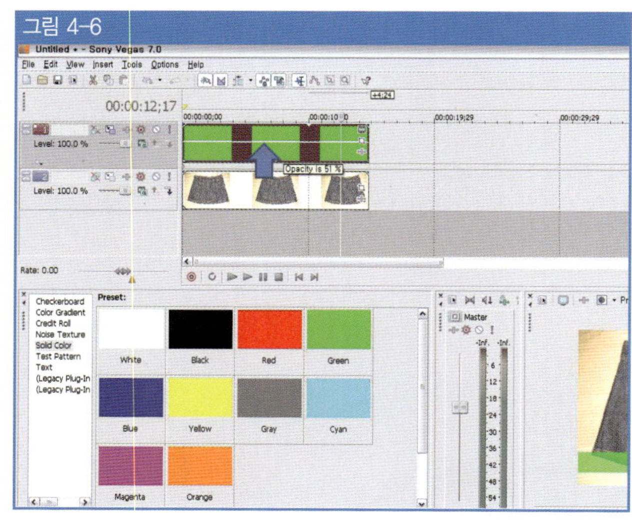

그림 4-6

일반적으로 자막의 배경이 너무 진하면 아주 촌스러운 영상이 될 수 있으므로 색상의 진한 정도를 빼서 약간 투명하게 만들어 보겠다.

그림 4-6과 같이 솔리드컬러 소스의 위 모서리에 마우스 포인트를 위치시키면 손가락으로 가르치는 모양의 포인트가 생긴다.

이때 클릭하여 아래로 드래그하면 색상 값(오퍼시티)가 내려가며 미리보기 창의 자막 배경 컬러가 투명해지는 것을 확인할 수 있다.

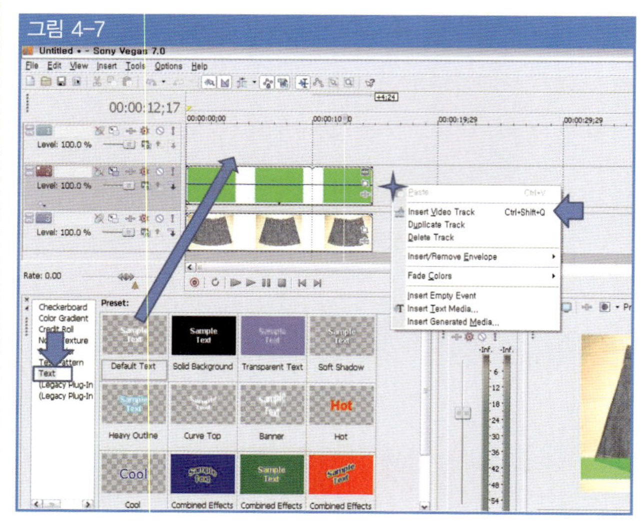

그림 4-7

자막을 넣을 차례이다. 먼저 타임라인에 비디오 트랙을 만들고, 미디어 제네레이트 왼쪽 메뉴 창에서 텍스트를 클릭해서 일반 텍스트를 그림 4-7과 같이 타임라인에 올린다.(항상 비디오 트랙을 만들때는 타임라인의 소스옆의 빈 공간에서 마우스 오른쪽 버튼을 클릭해서 만들어야한다. 소스의 배경순서는 타임라인상에서 밑에서 위로 올려지는 형식이므로 제일 앞에 보여질 소스가 타임라인위치에서는 제일 위쪽이 된다.)

그림 4-8

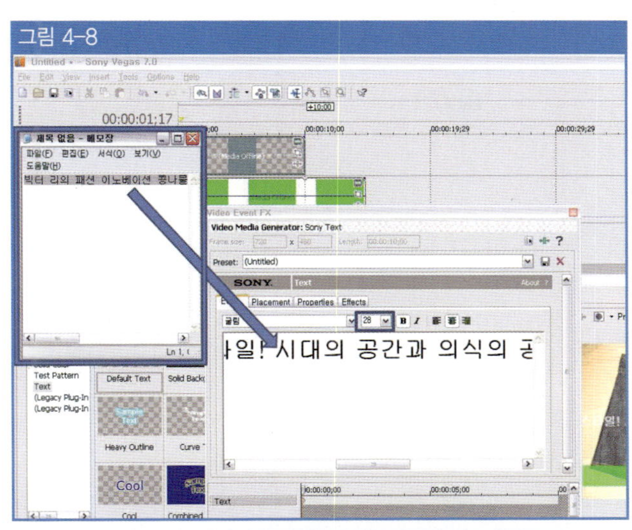

자막입력창이 뜨면 샘플 자막을 삭제하고 크기를 조절한 뒤에 미리 메모장에 준비된 텍스트를 복사해서 붙여넣기 한다.(그림 4-8)

적당한 글자체를 적용시키고 미리보기 창을 보면 자막이 정 중앙에 위치한 것을 확인 할 수 있다.

그림 4-9

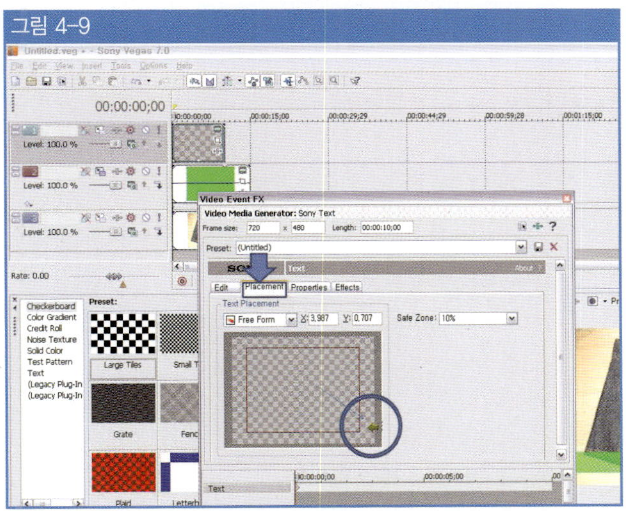

자막 배경이 있는 위치로 이동시키기 위하여 팰리스먼트를 열고 그림 4-9와 같이 자막을 오른쪽 하단으로 완전히 빠지게 한다.(노란 화살표가 깜박일 때 까지)

이때 앞에서 배웠던 흐르는 자막 연출과정에서 가장 중요하다고 강조했던 Y값을 기억한다.

그림 4-10

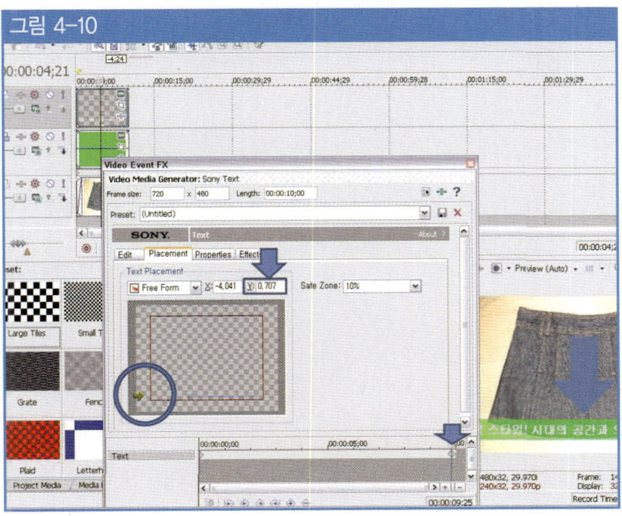

창의 하단 메뉴의 키 프레임의 끝 부분에 한번 클릭하면 그림 4-10과 같이 시간자가 끝으로 온다. 이 상태에서 자막을 완전히 오른쪽에서 왼쪽으로 빼고 외워두었던 Y값을 수정한다.

그림 4-11

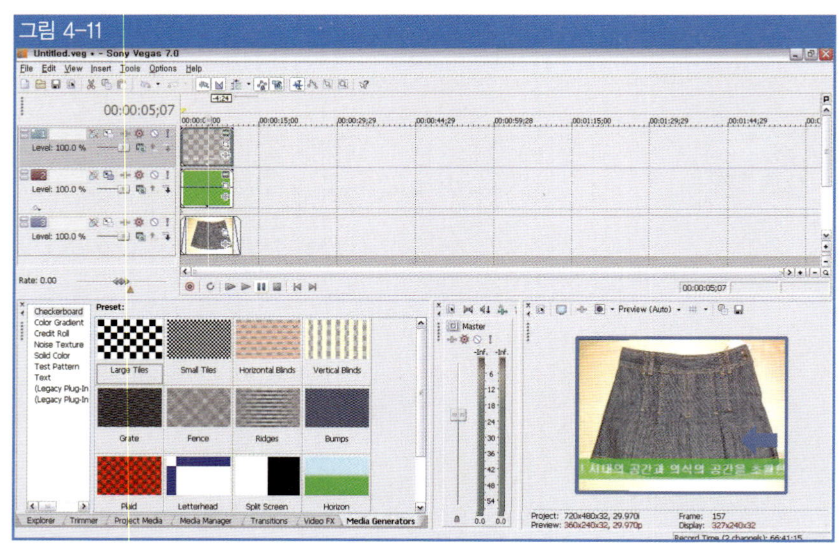

창을 닫고 플레이 해보세요 그림4-11처럼 TV 방송보다 멋진 나만의 자막과 영상이 완성되었다.

타이핑 효과 만들기 05

여러분은 영화를 볼 때 장소이동이나 타이틀에서 자막이 타이핑 치듯이 한자식 나타나는 효과를 자주 보았을 것이다.

그림 5-1

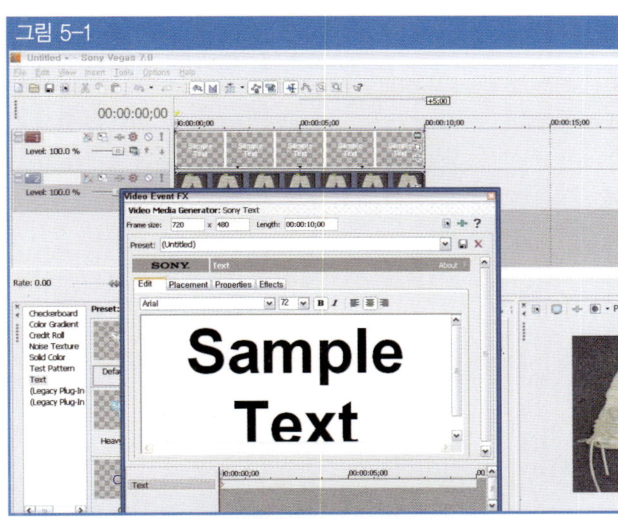

이번엔 영화에서 자주 쓰이는 자막의 타이핑 효과를 배워 보겠다.

먼저 배가스타임 라인에 배경이 될 그림을 올려놓는다. 그림5-1과 같이 텍스트 창을 열고 텍스트를 타임 라인에 올려놓는다.

그림 5-2

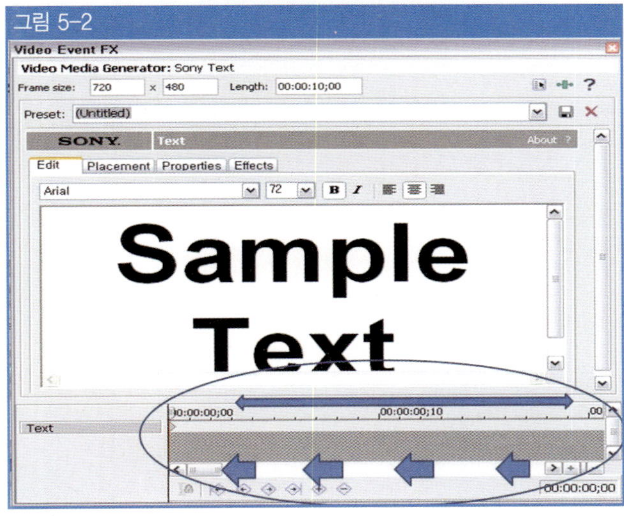

자막의 타이핑 효과는 키 프레임과 입력창으로 작업된다. 먼저 그림 5-2와 같이 키 프레임의 시간단위를 섬세한 작업을 위해 스크롤바를 줄여 프레임 단위로 늘려준다.

이제 입력창의 샘플 텍스트를 지우고 원하는 단어를 입력한다.

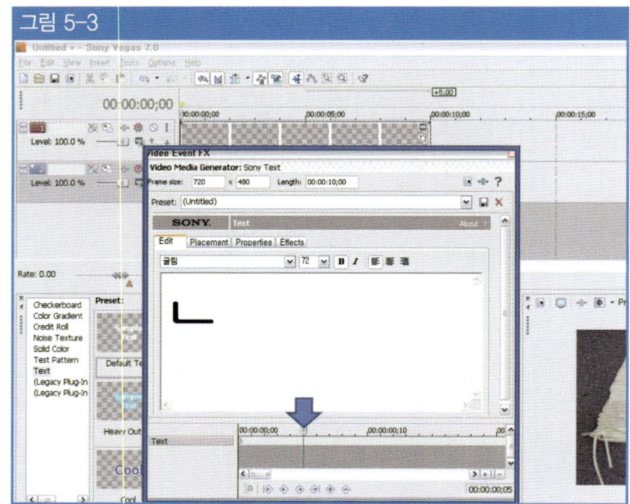
그림 5-3

'나의 홈쇼핑'을 타이핑 하고자 한다면, 먼저 자음 'ㄴ'을 먼저 타이핑 하고 그림 5-3과 같이 키 프레임라인에서 5프레임 뒤에 한번 클릭하면 시간 자가 움직이다.

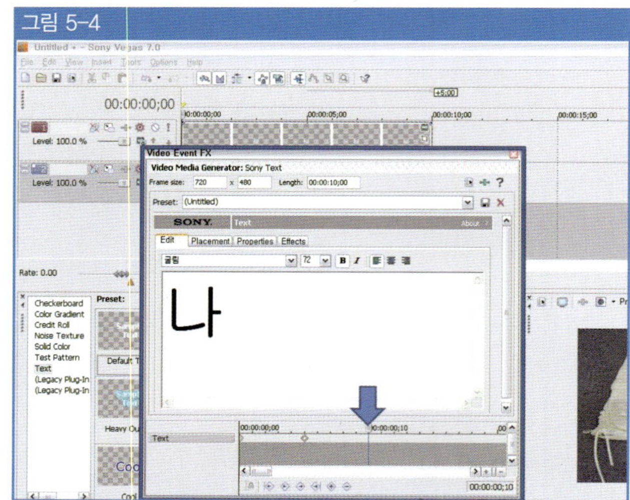
그림 5-4

다음은 입력창의 'ㄴ'을 지우고 '나'를 타이핑 한다. 그림 5-4와 같이 다시 5프레임 뒤에 한번 클릭한다.

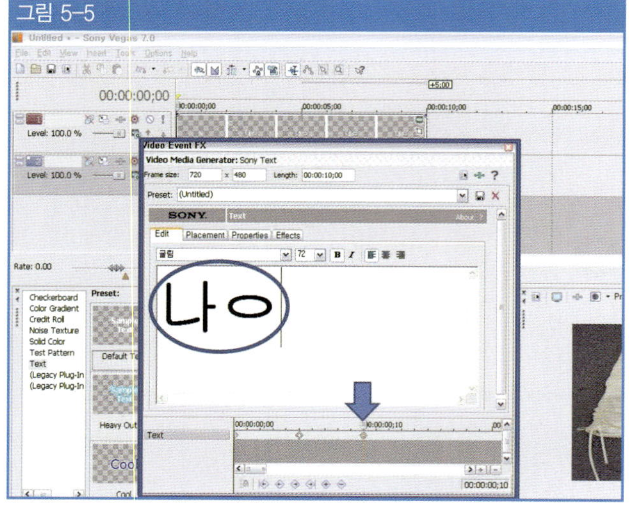
그림 5-5

다시 '나'를 지우고 '나 ㅇ'을 타이핑 한다. 그림 5-5와같이 5프레임 뒤에 한번 클릭한다.

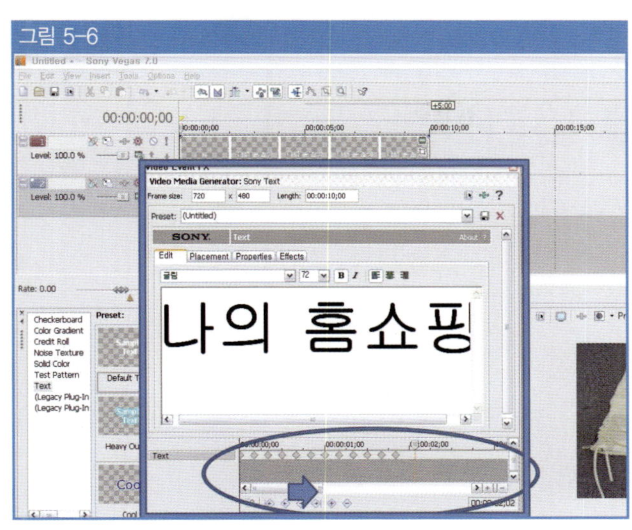

'나 ㅇ' 을 지우고 ' 나으 '를 타이핑 한 다음 키 프레임 시간자를 이동시키는 순을 반복한다. 원하는 텍스트가 완성 될 때까지 이 작업을 반복 하고나서 키 프레임 단위를 시간단위로 스크롤바를 조절해 보면 그림 5-6과 같은 모양이 된다.

입력창을 닫고 플레이 해보면 5프레임마다 자음과 모음이 나타나며 타이핑 효과가 난다.

베가스가 한글인식을 두 번 타이핑해야 인식 하므로 상당히 어렵지만 완성도 있는 타이틀 자막 제작 시 유용하므로 한 번쯤 작업해서 보관했다가 '불러오기' 기능을 활용하자.

06 혜성이 지나가면서 나타내는 효과

미리 만들어 놓은 타이틀 자막(긴 문장은 어울리지 않으므로 간결한 브랜드나 로고)을 영상물 초반부에 등장시킴으로써 멋진 인트로를 연출 할 수 있다.

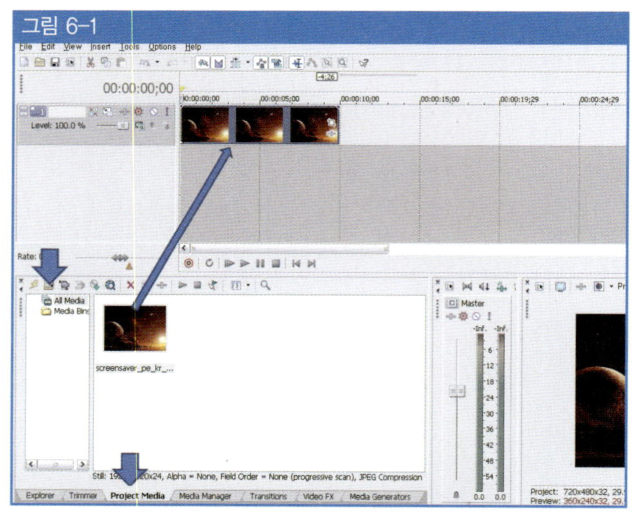

그림 6-1과 같이 베가스를 열고 먼저 배경이 될 이미지를 불러온다. 반짝이는 혜성이 지나가는 동시에 타이틀 자막이 나타나므로 혜성이 어울리는 배경이미지는 석양이나 밤 풍경,기타 어두운 이미지를 추천한다.

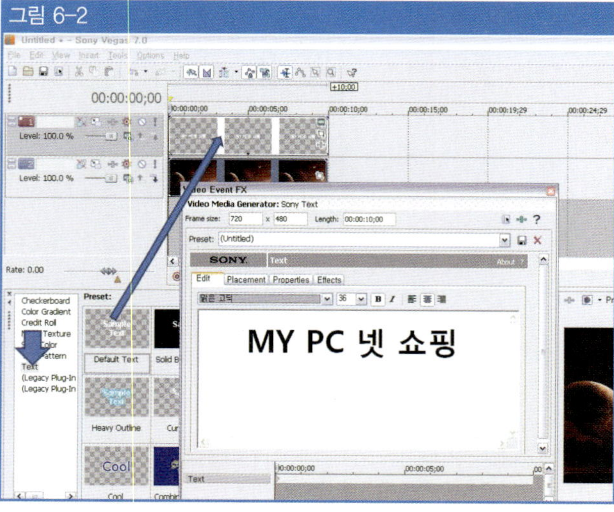

다음 순서는 타이틀 자막을 입력하기위해 미디어 제네레이터의 텍스트 메뉴를 선택, 일반 텍스트를 타임 라인에 올린 후, 그림 6-2과 같이 원하는 텍스트를 입력하고 미리 보기창을 보며 적당한 크기로 조절한다.(텍스트를 타임 라인에 올릴 때 트랙의 이미지 윗부분 끝에 포인트를 끌고가서 놓으면 자동으로 비디오 트랙이 생기면서 텍스트가 올라간다.)

그림 6-3

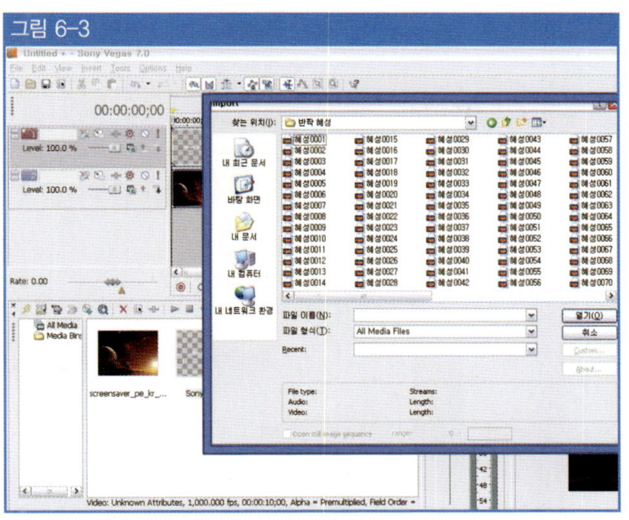

자막 입력창을 닫고 프로젝트 미디어를 클릭해서 임포트 누른 다음 검색창에서 부록으로 제공된 CD로 들어가서 작은 소스 폴더의 반짝 혜성 폴더를 더블클릭하면 그림 6-3과 같은 120개의 소스가 나타난다.(익스프롤러 메뉴에서 불러와도 된다)

그림 6-4

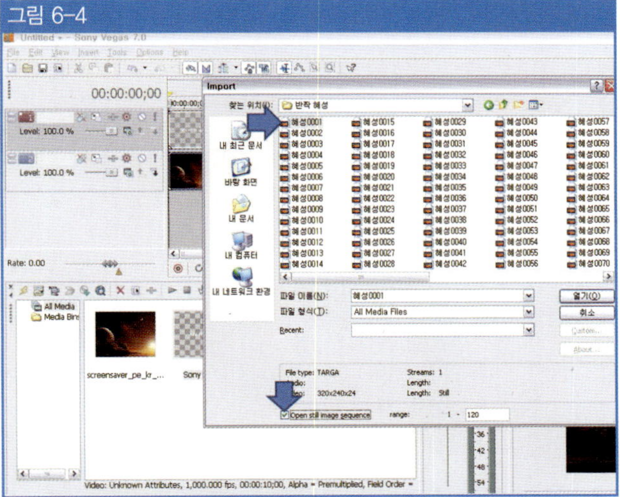

순서를 잘 따라해야 한다.

그림 6-4와 같이 1번 소스를 한 번 클릭하면 파일 이름에 혜성 1번이 올라간다. 다음 순서는 창의 제일 하단의 '오픈 스틸 이미지 시퀀스' 항의 빈칸에 클릭해서 체크한다.

그림 6-5

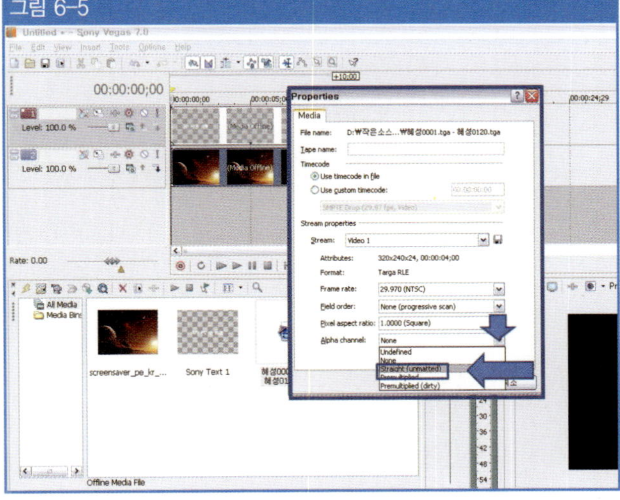

창의 열기를 클릭하면 그림6-5와 같은 창이 새롭게 뜬다. 다른 부분은 전혀 손대지 말고 그림 6-5의 화살표 위치의 알파채널의 메뉴를 클릭, 하위 종류 중 스트레이트를 클릭한다.

Chapter 3

그림 6-6

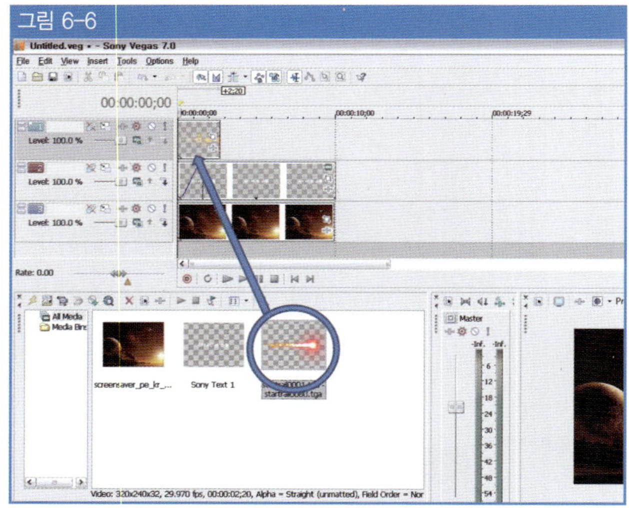

확인을 클릭하면 프로젝트 미디어창에 120장으로 구성된 날라가는 반짝 혜성 소스가 1개 파일로 올라 온 것을 확인 할 수 있다. 이 소스를 그림 6-6과 같이 타임라인의 자막위쪽으로 밀어 올리거나 새로운 트랙을 만들어서 올린다.

그림 6-7

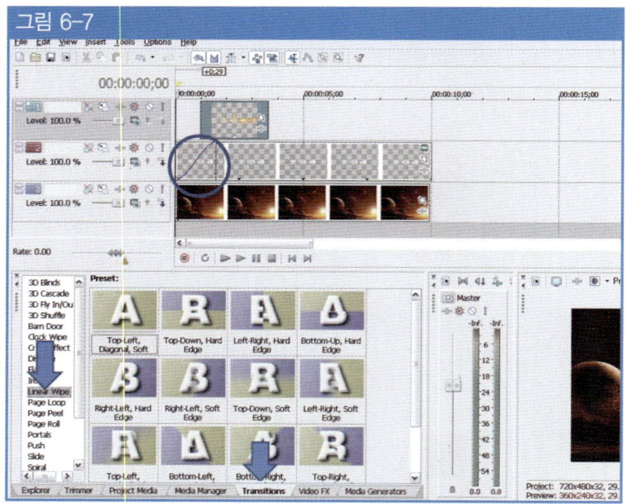

자막소스 앞부분에 페이드인을 적용시키고 그림 6-7과 같이 베가스 아래 메뉴 중 트랜지션을 클릭, 왼쪽 트랜지션 메뉴 중 리니어 와이퍼를 클릭한다.

그림 6-8

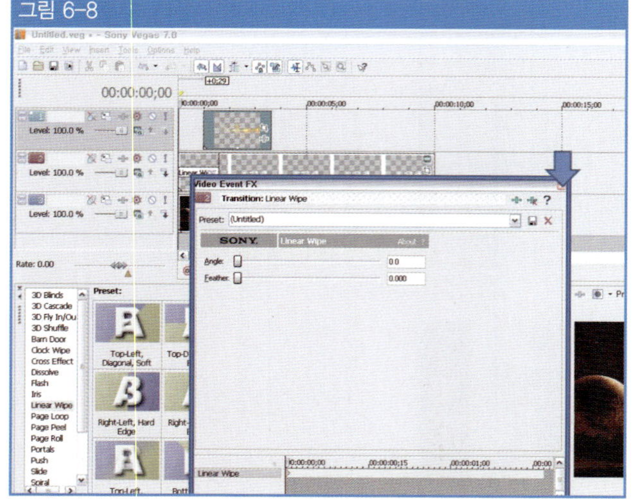

자막의 페이드 효과를 준 부분에 와이퍼 트랜지션 중 세 번째의 '레프터- 라이트 하드 엣지' 를 드래그로 적용시킨다. 그림 6-8과 같은 조절창이 뜨는데 이것은 무시하고 닫는다.

미리보기창을 보며 혜성이 지나가고 난 뒤에 자막이 앞에서부터 뒤로 나타나는지 확인해 보자. 자막이 늦게 나타 난다면 혜성의 위치를 뒤로 조금 이동시키면 되겠다.

그림 6-9와 6-10같이 영화의 타이틀 같은 인트로가 완성되었다.

그림 6-9

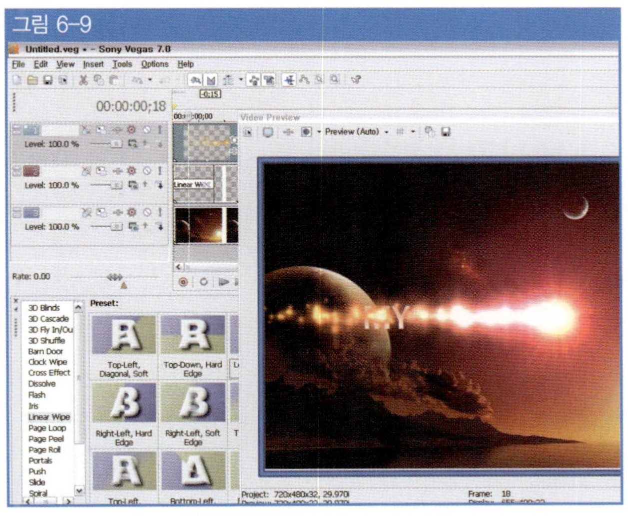

그림 6-10

07 은은한 그라데이션 효과

일반적인 텍스트가 아닌 은은하면서도 세련된 색상을 가미한 그라데이션 효과를 가미한 자막을 배워보겠다.

그림 7-1

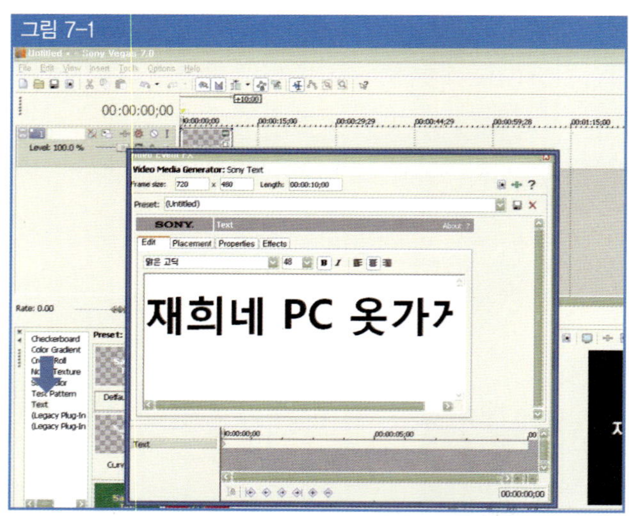

다양한 상품에 맞는 독특한 색상을 가미하여 상품고유의 로고나 브랜드를 디자인해 보는 것도 효과적인 연습방법이다.

우선 그림 7-1과 같이 텍스트를 먼저 불러와서 타임 라인위에 놓으면 텍스트 입력창이 뜨고 이때 원하는 텍스트를 타이핑한다.(가는 글씨체보다 조금 두꺼울수록 그라데이션 효과가 잘 나타난다.)

그림 7-2

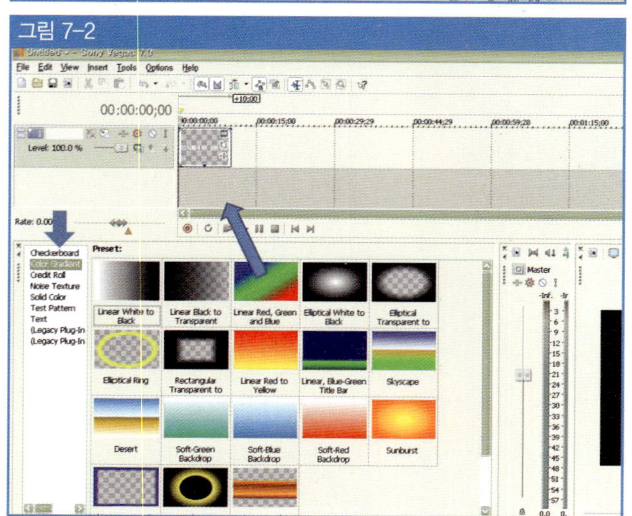

다음 순서는 창을 닫고 자막을 불러온 미디어 제네레이터의 왼쪽메뉴에서 칼라 그라디언트 (color gradient)를 클릭한다. 그림 7-2와 같은 다양한 그라데이션 메뉴들이 나타난다.

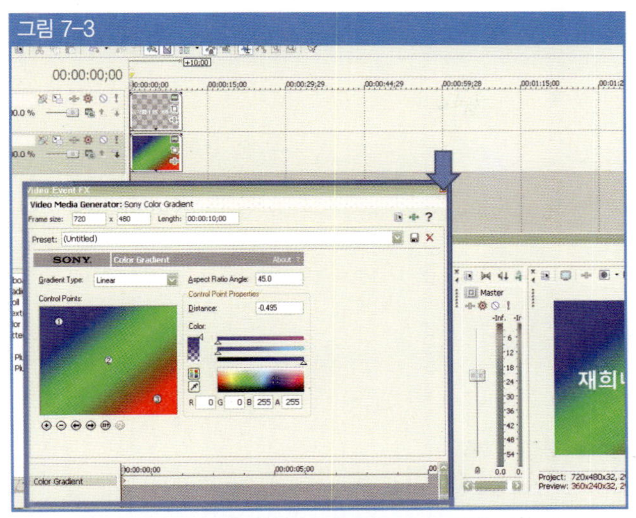
그림 7-3

다양한 메뉴들을 본인의 취향과 브랜드의 느낌에 따라 선택할 수 있는데 편의상 세 가지 색으로 구성된 메뉴를 그림 7-3과 같이 타임라인에 올려서 사용하겠다.(클릭해서 드래그로 타임라인 상에서 놓으면 된다.)

작업창이 7-3에서 처럼 뜨는데 일단은 닫는다.

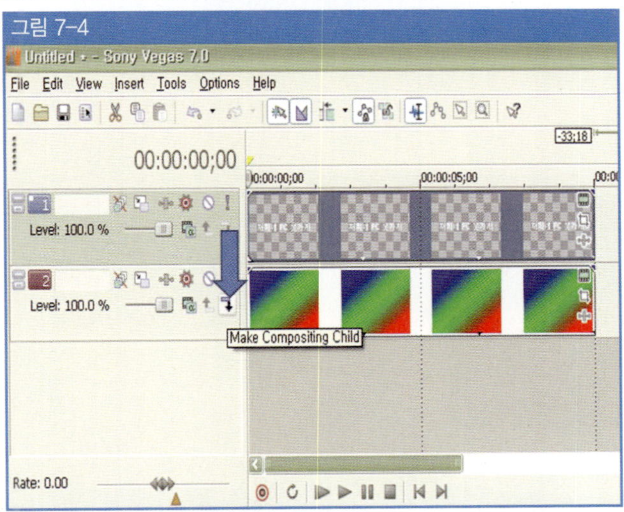

그림 7-4

다음은 그라데이션이 글자 속으로 들어가게 하기 위하여 그림 7-4와 같이 구부러진 화살표콤포지트 모드를 클릭한다 이것은 상위 텍스트로 소속시키는 의미이다.

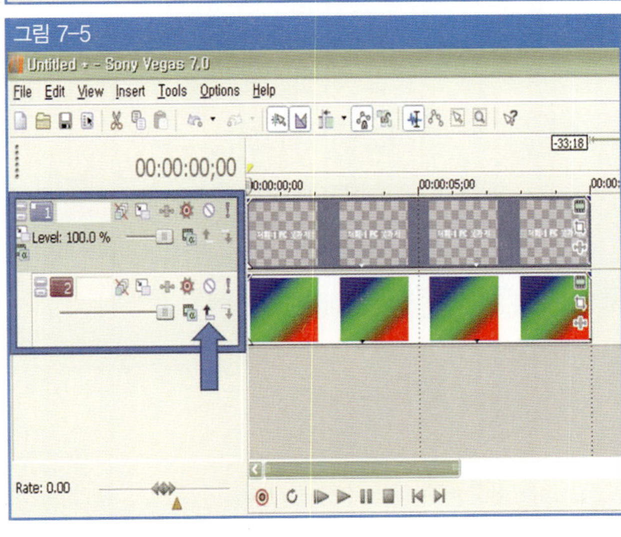

그림 7-5

클릭 후에 왼쪽 타임라인 메뉴창을 보면 그림7-5와 같이 화살표도 위쪽으로 향하며, 메뉴도 2번 라인이 1번 라인에 들어간 걸 확인할 수 있다.

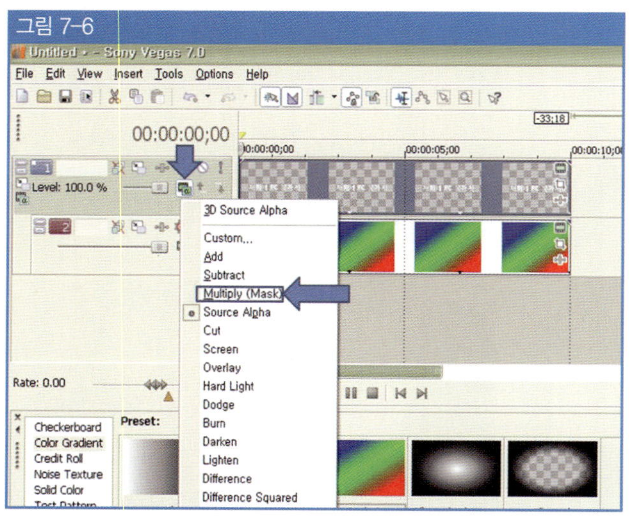

그림 7-6

그림7-6과 같이 1번 라인 메뉴의 필름 모양 알파기호가 있는 콤포지트 모드를 클릭한다.

7-6의 그림처럼 별도의 창이 뜬다. 여기에서 소스알파에 체크되어 있는 것이 보이는데,

바로 위의 멀티 마스크를 클릭한다.

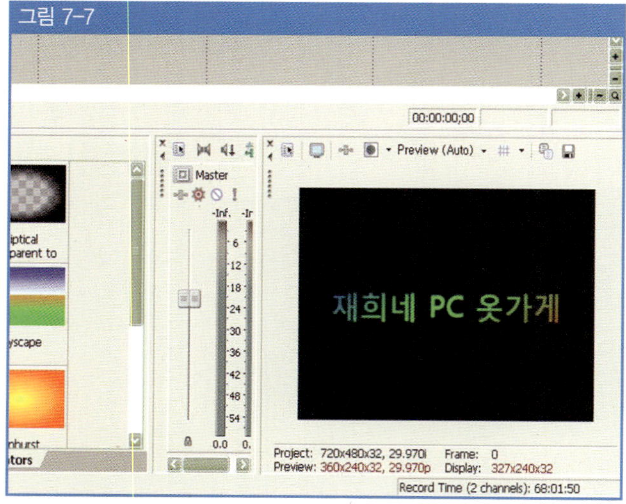

그림 7-7

그림 7-7과 같이 그라데이션이 글자 속으로 들어갔다.

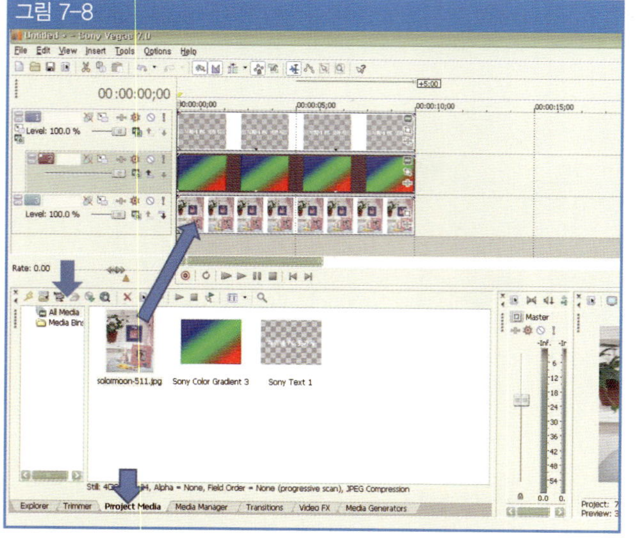

그림 7-8

배경을 올리면 더욱 분위기 있는 그림을 연출 할 수 있는데, 프로젝트 미디어로 가서 임포트 미디어를 클릭, 원하는 그림을 골라 불러온 후 그림 7-8과 같이 타임라인에 드래그해서 놓는다.

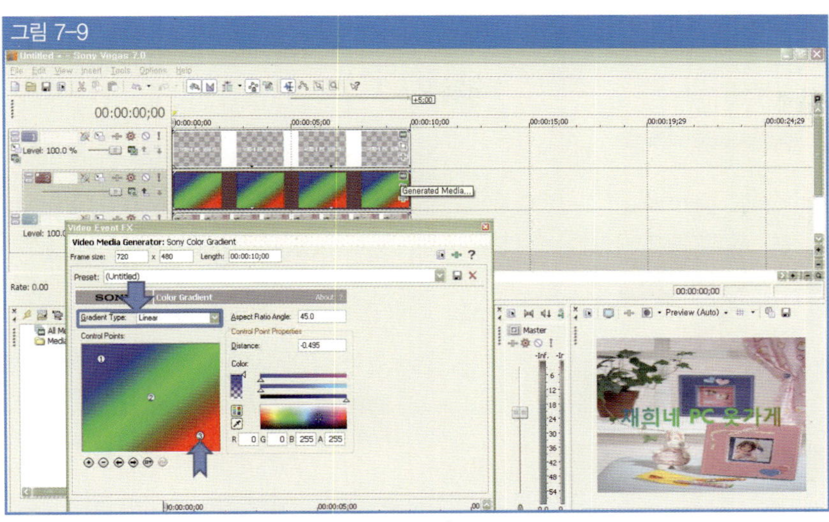

그림 7-9

그라데이션을 조절하기 위해 타임라인에 있는 그라데이션 창의 제네레이터 미디어를 클릭하여 그림 7-9와 같이 조정 창을 연다

Chapter 3

그림 7-10

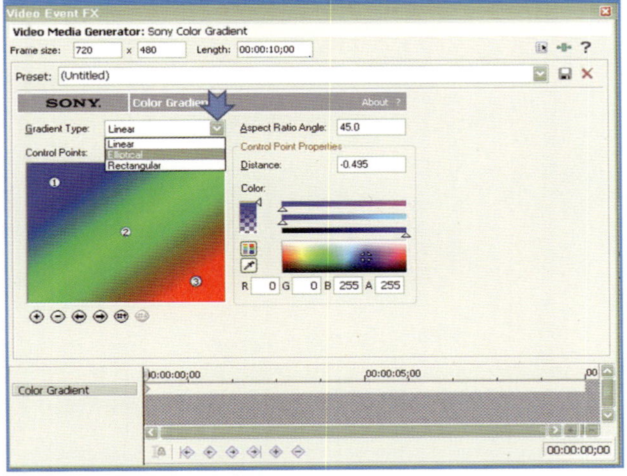

이 조정창의 종류는 중간에 그라디언트 타입 메뉴에서 선택 할 수도 있고(그림7-10) 그라데이션 화면의 1, 2, 3의 번호를 마우스로 드래그하며 조절할 수 있다.(그림 7-11)

다양하게 연출해 보자.

그림 7-11

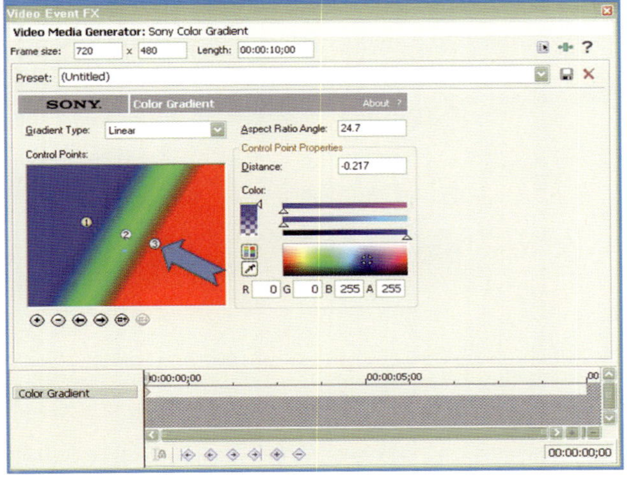

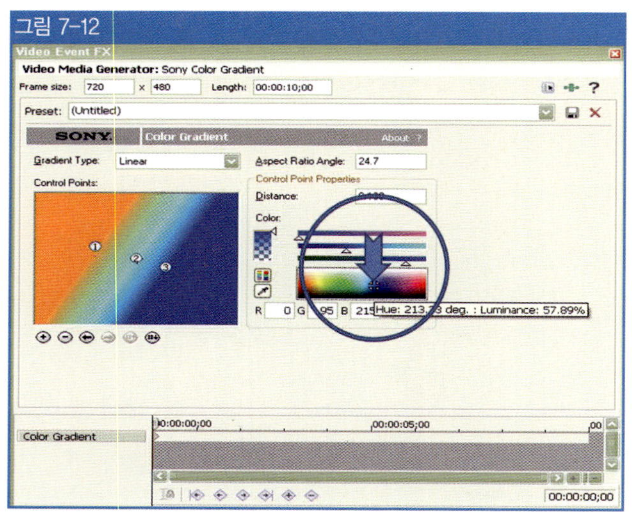

마지막으로 그라데이션의 색상 조정은 그림 7-11의 그라데이션 화면의 번호를 클릭해서 선택한 후 그림 7-12의 색상조절 콘트롤 포인트를 클릭한 상태로 원하는 색상 쪽으로 움직이면 그라데이션 화면과 모니터의 글자색의 색상변화를 볼 수 있다.

3D 효과 만들기 08

3D는 단순히 평면이 아닌 입체감을 줌으로써 영상의 사실감과 수준을 높여주는 기법이다. 이 단락에서는 '자막' 으로 설명하지만 동영상도 얼마든지 3D 효과를 낼 수 있다. 아울러 3D효과를 내기 위해서 컴이 상당히 많은 작업을 수행하므로 컴퓨터 사양에 따라 느려지거나 더듬거리는 현상이 생길 수 있지만 '랜더링' 작업 후에 모니터할 때는 깨끗하게 나타난다.

타임라인에 8-1과 같이 배경 이미지와 효과를 내고자 하는 자막을 올린다.
(효과가 잘 나타나게 하기 위하여 굵은 폰트를 쓴다.)

그림 8-1

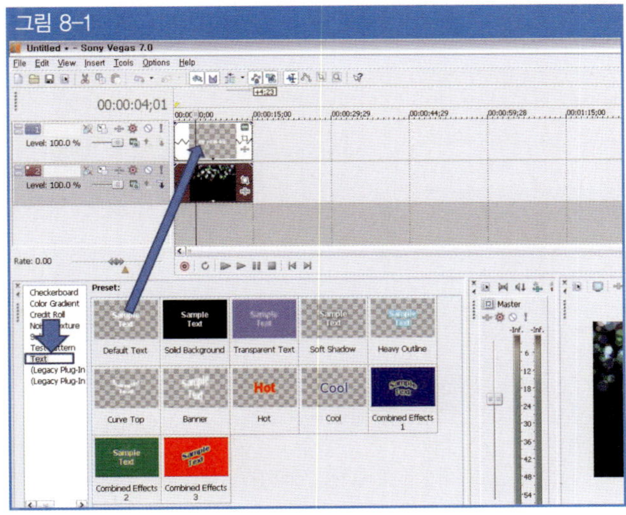

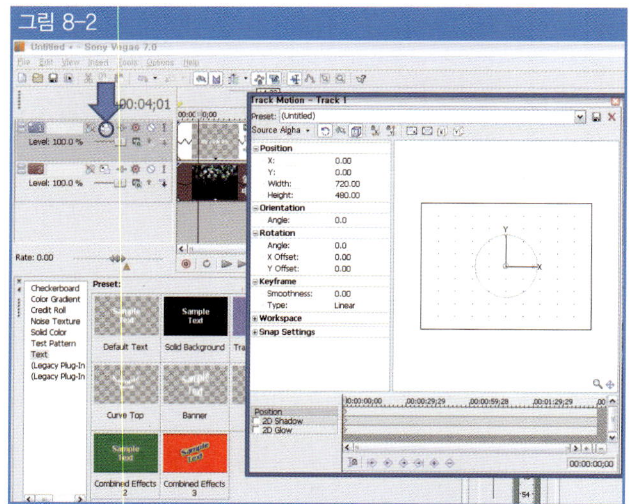
그림 8-2

3D 효과를 내기 위하여 그림 8-2와 같이 텍스트를 올려놓은 타임라인의 트랙메뉴 중 트랙 모션을 클릭하여 조절창을 연다.

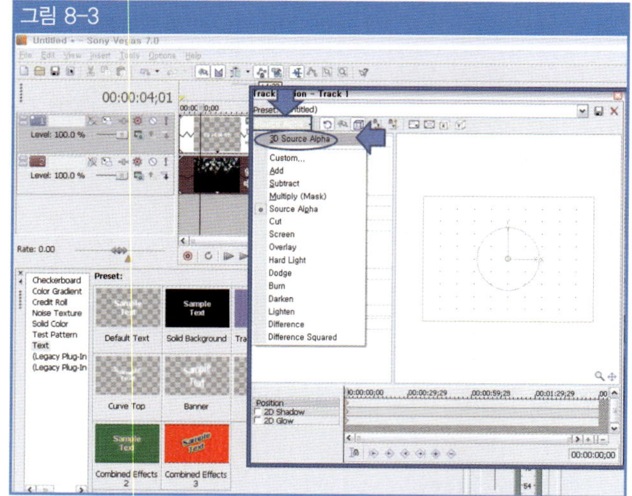
그림 8-3

조절 창의 화면은 좌우를 조정하는 X축, 위와 아래를 조정하는 Y축 그리고 입체영상의 앞과 뒤를 조정하는 Z축으로 나누어지는데 먼저 그림 8-3과 같이 Z축을 조절하기 위하여 상위 메뉴 '소스 알파' 를 클릭 메뉴를 열고 맨 위 '3D소스 알파' 를 클릭한다.

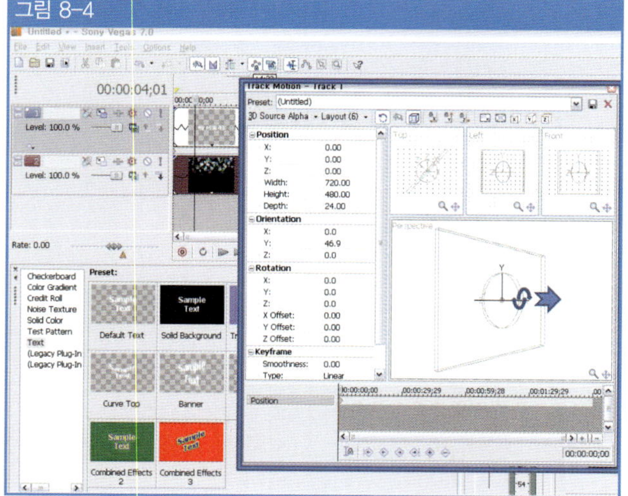
그림 8-4

새로운 조절창이 열린 것을 볼 수 있다. 자막의 그래픽을 보면 둥근 입체 형태이다. 여기서 여러분이 폰트를 옆으로 돌리고자 한다면X축을 움직여야 하므로 X축에 마우스 포인트를 올리면 둥근 화살표가 진한 색으로 나타난다.

이 때 클릭하여 바깥쪽으로 살짝 밀면 그림 8-4와 같이 전체가 옆으로 돌아간다.

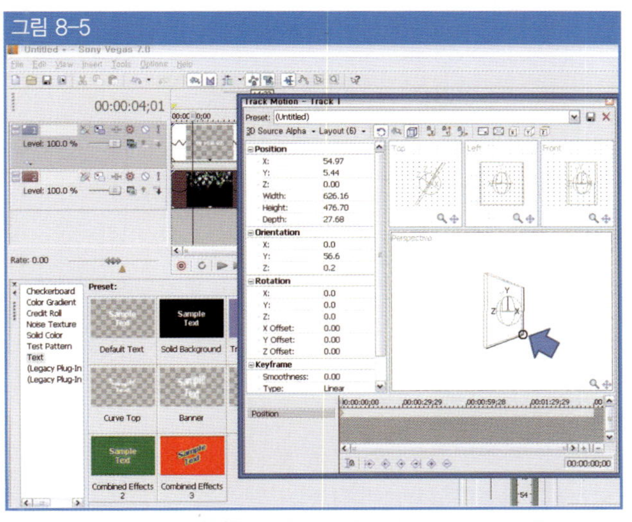
그림 8-5

옆으로 틀어진 화면 모서리에 마우스 포인트를 올리면 진한 포인트가 생긴다. 이것은 크기를 조절할 수 있다는 뜻이므로 그림 8-5와 같이 줄여준다.

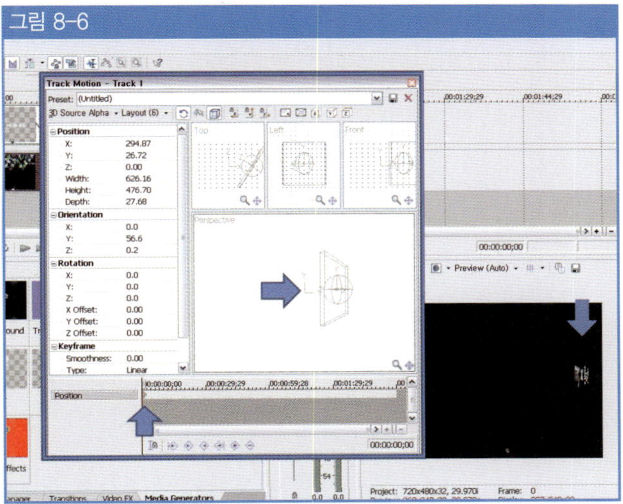
그림 8-6

폰트가 처음 화면에 나타날 때 오른쪽에서 작게 나타나게 하기 위하여 그림 8-6과 같이 조절창 아래의 키 프레임, 첫눈금자에 먼저 클릭하고 폰트를 화면 오른쪽으로 아주 작게 위치시킨다.

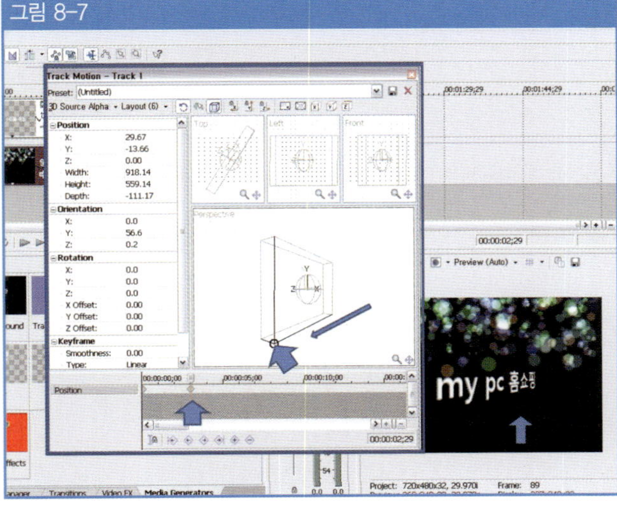
그림 8-7

키 프레임 눈금자를 3초 뒤로 이동시키고 그림 8-7과 같이 폰트를 다시 키우고 화면의 중앙에 위치시킨다.

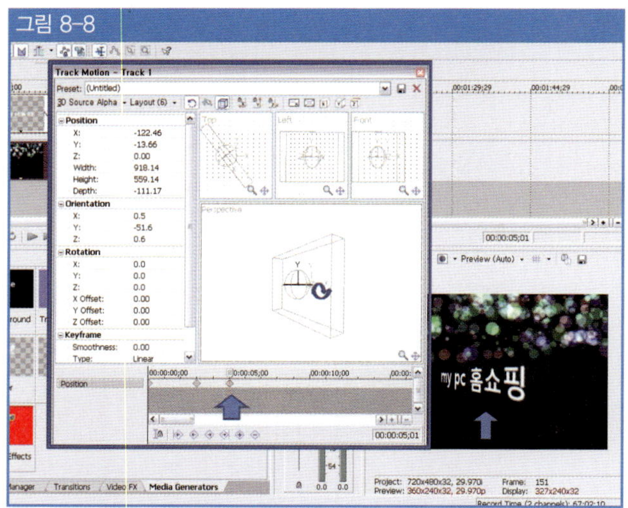

그림 8-8

키 프레임을 2초 뒤로 움직이고, 그림 8-8과 같이 폰트의 X축을 움직여 왼쪽으로 기울도록 돌려준다.

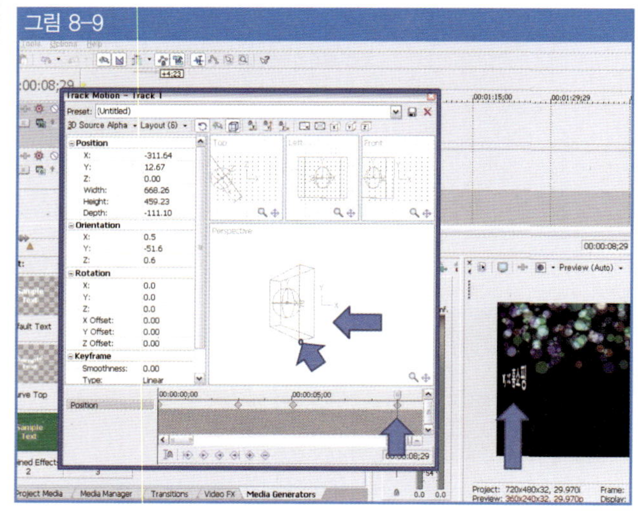

그림 8-9

이번에도 키 프레임을 움직이다. 눈금자를 4초 뒤로 놓고, 그림 8-9와 같이 폰트를 완전히 줄여서 왼쪽으로 빼준다.

조절창을 닫고 플레이 해보자.

배경을 곁들이거나 여러 가지 폰트를 동시에 3D효과를 주면 돋보이는 영상을 만들 수 있다. 원리 학습을 위하여 간단한 부분을 배워보았다.

여러분은 폰트의 Y축과 Z축도 움직여서 다양한 입체자막을 완성해 보자.

Chapter 4

부가기능

01 _ 음악 삽입 방법과 간단한 편집방법

02 _ 키프레임(key frame)이 뭐예요?

03 _ Video FX 기능 활용방법

04 _ Track Motion 기능 보기(화면 크기조절)

05 _ 영상 속 정지화면 만들기(Snapshot 기능)

06 _ 액자 테두리 만들기

01 음악 삽입 방법과 간단한 편집방법

각 종 사진이나 동영상에 아름다운 음악을 넣고 음악을 영상이나 사진에서 분리해서 자르는 법을 배워보겠다.

사진의 경우는 사진들을 불러와서 적당하게 붙인 후 음악만 넣으면 되지만, 동영상의 경우에는 촬영 시 현장음향이 수음되므로 광고 영상 제작 시 오디오를 걷어내고 다른 음악을 넣어서 편집한다.

먼저 그림1-1과 같이 동영상을 불러온다. 역시 프로젝트 미디어에서 임포트 미디어를 클릭하고 프로젝트 미디어 파일 창의 소스를 그림과 같이 타임라인에 올린다.(드래그 해서 놓음)

그림 1-1

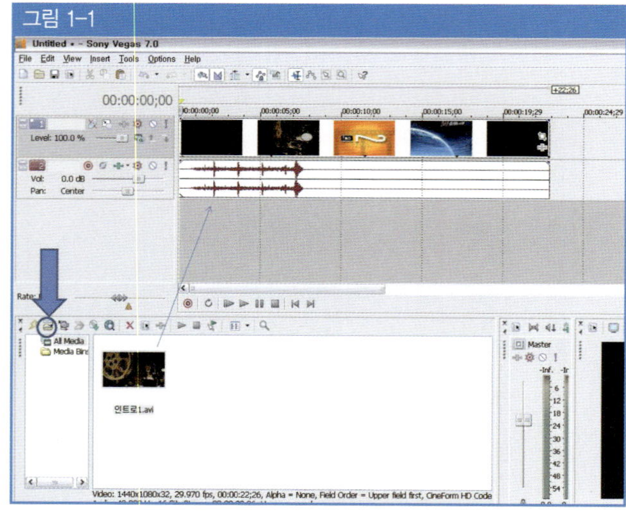

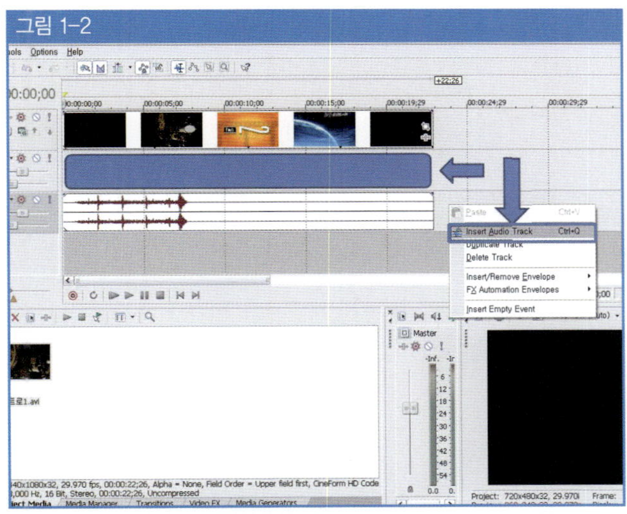

그림 1-2

붙어있는 오디오를 그냥 삭제해도 되고 밑에 또 하나의 오디오 트랙을 만들어도 된다.

보통은 음악을 불러와서 그냥 타임라인에 올리면 자동으로 오디오 트랙이 생성된다.

오디오 트랙 만드는 방법은 그림1-2와같이 마우스 오른쪽 클릭 인서트 오디오트랙 클릭하면 된다.

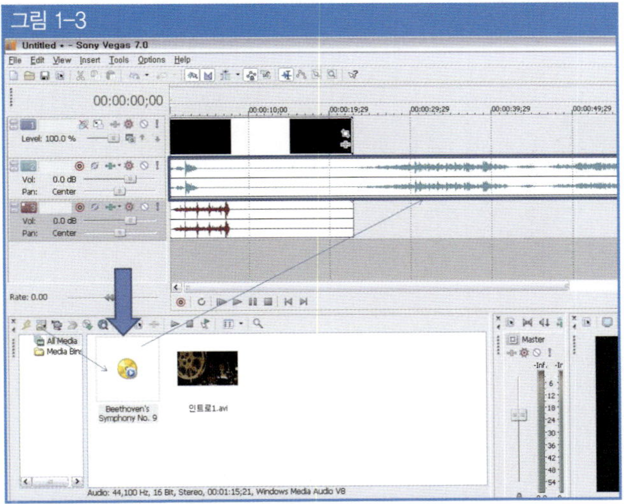

그림 1-3

새로 생긴 오디오 트랙에 임포트 미디어로 불러온 음악을 오린다.(그림1-3)

그림에서 보는 바와 같이 영상보다 오디오의 길이가 너무 길다. 단순히 끝부분을 줄이면 되지만 이번 시간은 편집이 목적이므로 잘라보겠다.

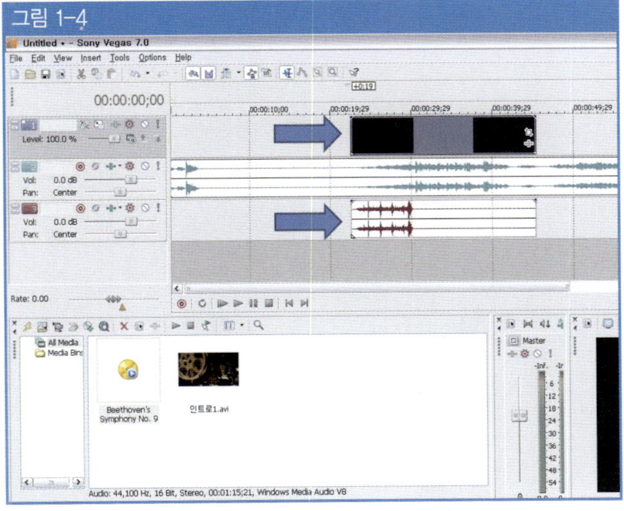

그림 1-4

여기서 잠깐 영상에 붙어있던 오디오의 성질을 살펴보겠다. 그림 1-4처럼 영상을 움직여 보면 오디오가 따라 다니는 것을 볼 수 있다.

오디오에 커서를 올린 상태에서 오른쪽 클릭해서 컷 또는 딜리트하면 사라지지만 이번에는 상위 자물쇠 메뉴를 활용해 보겠다.

그림 1-5

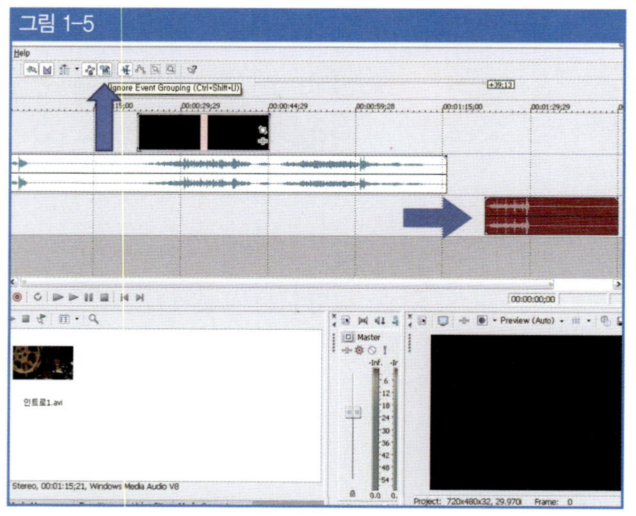

그림 1-5와 같이 상위에 작은 자물쇠를 클릭하여 묶여 있던 자물쇠를 열면 오디오와 영상이 풀려서 따로 움직인다. 이때 그림과 같이 오디오를 뒤로 일단 밀어 놓는다.

그림 1-6

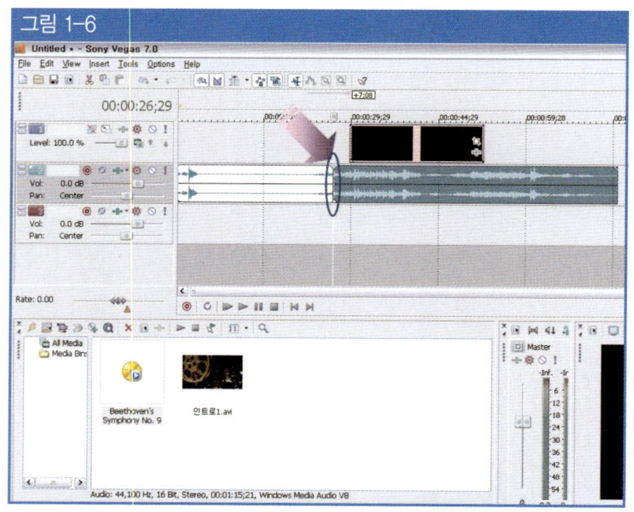

영상과 음악이 겹쳐진 상태로 키보드 영문 S키를 타이핑하면 같이 잘리므로 영상을 조금 이동시킨 후에 그림 1-6과 같이 오디오를 자른다.

그림 1-7

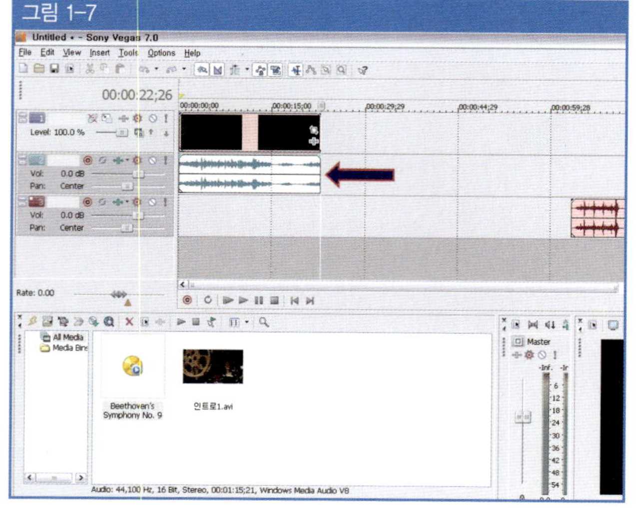

앞의 잘린 오디오를 마우스 커서 오른쪽 버튼을 클릭 후 컷 또는 딜리트 클릭하여 없앤 후 그림 1-7과 같이 두 개의 소스를 맨 앞으로 나란히 놓는다.

상위의 자물쇠를 다시 클릭하여 잠금한다. 뒤쪽의 남아있는 오디오는 여러분의 취향대로 그냥 커서를 대고 클릭하여 드래그로 줄여도 되고 영상이 끝나는 부분에서 키보드 S키를 눌러 컷해도 된다.(그림 1-8)

기존의 오디오도 다시 앞으로 가져와서 현장음도 살리고, 영상과 오디오 모두가 마음에 들면 다음은 상위의 자물쇠를 다시 클릭하여 잠금 하고 난 후 랜더링 하자.

그림 1-8

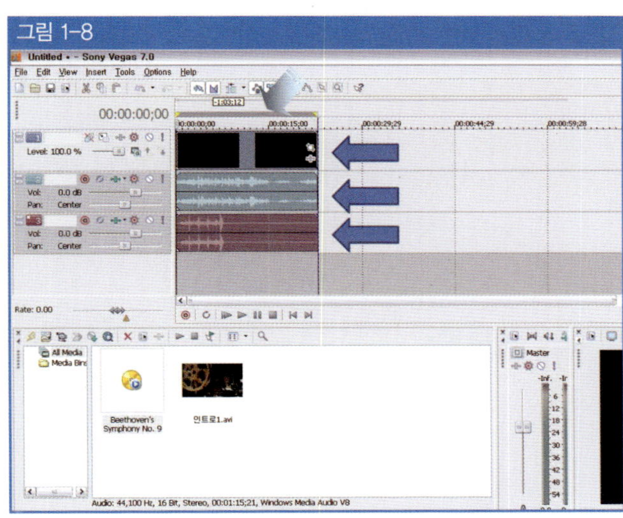

랜더링이 되어 저장된 소스만 영상과 음향을 분리 및 결합 할 수 있으며 중요한 것은 언제나 필요하다면 자물쇠 메뉴를 이용 오디오를 분리시킬 수 있으며 컷 편집 후에 다시 영상과 묶을 수 있다는 점이다.

창의 맨 위 노란 눈금과 그 영역은 랜더링되어 저장되는 영역설정 눈금자이다.

음성을 변조하는 방법

1) 소리 트랙을 선택하고 우측 마우스 버튼을 클릭한다.
2) 메뉴에서 Properties를 선택한다.
3) Properties창이 열리면 Method:에서 Classic을 선택한다.
4) Pitch 우측 입력 창에 숫자를 입력한다.
5) Pitch 12가 1옥타브이다. 2옥타브 까지 가능하다.
   −24부 터 +24까지 입력 가능하다.
   −는 저음이고 +는 고음이다.

MP3 변환하기

기자들이 해외에서 리포트를 보낼 때 편집을 완료해 완제품을 보내는 경우와 오디오를 보내서 본사에서 제작하는 경우가 있다. 오디오를 보낼 때 영상을 보내는 방식으로 보내면 비디오 때문에 파일 크기가 커져 인터넷 전송에 불필요한 시간이 소요된다. 이럴 경우 MP3 파일로 보내면 파일 크기가 줄어들어 전송에 많은 도움이 된다. MP3 오디오 파일로 만드는 방법은 녹음된 클립을 타임라인에 편집을 한 뒤 File메뉴 Render As를 클릭해 Render As창 파일형식에서 MP3 Audio를 선택하고 저장을 클릭하면 MP3 파일로 변환된다.

02 키프레임(key frame)이 뭐예요?

변화 없는 사진이나 글자(텍스터)는 밋밋하고 감흥을 주지 못한다. 키 프레임을 이해함으로써 텍스트나 영상 사진 등에 움직임과 색상등의 변화를 주어 비로소 원하는 생명력을 갖추게 된다. 천천히 따라하는 것이 키 프레임을 숙지하는 가장 좋은 방법이다.

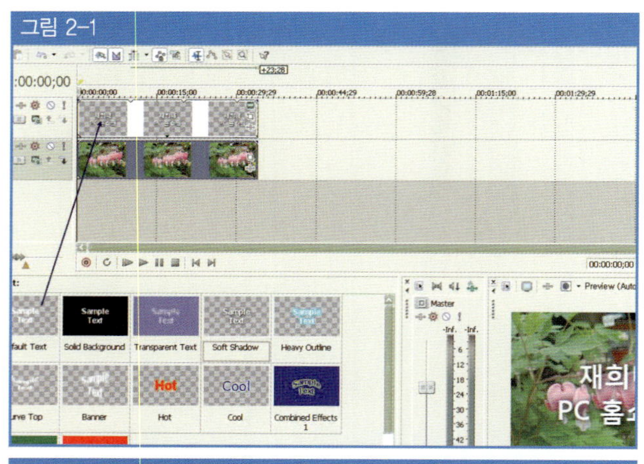

그림 2-1

먼저 그림 2-1과 같이 베가스를 열고 앞서 배운대로 프로젝트 미디어로 그림을 불러와서 타임라인에 놓고 미디어 제네레이터를 열고 텍스트를 불러와서 타임라인에 놓는다.

그림 2-2

플레이를 해보면 그냥 아무런 변화가 없다. 텍스트에 움직임을 주기위해서 타임라인위의 텍스트 안, 맨 위의 제너레이트 미디어창을 클릭하면 그림 2-2와 같은 텍스트 창이 뜬다.

텍스트창의 하단에 있는 눈금자가 바로 키 프레임 조절 시간자이다. 저자는 키 프레임을 설명하

그림 2-3

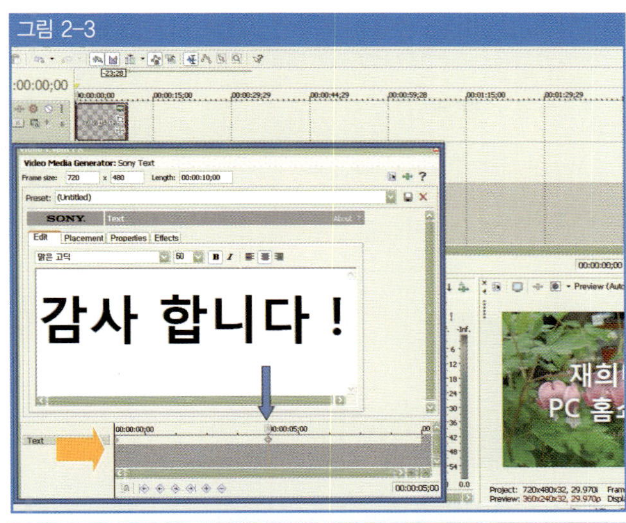

그림 2-4

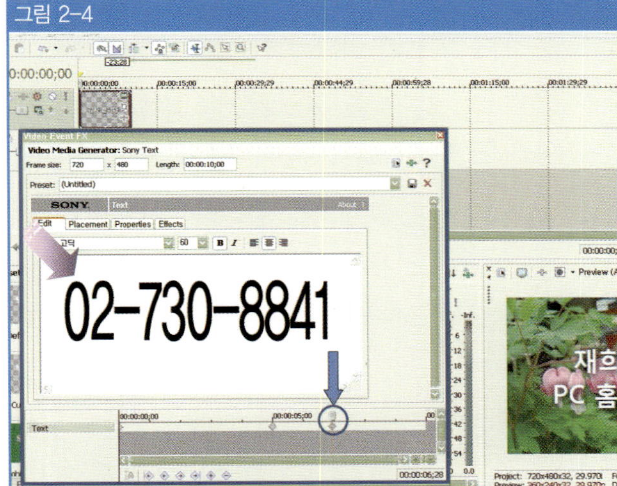

그림 2-5

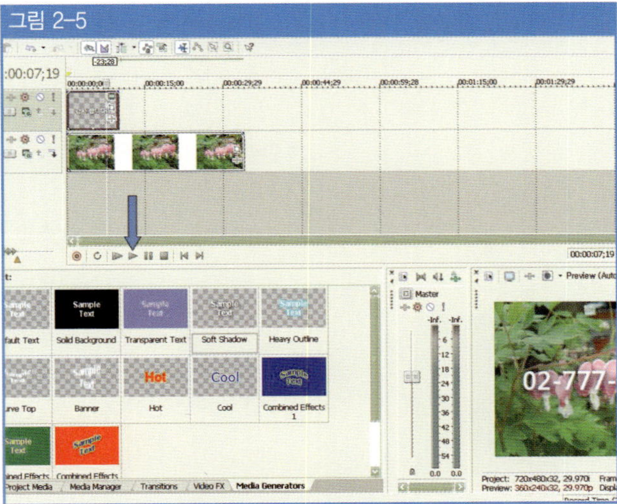

기 위해 텍스트를 화면 안에서 움직임의 변화와 글씨의 변화를 주는 것이다.(다른 텍스트를 만들어서 변화 시킬 수도 있음)

4초 후에 '재희네 PC홈쇼핑' 텍스트가 '감사합니다'로 변하도록 해보겠다.

꼭 알아 둘 것은 움직임이나 다른 글씨 또는 색상 등의 변화를 주기 위해서는 먼저 변화를 원하는 시간에 꼭 눈금자를 먼저 체크해야 한다는 것이다.(드래그 또는 클릭)

이것은 여기서부터 변해라, 하고 명령하는 것이다.

그리고 다시 눈금자 2초 뒤에 전화번호 02-730-8841로 변하게 텍스트를 수정한다.

제네레이트 미디어창을 닫고 플레이를 해보면 정확하게 변하는 글자들을 확인 할 수 있다.

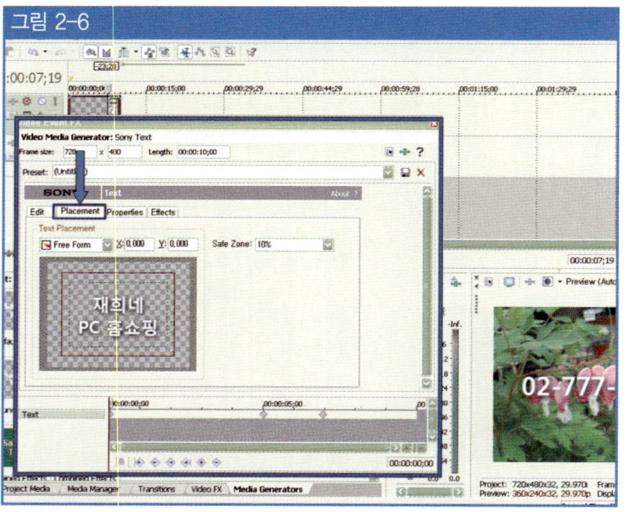

그림 2-6

글자 위치에 변화를 주겠다. 다시 제내레이터 미디어창을 열고 에디트 옆의 플라스먼트 메뉴를 클릭한다.

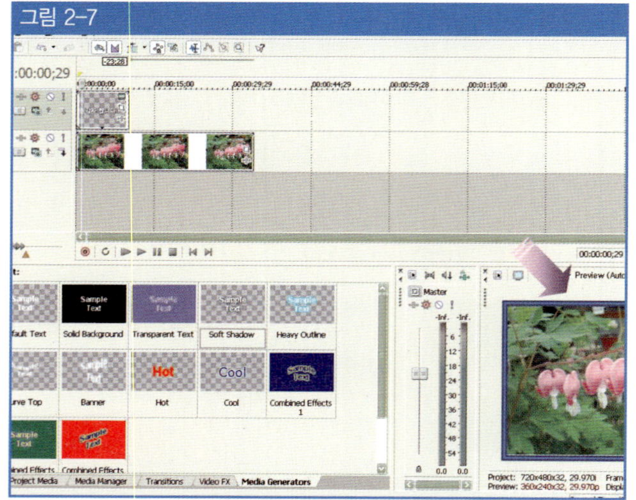

그림 2-7

하단에 키 프레임 눈금자에 그림과 같이 원하는 시간자로로 텍스트를 움직이기 전에 먼저 클릭한 후 텍스트 화면에서 마우스를 드래그하며 텍스트를 원하는 위치로 이동시킨다.

제네레이터 미디어 창을 닫고 플레이 해보면 먼저 작업한 글씨의 변화와 함께 다양한 움직임을 볼 수 있다.(왼쪽에서 나왔다가 마지막에 오른쪽으로 들어가는 텍스트의 예)

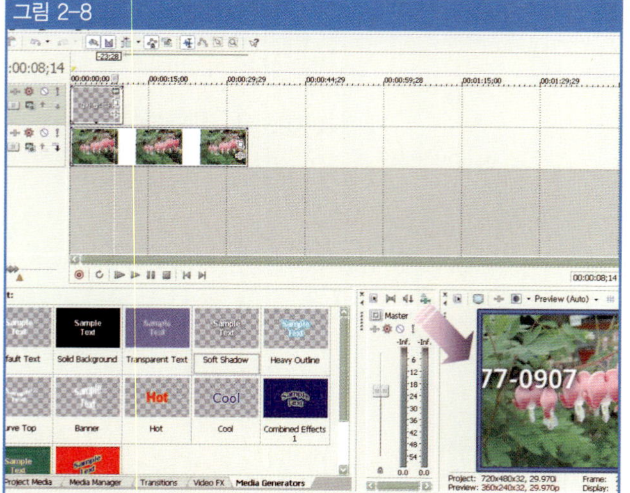

그림 2-8

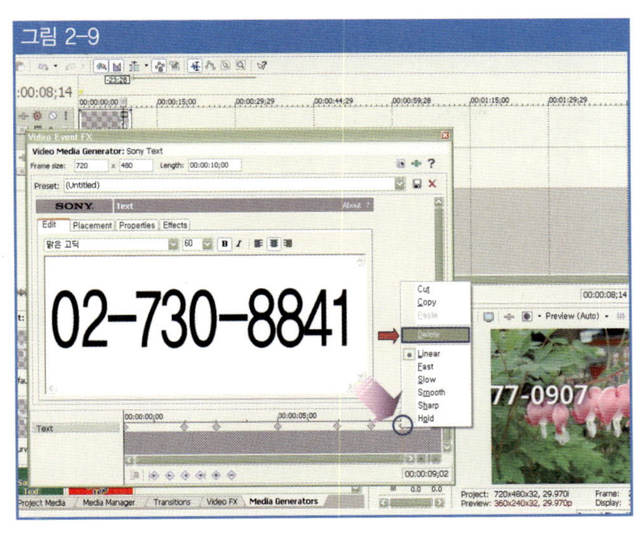

위치 이동을 수정할 때는 제네레이터 미디어의 눈금자의 눈금에 마우스오른쪽을 클릭하면

그림과 같이 별도 창이 뜨고, 딜레이트(지움)를 클릭하여 지우면 된다.

Chapter 4

제네레이트 미디어의 키 프레임 눈금자는 이벤트 팬크롭 창이나, 사진, 동영상 등에서 본인이 원하는 장면에서 줌인, 줌 아웃 등 색상과 움직임 등 모든 변화를 줄 수 있는 연출 기법이므로 어렵더라도 연습을 자주하면 쉽게 원하는 다양한 느낌을 줄 수 있다.

*소스의 입력 창 하단의 타임라인 시작 부분의 주산 알 같이 생긴 것을 키프레임이라고 한다. 이곳에는 영상의 크기, 위치 값 등의 정보가 담겨있다. 시작점과 끝 부분에는 당연히 키프레임이 있다. 이 두 개의 키프레임은 본래의 그림 크기와 위치 값을 가지고 있다.

움직임을 만들 때 키프레임 간격이 가까우면 움직임 속도가 빠르고 키프레임 간격이 멀면 천천히 움직인다. 키프레임 값이 동일하면 움직임을 멈춘다.

03 Video FX 기능 활용하기

여러분들이 영화를 볼 때 최근에 촬영한 영상물인데 오래된 필름을 보는 듯한 느낌이 든다든지 특이한 기법으로 화면이 변한다든지 혹은 환상적인 느낌이 든다면 이것은 편집자가 연출자의 의도를 듣고 비디오FX기능으로 효과를 준 것이다.

자주 쓰이는 비디오 FX의 기능이다. 여러분들이 직접 해보시는 것이 가장 좋은 방법이며 어떤 기능인지를 잘 몰라서 쓰지 않는 경우를 많이 보았다. 효과의 종류 별로 하나씩 적용시켜 보는 것이 비결이다.

그림 3-1

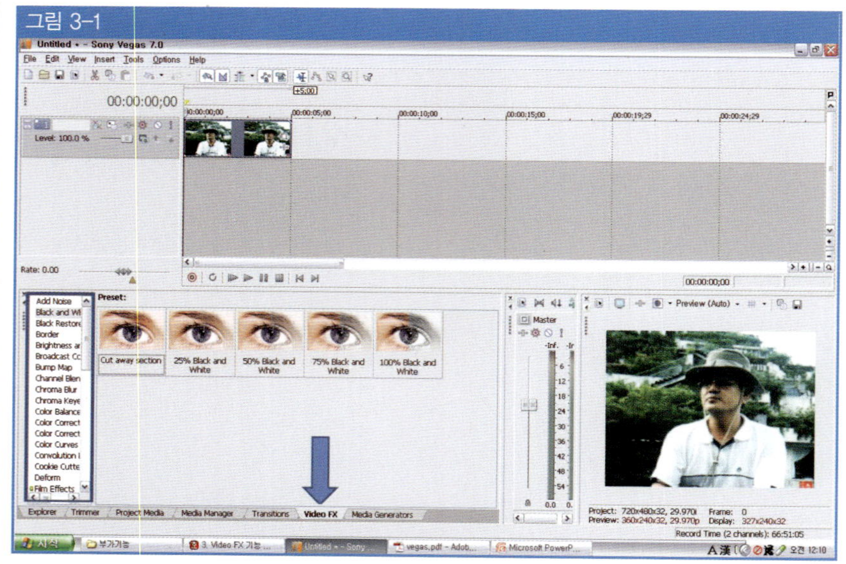

그림 3-1과 같이 베가스 창을 열고 하단의 비디오 FX메뉴를 클릭하여 메뉴 창을 연다.

비디오FX는 영상 전체에 적용되는 화면 효과이다. 색상을 바꾸거나, 노이즈 만들기, 테두리 만들기, 필름효과 등이 있다. Video FX탭을 클릭하면 좌측에 화면 효과 종류 항목이 보이고 우측에는 효과 미리 보기 화면이 있다.

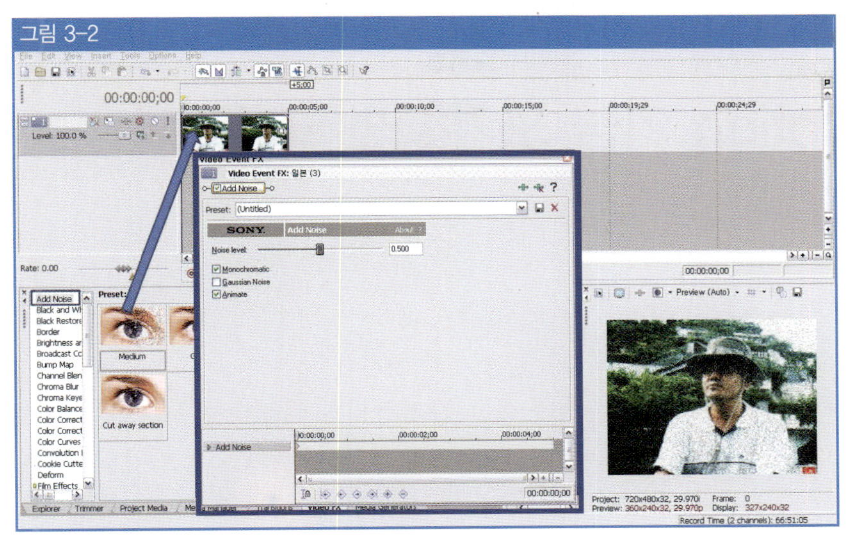

적용할 효과 영상을 클릭한 상태로 영상소스에 끌어다 놓는다. 자동으로 효과가 기본 값으로 적용되고 효과를 수정할 수 있는 창이 열린다. 다른 효과를 추가해 중복할 수도 있다.(그림3-2) 효과 설정 창 하단에는 키 프레임 작업을 할 수 있는 타임라인도 있다.

비디오 FX(트랙 전체에 적용)그림 3-3

Video FX효과 경우 타임라인의 소스에 드래그 할 경우는 해당 소스에만 적용 되지만 프리뷰 창에 드래그 할 경우는 해당 트랙 모든 소스에 적용된다.

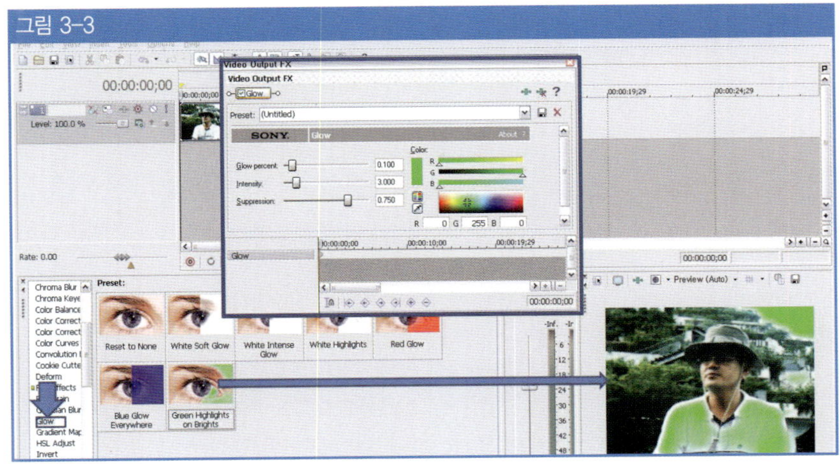

효과의 종류가 매우 다양하다. 위에서 아래로 천천히 적용시켜보면서 본인이 자주 쓰일 것 같은 효과는 메모해두는 것도 좋은 방법이다.

지상파와 케이블방송의 편집자나 PD들도 결코 모든 비디오FX 효과를 다 외우지 못하며 각자가 선호하는 효과를 적절히 잘 쓰는 PD가 실력을 인정받고 있다. 여러분들도 자신을 가지고 단 몇 개의 효과라도 적절히 사용한다면 최고의 연출가인 것이다.

04 Track Motion 기능 보기(화면 크기조절)

많은 분들이 초기에 베가스를 배울 때 가장 많은 질문이 바로 이벤트 팬 크롭과 트랙모션의 차이점에 대한 것이다. 분명히 다른 기능이므로 트랙 모션의 기능을 정확하게 알아보겠다.

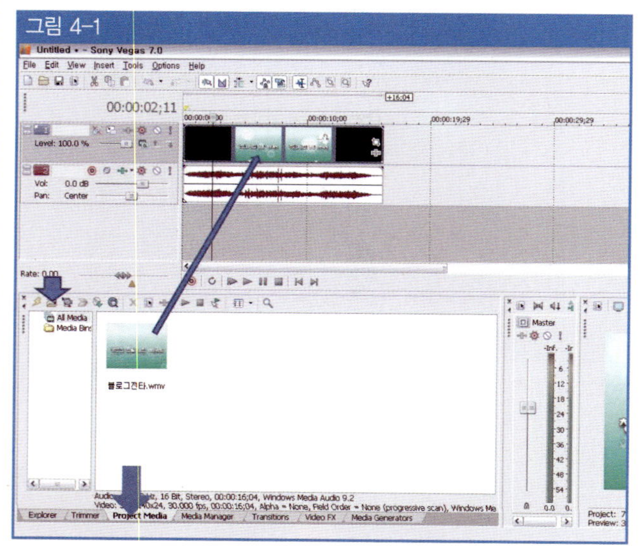
그림 4-1

그림4-1과 같이 예제 영상을 불러와 타임라인에 올려놓는다.

이벤트 팬 크롭은 정확하게 설명하자면 소스영상의 크기는 변화가 없는 상태에서 화면의 크기를 줄이거나 카메라 앵글처럼 줌인 한 다음 원래영상 내에서 이동시키는 방법으로 화면을 구성한다.

반면에 트랙모션은 소스자체의 크기를 키우거나 줄이고 이동시키며, 회전과 3D효과도 적용시켜 화면을 연출하는 차이가 있다.

주의할 점은 한 개의 트랙 위에 몇 개의 영상이 올려졌다면 한 개의 소스에 트랙 모션의 효과를 적용시키고자 트랙모션 창을 열어 작업을 하는데, 편집 후에 모니터를 보면 이 트랙에 있던 모든 소스에 효과가 적용되어 버린 것을 확인 할 수 있다.

한 개의 소스에 트랙 모션을 적용하고자 한다면 별도의 비디오트랙을 만들고 소스를 이동시킨 후 이트랙에서 트랙모션 작업을 해야 한다.

그림 4-2

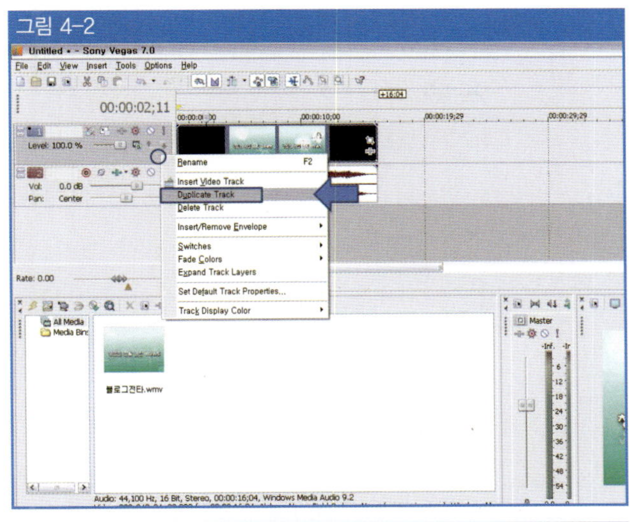

그림 4-3

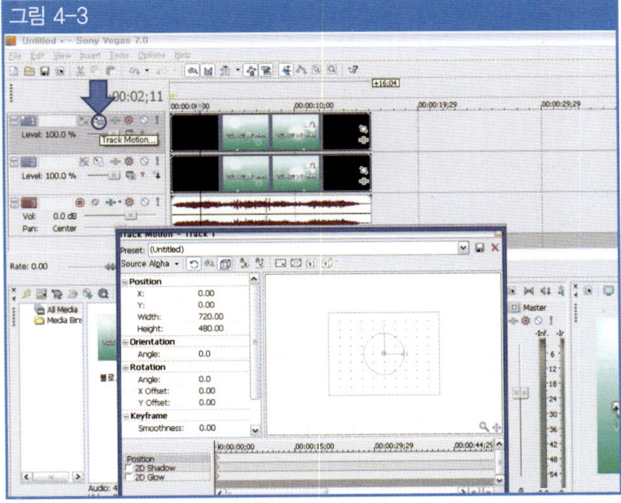

그림 4-4

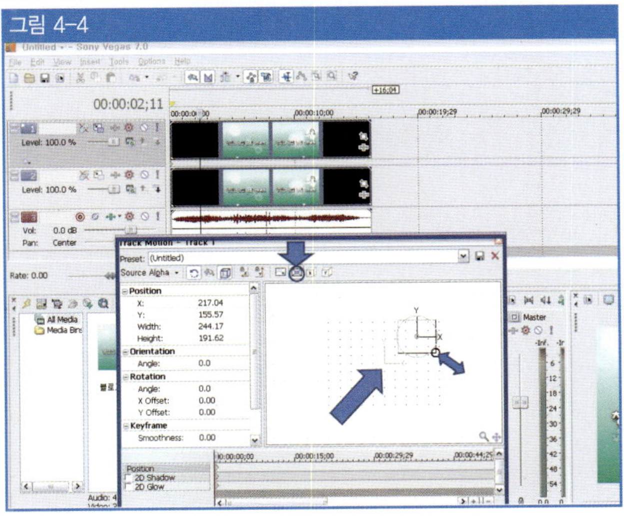

이해했다면 그림4-2와 같이 트랙모션 메뉴창의 빈 공간에 오른쪽 마우스를 클릭, 메뉴를 열고 똑같은 트랙을 또 하나 만들기 위해 '듀플리게이트' 트랙을 클릭한다.

두 개의 다른 영상으로 작업하셔서 다양하게 연출할 수 있으나 이해하기의 목적이므로 같은 영상으로 기능을 설명하겠다.

그림 4-3과같이 똑같은 영상이 겹쳐졌다. 이때 위에 위치한 트랙의 트랙모션 아이콘을 클릭해서 창을 연다. 현재 상태에서 미리보기 창을 보면 두 개의 화면이 겹쳐졌으나 하나로 보이는 상태이다.

트랙모션창의 화면을 그림 4-4와 같이 상위메뉴의 전체조절 아이콘을 클릭, 설정한 다음 모서리를 클릭하여 크기를 줄인 다음 마우스 포인트를 화면의 가운데 위치시키고 클릭한 상태로 드래그해서 위치를 이동시킨다.

(광고 영상에서 두개의 다른 영상으로, 예를 들자면 의류상품 영상이 메인이 되고, 자료영상이 모델이 입고 있는 모습 등, 으로 연출하면 상당히 어필되고 완성도 높은 영상이된다.)

그림 4-5

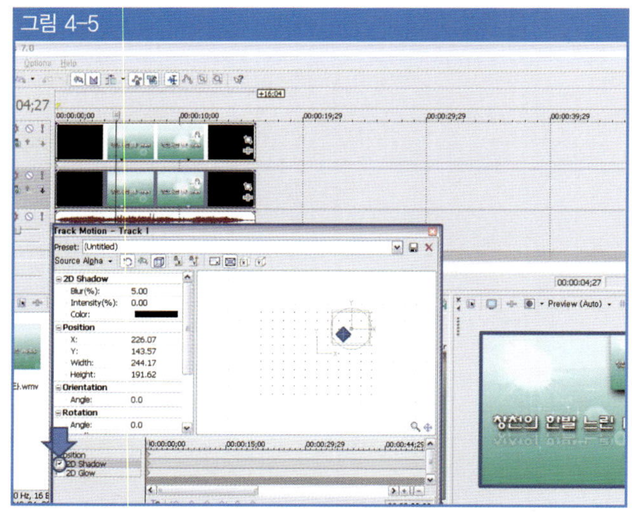

그림 4-6

원하는 위치에 1개의 화면을 위치 시켰다면 그림 4-5와 같이 트랙모션 창의 하단메뉴의

'2D쉐도우'를 클릭 하자 자료 화면 모서리에 그림자가 생겨 입체감을 더해 준다.(그림자의 정도는 트랙모션 창의 화면에 마우스 포인트를 위치시켜 클릭한 상태로 조금씩 움직이면 그림자의 위치를 조절 할 수 있다)

창을 닫고 플레이 해보자. CF 못지않은 나만의 영상이 완성 되었다. 이 기능을 활용하면 그림 4-6과 같은 영상과 다양한 영상을 연출할 수 있다.

두 개의 영상으로 화면을 연출하지 않고 한 개의 영상만으로도 트랙 모션을 이용하여 화면 크기, 조절기능을 활용해보자. 화면을 줄이고 한쪽으로 이동한 다음 검은 배경 쪽에 시 또는 인물의 약력 등을 넣는 방법이 방송에서는 많이 쓰인다.

영상 속 정지화면 만들기(Snapshot 기능) 05

여러분들이 TV나 영화에서 영상화면이 재생되다가 어느 순간 정지되는 스톱모션이 나왔다가 다시 영상이 전개되는 특이한 효과를 자주 접했을 것이다.

이 기법은 일반적으로 광고에서 동영상이 전개되다가 어느 한 부분에서 정지화면이 되며 상품을 더욱 부각시키는 데 유용한 편집기법이다.

먼저 베가스를 열고 동영상을 불러온다.

그림 5-1처럼 원하는 부분에서 컷(키보드 S키)하여 분할한다.

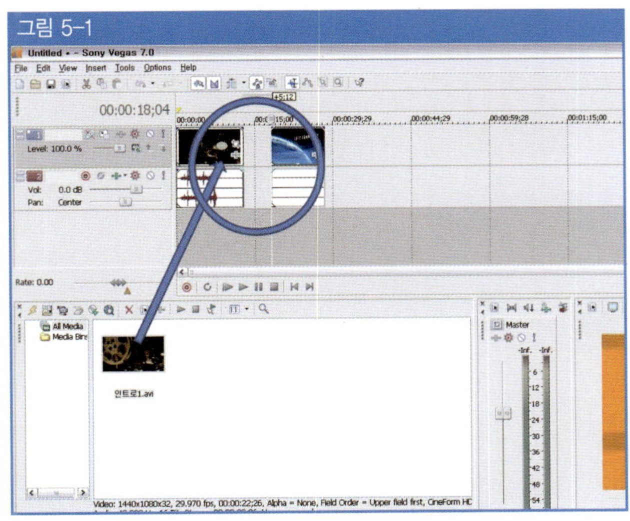

그림 5-1

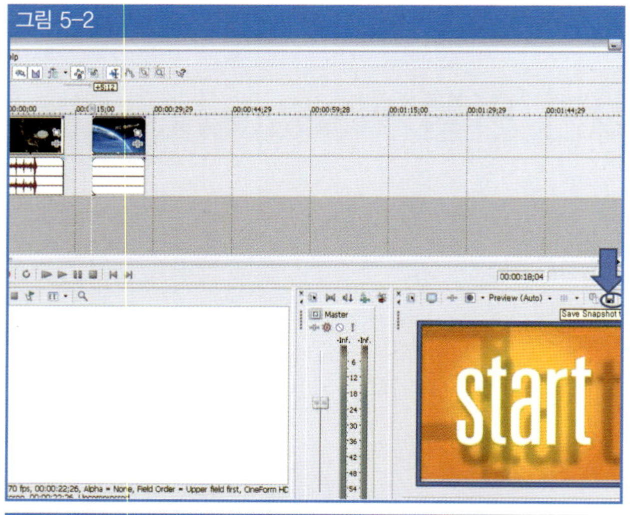
그림 5-2

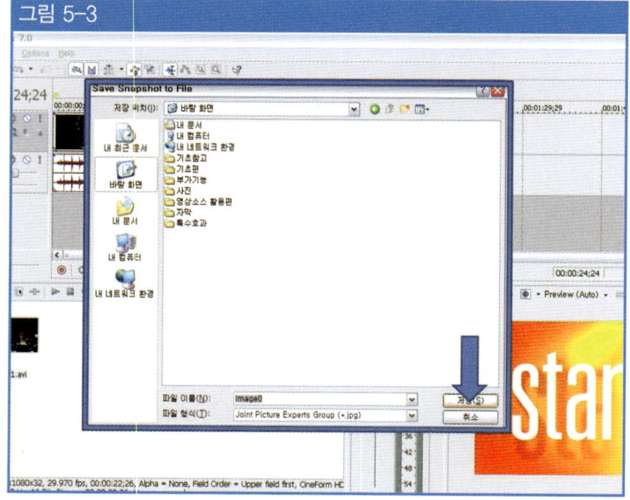
그림 5-3

그림 5-2와 같이 미리보기 모니터 메뉴의 디스켓 아이콘을 클릭한다. 저장할 수 있는 창이 뜨고 원하는 위치에 적당한 이름을 입력한 후 저장한다.(그림5-3)

그림 5-4

저장을 클릭함과 동시에 프로젝트 미디어 창에 저장한 캡처 화면이 뜬다. 그림 5-4와같이 타임라인의 컷 한 부분에 인서트(끼워넣기) 한다. 딱 맞게 인서트하면 효과적인 스톱모션이 나타나지 않으므로 앞, 뒤 소스와 조금씩 겹쳐 놓는다.

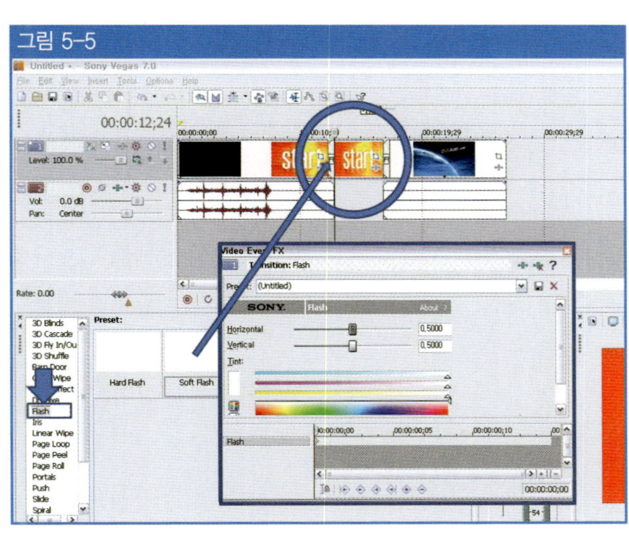
그림 5-5

동영상과 캡처한 정지화면의 겹친 두 부분에 트랜지션의 플래쉬 효과를 그림 5-5와 같이 적용 시킨다.

색상 및 효과 조절창이 뜨는데 무시하고 닫는다. 플레이 해보면 동영상이 진행되다가 번쩍하면서 스톱 되었다가 다시 번쩍하면서 움직이는 효과가 적용된 것을 확인할 수 있다.

트랜지션의 플래시 효과가 적용된 부분에 사진기의 '찰칵' 하는 오디오 소스를 적용하면 더욱 효과적인 영상이 된다.

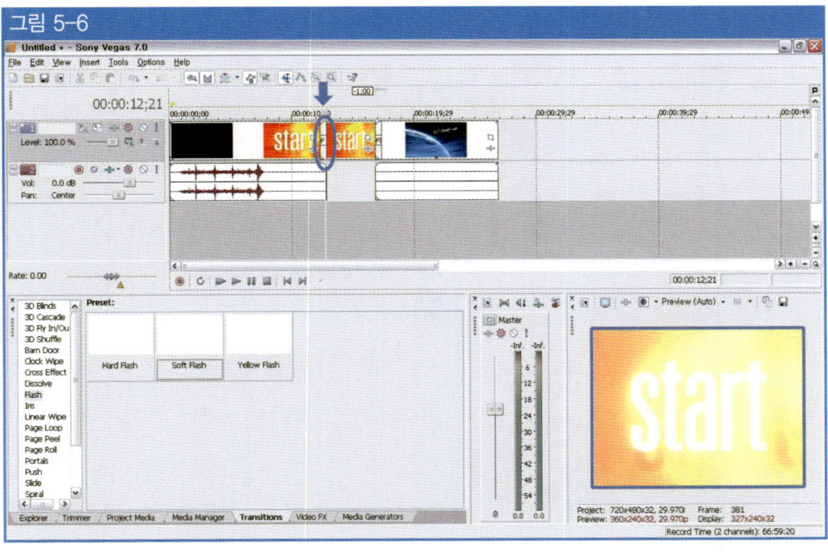
그림 5-6

06 액자 테두리 만들기

동영상 또는 이미지의 가장자리에 테두리를 만들어 액자 같은 느낌을 주는 방법을 알아보겠다.

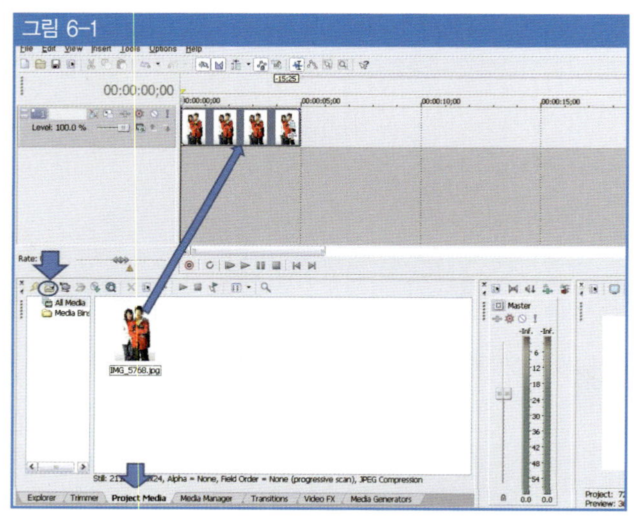
그림 6-1

그림6-1과 같이 동영상 또는 이미지를 불러와서 타임 라인에 올린다.

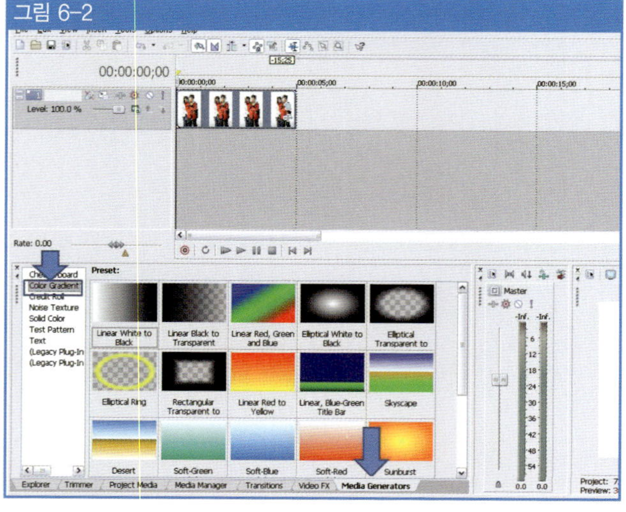
그림 6-2

이미지에 테두리가 되는 배경을 선택하기 위하여 그림6-2와 같이 미디어 제네레이터 메뉴를 클릭, 컬러 그라디언트 메뉴 창을 연다.

그라디언트 메뉴 중 '가운데가 투명한 사각 틀' 이란 뜻의 '렉탱글 트란스파랜트 투'를 타임라인의 이미지 트랙 위로 올린다.

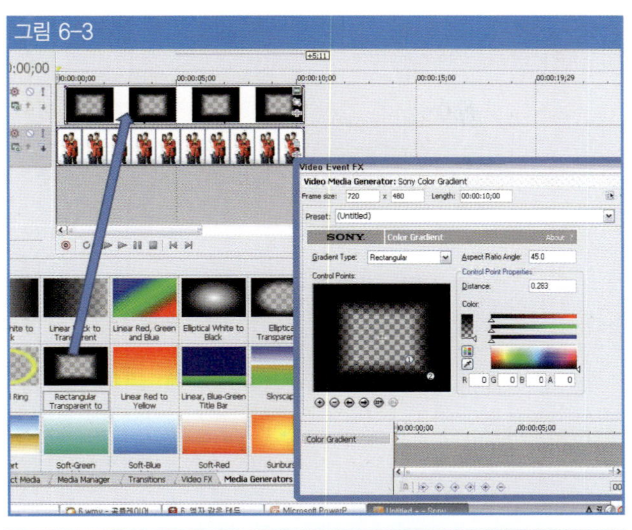
그림 6-3

타임라인에 올리는 동시에 그림 6-3과 같이 입력창이 뜬다.

입력창의 사각틀의 화면에 바깥쪽의 색의 농도와 틀의 굵기를 조절하는 1번과 내부경계를 조절하는 2번 아이콘이 있다.

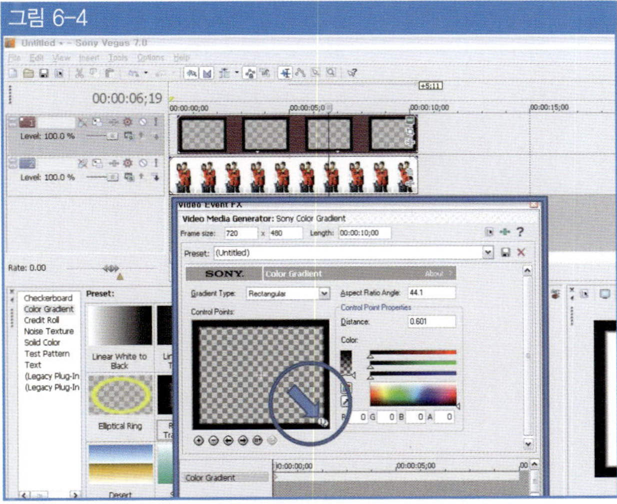
그림 6-4

그림 6-4와 같이 아이콘을 클릭한 상태에서 미리보기 창을 모니터하며 원하는 틀의 모양을 만든다.

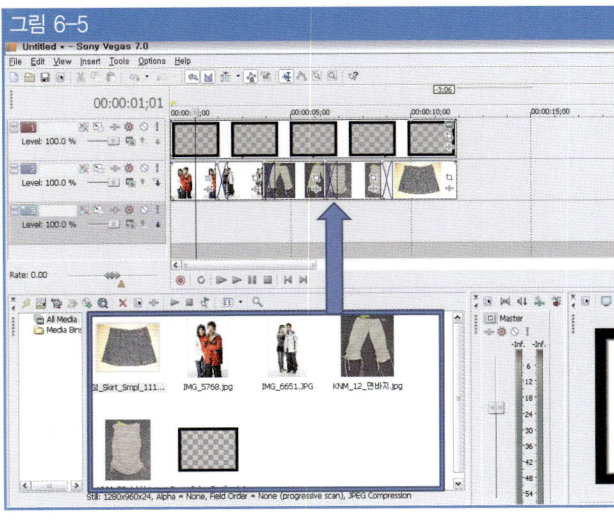
그림 6-5

틀이 만들어지면 창을 닫고 플레이해 보자. 활용하는 방법은 다양한 이미지나 동영상을 많이 올려놓고 모니터 해보면 액자느낌이 나면서 이미지가 바뀌므로 카탈로그 같은 색다른 느낌의 영상을 얻을 수 있다.(그림 6-5)

Chapter 5

특수효과

01 _ Mask 효과 이해 | 부분 지정 영상 보이기

02 _ Chroma Keyer 및 효과 | CD의 소스활용

03 _ Empty Event | 플래쉬 효과와 기타효과

04 _ Brightness and Contrast 기능 활용

05 _ Lens Flare 기능 | 사진 위 햇빛 효과

06 _ 화면 가장자리를 흐린 효과 만들기

07 _ 배경과 겹침 효과 연출법

01 Mask 효과 이해 | 지정 영상 보이기

한 화면에서 별도의 작은 화면을 만드는 방법은 부가기능편의 트랙모션 항에서 이미 습득했다.

이 기능과 타임라인 트랙 메뉴의 콤포지팅 기능을 이용하여 원하는 부분에 마스크 기능을 활용해서 메인 영상에 겹쳐진 작은 화면의 가장자리를 흐리게 하는 효과로 조금 더 완성도 있는 합성 화면을 만들어보겠다.

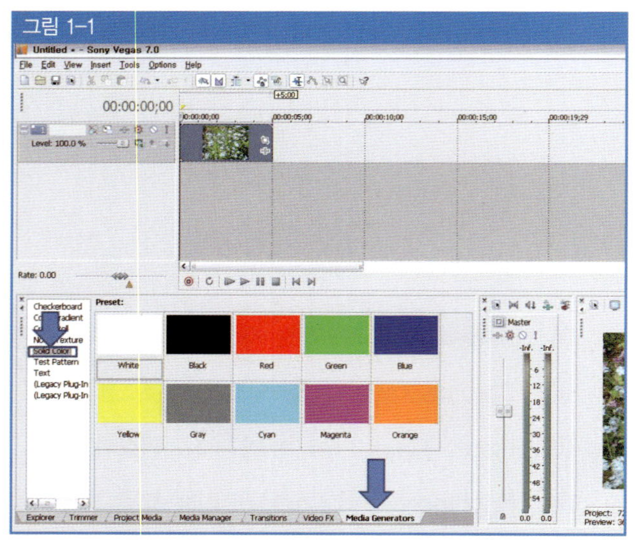

그림 1-1

그림 1-1과 같이 메인화면으로 이용할 이미지를 불러와서 타임라인에 올려두고, 미디어 제네레이터 메뉴의 솔리드 컬러를 클릭 컬러 창을 연다.

창의 컬러 메뉴 중에 화이트를 클릭하여 드래그로 타임라인에 올리면 컬러 조절창이 뜨는데 무시하고 닫는다.

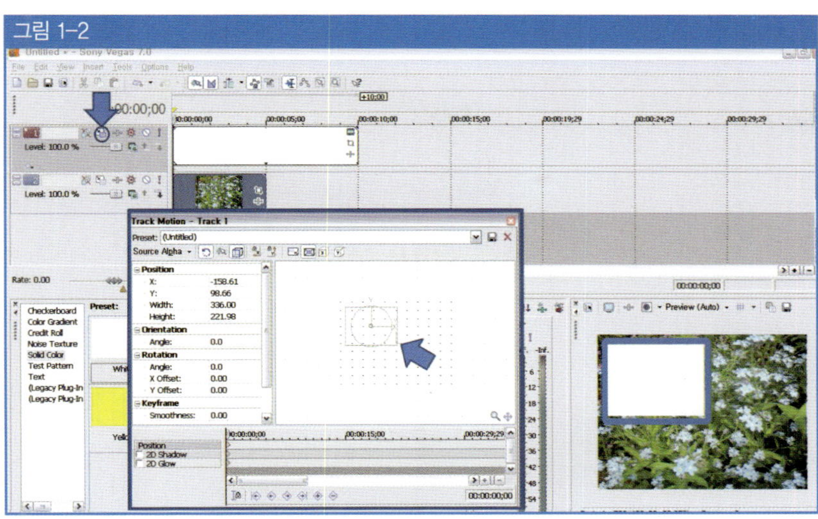
그림 1-2

이 트랙의 트랙모션 아이콘을 클릭하여 조절 창을 열고 미리보기 창을 보며 그림 1-2와 같이 줄여 준다.

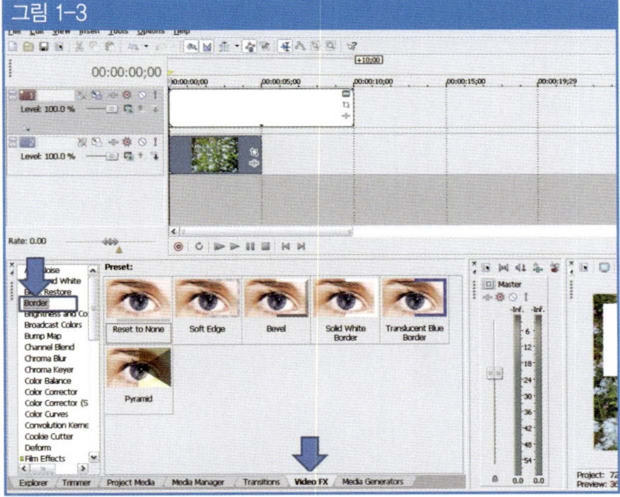
그림 1-3

원하는 위치에 작은 화면을 배치 시킨 후 조절창을 닫고 그림 1-3과 같이 베가스 하단 메뉴의 비디오FX를 클릭, 보드 메뉴를 연다.

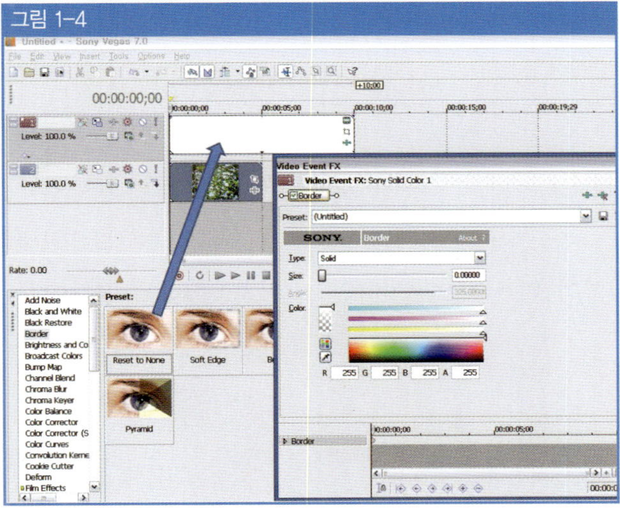
그림 1-4

보드 메뉴창의 각종 효과 중 첫 번째 효과 리셋 투 논을 클릭해서 타임라인의 화이트 소스에 드래그해서 적용시킨다. 적용시킨 동시에 그림 1-4와 같은 조절창이 나타난다.

Chapter 5

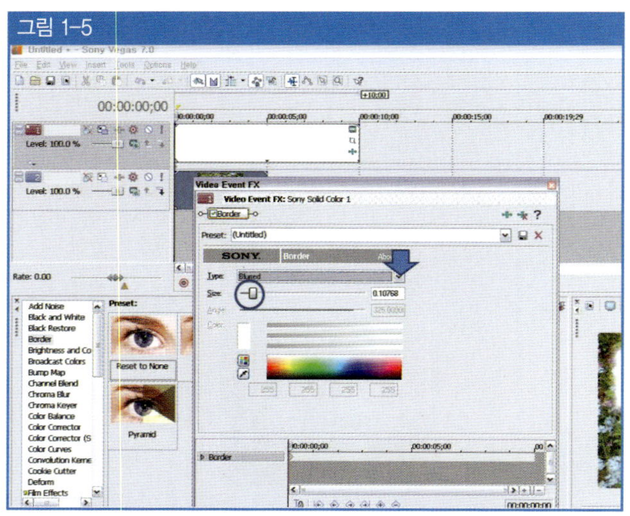
그림 1-5

조절창의 타입 메뉴를 솔리드에서 블러드로 그림 1-5와 같이 바꾸고 바로 밑에 위치한 레버를 조정하며 미리보기 창을 모니터하며 가장자리 흐림 정도를 조정한다.

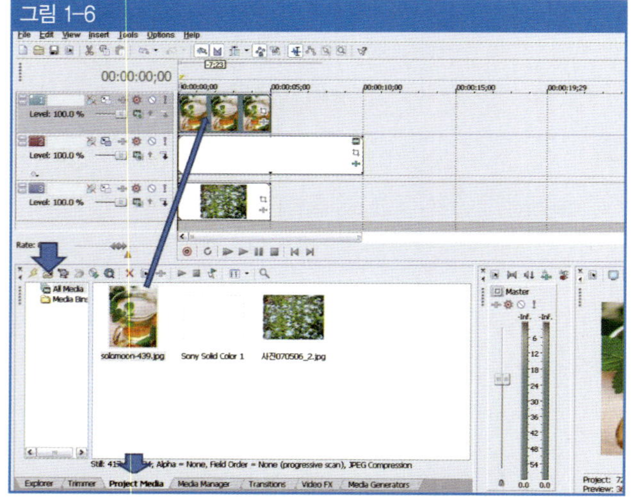
그림 1-6

가장자리가 적당히 흐리게 조절되었으면 창을 닫고 그림 1-6과 같이 작은 화면에 들어갈 그림이나 동영상을 불러와서 타임라인 제일 위에 올린다.

(동영상의 경우 오디오가 붙어 있다면 트랙자체를 없에는것이 작업에 편리한다.)

트랙 없애는 방법은 없애고자 하는 트랙 빈 공간에 오른쪽 마우스 클릭해서 메뉴 뜨면 Delete Track 클릭

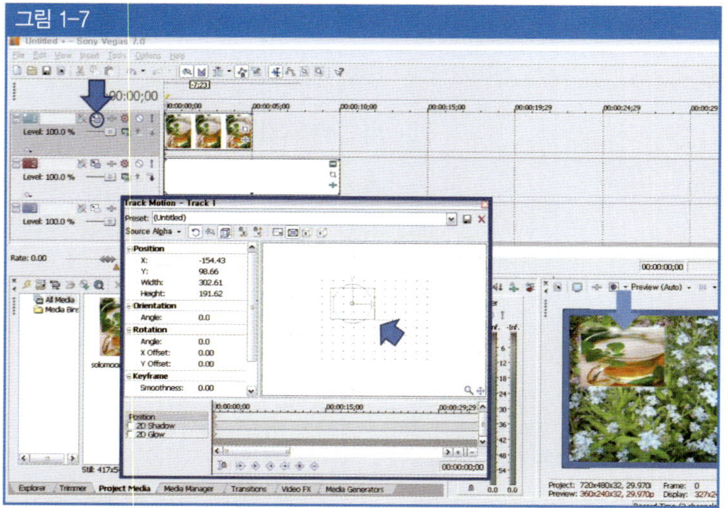
그림 1-7

영상 소스를 트랙 모션을 이용해 먼저 만들어 놓았던 화이트이미지 크기로 줄여서 그림 1-7과 같이 화이트이미지 위에 배치시킨다.

화이트이미지를 살짝 덮는다는 느낌으로 화이트이미지 보다 조금 크

그림 1-8

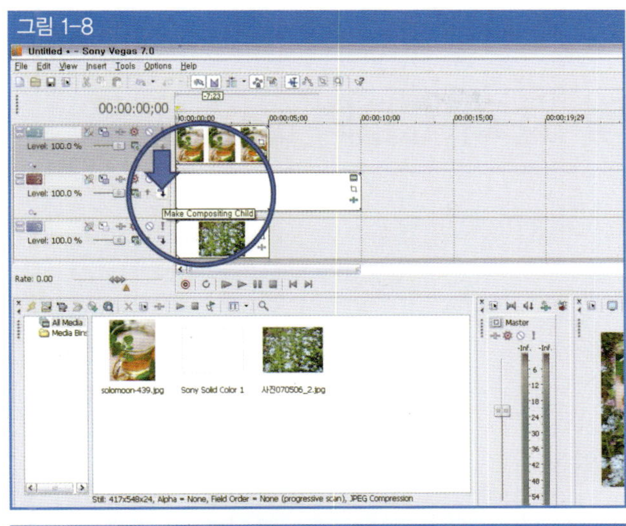

그림 1-9

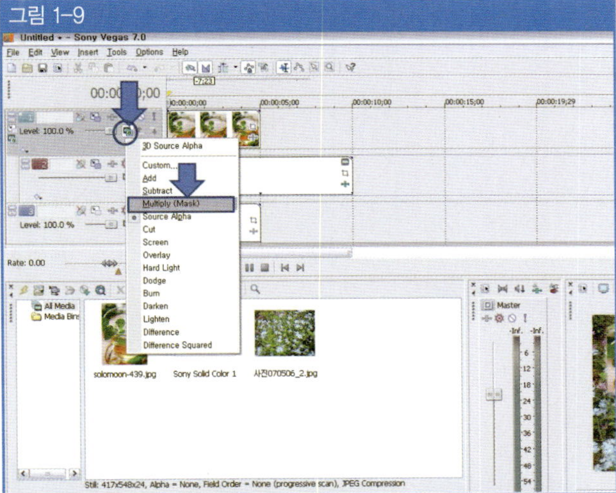

그림 1-10

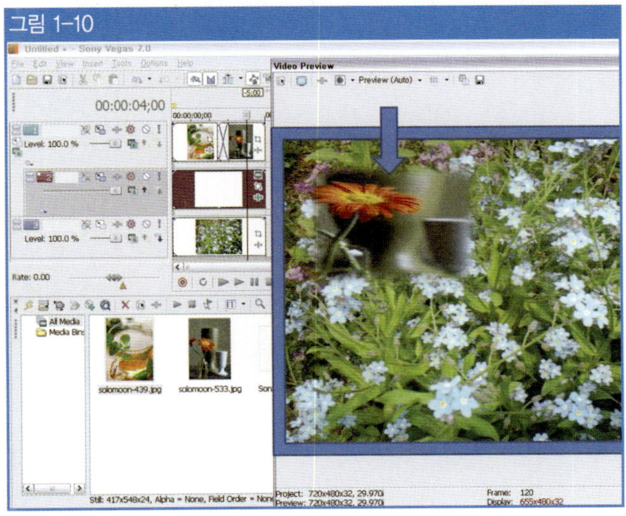

게 배치 시키는 것이 좋다.

이제부터 중요하다.

그냥 재생을 하면 트랙모션 적용된 영상만 모니터 되므로 화이트 이미지로 만든 가장자리의 흐림 효과는 나타나지 않는다. 마스크 기능을 써야만 이 효과를 적용시킬 수 있다. 먼저 그림 1-8과 같이 화이트 이미지 트랙 메뉴의 콤포지팅 차일드 아이콘을 클릭한다. '콤포지팅 차일드'는 자식관계로 속하게 한다는 의미이고 이것은 왼쪽 트랙메뉴 자체가 상위 메뉴 속으로 들어간 것으로 확인 할 수 있다.

아직까지는 화면에 변화가 없다. 마스크 효과가 아직 적용되지 않았기 때문이다.

그림 1-9와 같이 상위 소스인 영상소스 콤포지팅 모드를 클릭하여 멀티플 마스크 메뉴를 클릭한다.

마스크가 적용되자 원했던 합성화면 경계부분에 흐린 효과가 적용되었다.(그림1-10)

여러분들이 마스크 효과를 활용하기에 따라 다양하게 연출할 수 있다.

Chapter 5

마스크 효과 적용 화면은 주로 드라마에서 꿈이라 든지, 회상씬 에서 가장 많이 적용된다. 여러분은 자막, 사진, 동영상등 다양하게 연출해 보면서 활용 하자.

02 Chroma Keyer 및 효과 CD의 소스활용

여러분들은 TV나 영화에서 반짝이는 별, 또는 혜성, 오로라 혹은 다양하고 아름다운 움직이는 효과들이 표현되는 것을 자주 보았을 것이다.

미리 만들어 놓은 다양한 효과소스를 원본 영상과 합성시켜서 만들어 지는 영상인데 이번에 다룰 장르는 파란바탕의 영상소스를 원본 이미지 또는 동영상에 합성시켜서 영화 한 장면을 만들어 보겠다.

부록 CD를 PC에 넣고 베가스를 연다.

그림 2-1

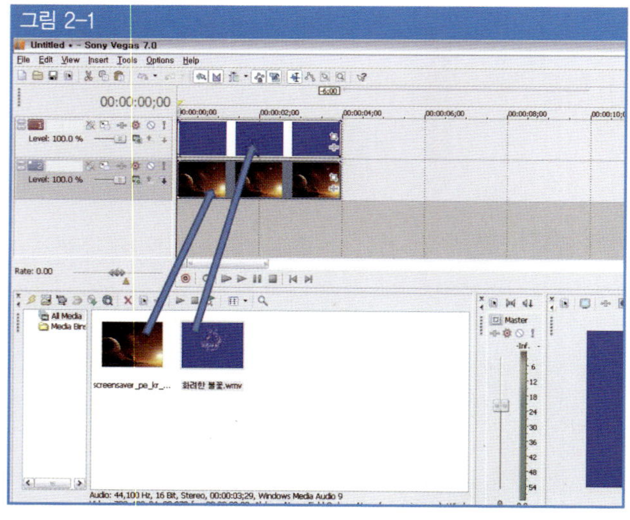

먼저 배경이 될 이미지를 불러와 타임라인에 올려두고 다시 프로젝트 미디어의 임포트로 부록 CD의 폴더 중 크로마키 소스 폴더를 열고 '화려한 불꽃'을 더블클릭하여 그림 2-1과 같이 창에 불러온 다음 타임라인에 올려놓는다. (필요 없는 오디오 트랙이 있으므로 삭제하는 것이 좋다.)

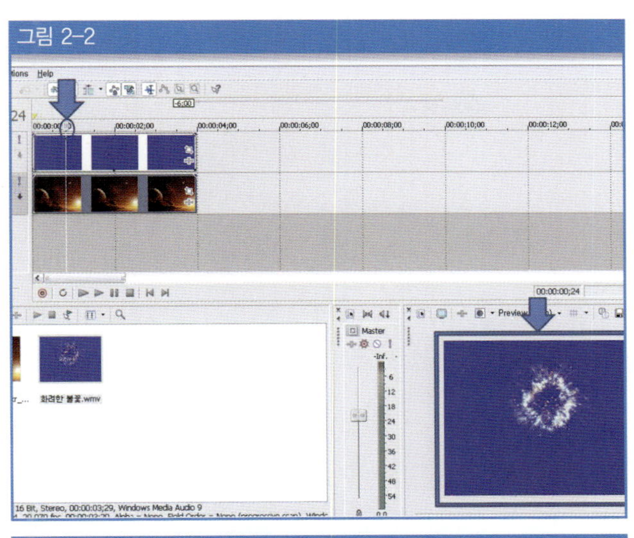
그림 2-2

이 상태에서 그냥 플레이 해보면 블루 스크린의 소스만 보이고 배경 화면은 그림 2-2와 같이 보이지 않는다.

배경이 보이지 않는 이유는 불꽃효과를 가진 동영상 소스의 파란 배경에 가려져 있기 때문이다.

Chapter 5

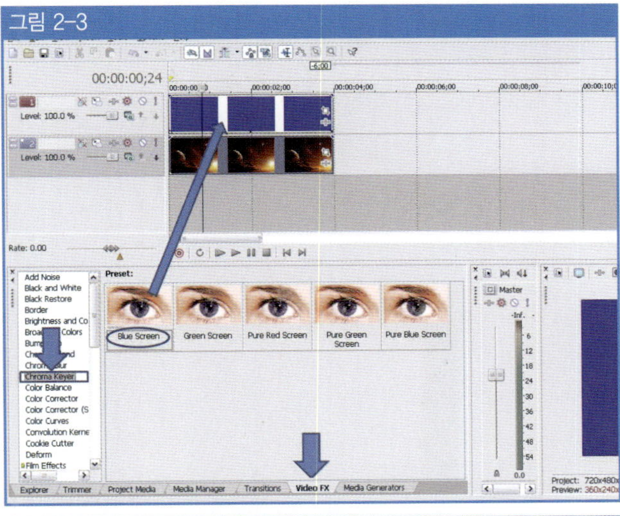
그림 2-3

파란 배경을 크로마키 기능으로 빼 주어야 배경이 보이게되므로 그림 2-3과 같이 비디오 FX메뉴를 클릭 크로마키 창을 연다.

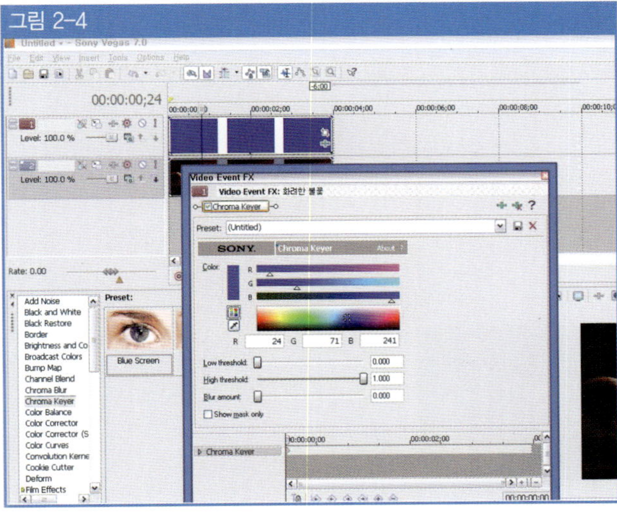
그림 2-4

크로마키 종류 중에 블루스크린을 클릭한 상태로 드래그하여 파란 소스에 놓는다. 동시에 그림 2-4와 같은 조절창이 생성된다.

블루 스크린 적용 값과 똑같은 값의 블루스크린으로 만든 소스이므로 별도의 조절이 필요 없으므로 닫는다. 플레이 해보면 적절하게 적용된 영상을 확인할 수 있다.

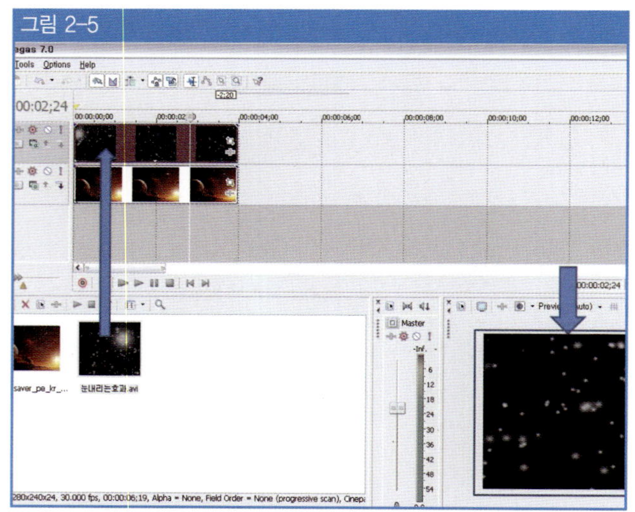

일기 예보 같은 프로그램에서 블루 스크린을 배경으로 인물을 촬영한 원본과 그래픽과 위성사진 등으로 만든 영상에 합성시킬 때 바로 크로마키 기능을 이용하는 것이다.

만약 소스의 배경이 그림 2-5의 경우처럼 검은 색인 경우나 붉은색 등이면 어떻게 할까?

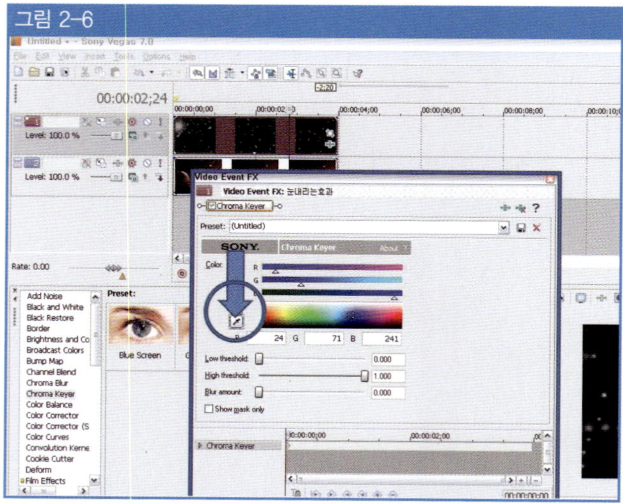

역시 크로마키메뉴의 블루스크린을 검은 배경 소스에 적용시키고 그림 2-6과 같이 조절창이 나타나면 다양한 아이콘 중에 스포이드 모양의 아이콘을 한 번만 클릭한다.

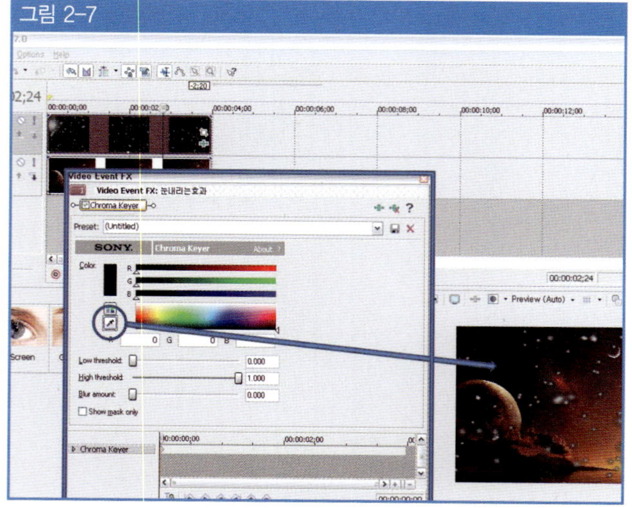

스포이드 모양의 마우스 포인트가 생성되면 이것을 미리보기 모니터로 가져가서 빼고자하는 블랙을 한번 '콕' 찍는다. 그림 2-7과 같이 검은색 배경이 빠진 영상이 된다.

크로마키 창을 닫고 플레이 한다.

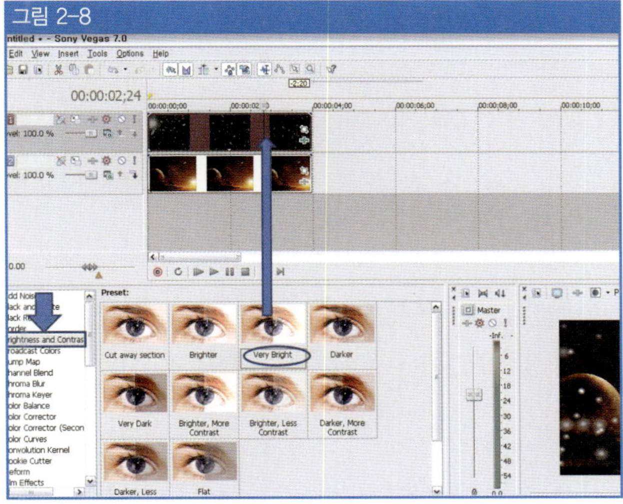
그림 2-8

그림 2-9

어떤 소스는 무리 없이 이 단계에서 끝나지만 눈이라든지 반딧불 등의 흰색 효과 소스는 컬러가 선명하지 못한 경우가 있다. 이럴 경우, 그림 2-8과 같이 비디오FX의 브라이트니스에 콘트라스트메뉴의 베리 브라이트를 소스영상에 적용시킨다.

효과를 적용시키면 그림 2-9와 같은 창이 뜨는데 미리보기 모니터를 보며 소스의 밝기 등을 조절하면 원하는 영상을 얻을 수 있다.

Chapter 5

색이 고르지 않아 크로마키 효과가 잘 적용되지 않으면 Low threshold High threshold 슬라이더를 조절 해 좋은 상태로 만든다. Blur amount 슬라이더로 경계 지점을 부드럽게 조절한다.

03 Empty Event | 플래쉬 효과와 기타 효과

편집할 때 특정 효과를 적용시키기 위해서는 두 개의 소스가 겹쳐지거나 한 개 소스의 앞, 뒤에 페이드 시킨 부분에만 효과를 적용시킬 수 있다는 것을 숙지했다.

하지만 1개 소스의 부분 부분에도 필요시 각종 효과를 적용 시킬 수 있는 기은이 있다.

이것이 바로 엠프티 이벤트(Empty Event) 기능이다.

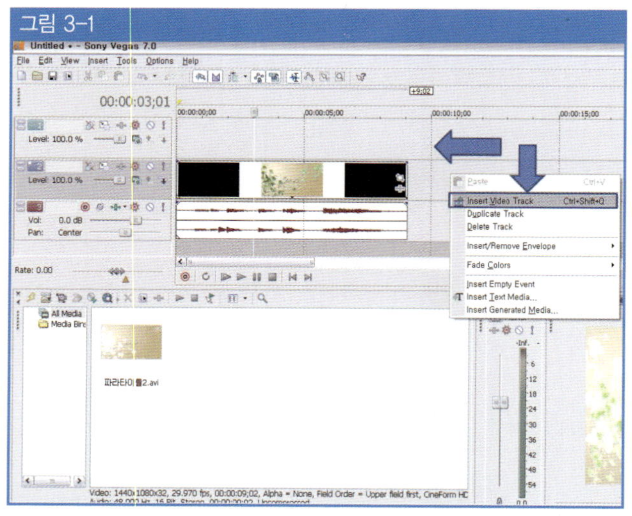

그림 3-1

아주 많이 쓰이는 효과이므로 꼭 손에 익숙하게 하는 것이 좋다. 먼저 1개의 동영상 소스를 타임라인에 올려놓고 그림 3-1과 같이 타임 라인에 비디오 트랙을 1개 더 만든다.

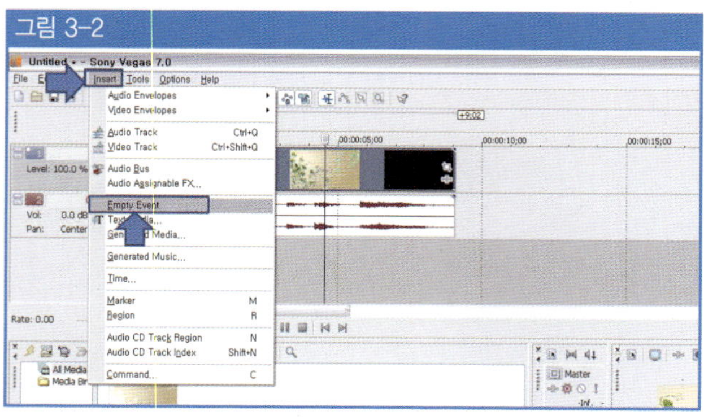

그림 3-2

비디오 트랙이 새로 생긴 것을 확인하고, 베가스 상위 메뉴의 인서트를 클릭, 그림3-2와 같이 엠프티 이벤트를 클릭한다.

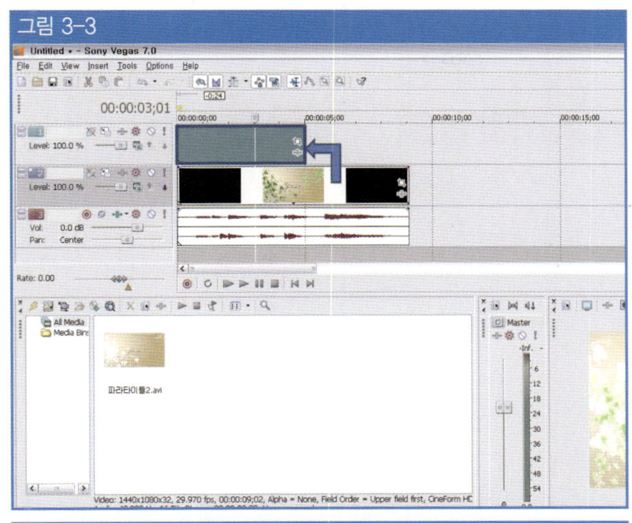
그림 3-3

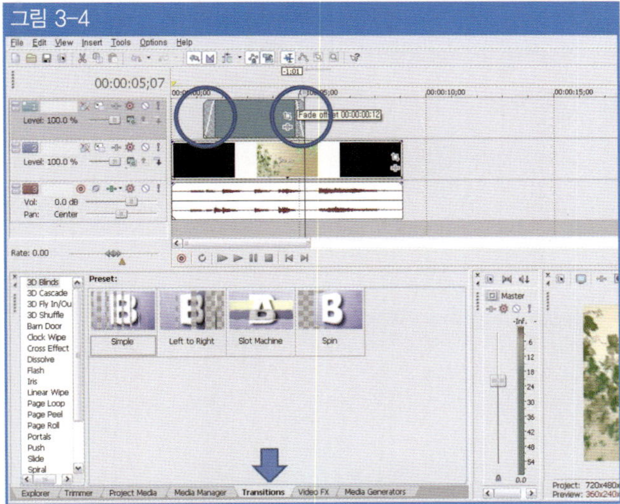
그림 3-4

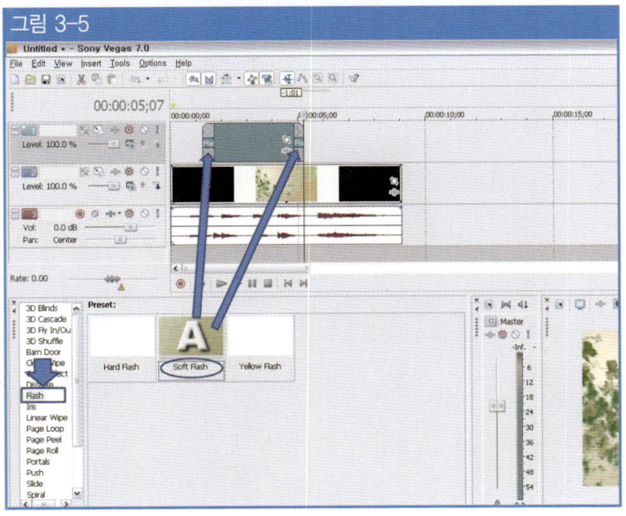
그림 3-5

5초 분량의 엠프티 이벤트가 영상소스위에 겹쳐지므로 이것을 그림3-3과 같이 새로 만든 비디오 트랙으로 옮겨 놓는다. 다양한 트랜지션 효과를 적용시킬 차례이다. 의외로 이것은 간단한다.

예를 들어 소스의 두 부분에 플레쉬 효과를 적용 시키고자 한다면 일반 영상소스의 앞, 뒤에 페이드인, 페이드아웃 적용 할 때 처럼 엠프티 이벤트에 그림 3-4의 부채꼴 아이콘이 생길 때 페이드 시키면 된다.(엠프티 이벤트는 배경이나 형태가 없는 소스임)

여러분이 원하는 효과를 엠프티 이벤트의 페이드 적용 부분에 드래그로 적용시킬 순서이다. 그림 3-5에서 처럼 예제에서는 플래쉬 효과를 적용시켜 보았다.

모델이 옷을 입고 워킹을 하는 영상 소스가 있다면 두 부분이 아닌 여러 부분에 플래쉬 효과를 적용시키고 카메라 촬영 음향을 곁들이는 동시에 효과적용 다음 영상부분에 정지영상도 넣으면 그야말로 멋진 영화 같은 CF가 된다. 여러 부분에 엠프티 이벤트를 복사해서 적용시키면 간단한다.

04 Brightness and Contrast 기능 활용

인터넷 '홈' 쇼핑에 있어서 여러 가지 특수효과를 적용하는 목적은 소비자에게 브랜드의 이미지나 재미있는 구성과 완성도 있는 영상으로 상품을 알리기 위해서이다.

가장 중요한 것은 상품을 좀 더 돋보이게 하는데 그 목적이 있다. 이번에는 많은 효과 중 앞서 배운 비디오FX 메뉴의 브라이트니스 콘트라스트를 이용해 순간적인 플래시 효과가 아닌 전반적으로 은은하게 상품을 돋보이게 하는 영상을 만들어 보겠다.

먼저 이미지나 동영상을 불러와 타임라인에 올리고 그림4-1과 같이 비디오FX 기능의 브라이트니스 앤 콘트라스트 메뉴를 연다.

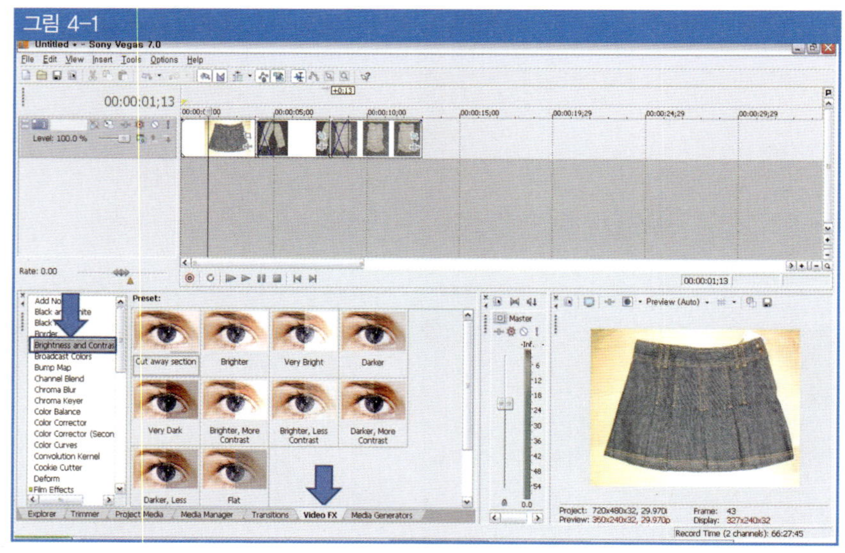

그림 4-1

그림 4-2

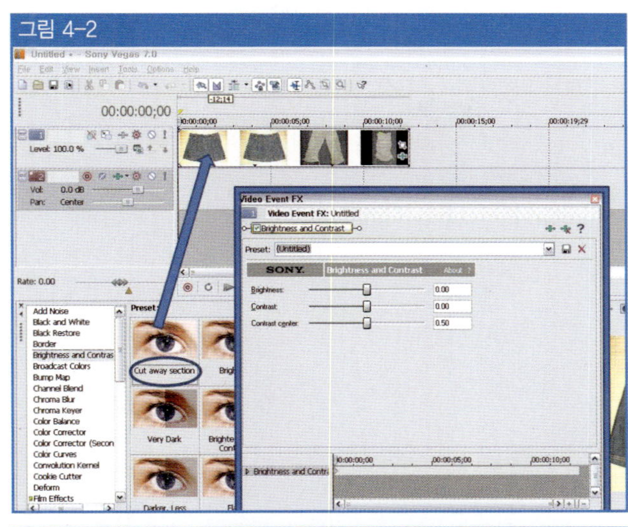

메뉴 창의 각종 효과의 종류 중에 첫 번째 효과인 컷 어웨이 섹션을 그림 4-2와 같이 영상 소스에 적용 시킨다. 적용됨과 동시에 조절 창이 나타난다.

조절 창 하부에 위치한 효과의 적용 타임라인으로 은은하게 반짝이는 효과를 만들어 보겠다.

그림 4-3

시간 단위로 설정되어 있는 타임 라인을 그림 4-3과 같이 타임라인 아래 위치한 바를 줄여 타임라인을 프레임 단위로 늘인다.

그림 4-4

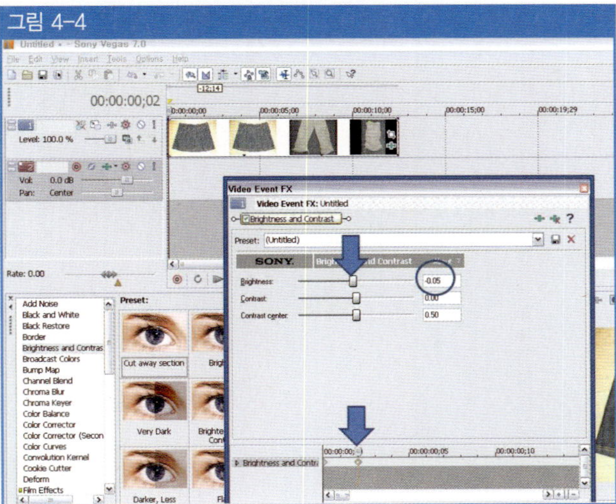

그림 4-4와 같이 2프레임 뒤에 한번 클릭(눈금자 움직임)하고 상위 브라이트니스 조절 레버를 -0.05로 움직여준다.

그림 4-5

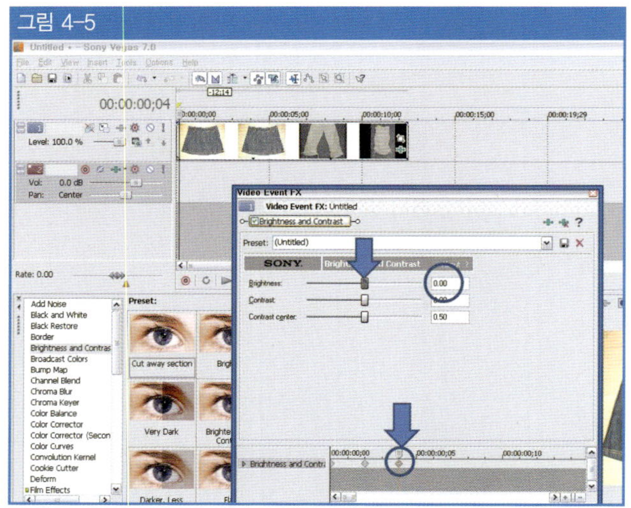

하단의 키 프레임 눈금자를 뒤로 2프레임 이동하고, 브라이트니스 레버를 0.00으로 원위치 시킨다.(그림 4-5)

그림 4-6

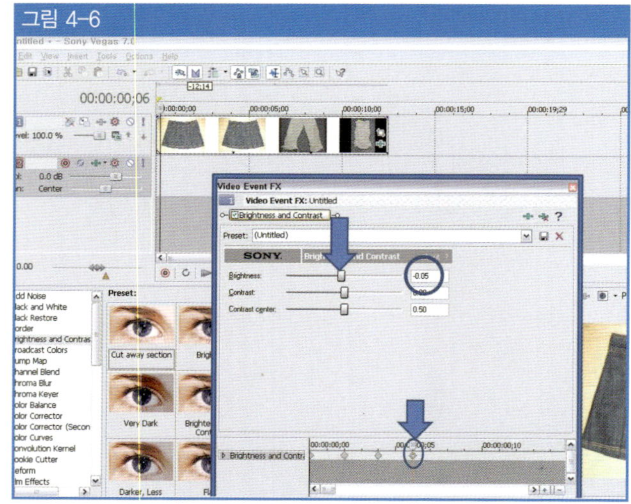

키 프레임을 2프레임 더 주고 브라이트니스 레버를 -0.05로 움직인다. (그림 4-6)

상위 작업을 전체 프레임에 모두 적용 하려면 상당한 시간이 소요 된다. 그러므로 키 프레임을 복사해서 반복 붙여 넣기 하겠다.

키 프레임 첫 눈금 아이콘을 선택 클릭하면 이중 아이콘으로 바뀐다. 다음, 키보드 쉬프트 키를 누른 상태에서 마지막 눈금 아이콘을 클릭한다.

그림 4-7

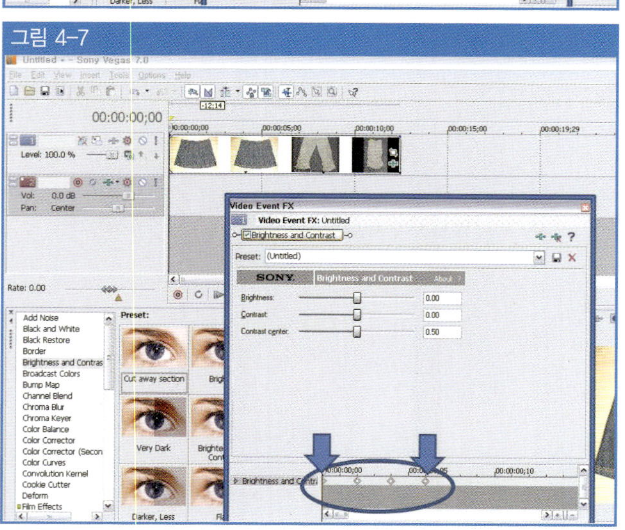

그림 4-7과 같이 모든 눈금 아이콘이 이중 아이콘으로 바뀐 것을 확인할 수 있다.

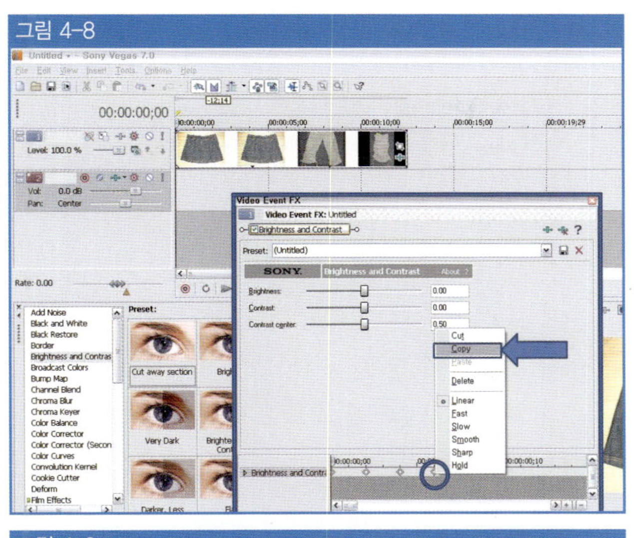
그림 4-8

눈금 아이콘이 모두 이중 아이콘으로 바뀐 것을 확인한 후, 마지막 아이콘에 마우스 포인트를 놓고 오른쪽을 클릭해서 그림 4-8의 메뉴 중 카피를 클릭한다.

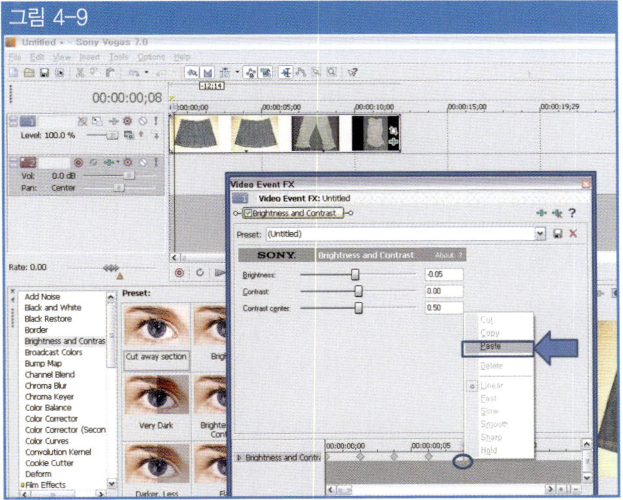
그림 4-9

키 프레임, 마지막 아이콘의 2프레임 뒤에 눈금자를 놓고 그림 4-9와 같이 마우스 오른쪽을 클릭해서 메뉴를 열고 Paste를 클릭한다.

프레임 뒤에 계속 붙여넣기 해도 되지만 작업효율을 위해 전체를 다시 복사해서 붙여넣기 하는 것이 좋다.

마지막까지 모듬 작업이 끝나고 타임라인 조절바를 늘여보면 그림 4-10과 같은 모양이 된다.

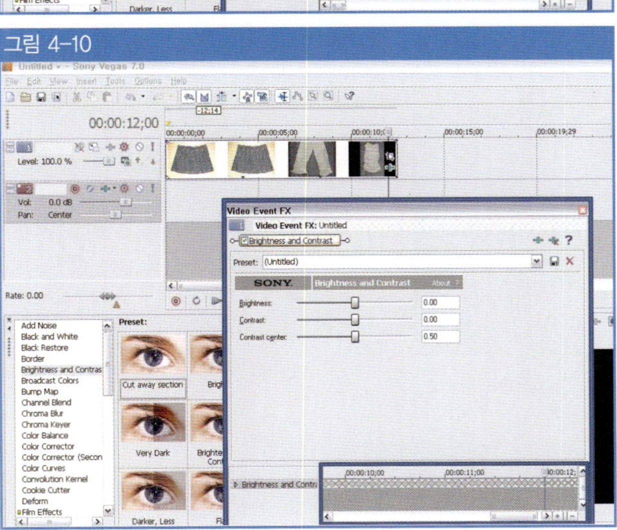
그림 4-10

창을 닫고 플레이 해보면 은은하고 독창적인 분위기가 나온다. 이 효과는 상품의 생산 공정이나 상품이 완성되기까지의 제조 과정 등에 쓰이기도 하고 영화의 필름이 돌아가는 듯한 느낌을 살려서 다양한 연출이 가능하다.

05 Lens Flare 기능 | 사진 위 햇빛 효과

영화 시작 부분에 등장하는 제작사 혹은 배급사의 브랜드광고 또는 유명 패션 잡지에 나오는 유명 브랜드 지면 광고의 경우 로고와 회사 이름으로 멋진 사진을 연출한다.

그에 못지 않은 홍보CM을 여러분도 만들 수 있다.

여러분이 인터넷'홈' 쇼핑몰을 운영하며 브랜드를 홍보하기 좋은 기법으로 로고나 상호가 유리 위에 있으며 그 위로 햇빛이 지나갈 때 유리에 빛이 반사되는 멋진 영상을 만들어 보겠다.

베가스를 열고 배경이 될 그림이나 컬러를 올린다.

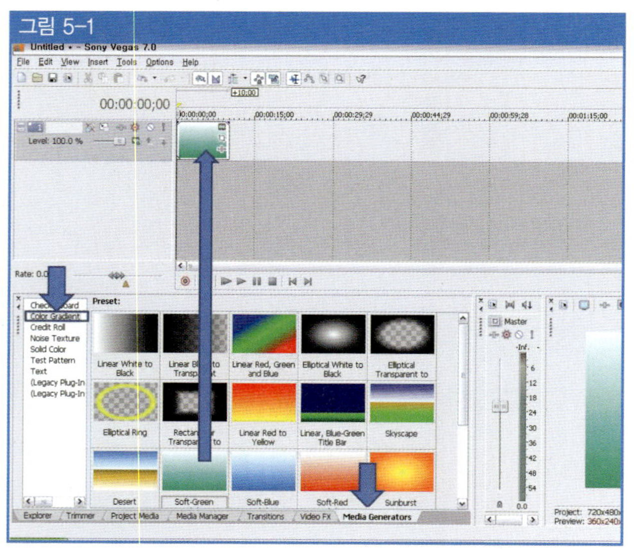

그림 5-1

그림5-1은 미디어 제네레이터의 컬러 그라디언트에서 배경을 골라 타임라인에 올린 예이다.

여러분 상품명도 좋고 상호도 좋다. 디자인한 로고가 있다면 불러오기 하면 되고 새롭게 텍스트로 만들어 보는 것도 좋다.

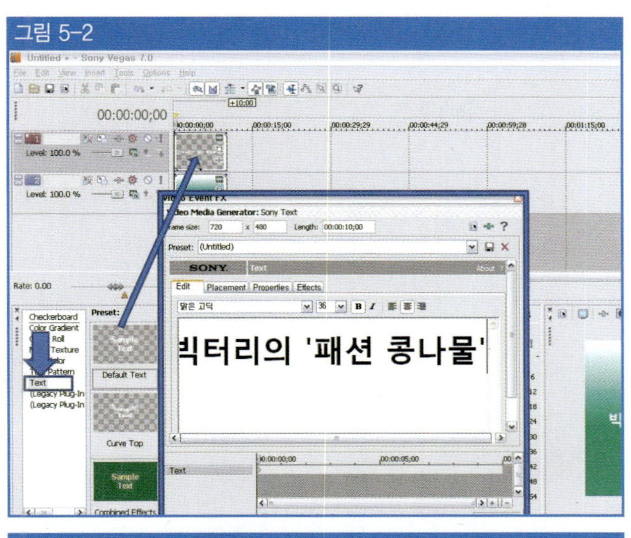

그림 5-2와 같이 텍스트 창을 열고 타임라인에 가져오면 입력 창이 열린다. 원하는 텍스트를 입력한다.

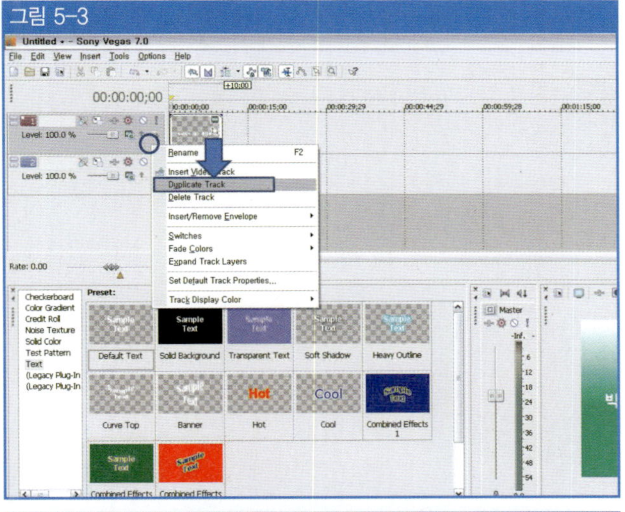

창을 닫은 후 텍스트의 그림자로 사용할 소스를 만들기 위해 그림 5-3과 같이 트랙 메뉴 빈 공간에서 마우스 오른쪽을 클릭해서 메뉴를 열고 듀플리게이트 트랙을 클릭한다.

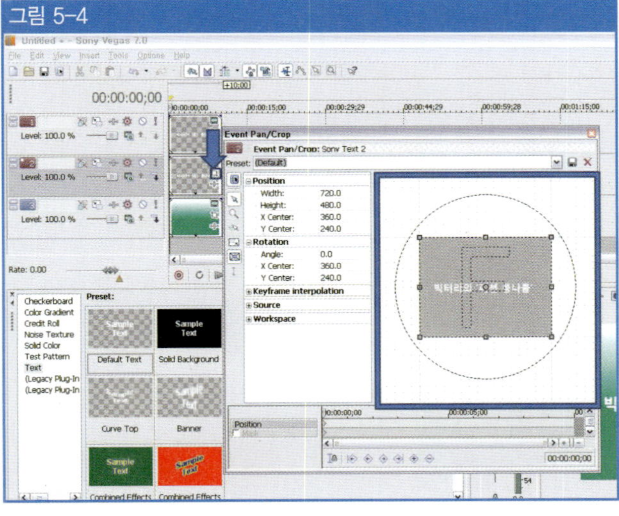

한 개의 똑같은 텍스트 트랙이 위에 생긴 것을 확인한 다음 아래 텍스트를 그림자로 만들기 위해 그림 5-4와 같이 이벤트 팬 크롭을 연다.

Chapter 5

그림 5-5

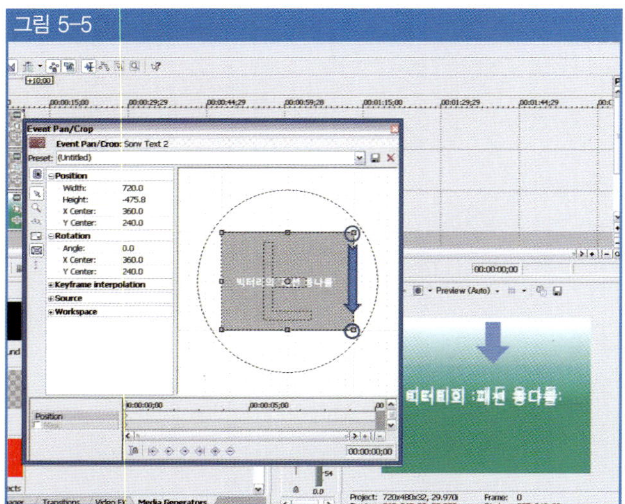

이 부분이 중요 한다. 그림 5-5와 같이 팬 크롭 창의 화면 모서리에 마우스 포인트를 올리고 클릭해서 그대로 밑으로 내린다. (텍스트를 뒤집는 방법이다.)

그림 5-6

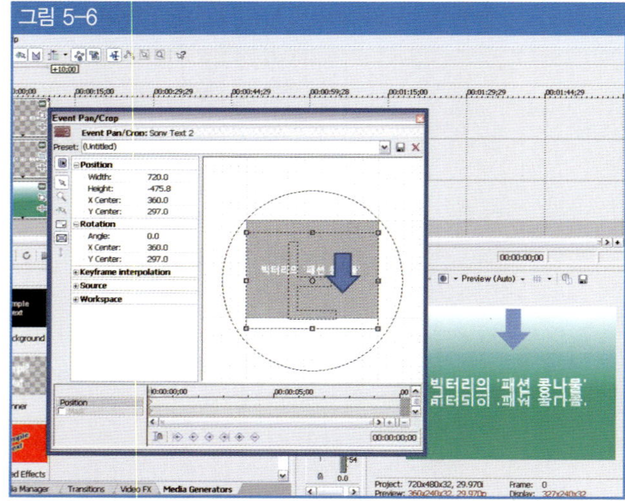

미리보기 모니터를 보면 1개의 텍스터가 뒤집어졌다. 그림자를 만들기 위해 그림 5-6과 같이 조절창의 중앙에 마우스 포인트를 올리고 클릭한 후 밑으로 조금 내린다.

텍스터 두 개가 아래위로 맞닿는 구도가 가장 적당한다. 이벤트 팬크롭 창을 닫고, 다음은 밑에 있는 소스가 그림자 역할을 하기 위해 투명도를 빼준다.

그림 5-7

방법은 그림 5-7과 같이 타임라인의 소스 윗 가장자리에 마우스 포인트를 가져가면 손가락 모양으로 포인트가 바뀐다.

이때 클릭해서 밑으로 내린다.

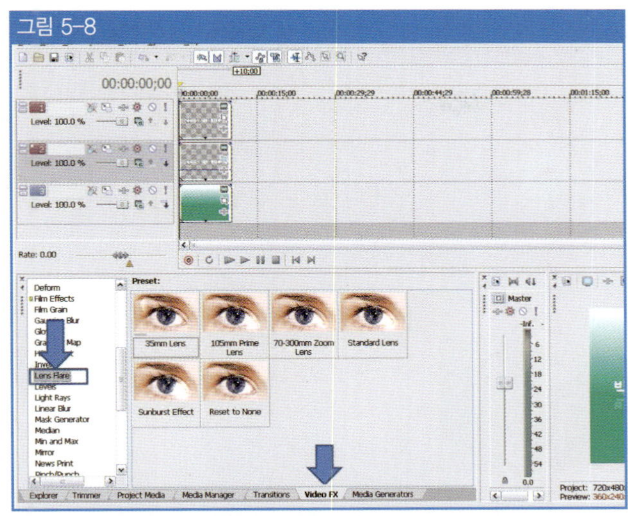
그림 5-8

적당하게 '오퍼시티' 값을 빼면 그림자 같은 느낌이 난다.(오퍼시티를 25%~30%로 설정)

다음은 햇빛 효과를 주기위해 그림 5-8과 같이 비디오fx 의 렌즈 프레어 메뉴를 클릭한다.

다양한 햇빛 효과들 중에 여러분이 마음대로 선택하면 된다. 임의로 35mm 렌즈를 선택해서 바탕 화면 소스에 적용 시켜 보겠다.

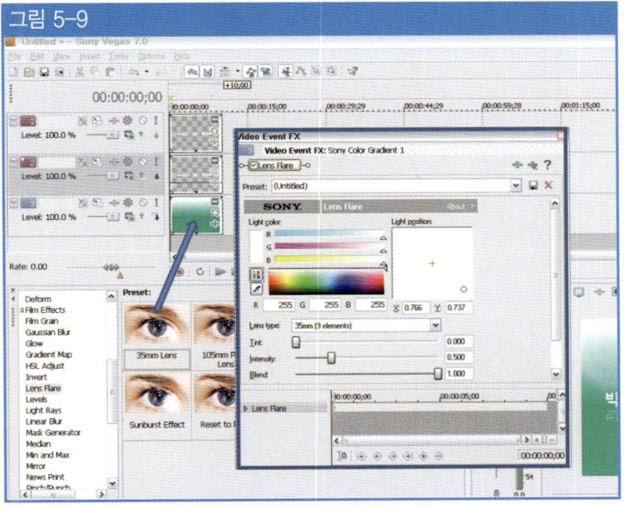
그림 5-9

그림 5-9과 같은 조절 창이 뜬다.

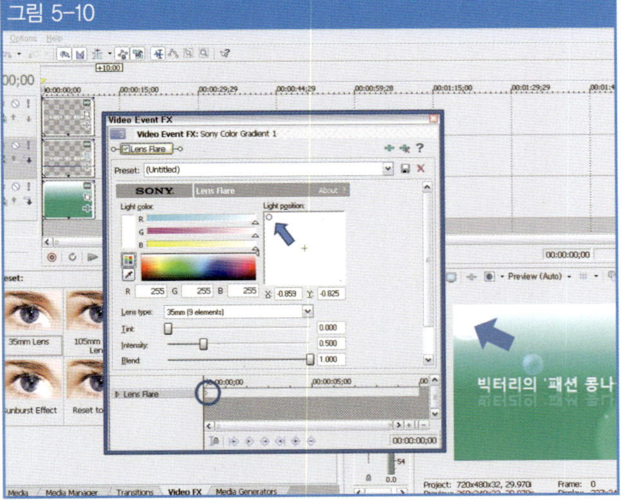

그림 5-10

조절 창은 태양의 방향을 조절하는 화면과 햇빛의 크기와 폭들을 조절하는 레버들로 구성 되어 있다. 먼저 그림 5-10과 같이 키 프레임에 한번 클릭하여 이중 아이콘으로 만든 다음 화면속의 태양 위치를 화면 왼쪽 끝으로 보낸다.

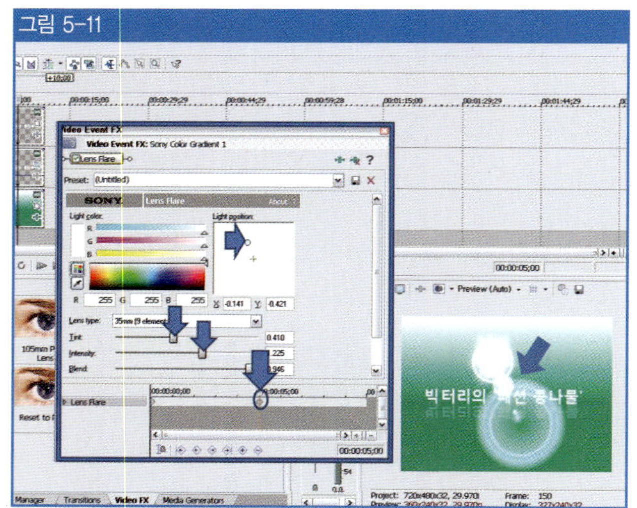

그림 5-11

다음은 그림 5-11과 같이 타임라인의 중간(5초)에 한번 클릭(눈금자 이동)하고 상위 레버를 조절해서 태양의 방향에 따라 바뀌는 햇살을 연출한다.

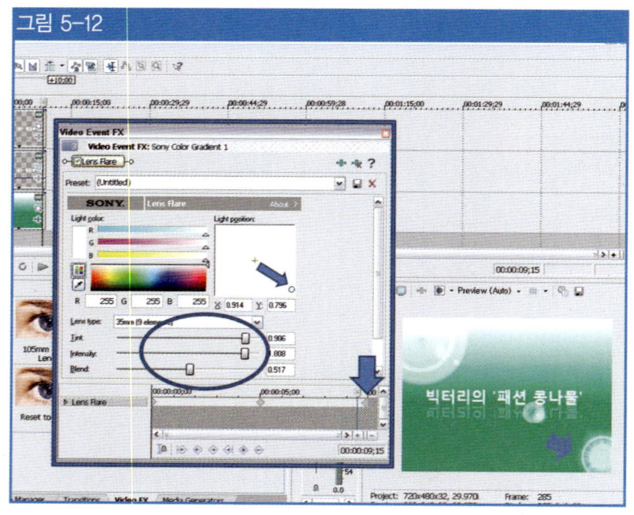

그림 5-12

마지막으로 그림 5-12와 같이 키 프레임 타임라인의 끝부분 바로 앞 키에 한번 클릭하고 태양의 위치와 크기, 그리고 반사되는 햇살의 밝기 등도 조절한 다음 창을 닫고 플레이 해본다.

물 위 라든지 마음에 드는 배경으로 바꿔 가면서 다양하게 연출해 보자.

화면 가장자리를 흐린 효과 만들기 06

광고 화면에서 중앙의 상품은 선명하게 돋보이고 주변은 흐린 효과를 만들어 보겠다.

그림 6-1

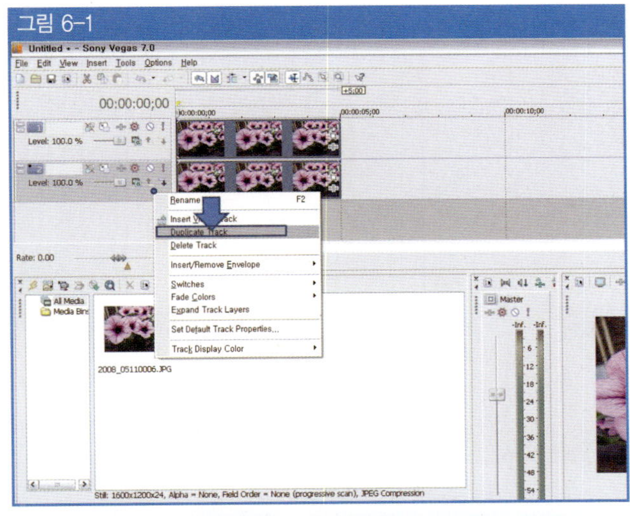

그림 6-2

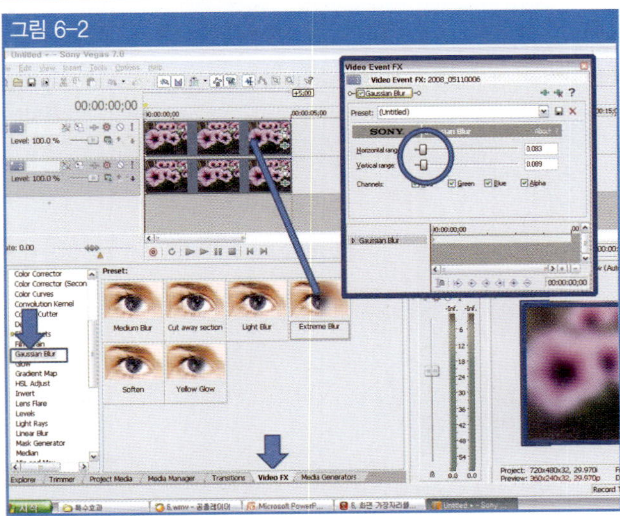

그림 6-1과 같이 이미지나 만들어 놓은 동영상을 불러온 다음 영상 소스를 타임라인에 올린 후 오른쪽 마우스 클릭, 메뉴를 열어 복사한 다음 윗줄에 비디오트랙 새로 만들어 붙여넣기 한다. 앞서 배운 듀플리게이트 트랙 기능으로 트랙 전체 복사해도 된다.

두 개의 영상이 겹쳐진 상태로 미리보기 창에 모니터 된다.

상위 영상에 흐리게 하는 효과를 적용하기 위해 그림 6-2와 같이 비디오FX 메뉴의 '가우시안 블루'를 클릭하여 효과의 종류 중 '익스트림 블루'를 적용시키면 그림과 같은 메뉴가 뜬다.

강한 흐림 효과이므로 효과 조절레버를 조금씩 내려서 원하는 흐림 정도를 선택한다.

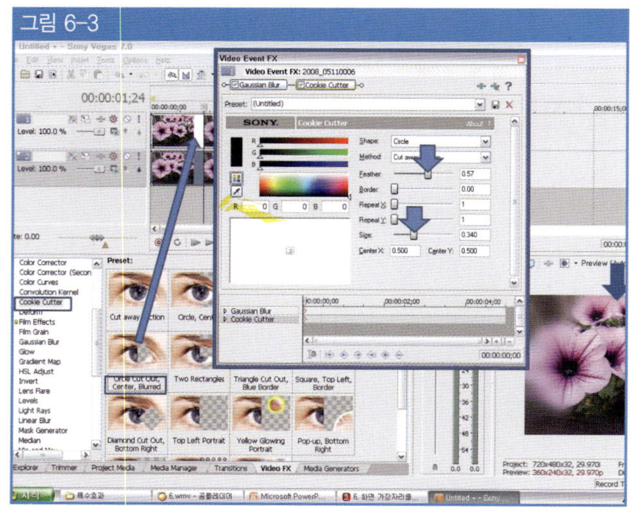
그림 6-3

적당한 흐림을 확인한 후 창을 닫고 비디오 FX 메뉴 중 '쿠키커터'를 클릭, 그림 6-3과 같이 '서클 컷 아웃 센터 블러드'를 드래그해서 적용시키면 조절창이 나타난다.

조절창의 두 개 레버를 조절해서 원하는 영상을 만든다.

그림 6-4

트랙을 복사해서 작업하시는 분은 가운데가 검은색으로 보일 수 있다. 트랙 복사의 경우 상위 소스에 적용한 효과가 밑의 소스에도 적용되므로 그림 6-4와 같이 효과 아이콘에 마우스 포인트를 올리고 오른쪽 클릭해서 '딜레이트 올' 선택하면 적용되었던 효과가 없어지므로 그림 6-3과 같은 영상을 얻을 수 있다.

다시 상위 소스의 효과 조절 창을 열고 다시 조절해야 한다.

그림 6-5

완성된 화면이다.

배경과 겹침 효과 연출법 07

인터넷 '홈' 쇼핑 외 활용 방법 중, 가족사진이나 동영상 그리고 '시화' 같은 앨범을 만들 때 유용한 편집 기법을 알아보겠다.

그림 7-1

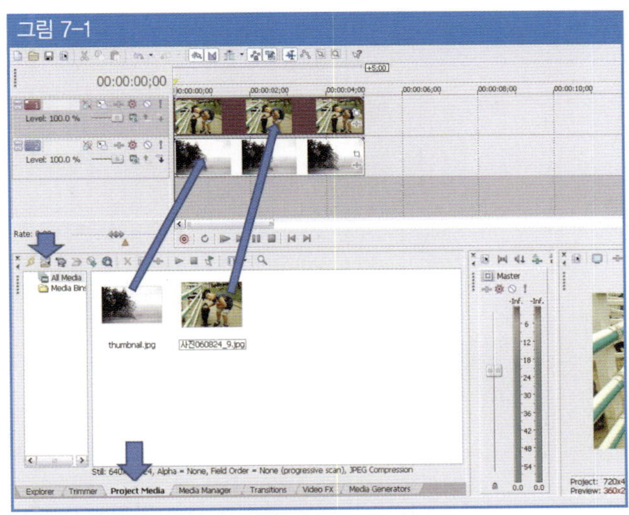

그림 7-1과 같이 배경이 될 이미지를 불러와서 타임 라인에 올린 후 넣고자하는 동영상이나 각종 이미지도 불러와서 상위 트랙에 올린다.

상위 트랙의 이미지를 줄이기 위하여 그림 7-2과 같이 트랙 모션을 클릭 창을 열고 창의 소스 화면을 마우스 포인트를 움직여 조절한다.(화살표가 지시하는 두 개 아이콘이 눌러진 상태에서 조절)

그림 7-2

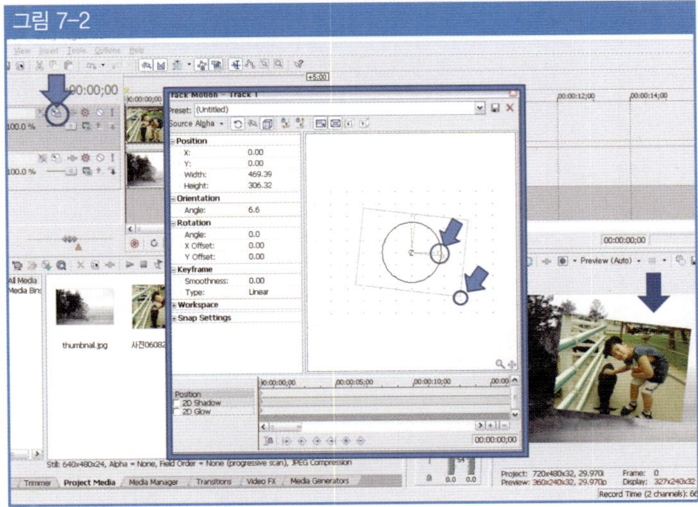

미리보기 창을 보면 정사각형 화면은 별 감흥이 없으므로 화면 모서리로 마우스를 가져가서 둥근 화살표 아이콘이 생길 때 클릭하여 살짝 회전 시킨다.

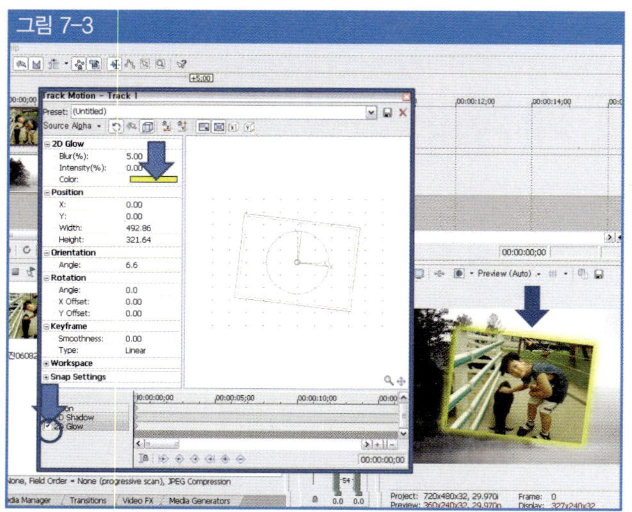

그림 7-3

하단의 '포션' 메뉴 중 그림 7-3과 같이 '그로우'에 체크하면 노란 사이드라인 색상이 생긴다.

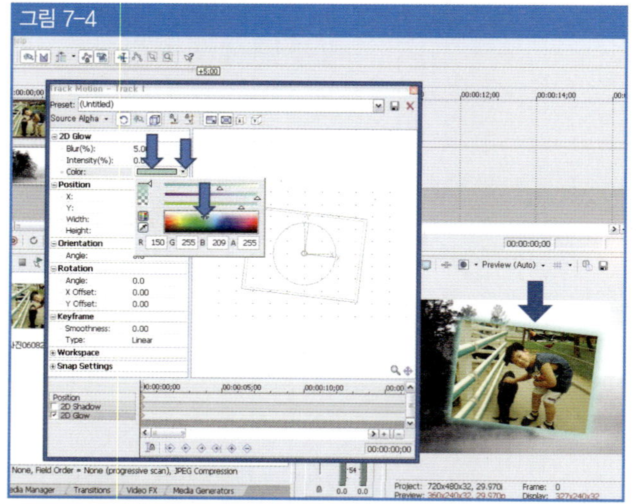

그림 7-4

그림 7-3과같이 노란 색상을 써도 되지만 더 부드러운 분위기를 만들고자 그림 7-4와 같이 색상을 클릭하여 색상 선택 창을 열고 원하는 사이드라인 색상을 클릭한다.

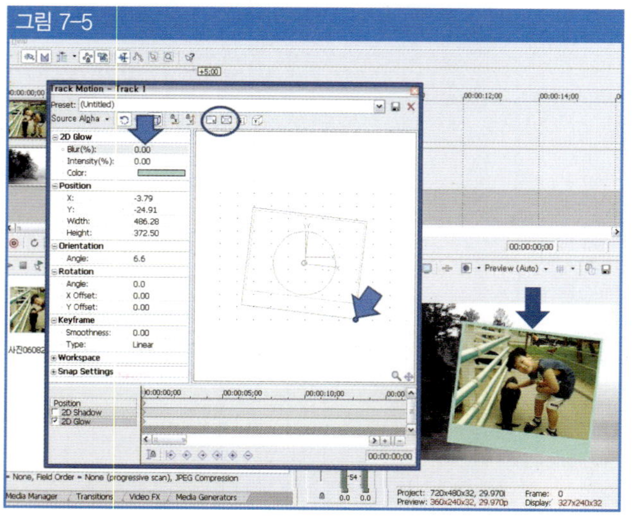

그림 7-5

왼쪽 상단의 2D그로우 메뉴의 블루 값을 0.00으로 기입하고 화면상단의 동그라미 안의 아이콘 두 개를 해제한 후 화면 소스하단의 모서리를 늘이면 폴라로이드로 출력한 사진 모양이 된다.

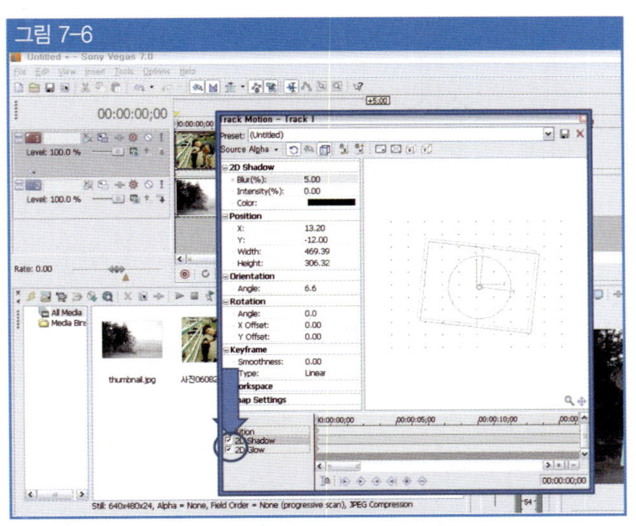

그림 7-6

자료 화면에 그림자를 주어 입체감을 나타내기 위해 그림 7-6과 같이 창의 하단에 '2D 쉐도우'를 클릭한다.

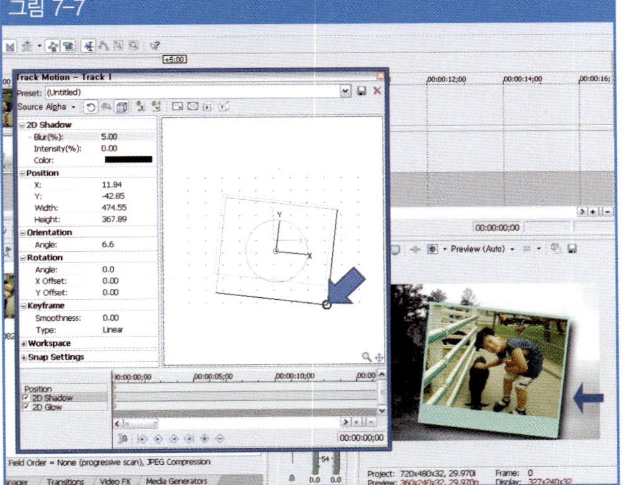

그림 7-7

그림 7-7과 같이 미리보기 창을 모니터하며 소스화면 모서리를 클릭하여 드래그로 그림자의 적당한 크기를 조절한다.

그림 7-8

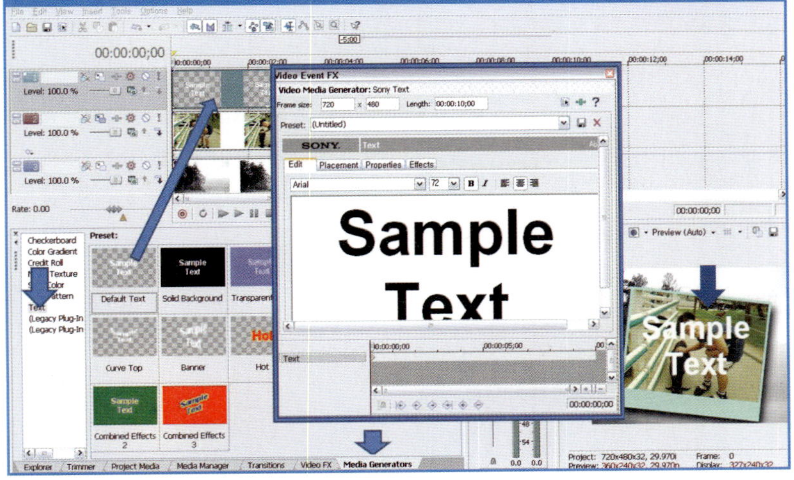

조절창을 닫은 다음 사진의 밑부분 공간에 적당한 제목이나 에피소드를 넣기 위하여 그림 7-8과 같이 텍스트 창을 연다.(미디어 제네레이트 선택 텍스트 클릭, 타임라인에 올림)

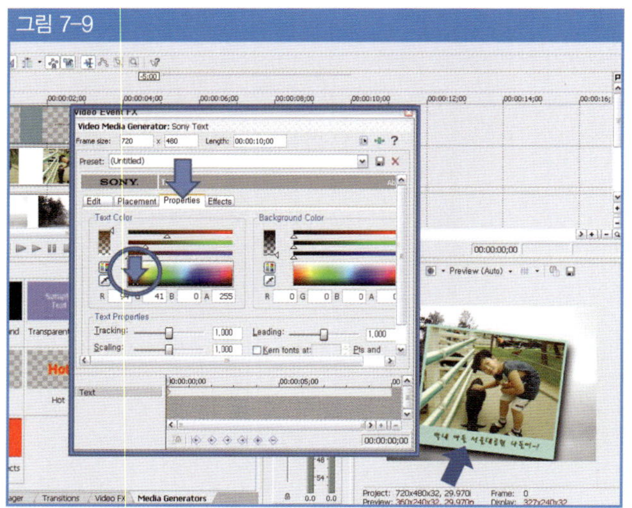
그림 7-9

샘플 텍스트를 지운다음 원하는 텍스트를 입력하고 크기와 글씨체를 선택한 다음 컬러를 선택하기위아여 그림 7-9와 같이 조절창의 '프로퍼티스'를 '열고 원하는 색상을 선택한다.

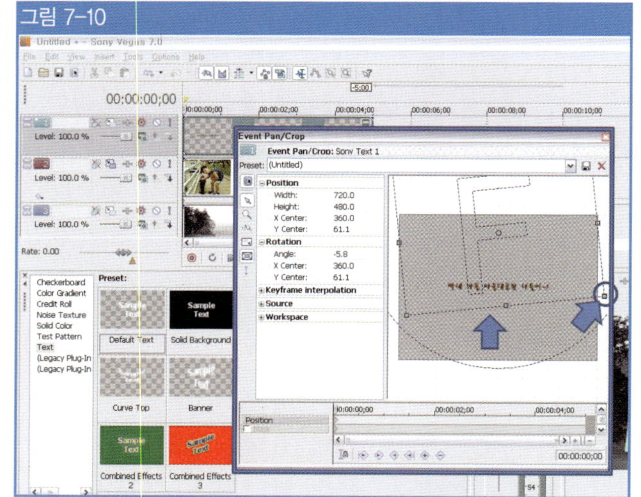
그림 7-10

색상과 글씨체 등을 확인한 다음 창을 닫고, 그림 7-10와 같이 '텍스트' 타임라인 소스의 '이벤트 팬크롭'을 클릭, 조절 창을 열고 위치를 잡아준다.

'이벤트 팬크롭'의 소스 조절 방향은 미리 보기 창에 적용되는 화면과는 '반대'이므로 미리보기 창을 모니터하며 조절한다.

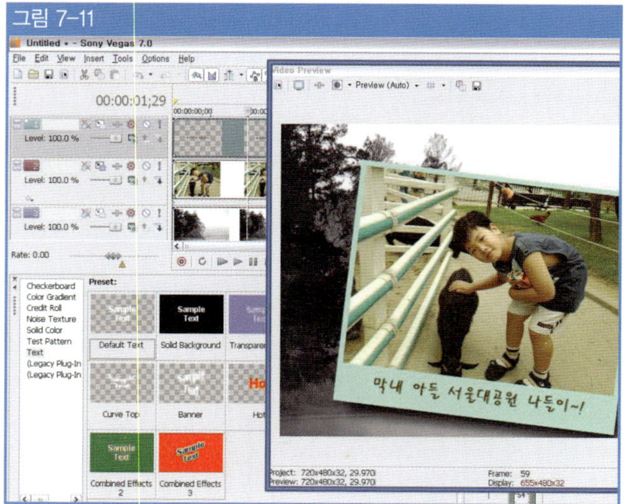
그림 7-11

적당한 위치에 텍스트가 위치한 것을 확인한 후 창을 닫고 플레이 해보자. 다양한 사진과 에피소드를 넣어 디지털 앨범을 선물해 보자.(그림 7-11)

Position Width 우측 끝 지점을 클릭하면 슬라이더가 나온다. 바를 이동해 폭, 높이 X축 Y축 등의 값을 조절할 수 있다. 원래의 값으로 돌아가는 방법은 슬라이더를 더블 클릭하면 된다. 슬라이더 조절은 마우스보다 키보드 좌 우 방향키로 조절하면 좀더 세밀하게 조절할 수 있다. 일반적인 작업에서는 영상에서 와이어 프레임의 핸들을 잡고 조절하는 방법이 편하다. 그러나 어떤 영상과 같은 크기와 위치 값이 필요할 경우는 숫자로 동일한 값을 입력하면 쉽게 크기 위치 등이 같은 영상을 제작할 수 있다.

인터넷 '홈' 쇼핑

1 인터넷 · 홈 · 쇼핑 스튜디오 세팅

2 쇼호스트 연출 전략

3 대박 아이템 MD 계획

4 인터넷 · 홈 · 쇼핑 상품 셀링 기법

5 인터넷 · 홈 · 쇼핑 방송 광고 전략

6 인터넷 · 홈 · 쇼핑 방송언어 학습

인터넷쇼핑몰만 했었는데, 인터넷홈쇼핑을 TV홈쇼핑처럼 한다?
방송 카메라도 없고, 홈쇼핑 TV화면처럼 꾸밀 기술도 없는데 가능할까?
게다가……스튜디오도 없는데?

Chapter 1

인터넷·홈·쇼핑 스튜디오 세팅

TV홈쇼핑과 같은 인터넷홈쇼핑을 위한 첫 단추는 스튜디오 세팅이다. 대기업의 휘황찬란한 방송 스튜디오를 만들진 못하더라도 혼자서도 충분히 활용 가능한 알뜰형 스튜디오를 준비하는 노하우를 통해 성공적인 인터넷홈쇼핑을 준비하자.

스튜디오 세팅, 촬영 계획 먼저 세워두기!

온라인쇼핑몰 사업에 진출한 대기업에선 고객을 찾아 움직이는 판매자 확보를 위해 지원 프로그램을 내놓기에 이르렀는데, 자사 건물에 '판매자 지원센터' 운영을 통해, 사진과 동영상 촬영이 가능한 독립형 스튜디오를 지원하고, 고급 카메라 장비 및 메이크업 등을 위한 장소와 각 종 부대시설, 세미나룸을 구비해두고 있다.

정부에서도 기업의 이러한 노력에 호응하여, 온라인 쇼핑몰 판매자를 위한 세미나 교육 프로그램을 지원하는데, 한국방송영상산업진흥원(KBI · 원장 권영후)에서 산학 협력으로 운영하는 'KBI 뉴미디어 비즈스쿨'이 있다.

인력 양성 목적의 '기업 인턴십 연계 교육 과정'인 비즈스쿨은 실습을 중심으로 하는 실무 교육을 중점으로, 프리챌, 판도라TV, 엠군, 알티캐스트, 에어코드, TV스톰 등 인터넷 동영상 포털 업체들과 디지털방송 기업들이 참여한다.

선발된 인원은 교육비 전액을 실무 무료 교육을 받게 되며, 일부 수료자에게는 2개월 간 KBI 협력 기업에서 소정의 인턴 급여를 받으면서 현장 인턴십을 경험할 수 있는 기회가 주어진다. KBI 방송연수센터(http://academy.kbi.re.kr)나 전화(02-3219-5483)를 통해 신청을 받는다.

이 외에도, UCC(User Created Contents)의 열풍에 힘입은 사용자 제작 동영상 콘텐츠 제작 지원을 이용하면 손쉽게 스튜디오를 이용할 수 있는데, 내 마음에 드는 스튜디오를 찾기 위한 사전 준비 과정은 다음과 같다.

1. 어떤 상품을 팔려는가?

내가 판매하려는 상품에 따라 스튜디오 규모도 달라진다. 시계, 헤어핀 등의 소형 액세서리인지, 아니면 일반 영캐쥬얼 여성 의류인지와 유아동 의류인지도 먼저 생각해야 한다. 핸드폰, 게임기 등의 소형 가전제품을 팔려는 경우와 여성 언더웨어를 판매하는 스튜디오는 실내 색상과 준비해야할 소도구가 다르기 때문이다.

2. 인터넷홈쇼핑 동영상 순서 짜기

인터넷홈쇼핑 진행자는 몇 명으로 할 것인지, 상품 진열대는 어디에 두고, 어떻게 설명할 것인지 미리 계획을 세워둔다. 진행자가 이동을 하는지, 아니면 모델이 착용을 하고 스튜디오 내에서 이동하는지 정해두고, 상품은 언제 어떻게 카메라에 담을 것인지 정해둬야 한다. 또한, 상품 판매 동영상 상영 시간은 몇 분으로 할 것인지도 정해두는 게 중요하다.

3. 소품 준비

내 상품의 동영상 제작 시에 고객의 시선을 휘어잡는 이미지 연출을 위해 참고할 만한 영화나 드라마는 어떤 게 있는지 미리 시안을 생각하고 준비한다. 또한, 인터넷홈쇼핑은 영상과 음악의 결합으로 완성되기 때문에 음악은 어떤 리듬으로 할 것인지 생각한다. 영상 촬영에 필요한 소품과 음악이 준비되었다면 이제 장소 선정으로 넘어간다.

4. 장소 선정

네티즌이라면 손쉽게 이용 가능한 스튜디오로는 UCC 전용 스튜디오 가운데 '프리챌 Q 스튜디오'를 비롯해 'W 스타일샵' 'UCC 팩토리' 등 서울에만 10여개가 있다. 촬영에 필요한 장비까지 있어서 초보자라도 동영상 편집과 제작을 도와주는 전문 기사가 상주한 곳도 있으니 누구나 손쉽게 이용 가능하다.

5. 인터넷홈쇼핑 영상 촬영

내 상품에 맞는 스튜디오를 찾아 촬영을 시작한다. 준비해둔 소품과 진행자, 모델 등을 스튜디오 안에 적절히 배치하며 사전에 써둔 멘트와 문구대로 인물 먼저 촬영한다. 그리고, 나중에 동영상 편집 시 필요한 상품을 촬영한다.

인물은 시간 제약에 따라 비용이 추가될 수 있기 때문에 스튜디오 촬영에서 상품과 인물 촬영을 각각 시간 차이를 두고 촬영하는 일도 생긴다.

6. 인터넷홈쇼핑 영상 편집

진행자의 멘트 등 상품에 설명은 화면 하단에 자막으로 처리하고, 모델이 있을 경우 등 등의 각 영상을 조각 화면으로 분리해서 영상 편집프로그램으로 편집한다. 준비해둔 음악을 영상에 넣어 맞추는 과정도 이 단계에서 같이 진행된다. 영상편집 프로그램을 처음 다뤄보는 미숙자라면 전문 영상편집 기사의 도움을 받도록 한다.

인터넷쇼핑몰에선 상세한 설명이 중요하지만 인터넷홈쇼핑에선 고객의 감성을 아우르는 전체적인 편집능력이 중요하다. 한편의 감동적인 영화를 보듯 영화의 스토리를 담는 것도 추천할 만하다.

7. 인터넷홈쇼핑 영상 노출

내 상품으로 찍은 인터넷홈쇼핑 동영상 편집이 끝났다면 내 인터넷쇼핑몰 사이트에 동영상 호스팅 서비스를 이용해서 올려두고 고객들에게 홍보하기 시작한다. 기존 고객에게 이메일 홍보를 하거나 신규 고객을 위해선 인터넷 포털 사이트에 UCC 동영상 콘텐츠로 올리도록 한다.

UCC 스튜디오 200% 활용하기

1. 프리챌 Q스튜디오

각종 조명기기와 동영상 촬영, 편집에 필요한 장비 등이 있다. 단, 프리챌 회원에게 무료로 사용된다.

인터넷 주소 : http://community.freechal.com

위치 : 청담역 13번 출구

이용방법 : 무료(예약, 신청제)

이용시간 : 11:00~21:00

2. W스타일샵

지상 5층, 지하 1층 규모로 UCC 스튜디오 외에 북카페, 공부방 등이 있다. 포트폴리오를 지참하고 오디션을 통과하면 공간 이용을 물론, 공연에 관련된 과정 지원이 매력적이다.

인터넷 주소 : www.wstyleshop.co.kr

위치 : 신촌역 2번 출구

이용방법 : 1시간 3,000~5,000원

이용시간 : 11:00~21:00

3. UCC 팩토리

전문 UCC 서비스업체인 프리에그에서 운영 중인 곳. UCC 제작에 필요한 전문 장비가 많다. 지상 4층 규모.

인터넷 주소 : http://company.freeegg.com

위치 : 홍대역 6번 출구

이용방법 : 1시간 24,000원~33,000원

이용시간 : 10:00~18:00

4. 판도라 TV UCC존

정부 기관의 지원으로 설립된 스튜디오. 방송 카메라 및 편집 장비를 비롯해서 촬영, 제작에 필요한 장비가 있다. 누구나 자유롭게 무료로 동영상 제작.

위치 : 역삼역 강남GS타워 지하1층

이용방법 : 무료(예약, 신청제)

전화 : 02-6393-4320

이용시간 : 10:30~20:00

01 장비 및 세트 구성

앞서 스튜디오 이용방법에 대해 알아봤다면, 이제 내 장비 준비하는 방법이다. 스튜디오를 이용하는 방법은 초기 자금도 걱정하지 않아도 되고, 저렴한 가격에 편집 프로그램 편집까지 활용 가능하다는 장점이 있지만 다른 이들과 같이 쓰는 스튜디오이기 때문에 시간적 제약이 따른다는 점이 문제가 될 수 있다. 이 경우를 대비하여, 자기 장비를 갖추고 스튜디오를 구성한다면 훨씬 넉넉한 시간과 장소적 조건에서 작업이 가능하다.

인터넷홈쇼핑의 상품영상 제작, 즉, 동영상 제작은 처음 접하는 초보자에겐 쉽지만은 않은 말이다. 그래서, 많은 이들이 용어부터 어렵다고 하는 모습을 볼 때가 많다. 그러나, 익숙해지면 어려운 일은 없듯이 이번 기회에 나만의 동영상 제작에 필요한 장비를 알아보자.

인터넷홈쇼핑을 운영할 때, 나만의 동영상 제작 장비를 갖고자 한다면 '예산'부터 세우게 된다.

내가 원하는 영상의 수준이 어느 정도인지가 중요하고, 내가 준비할 수 있는 자금이 얼마인지 미리 알아야 한다. 개인적 취미수준보다는 인터넷을 통해 인터넷홈쇼핑을 할 목적이고 보면 비용은 각 종 장비를 중고로 구비한다고 해도 최소 2백만원 이상이 필요하다.

기본 장비 : 소니 3CCD VIDEO DV CAMERA Hi 6mm 1대

소니 easy timer recording & researching (DVD R&W) player 1대

모니터 17″ 이상 1대

영상편집 프로그램 '소니베가스'

위 기본 장비는 디지털 방송 수준의 영상 제작에 필요한 최소 장비로, DVD R&W가 내장된 컴퓨터와 최소 17″ 이상의 모니터, 촬영 카메라와 영상 편집 프로그램 '소니 베가스'

가 필요하다.

나만의 장비를 준비하는데 절약 가능한 요소는 없을까?

스튜디오에 조명이 좋다면 비싼 카메라가 아니더라도 일반적인 캠코더만 써도 된다. 촬영 시 조명은 형광등 조명이 괜찮고, 녹음용 마이크는 소리가 울리는 목욕탕 같은 공간이 아니라면 샷건 마이크도 괜찮고, 울리는 곳이라면 무선핀 마이크를 쓴다.

카메라를 살 경우라도, 소니 PD150/170보다는 파나소닉 DVX100를 구비하도록 한다. 인터넷홈쇼핑에서 화질의 차이와 후반 작업의 난이도 차이에 따라 영상 수준이 확연히 차이난다. 수직 해상도만 해도, 4:3 비율로 했을 때 PD150/170은 초기화에서 25% 삭제되고 디인터레이스에서 다시 0 ~ 50%가 줄기 때문에 잘 해야 파나소닉 DVX100의 절반 정도 밖에 안 된다.

촬영 각도에 조정이 많다면 '삼각대'가 필요하다. 단, 고정 앵글이거나 크게 앵글 조정이 없는 경우엔 삼각대가 필요 없다. 쇼호스트 역할의 진행자가 상품에 대한 멘트를 할 때도 일부러 무선 마이크를 살 필요는 없다. 유선 핀 마이크를 쓰면 된다. 핀 마이크는 오디오 테크니카나 소니 제품도 많다.

카메라용 건전지는 많이 필요 없다. 스튜디오 촬영이므로 외부 촬영이 많을 때 효용가치가 있는 건전지는 최소한만 준비하면 된다.

업무상 시간 비용을 줄이고자 할 경우엔, 사양이 좋은 노트북 컴퓨터를 준비해두자. 카메라에서 촬영한 영상을 바로 컴퓨터로 전송해서 편집이 가능하다. 노트북 컴퓨터에 파이어와이어(IEEE1394) 단자가 달려 있는 것이 좋고, 파이어와이어 800 PC카드를 부착하는 게 좋다.

장비 세팅 & 운영 팁

마이크 활용은 쇼호스트 진행자의 움직임에 따라 신중하게 고려한다. 되도록이면 유선 마이크로 해야 한다. 무선 마이크를 써야 하는 상황이라면 염가로 출시된 제품을 쓰도록 한다. 마이크는 '도달 거리' 보다 '송수신 안정성' 이 중요한다. 그래서, 되도록 유선 마이크로 뽑아서 연결하는 게 좋다. 쇼호스트 진행자가 걸어 돌아다니는 스타일이라면 마이크 선이 거치장스러울 수 있는데 핀 마이크는 적절한 연결 장치를 쓰면 유선으로도 쓸 수 있다.

스튜디오가 시끄러울 리는 별로 없으니 무지향성 마이크로 사용하자. 실내이고 통제된 촬영이므로 렌즈 보호용(?) 필터는 필요 없고, 영상 캡춰는 노트북 컴퓨터로 바로 전송해서 해도 되나 필요하다면 하드 드라이브 독립 캡쳐 장치를 쓴다. 그러나, 하디드라이브 독립 캡춰 장치는 문제 발생에 대비해서 테이프랑 대기시켜 놓는 편이 좋다.

카메라 DVX100A의 설정은 이 부분을 도움받을 고수가 필요하다. 다만, 중요한 설정 중의 하나는 수직 해상도를 Thin으로 설정하는 것인데, TV 재생용 비디오는 Thick이 정상인데 반해, 컴퓨터 재생용은 굳이 Thick으로 할 필요가 없다.

다음은 1초당 촬영 프레임(fps) 수 설정인데, 24pa 아니면 30p 중에 하나로 정한다. WMV 영상 파일은 24 fps를 지원한다. 인코딩을 30 fps로 할 거면 24 fps로 충분하므로 24pa가 좋다. 인코딩이 15 fps로 충분하다면 30p로 찍으면 된다. 즉, 인코딩을 24 fps 또는 15 fps에서 택하고, 그에 따라서 24pa나 30p로 찍으면 된다.

영상 편집 컴퓨터는 소니베가스4.0 이상 버전이 내장된 높은 사양의 노트북 컴퓨터를 쓰기를 추천한다. 맥킨토시 노트북에 영상편집 프로그램으로 파이널 컷 프로 4.5를 써도 좋지만, 비용에도 큰 차이가 없다.

DVX100A로 프로그레시브로 찍어서 640x480으로 인코딩한 화면은 대형 TV에서 보는 화면보다도 선명하다. 실제, 대형 TV에서 보는 화면 해상도는 기껏해야 320x240 정도일 뿐이다. 형광등 조명일 경우, DVX100A에 형광등용 색 설정 기능이 있으므로 것을 활용하자.

DVX100A의 음질은 정상적인 디지탈 녹음의 품질이다. DVX100A의 음량 조절은 마이크의 위치도 중요하지만 대체로 전반적으로 -12 db 전후를 유지하도록 하면 된다. 입에서 가까울수록 음량 폭이 커진다.

끝으로, 화질에 대해서 말하자면, 요즘 많이 쓰는 소니 PD-170 카메라의 망원렌즈 35mm는 필름 카메라 렌즈로 전환할 경우 500mm가 되는데, DVX100의 경우 325mm여서 수치만으로 보면 DVX100이 망원에 약한 것처럼 느껴질 수 있다. 그러나, 325mm 망원은 스틸 사진이나 극영화에서도 잘 쓰지 않는다. 실제, 한 대상으로 테스트 해봐도 차이가 크지 않다.

소니 PD-170 카메라의 경우, 최대 망원으로 해보면 노출의 변화라던가 약간의 색의 변화가 생기는데, DVX100의 경우 노출의 변화나 왜곡은 없다. 망원이 크다는 건 좁은 공간으로 빛이 많은 렌즈를 거쳐야 한다는 뜻이므로 `왜곡` 생긴다는 뜻도 된다.

02 스튜디오 환경

인터넷홈쇼핑을 위한 장비를 세팅하고, 스튜디오까지 준비되었다면 실제 촬영에 들어가기 앞서 최종 점검 단계가 필요하다.

지금까지의 준비가 제대로 되었는지 마지막으로 체크하는 단계로써, 스튜디오 자체와 조명, 실내 분위기, 모델, 쇼호스트 진행자 등등. 1인 인터넷홈쇼핑 사업의 경우라면 어느 것 하나 도와줄 여력을 기대하지 못하고 혼자 해결해야 한다.

장비는 훌륭한데 쇼호스트 진행자가 준비를 제대로 못했다거나 조명이 갑자기 부족하다 할 경우엔 기껏 준비해놓은 다른 여건들이 괜한 시간 허비일 수 있기 때문이다.

스튜디오 환경을 구성하는 다음 각 부분을 하나씩 짚어보면서 마무리 점검 요령을 기억하자.

쇼호스트 진행자

인터넷홈쇼핑 영상을 제작할 때 가장 중요한 부분은 카메라도 아니고, 영상 편집도 아니고 쇼호스트로 나선 사람 관리이다. 물론, 사람이 하는 일이니 사람이 제일 중요하던 것은 두말 할 나위가 없다. '사업' 의 3요소는 '사람, 자본, 기술' 이라고 했으니, '사람' 의 완성도(?)에 따라 그 사업의 성공 가능성도 더욱 넓어지는 것이다.

쇼호스트의 움직임을 최대한 적게

쇼호스트는 상품 정보를 고객에게, 즉 인터넷홈쇼핑 시청자에게 가장 효과적으로 전달하는 중매 역할이다. 그런데, 쇼호스트 진행을 맡은 사람이 자기식대로 열정을 보이고자 이

리저리 움직여가며 멘트를 한다면 나중에 편집하는 단계에 어려움이 생긴다.

인터넷홈쇼핑 방송은 특별히 생방송을 할 경우를 제외하고는 대부분 미리 찍어둔 영상을 편집해서 써야 한다. 이제 발을 내딛은 초창기 분야이고, 아무리 능숙한 쇼호스트 진행이라 할지라도 생방송을 하다보면 미사어구의 남발로 듣는 시청자들에게 오히려 듣기 거북하고 지루하다는 인상을 줄 수 있다.

이 경우를 대비해서 인터넷홈쇼핑 방송은 미리 찍어둔 영상을 편집해서 가장 효과적인 줄거리(?)로 방송하게 되는데, 쇼호스트의 움직임이 여기저기 바쁘다면 편집 작업이 대단히 어려워진다.

이른바, 편집점(EDIT POINT)가 명확하지 않아서 화면을 이어붙일 부분 찾기가 어렵다는 단점이 있다. 특히, 손의 위치, 헤어스타일의 각도, 시선의 위치 등에 따라 앞뒤 화면이 차이난다면 그것을 보는 시청자들은 중간 중간 끊어지는 상품 정보를 보느라 신뢰를 갖기보단 서투르다는 인식을 갖게 된다.

물론, 최대한 움직이지 말고 상품 정보를 전달하라는 요청에 쇼호스트 진행자들이 순순히 따르는 경우는 별로 없다. 자기만의 버릇대로, 자기식의 행동으로 편집자를 곤란하게 만들 경우도 부지기수로 발생한다.

조명은 쇼호스트를 최대한 배려하여 눈에 익숙한 형광등 조명을 사용해도 좋고, 도표와 그래프를 상품 정보로 보일 때엔 카메라와 앵글 조정을 맞추는 것도 중요하다. 카메라에 정확히 보여지도록 쇼호스트 진행자와 카메라의 호흡이 중요한 것이다.

또한, 쇼호스트의 의상은 무채색 계열의 단색 의류가 좋은데, 이또한 편집점의 확보에 도움을 주기 때문이다. 무늬가 요란하게 많거나 색상이 짙은 의상일 경우, 인터넷홈쇼핑에서 강조하고픈 상품보다도 쇼호스트가 튀어보일 때가 많으니 각별히 주의해야 한다.

조명

조명은 최대한 자연스러운 형광등 조명으로

일반적인 인터넷홈쇼핑 촬영은 스튜디오에서 이뤄지므로 안정적인 조명 아래에서 촬영을 한다. 다만, 아나로그 방식의 소니 PD-170같은 카메라를 쓸 경우엔 조명도가 낮아도 촬영은 용이한 반면, 화질이 안 좋다는 단점이 있다. 나중에 편집된 영상으로 보여지는 노이즈가 많아지는 것이다.

이 노이즈는 쇼호스트의 의상 색에 영향을 받아서 이따금 쇼호스트 의상이 바람에 펄럭인는 느낌도 갖게 할 수 있다. 이런 카메라의 경우 필터링을 통해 조도를 높이곤 하는데, 그럴 경우 노이즈 효과도 같이 커져서 여간 난감한 게 아니다.

조명을 안정적으로 준비한다는 것은 상품 영상의 제일 큰 목적인 화면 질감이 좋아진다는 점이다. 상품도 자세히 보이고, 전반적으로 상품 영상 자체가 시청자들에게 맑고 깨끗하게 다가선다.

또 하나, 조명이 충분하면 카메라 선택이도 자유롭다. 조명이 부족한 상태에서 쓰이는 카메라의 수가 한정되었다면 조명이 충분한 곳에선 내 상품에 가장 잘 어울리는 카메라를 골라서 쓸 수 있다. 인터넷홈쇼핑의 스튜디오 촬영에선 일반적으로 '텅스텐' 조명등이 쓰이곤 한다. 일반 방송국 조명과 같은 종류의 것이다. 하지만, 쇼호스트나 모델에게 직접적인 시각 자극을 강하게 주는 탓에 텅스텐 조명은 내 상품 영상에 적합한가를 충분히 고려해서 택해야 한다. 내 상품 정보를 전달하는 쇼호스트와 모델의 심리상태와 시시각각 표현되는 멘트 하나에도 시청자들의 귀와 눈이 열려있기 때문이다. 듣고 보는 사람들이 느끼는 충분한 상품 정보는 쇼호스트와 모델의 간접체험을 통해서가 크기 때문이다.

물론, 일반 상업 스튜디오 쓰는 방법처럼 피사체(사람)에게 직접적인 조명을 주기보단 조명판을 대거나 하는 방법으로 간접 조명으로 어두운 부분을 보조해주는 조명 기능이 중요하다.

텅스텐 조명을 쓰는 대신 일부 스튜디오에서는 형광등을 더 많이 켜는 방법을 택하기도 하는데, 이는 인터넷홈쇼핑 영상에서 큰 돈 들이지 않고 이용할 수 있는 좋은 방법이기도 하다.

카메라(캠코더)

카메라는 가능하다면 DVX-100으로

인터넷홈쇼핑 영상 컨텐츠를 제작하는데 가장 좋은 카메라는 역시 DVX-100 기종이다.

이 기종의 카메라엔 프로그레시브(Progressive) 기능이 있어서인데, 일반적인 다른 카메라의 경우 디인터레이스(De-interlace)를 할 경우 처음 찍었을 때와 현저히 다른 불선명한 화면을 나타내기 때문이다.

더구나, 디인터레이스 작업엔 시간이 오래 걸리는데 반해 DVX-100의 프로그레시브(Porgressive)로 촬영된 영상이라면 시간도 절약되고, 화질도 좋다는 이점이 크다. 그러나, 이 카메라는 광각어댑터가 달려있어서 카메라 자체의 줌 기능도 배율이 얼마 안 되고, 화면 각도가 크게 나오게 하려면 피사체 앞으로 다가서야 한다는 점이 단점이다. 물론, 스튜디오에선 큰 문제가 아닐 수 있다.

이 기종 카메라 기능 중에 최근에 출시된 XL-2 기종의 가장 중요한 것은 '버티칼 디테일(Virtical Detail)' 이란 건데, 카메라로 찍은 영상으로 PC 모니터에 적합한 화면으로 아예 처음부터 녹화를 하는 기능이다. PC와 텔레비전 간의 밝기를 계산해서 인터넷홈쇼핑 영상이 출력되는 모니터 또는 텔레비전 브라운관에 맞는 영상으로 자동 노출한다는 것이다.

결국, 인터넷홈쇼핑에 적합한 카메라는 XL-2 〉 DVX-100 정도이다. 앞서, DVX-100을 추천한 이유는 자주 자리를 옮겨야 하는 인터넷홈쇼핑 촬영의 작업 특성 탓이 크다.

03 쇼핑 블로그 세팅법

앞 내용에서 1인 인터넷홈쇼핑 운영에 필요한 장비 및 세트 구성을 마치고, 스튜디오까지 준비했다면 이제 본격적인 인터넷홈쇼핑을 방송해보자.

1단계 _ 인터넷 주소 만들기

이미 인터넷쇼핑몰을 운영하고 있는 경우라면 굳이 인터넷 사이트 오픈에 대해 언급하지 않아도 된다. 그러나, 대다수의 경우, '인터넷방송' 이란 언어에 대해 상대적인 울렁증을 토로하는 경우가 있기 때문에, 기존에 인터넷 쇼핑몰을 운영하는 '인터넷 적응자' 라 하더라도 다시 설명해두고자 한다.

인터넷 주소는 아래 그림에서 빨간 네모 부분에 입력하는 주소를 말하는 것으로, 흔히 www.________.com 형태로 이뤄지는 도메인 네임을 말한다. 도메인 네임이란 domain name이란 영어로 내가 가진 영어이름이라고 생각해도 좋겠다.

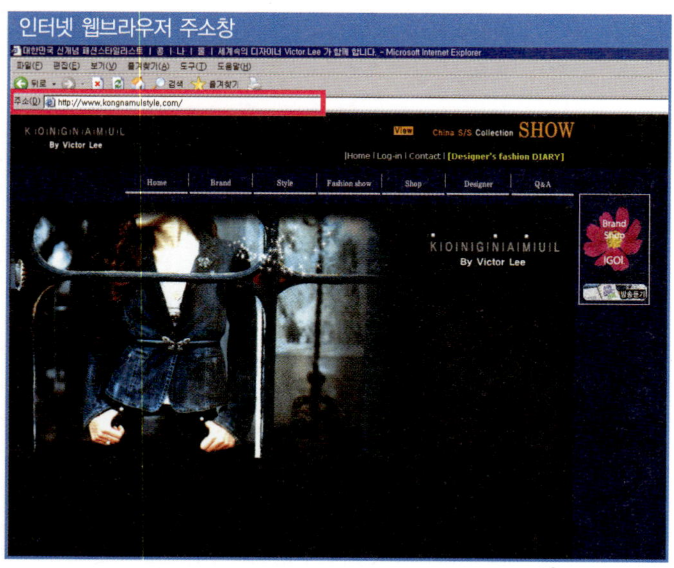

'서울에서 김서방 찾기' 처럼 정확한 이름과 주소가 없다면 길을 헤맬뿐더러 우편물도 제대로 배달되지 않는다.

인터넷에서도 마찬가지이다. 인터넷이란 사이버 공간에서, 나를 나타내는 방법은 인터넷 주소로 표시되며, 위와 같은 그림에 입력되는 영어로 기재된다.

이때, 사람들에게 기억되기 쉬운 주소가 좋다는 것은 두 말 할 나위 없다. 우리가 사람 이름을 기억할 때 기억하기 쉬운 이름을 먼저 기억하고, 기억하기 어려운 이름은 얼굴도 잘 생각하지 못하는 것처럼 말이다.

인터넷 주소를 정할 때 요령은 5음절(알파벳 5개 이내)을 넘지 않도록 하며, 한국어로 발음할 때 3음절을 넘지 않도록 한다. 또한, 한국어 발음 시에는 받침이 1개 이상 있으면 안 좋으며, '자음+모음' 형태로 1음절을 이루는 게 좋다.

가령, daum(다음), naver(네이버)처럼 말이다. 또 한 가지, daum의 경우 '(누구)~네' 라는 이름 호칭 뒤에 붙는 '아무개의 집' 이란 의미로 'daum.net' 이란 인터넷 주소를 쓰며, naver(네이버)의 경우 neighbor(네이버:이웃)의 줄임 표현에서 온 것인 만큼 'naver.com' 을 써서 '이웃은 오라' 는 의미로 받아들여진다.

인터넷 · 홈 · 쇼핑몰의 경우, TV의 이미지를 살리기 위해 www._________.tv를 쓰는 일도 자주 있는데, .com과 .tv의 유지비용이 다르므로, 내가 하려는 홈쇼핑의 콘셉과 방향에 어울리는 이름을 찾도록 한다.

예를 제시하자면, '꽃배달' 홈쇼핑을 만들고자 하는 사람이라면, 되도록 '색상' 과 '향기', '사랑', '기억', '축하' 에 어울리는 영어단어를 찾는 게 좋다.

꽃배달 인터넷 · 홈 · 쇼핑을 찾는 소비자의 가장 큰 목적은 '축하, 기념, 사랑' 의 이미지로 꽃을 택한 경우인데, 이들이 떠올리는 이미지에서 연관되는 영어이름이 기억하기 쉬울 것이며, 나중에 설명할 부분인 '홈쇼핑의 다른 연관 이미지' 도 같이 떠오를 경우 소비자의 발걸음은 기억난 곳으로 향하기 마련이다.

인터넷을 보면 꽃배달 서비스 상품을 판매하는 쇼핑몰들의 경우 대다수 '플라워○○○○' 란 명칭을 쓴다. 1차원적인 발상으로, 이미 소비자들은 '플라워○○○○' 에 익숙하고, 왠지 익숙하다 보면, 본인이 원하는 새로운 분위기에 익숙치않을 것이란 막연한 추측성 불안 심리도 있어서 새로운 사이트를 찾곤 하게 된다.

따라서, 꽃배달 사이트(이미 꽃배달쇼핑몰을 운영하는 경우를 빼고)를 운영하겠다면, 다음과 같은 발상의 전환을 가져보자.

flora(플로라: '꽃이라' 란 의미로 들리도록 만든 것)

flovver(플러버: w자를 v자 두 개로 표시하여 love 이미지를 나타낸 것)

flove(플러브:꽃과 사랑이란 단어를 섞어 조합어로 만든 것)

rosie(로지:장미를 의인화하여 만듬)

withflo(위드플로: '꽃과 함께' 란 이미지로 들린다.)

hwasarang(화사랑: '꽃을 사랑하는' 이미지와 '화사한 이미지랑' 으로도 사용된다.)

위와 같은 '꽃배달 홈쇼핑' 의 샘플에서도 보여지듯, 인터넷 주소는 우리말이면서 영어로도 이해되기 쉬운 것으로 하는 게 좋다.

인터넷 · 홈 · 쇼핑몰은 상품의 제한도 없고, 판매망의 한계도 없는 신개념 온라인 유통 채널로써 수만 가지 상품이 저마다의 이미지와 디자인으로 경쟁하게 될 것이 분명하다. 이러한 시장 예상 측면에서라도 인터넷 · 홈 · 쇼핑몰 초기에 독창적인 영어 주소를 확보해두는 게 매우 중요하다.

2단계 _ 포털사이트 블로그와 연계하기

기존 인터넷쇼핑몰은 독자 디자인으로 만들기 위해 웹개발자를 불러 용역을 통해 사이트를 개발한 경우도 있고, 인터넷에서 쇼핑몰 프로그램을 임대하여 쓰는 경우도 있었다. 웹개발자를 불러서 새로운 디자인으로 쇼핑몰을 만든다면 수천 만원에 호가하는 비싼 비용이 지불되기 마련이겠고, 임대형 쇼핑몰 프로그램을 쓰자니 매월 지출되는 비용은 상대적으로 적지만, 내 마음에 드는 쇼핑몰 디자인을 만들기가 쉽지 않다는 점이 문제다.

이럴 때는 굳이 쇼핑몰 형태를 갖기보다는 최근 인터넷 1인 미디어 시장을 열어둔 '블로그' 로 시작하는게 좋다. 1인 미디어로서 블로그란 이미 각 포털 사이트에서 각 회원을 위해 무료로 제공하고 있으며, daum의 경우 daum 회원들뿐 아니라 싸이월드, 파란닷컴, 조인스닷컴 등의 외부 사이트까지 포괄하는 블로그 콘텐츠를 확보해나가는 실정이다.

무한대 동영상, 무한정 이미지와 글쓰기까지, 블로그는 인터넷 · 홈 · 쇼핑몰 측면에서도 상당한 매력을 갖고 있다. 더구나, daum의 경우 블로그에 올려진 내용에 따라 뉴스 가치를 따져 노출 이익을 주고도 있으니, 어쩌면 내 인터넷 · 홈 · 쇼핑에 방문자가 기하급수적으로도 늘어날 행운이 터질 수 있다.

어떤 독자는 '블로그'의 경우 일반 인터넷홈쇼핑처럼 결제 기능이 없으므로, 불편할 수 있다는 문제를 제기하기도 한다. 그러나, 사실은 그렇지 않다.

가령, 다음에서 소개하는 인터넷홈쇼핑 블로그 세팅 순서에 따라 블로그를 만들었다면, 고객의 주문을 위해 인터넷홈쇼핑 동영상의 특성상 상담번호는 영상 하단 자막으로 삽입된다는 점이다.

그 외에, 블로그 하단에 〔결제 링크〕 메뉴를 두어, 블로그에서 영상을 본 후, 결제하기를 눌러 해당 상품의 특정 결제창을 이용할 수 있다.

이 방식은 그간 인터넷쇼핑몰 회원으로 가입해야만 상품 주문이 되었던 방식에서 벗어나 TV홈쇼핑의 주문방식과 인터넷쇼핑몰 주문방식이 결합된 방식으로, 인터넷쇼핑몰의 회원 정보 유출 사고에 의한 고객 정보 보호 수단이기도 하다.

도메인 주소를 이미 가졌다면, 도메인 주소를 내가 만든 블로그 주소로 링크하는 방식이다.

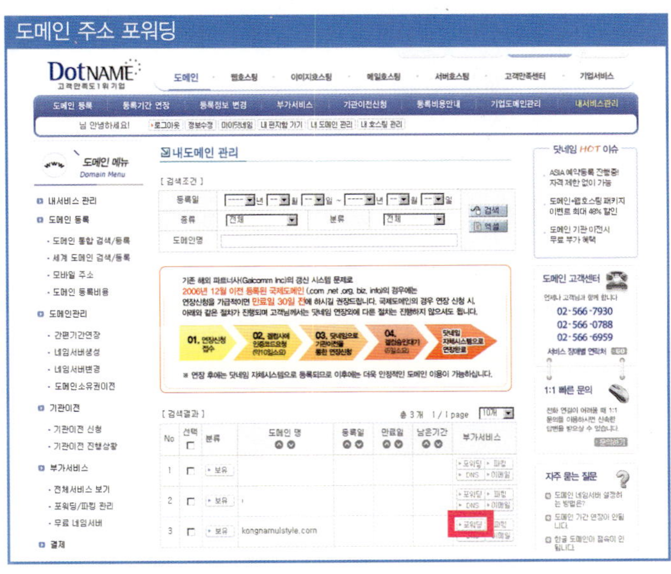
도메인 주소 포워딩

위 이미지에서 A와 B를 보면 링크할 주소를 적게 된 부분이 있다. 이곳에 내가 개설한 블로그 주소를 옮겨 적는다. 블로그 주소를 옮겨 적고, 확인을 누르면, 아래와 같이 이동한다.

이렇게 옮겨진 블로그에서 좌측에 보면, 방문자 누적 횟수가 보여지고, 바탕 이미지엔 인터넷 · 홈 · 쇼핑 자체 상품과 브랜드를 홍보할 수 있도록 꾸밀 수도 있다.

다음 그림은 블로그에서 인터넷 · 홈 · 쇼핑몰이 이뤄지는 화면이다. 핸드폰에서 인터넷 주소를 입력할 경우에도 위와 같은 영상이 보이며, 기타 포털 사이트에서 검색을 통해 보이는 모든 검색어를 거쳐 홈쇼핑 동영상이 나가게 된다.

단, 블로그를 통한 홈쇼핑 방송은 상품 주문과 결제가 일일이 수작업으로 이뤄지는데, 상품주문과 대금 결제가 블로그 상에서 즉시 이뤄지지 않는다. 또한, 블로그의 특성상 생방송이 어렵다는 점도 단점이다.

다만, 블로그 상에 방문자가 상품을 주문하고 입금했음을 덧글로 남기면 운영자가 확인하고 상품 배송을 하는 방식이 가능하다. 이러한 단점도 있는 반면, 방문자로서는 포털 사이트에서 블로그 개설자에 대한 기본 정보를 갖고 있으므로 얻어지는 신뢰도가 있다.

최근 모 종합쇼핑몰에서 발생한 개인정보 유출 사고를 보더라도 온라인 상에서 신용카드 번호, 주민등록번호 등과 같은 개인정보를 남긴다는 것은 점차 이용자들이 회피할 것이며, 이에 따라, 판매자의 얼굴과 상품을 직접 보고, 상담도 현장에서 하는 실시간 인터넷 · 홈 · 쇼핑이 시장을 리드하게 될 것은 분명하다.

3 단계 _ 블로그 구성하기

인터넷 · 홈 · 쇼핑을 중계하는 블로그의 경우, '정보성'인 측면이 강조되어 소비자들로부터 상품에 대한 신뢰를 얻을 수 있다는 게 장점이다. 또한, 블로그 전체 이미지를 상품의 이미지와 동일하게 꾸밀 수 있으며, 월 비용마저 무료라는 점이 장점이다.

인터넷 · 홈 · 쇼핑 블로그를 만들어 보자.

위 그림에서 블로그 주소와 블로그 이름, 설명을 입력하자. 실명 인증이 된 후라면 바로

블로그 개설이 된다. 블로그를 개설하기 위한 모든 절차가 끝난다.

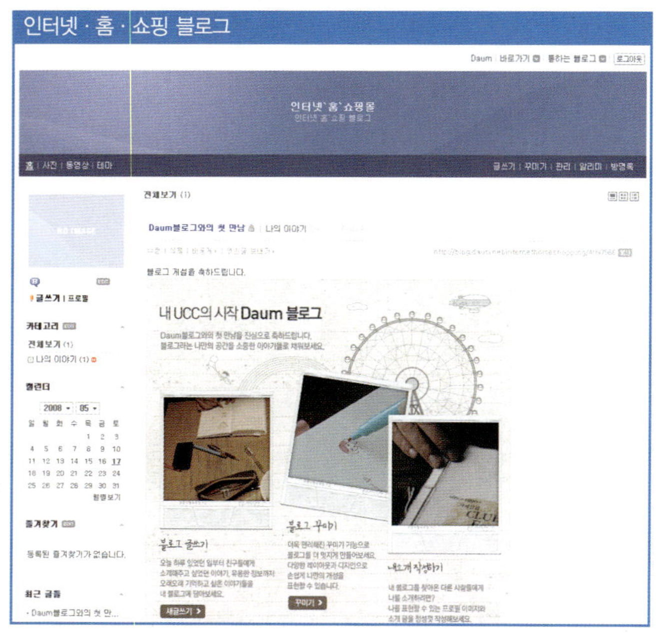

옆 그림의 각 공란에 내가 개설하고자 하는 내용을 넣는다. 인터넷 · 홈 · 쇼핑 블로그명엔 블로그 외에 내가 가진 인터넷 · 홈 · 쇼핑 상호를 동일하게 기재하고, 개설자 정보와 소개 부분에는 인터넷 · 홈 · 쇼핑 정보를 그대로 적는다.

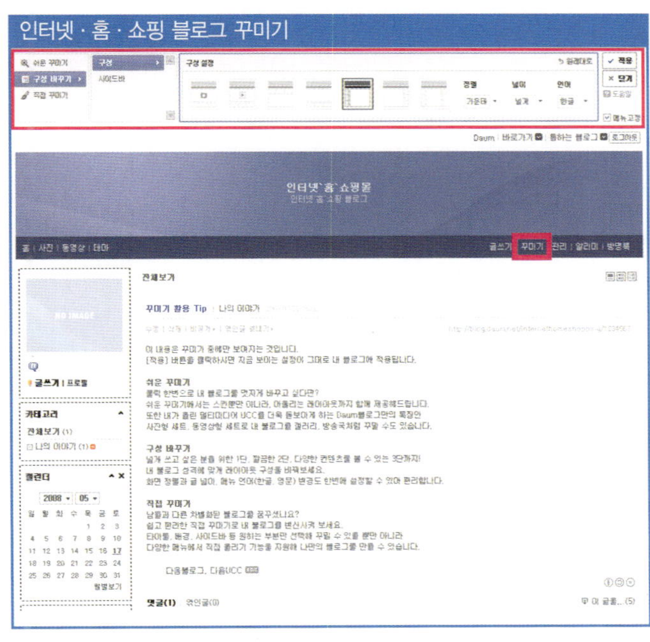

인터넷 · 홈 · 쇼핑 블로그 꾸미기

다음은 블로그 구성이다. 메뉴 색상과 블로그 제목 로고체, 색상을 정할 수 있다. 인터넷 · 홈 · 쇼핑 블로그의 타이틀의 위치를 정한다. 되도록 모니터 좌측 상단 또는 중앙으로 배치해둔다. 인터넷 이용자의 시선이 모니터 좌측에서 시작하는 것과 같은 논리이다.

인터넷 · 홈 · 쇼핑 블로그 바탕 그림은 아래 그림처럼 한다. 먼저, '그림판' 프로그램을 실행하여 창을 열어두고, 블로그 꾸미기 창을 열어 바탕 그림 작업 공간에 '직접 꾸미기'를 클릭한다. 이때, '그림판'에는 내가 운영하고자 하는 인터넷 · 홈 · 쇼핑을 나타내는 이미지를 사용하여 블로그 바탕에 배치할 위치를 대략 정해둔다.

완성된 블로그 바탕

만들어둔 바탕 그림의 파일명을 위 그림 (1)에 넣고 '적용'을 누르면 그림 a와 같이 나타난다. 기본 블로그 위치와 겹칠 경우, '그림판'에서 바탕 이미지를 좌측으로, 우측으로 이동시켜 재저장한 후, 블로그 꾸미기에서 '적용'을 누른다. 이 과정을 블로그 바탕 그림이 제대로 보여질 때까지 시도한다.

블러그 바탕 그림 직접 넣기

위 그림처럼 완성되었다면 블로그 꾸미기 메뉴 제일 우측 상단에 '적용'을 누르고, 블로그를 닫는다. 이미지가 잘 안 보일 경우 '새로 고침' 버튼이나 컴퓨터 자판 제일 위에 놓인 F5를 눌러 블로그가 제대로 꾸며졌는지 확인한다.

인터넷홈쇼핑블로그에 바탕화면 적용 후

4 단계 _ 홈쇼핑 방송 동영상 업로드 하기

이번엔 블로그에 '동영상 올리기' 과정이다. 블로그에 동영상 올리기는 의외로 간단한 작업이니 한번에 익숙해지도록 반복해서 연습해보자.

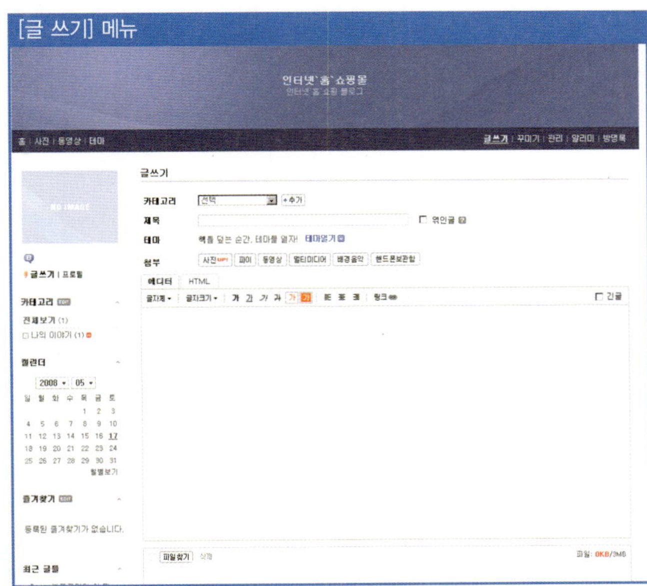

[글 쓰기] 메뉴

블로그에 로그인해서 들어오면 '글 쓰기' 메뉴가 보이고, '글 쓰기' 메뉴를 클릭한 후 위와 같은 그림이 나타난다.

〔글쓰기〕 메뉴를 클릭하면, 아래 그림이 나타나는데, 블로그에서 자체 제공하는 에디터를 사용해도 되고, 이용자가 별도의 워드 프로그램에서 작성한 내용을 블로그 글쓰기 창 안에 복사해서 붙여넣기를 해도 된다.

〔글쓰기〕 메뉴 a부분을 보면, '이미지', '동영상' 버튼이 있는데, '동영상'을 클릭하면 아래와 같이 된다.

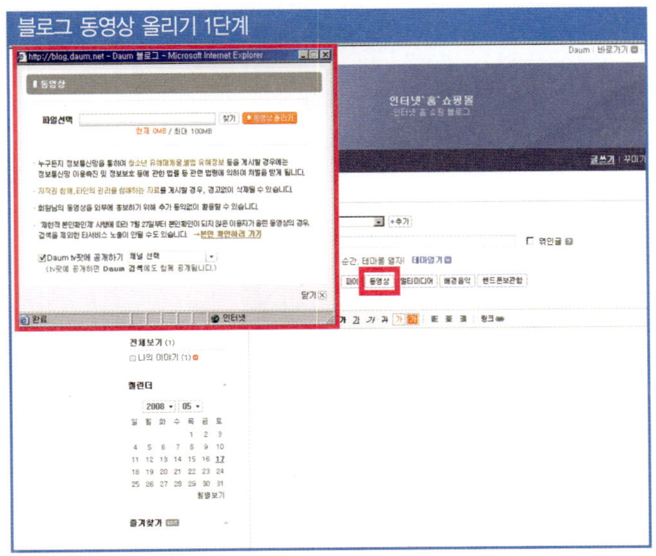

블로그 동영상 올리기 1단계

이때, 미리 만들어둔 동영상을 불어와서 '확인'을 누르면 버퍼링되는 과정이 보이며 팝업창 내에 파란색 그래프가 다 채워지기를 기다린다. 파란 그래프가 다 채워진 후, 같은 창 아래를 보면, 각각 동영상 로고 적용하기와 해당 포털 사이트 내에 동영상 공개하기 기능이다.

동영상 노출 시 제일 처음 보여질 이미지를 지정하는 기능으로, 상품이 가장 잘 드러난 순간으로 지정한다. 미리 만들어둔 인터넷 · 홈 · 쇼핑 상호로 쓸 로고를 넣는다. 로고 위치는 상하좌우 다 괜찮으나, 보통 일반적으로 우측 제일 상단에 오도록 조절한다.

아래는 완성된 동영상 로고 적용 후의 그림이다.

블로그 로고 동영상

동영상 로고까지 모두 지정하고 파란 그래프가 다 채워졌다면 '확인'을 누른다. 블로그 글쓰기 창 안에 '동영상 중 이미지'가 보이고, 글쓰기 '마침'을 누르면, 완성이 되며 글쓰기 창이 닫히는데, 글쓰기 창안에서 '이미지 변환' 표시가 나오며, 동영상이 자동 변환된다.

Tip

블로그 내에 인터넷 · 홈 · 쇼핑 동영상을 업로드 하는 경우 외에, 블로그에는 홈쇼핑에서 판매하는 상품에 연관된 텍스트와 이미지 형태의 글을 기재하고, 내가 운영하는 인터넷 · 홈 · 쇼핑몰 사이트로 링크하는 방식도 있다.

블로그에서 인터넷 · 홈 · 쇼핑 사이트 링크 방법

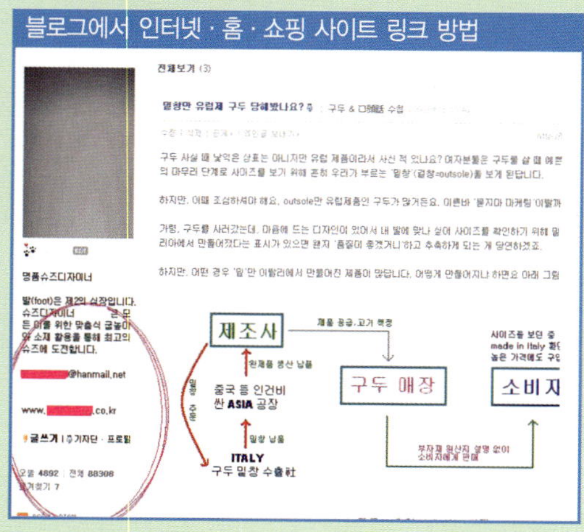

블로그에서 인터넷 · 홈 · 쇼핑 사이트 링크 방법

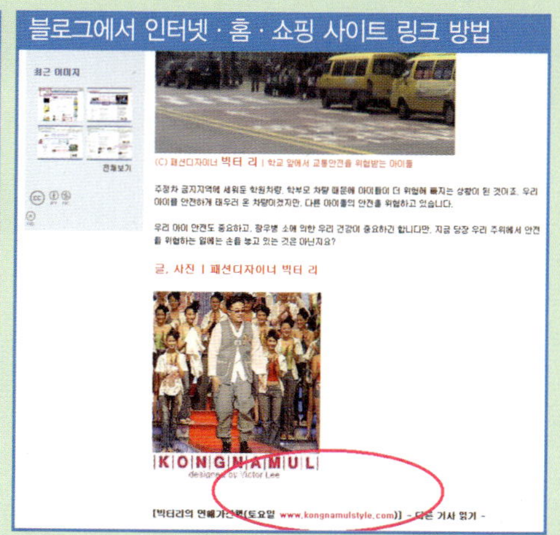

위 그림에서 글을 다 읽은 이용자들이 · 표시 · 부분을 클릭함으로써 인터넷 · 홈 · 쇼핑 사이트로 이동하게 된다.

포털사이트에서는 2008년 TV홈쇼핑과 손잡고 해당 포털 사이트의 동영상 서비스 내에 동영상 쇼핑몰을 서비스하기 시작했다. 이 동영상 쇼핑몰에는 TV홈쇼핑의 방송 상품 및 인터넷 전용 동영상 상품DB를 제공한다.

동영상 쇼핑 메뉴에서는 상품 카테고리 별로 판매 베스트 상품과 최신 상품 정보를 생생한 동영상으로 제공하고, TV방송과 인터넷 전용 홈쇼핑을 시청하면서 생방송 중인 상품을 주문할 수 있다는 게 장점이다.

TV홈쇼핑의 전문 쇼핑 콘텐츠와 인터넷 포털 사이트의 UCC(사용자 제작 콘텐츠) 플랫폼이 접목돼 인터넷 쇼핑 트렌드의 새로운 지평을 열 것으로 기대되지만, 한편으론, 인터넷 · 홈 · 쇼핑 사업자들이 증가할수록 TV홈쇼핑은 제자리를 찾기 힘들어질 게 뻔하다.

Chapter 2

쇼호스트 연출 전략

01 _ 코디 & 스타일링

02 _ 언어톤 및 대화법

03 _ 시선 및 자세

04 _ 동작 & 제스츄어

TV 홈쇼핑에서 첫 등장한 후 상품정보를 전달하는 진행자 '쇼호스트 또는 쇼핑호스트'의 인기가 높다. 졸업을 앞둔 대학생들은 각 인터넷 관련 게시판에 쇼호스트 되는 법에 대해 질문하기에 이르고, 쇼호스트 양성 전문학원도 성업 중이다.

덕분에, 모 쇼호스트는 인기를 얻고 그에 걸맞는 상품선택 권한까지도 주어진 경우가 있다고 하니, 쇼호스트의 입김에 따라 매출이 달라지는 일도 심심찮게 보인다.

인터넷홈쇼핑의 쇼호스트는 대부분 인터넷홈쇼핑 운영자 자신인 경우가 많다. 애당초 인터넷쇼핑몰에서 한 단계 성장한 사업모델로 인식되는 인터넷홈쇼핑의 특성상 TV홈쇼핑처럼 넓은 스튜디오를 갖춘 것도 아니요, 다만 인터넷쇼핑몰 운영에서 얻은 인터넷만의 톡톡 튀는 감성을 무기로 등장한 인터넷홈쇼핑은 쇼호스트가 운영자이고, 운영자가 곧 쇼호스트로 1인 다역을 해내는 곳이다.

인터넷홈쇼핑 운영자가 알아 둬야할 매출을 띄우는 쇼호스트 전략

'쇼호스트' 란 쇼핑을 하려는 고객을 대신해서 자신의 경험을 전달하며 고객을 상품 정보를 제공하는 역할이다.

쇼호스트는 '경험을 판다'

쇼호스트는 상품을 파는 게 아니라 '상품을 써본 경험' 을 파는 직종인 셈이다. 특히, 상품의 특징과 장점을 고객에게 제대로 어필해주고, 고객이 상품에 대해 궁금하고 혹시라도 염려할만한 부분을 자신이 직접 써본 경험을 통해 신뢰를 전달하는 역할이다.

쇼호스트는 '마케터' 이다

자신의 상품을 파는 것이 아니라 자기가 써본 좋은 상품을 다른 사람에게도 권하는 역할이다. 그래서, 세일즈 마인드가 있어야 한다. 단순히 자신의 상품을 소비해본 경험만을 전달한다면 쇼호스트의 역할은 필요 없다. 쇼호스트는 인터넷홈쇼핑몰의 상품을 단 1명의 고객에게라도 팔 수 있는 세일즈 마인드가 충분해야 한다.

흡사, 배우가 단 1명의 관중을 위해 연기를 하듯, 쇼호스트는 인터넷홈쇼핑의 단 1명의 고객일지라도 서로 대화하며 성심성의껏 상품 판매에 최선을 다해야 한다. 능력있는 쇼호스트는 간접경험이 많아야하는 이유가 생기는데, 대다수의 쇼호스트가 책을 많이 읽고 상품평가를 연습하며 자기 글을 직접 써서 읽어보는 대화 연습을 하는 이유이다.

내가 시작한 인터넷홈쇼핑, 쇼호스트가 되어 발음, 신뢰 이미지, 방송인의 끼와 실력을 보여주며 성공으로 도전해보자.

01 코디 & 스타일링

인터넷홈쇼핑뿐만 아니라 어느 세일즈 장소에서도 가장 중요한 것은 판매자에 대한 '신뢰'와 소비자에 대한 '설득'이 가장 중요하다.

가령, 은행을 보자. 은행원들은 흰색 드레스 셔츠에 보수적인 정장 스타일을 고집하기로 유명하다. 전통적이면서도 정형화된 스타일로 은행을 찾는 고객에게 변하지 않는 신뢰를 나타낸다.

정돈된 헤어스타일과 몸 사이즈보다 반 치수정도 큰 스타일로 고객의 시선을 끌 액세서리는 아예 허용되지 않는다. 은행에 가서 은행원들의 패션스타일을 눈여겨 본 적이 있는가? 개기인의 특성이 드러나는 패션스타일은 없고, 어느새 은행원과 은행을 동일시하게 되는 내 모습을 볼 때가 많다.

허용되는 액세서리라고는 손목시계와 반지 정도일 뿐이다. 유일한 컬러감을 강조하는 색이 있다면 금융권에서는 남색을 추천하는데, 그 이유는 `차분함`의 대명사인 색감으로 금융에 대한 빈틈을 허용하지 않겠다는 의식을 주기 위함이다.

인터넷홈쇼핑에서 캐쥬얼 의류를 판매할 경우?

따라서, 쇼호스트의 패션 코디스타일은 판매하려는 상품에 견주어 조화를 맞춰야하며, 항상 우선시되어야할 것은 '신뢰'와 '설득'의 능력이란 뜻이다.

캐쥬얼 의류를 판매할 경우라면, 쇼호스트는 캐쥬얼 의상을 입어야함이 맞다. 이는 인터넷홈쇼핑 영상을 보는 시청자의 입장에서 '직접 입어본 경험'을 말하는 쇼호스트에게 '신뢰'를 얻고, '설득'을 당한다는 의미와 같다는 점이다.

이와 동시에 쇼호스트로서는 '고객과 맞춘다' 는 생각으로, 고객의 입장에서 자신의 모습을 보는 시각이 필요한데, 캐쥬얼 의류를 판매하는 인터넷홈쇼핑 영상을 나이드신 부모님이 보고 계시다면 어떻게 멘트를 해야하며, 여자 의류를 남자가 보고 잇다면 어떻게 말해야 하는지를 염두에 둬서 진행해야 한다.

물론, 이러한 시청자 구분은 인터넷홈쇼핑 영상이 노출되는 시간에 접속한 회원 정보를 보면 알 수 있지만, 대다수의 잠재 고객은 로그인하지 않은 무명의 고객이 많으므로, 시간대와 상품의 이미지에 맞춰 고객을 배려하는 쇼호스트의 능력이 제일 필요한 것이다.

사무실에서

남성들의 경우 일반 회사에서는 수트와 구두를 갖추어야 하는 곳이 많지만, 인터넷홈쇼핑에서는 내가 판매하는 상품에 따라 적절한 코디가 필요하다. 패션잡지의 모델처럼 강렬한 색상이나 독특한 디자인의 액세서리 구두를 신더라도 허용되는 곳이다.

사람들을 상대하면서 보내는 시간이 많은 경우라면 검정 끈의 구두가 좋다. 가벼워 보이지 않으면서도 상대방에rps 정중한 이미지를 줄 수 있는 스타일이다. 발 건강에 도움주는 기능성 구두도 많이 있는데, 발의 피로감도 줄여주고 스타일 연출도 가능한 효과가 있다.

여성들의 경우, 스타킹에 따라서도 이미지가 크게 좌우되는데, 상의 의상에 비해 구두는 채도가 약한 것으로, 밝은 색으로 코디하는 게 좋다. 만나는 사람들의 시선이 위에 머물게 하는 효과를 기대할 수 있다.

촬영 준비

인터넷홈쇼핑의 촬영이 있는 날, 거울을 보며 '아, 에, 이, 오, 우' 를 연습하며 얼굴 표정을 밝게 보이는 연습을 한다. TV를 통해 알려진 '개구리 뒷다리' 발음법도 효과가 있다. 거울을 보며 개구리뒷다리를 말하다 보면 어느새 입가에 번지는 미소를 볼 수 있다.

옷은 하루 전에 미리 준비해두는데, 다음 날 날씨는 크게 상관없는 이유가 실내 스튜디오 촬영이 많기 때문이다. 그러나, 인터넷홈쇼핑을 찾은 시청자들이 영상을 볼 때의 쇼핑욕구는 의외로 그 날 날씨에 영향을 많이 받게 되는데, 이에 대한 최선의 대비책으론 예상 방송(노출)일에 맞춰 계절 인사, 하루 중 시간대 인사를 간간이 섞는 게 좋다.

또한, 신문과 인터넷을 통한 트렌드 기사는 기억을 해서 촬영 때 멘트로 사용하거나 기억할 내용이 많다면 메모종이를 준비해서 시청자를 위한 정보 팁으로 활용하는 게 좋다.

촬영 시간 마무리 준비단계로, 구두는 깨끗한지 봐야하고, 옷에 이물질은 없는지 살피고, 손톱이나 헤어스타일은 지저분하지 않은지 체크한다. 또한, 혼자만의 공간으로 화장실 등에 가서 거울을 보며 전체적인 코디 스타일을 점검한다.

남자 쇼핑호스트의 코디

헤어스타일은 약간 짧은 듯 하면서 자연스러운 스타일을 한다. 단정한 머리스타일이 밝고 활기찬 느낌을 갖도록 하는데 좋다. 정장은 깔끔한 인상을 주는 감색이 좋다. 여러 색상의 셔츠와 넥타이와 연출하기에도 좋고, 무엇보다도 `신뢰감`을 주는 색이라 쇼호스트 의상으로도 추천받는다.

피해야할 색으로는 '회색' 인데, 회색 자체보다는 회색이 주는 차분한 분위기 이미지 때문에 인터넷홈쇼핑의 활동적이고 빠른 설득의 이미지와는 어울리지 않는다.

셔츠는 소매 끝이 재킷 밖으로 1.5센티미터 정도 보이도록 하고, 활동감을 주는 푸른색 셔츠도 좋다. 와이셔츠의 칼라, 양복의 깃, 넥타이는 단정한 느낌을 표현한다.

넥타이는 선 자세에서 허리 벨트를 살짝 덮는 정도의 길이가 좋다. 셔츠와 정장과 같은 색의 넥타이는 키가 크게 보인다.

검정 구두는 단정한 이미지를 주고, 대부분의 양복과 어울린다. 양말은 양복과 구두의 중간 색이 적당하며 흰색양말은 절대 안 된다.

여자 쇼핑호스트의 코디

헤어스타일은 짧은 커트나 단발스타일이 활동적이다. 펌 헤어스타일은 단정하게 하고 긴 머리는 뒤로 묶자. 짙은 염색이나 강한 웨이브는 피하는 게 좋으며, 미용실에서 막 나온 스타일도 시청자들에겐 거부감의 대상이다.

메이크업은 자연스럽고 밝은 이미지로 표현하는 게 중요하다. 색조 메이크업을 할 때는 지적인 분위기 연출을 시도하는데, 아이라인을 너무 길게 그리거나 속눈썹을 붙이는 것은 좋지 않다.

의상은 치마 정장을 입되 무릎 높이의 스타일을 택하고, 장식이 많은 스타일 대신 단일톤의 색감과 디자인이 좋다. 흔히, 착각하기 쉬운 요인으로 중요한 자리엔 새로 산 옷을 입지 않는다고 하는데, 사실은 새로 산 옷이라도 내게 맞고, 최신 유행을 따르는 촌스럽지 않은 스타일은 추천할 만하다.

핸드백과 구두 등의 액세서리류 패션 아이템은 의상과 비슷한 색상으로 입도록 하되, 구두는 굽이 높지 않은 것으로 하고, 귀걸이는 작은 것으로 한다. 시청자의 시선을 끌만한 모든 요소를 빼고, 오로지 상품 정보 청취와 상품에 시선을 잡아두기 위핸 전략인 것이다.

02 언어톤 및 대화법

다음은 쇼호스트의 진행 태도이다.

스튜디오에서 이뤄지는 인터넷홈쇼핑 촬영은 소비자와 직접 대면하고 판매하는 활동이 아니기 때문에 자신의 목소리 크기와 자세, 태도에 관해 정확한 모니터링이 없으면 상품 매출에 지대한 영향을 받는 요인으로 작용한다.

카메라를 보며, 마치 소비자와 직접 얼굴을 마주 보고 이야기하는 듯 연기 아닌 연기를 야 할 경우가 많고, 때로 나 혼자 한다는 생각을 갖는 쇼호스트라면 그 느낌이 영상을 보는 시청자들에게 고스란히 전달되어 나쁜 이미지를 주게 된다.

그렇다고, 큰 소리로, 시청자를 향해 웅변하듯 멘트를 하는 것도 좋지 않다. 가장 좋은 쇼호스트의 언어톤과 자세는 고객과 오랜만에 만난 친구처럼 1:1로 커피숍에 앉아 1m 안에 서로 앉은 위치라고 생각하며 대화하는 말하기 방법이다.

대본 없이 이야기를 하다 보면, 상품에 대해 불필요한 덧붙임이 생기기도 하고 한걸음 더 나아가 진짜 친구를 만난 것처럼 자유로운 수다를 떠는 것처럼도 보인다. 이런 상황을 피해야 한다.

상품의 한 가지 장점에 대해 물고 늘어지는 막연한 추측성 설명보다는 먼저 장점을 드러내는 결론을 짓고, 이어서 부수적 설명을 덧붙이는 대화로 해야 한다.

쇼호스트가 촬영을 마치면 어떻게 해야 할까?

상품 소개를 이야기하고, 시청자를 향한 붙임성 있는 살가움을 담아 이야기를 했는데, 준비해온 줄거리가 다 끝나면 순간 당황할 때가 있다. 마땅히 쇼호스트를 도와줄 작가나 연출자가 없다면 그 곤혹스러움은 쇼호스트에게 있어선 안절부절 하게 만드는 요인도 되는데, 이럴 때를 대비해서 붙임 말 몇 마디 정도는 준비해야 한다.

상품에 대한 판매 멘트는 다 끝났지만, 카메라가 아직 돌아갈 때, 쇼호스트는 고객에게 직접 적인 대화 소재를 건네도록 해보자.

"지금까지 ○○○상품을 소개해드렸는데요, 궁금증은 없으신지요? 게시판에 남겨주세요."
"오늘 날씨가 제법 쌀쌀한다. 이 방송 끝나고 약속 있으신지요?"
"촬영 마친 지금 시각을 보니 식사하실 무렵인데요, 요즘 좋은 건강식품으로 몇 일 뒤에 영상 예정되어 있다. 꼭 봐주실 거죠?"

등의 방법이다.

다음은 쇼호스트가 알아둬야 할 대화 자세 방법이다. 쇼호스트는 자신의 이야기뿐만 아니라 영상에 담겨진 일거수 일투족 모두가 상품에 대한 정보와 이미지를 담고 있음을 깨닫고 시청자에게 올바른 정보가 전달될 수 있도록 주의해야 한다.

시선은 카메라에 고정

시청자의 얼굴은 카메라 얼굴과 같다. 쇼호스트는 시청자와 대화하기 위해 다른 사람을 보면 안 된다. 오로지 카메라를 향해 인사하고, 대화하고, 감성을 나눠야 한다. 카메라를 소비자로 보는 이미지 연상 훈련이 중요하다.

팔짱은 절대 금물

세일즈 마인드 기법에서 가장 중요한 부분이 '팔짱을 끼지 말라' 는 것이다. 팔짱을 낀다는 것은 당신의 행동을 내가 지켜보겠다는 의미를 준다. 일반적인 비즈니스 상담에서도 한쪽의 파트너가 이야기를 하는데 그 상대방이 팔짱을 낀다면 '의심' 의 이미지가 있다. 당신 하는 말을 하나하나 천천히 듣고 생각해보겠다는 뜻이다.

표준어를 사용한다.

인터넷홈쇼핑은 인터넷방송이다. 방송은 듣는 이들을 위한 표준어 사용이 기본이다. 가령, 경상도 지역 사람들을 위한 방송인데 전라도 사투리를 쓴다고 하자. 그 효과가 어떻겠는가?

인터넷홈쇼핑은 인터넷이 되는 전국을 무대로 판매하는 상품 판매 채널이다. 전국의 소비자를 대상으로 정확한 표준어 구사가 확실한 매출 상승 지름길이다. 이에 대한 올바른 방송언어 사용법은 이 책의 후반부에서 다루기로 하겠다.

다른 쇼핑호스트의 말을 중간에 끊지 않기

한정된 시간에 상품 정보를 전달하다 보면 시간에 쫓기는 경우가 생길 수 있다. 이 경우, 여러 종류의 상품을 한정 판매할 때 주로 발생하는 사고(?)인데, 여러 쇼핑호스트가 특정 상품에 대해 번갈아 멘트를 할 경우, 일부 쇼핑호스트의 말 끊기와 중간에 말 가로채기 등의 행동은 보는 시청자들에게 좋지 않은 이미지를 준다.

대화는 서로 나누는 것이고, 시청자들은 일상 생활에서도 수많은 대화 경험을 갖고 있는 덕에 상대방의 대화 예절을 중시 여긴다. 더구나, 쇼핑호스트의 이야기를 귀 기울여 듣고 있는 중인데 그 옆 다른 쇼핑호스트가 자기 말 앞세우며 말 가로채기를 한다면 듣는 시청자를 상당히 짜증나게 할 소지가 크다.

시청자가 인터넷홈쇼핑에 시선을 멈추고 다른 곳으로 이동하게 되거나 상품 자체에 대해서도 불신을 하게 만드는 이유가 된다.

특히, 쇼핑호스트는 목소리가 중요하다. 목소리는 개인이 타고난 것이지만, 훈련에 의해서도 좋아진다. 가령, 성악가의 목소리를 닮고자 훈련 해본 적이 있는가? 처음 훈련하기가 쑥스럽다면 사람이 별로 다니지 않는 거리에서 걸어가며 목소리 훈련을 해본다.

귀에 익은 성악을 골라 그 곡을 부른 성악가의 목소리를 흉내 내며 부르며 걷는다. 주위에 사람도 없고, 지나가는 자동차들만 있을 뿐, 들어도 창피할 사람이 없으니 큰 소리로 부르는 것도 가능하다. 어느 순간 성악가처럼 좋아진 내 목소리를 갖게 될 것이다.

끝말을 챙기라

인터넷문화에 따라 요즘 젊은층 세대를 비롯해서 초등학생들도 말 줄이기에 익숙해진 경향이 있다.

"이 상품 정말 마음에 든다는……."

"오늘 신상품 소개……, 보이시죠? 정말 마음에 쏙……"

이와 같은 형태의 문장을 말하는 방송인들이 많다. 때로는, 방송 자막에도 버젓이 '급호감(갑자기 호감이 생기는)', '급질(갑작스런 질문)', '완소남(완전 소중한 남자)' 이라는 식의 줄임 표현이 주류를 이룬다.

그러나, 쇼핑호스트의 상품 정보 전달에 있어선 이 같은 줄임말 표현은 시청자에게 안 좋은 이미지를 준다. 쇼핑호스트는 단순 상품을 파는 영업사원이 아니라 소비자의 입장서 자신의 경험을 전달하는 쇼핑중매자의 기능이 더 크다.

"이 상품은 여기서부터 여기가 제일 좋다. 그 이유는 어떠하기 때문이다."

"이 신상품의 장점이자 다른 상품과의 차이점은 바로 새로워진 이 기능 때문이다. 많은 분들이 이 상품을 쇼핑하는 이유인데요, 제가 이 기능을 직접 써 보고 갖게 된 생각은 어떠어떠한다."

상품 중매자란 상품을 사려는 상대방에게 상품에 대한 자세한 정보, 꼼꼼한 멘트, 세심한 지식 전달을 해줘야 제 기능을 발휘한다. 어린 청소년층을 대상으로 하는 연예프로그램류의 시간 죽이기 프로그램과는 차원이 다르다.

03 시선 및 자세

다음은 촬영 현장에서 쇼핑호스트가 가져야 할 올바른 시선처리와 자세이다. 쇼핑호스트는 스튜디오 촬영을 시작하기로 한 약속 시간 최소 30분전에 미리 와서 대기하도록 한다. 카메라 촬영자와 소품 준비자들도 촬영 시작 전에 와서 준비하는 만큼 쇼핑호스트도 촬영 전에 미리 와서 준비하는 게 기본이다.

촬영 현장은 여러 사람들이 공동 작업을 하는 곳이다. 쇼핑호스트가 주인공도 아니므로 혼자 현장 분위기를 망치지 않도록 주의해야 하며, 주인공이다 하더라도 촬영 현장의 분위기는 서로가 항상 밝고 좋게 유지하도록 노력해야 한다.

일반적인 경우는 아니지만 촬영장에는 쇼핑호스트 대기실이 별도로 준비되는 경우가 있다. 이 공간은 쇼핑호스트의 멘트 연습실 및 상품에 대한 사전 미팅 장소로 쓰이는 게 맞다. 쇼핑호스트 개인을 위한 장소가 아니라 촬영 준비를 위한 업무 장소로 제공되는 곳이다.

방송 시작을 알리는 부름과 동시에 쇼핑호스트는 준비된 무대로 올라선다. 대개의 경우 의자가 있는데, 인터넷홈쇼핑 촬영은 쇼핑호스트가 자리에 앉는 모습부터 시작되는 일이 잦다.

예를 들어, TV 홈쇼핑의 경우 방송 참여 인원이 모두 자리에 앉은 상태에서 TV홈쇼핑 방송이 시작되는데, 이 경우 방송을 보는 시청자들은 소파에 앉아있거나 거실에 앉아있기도 하고, 때로는 침대에 누워 있기도 한다. 소비자가 가장 편안한 상태에서 쇼핑이 시작되는 것이다.

그러나, 인터넷홈쇼핑의 경우 모든 소비자들은 컴퓨터 앞에 앉아있어야 한다. 하던 일을 멈추고 컴퓨터로 켜고 앉아 모니터를 통해 보이는 상품 정보를 습득해야 한다.

최근엔 iPTV 시대에 TV로 인터넷 쇼핑을 하는 기술이 널리 보급되었지만 인터넷쇼핑몰 소비자가 인터넷홈쇼핑 소비자인 만큼 TV를 통해 쇼핑하는 고객은 아직 부족한 실정이다.

따라서, 모든 고객이 미리 자리에 앉은 상태임을 감안하고, 쇼핑호스트와 방송 출연자들이 나중에 자리에 앉는 모습부터 방송이 시작되는 것이다.

그만큼 고객을 왕으로 모신다는 느낌을 제공할 수 있을뿐더러 사전에 녹화된 영상이 아닌, 소비자를 기다리는 영상으로 이미지 제고에도 도움이 된다. 실제로는 사전에 100% 녹화된 영상일지라도 말이다.

쇼핑호스트는 방송 시작을 알림과 동시에 무대에 설치된 의자 앞에 가서 기다린다. 이때부터 영상은 촬영이 시작되는데, 촬영 연출자는 쇼핑호스트에게 일정 시간 후에 준비가 된 후 의자에 앉으라는 표시를 주고, 쇼핑호스트는 의자에 앉는다. 의자에 앉을 때는 의자 앞에 엉덩이만 걸치는 자세보다는 의자 등받이에 허리가 닿을 정도로 깊숙이 앉는다. 남자 쇼핑호스트는 무릎을 약간 벌린 상태로 앉고 여성은 무릎을 붙이고 앉는다. 양손은 상품에 대한 멘트를 시작하는 도중이라도 필요한 경우를 제외하고는 무릎 위에 항상 가지런히 놓는다. 지나치게 많은 손동작은 고객의 상품 시청을 방해할 뿐이다.

쇼핑호스트의 시선은 항상 카메라를 향하게 하고, 다른 쇼핑호스트 또는 촬영 참여자와 대화를 할 경우에만 시선을 카메라 렌즈와 대화 상대에게 번갈아 움직일 뿐, 촬영 내내 카메라 렌즈를 응시하도록 한다.

쇼핑호스트의 카메라 렌즈는 컴퓨터 모니터를 보는 시청자, 즉 고객의 시선과 마주치는 순간이다.

모니터를 보는 고객은 사실 쇼핑호스트의 얼굴은 자주 쳐다보진 않는다. 상품을 주로 쳐다보며 쇼핑호스트의 이야기를 듣기에 바쁘다. 그러나, 간혹 고객의 시선이 쇼핑호스트의 시선과 마주치는 순간이 생기는데, 쇼핑호스트는 이럴 때를 대비하여 항상 미소를 머금도록 한다.

'미소' 는 낯선 상황에 대한 '친근함' 의 표시로 상대방이 나에 대해 어색함을 갖지 않도록 만들어주기도 하며, 상대에 대한 호감을 나타내는 표시이기도 하다. 모니터를 통해 만나는 고객에 대한 무언의 호감을 표현하는 방법이기도 한 것이다.

또한, 쇼핑호스트들끼리는 이야기하다가 서로 상대방에 대해 칭찬을 하는 경우도 생기는데, 이럴 때에도 미소는 칭찬받는 사람이 보여줄 수 있는 자연스러운 감사의 표시이기도 하다.

여기서 말하는 쇼핑호스트의 자세들은 영화 속에서 연기하는 연기자들처럼 인터넷홈쇼핑 영상에서 자기 역할을 제대로 해내기 위한 쇼핑호스트의 기본 자세를 일러주기 위함이다.

끝으로, 쇼핑호스트의 자세 가운데 '고개를 끄덕이는 행동'에 대해서이다. 누구나 이런 경험을 가진 적이 있는데, 이야기를 하던 도중 상대방이 고개를 끄덕이며 대화를 하면, 어느새 나도 모르게 따라하고 있는 자신을 발견할 때이다.

고개를 끄덕이는 행동은 인터넷홈쇼핑 출연자들 간의 대화에서 주로 사용되는 '긍정'의 이미지를 만드는 방식인데, 지켜보는 고객으로서도 자신도 모르게 상품에 대한 긍정의 인식을 갖게 된다.

동작 & 제스츄어 04

촬영을 하던 도중 쇼핑호스트는 상품에 대해 소개하는 시간을 갖는다. 다른 출연자들이 지켜보는 시간으로, 쇼핑호스트가 주체가 되어 상품 정보에 대해 자기의 경험과 꼼꼼한 분석 내용을 소비자에게 전달하는 순간이다. 상품 주문에 가장 영향력을 많이 끼치는 시간이다.

상품을 소개하는 쇼핑호스트는 지켜보는 소비자에게 '형식적인 안내' 라는 인식을 갖게 해선 안 된다. 쇼핑호스트를 지켜보는 고객들은 쇼핑호스트의 이야기를 주의 깊게 들으면서도 10% 정도는 쇼핑호스트의 이야기가 광고 홍보일 뿐이라는 의심을 갖고 있기 마련이다. 자기가 실제로 사용해본 적이 없는 쇼핑호스트가 자기가 사용해본 것처럼 상품을 소개하고 있다고 생각하는 고객들도 상당히 많다.

이 경우, 쇼핑호스트는 고객들의 이러한 오해(?)를 불식시켜야 하는데, 상품을 소개하는 동안 발랄하면서 자신감 있는 태도를 갖는 게 좋다. 자신이 원해서, 자기가 직접 경험한 결과를 이야기하는데 자신감이 없다면 말이 안 되고, 즐겁지 않다면 의심이 생긴다.

쇼핑호스트는 상품 소개를 하는 시간에는 머리를 쓸어 올리거나 하는 행동을 삼가야 한다. 손가락을 까딱거린다든가 다리를 떠는 행동, 한쪽 다리에만 몸을 지탱해서 서는 모습 등은 쇼핑호스트의 올바른 자세가 아니다.

또한, 자기 신체뿐 아니라 상품 소개를 하면서 자기 옷매무새를 고친다든가 목덜미를 만지는 행동 등도 고객의 시선에서 거추장스런 행동으로 보인다.

상품 소개를 하는 도중에도 카메라 렌즈를 쳐다보는 것을 잊어선 안 된다. 고객의 눈이기 때문이다. 쇼핑호스트는 스튜디오에 자기 혼자 있더라도 항상 고객이 같이 있는 것처럼 생각하고 대화하듯 이야기를 꺼내야 한다. 고객은 카메라 저편에서 쇼핑호스트를 바라보기만 할뿐이더라도 마치 그 상품 소개 현장에 고객이 와있는 것으로 생각하며 이야기를 이어나가야 한다.

"여기 보세요."

"이게 제일 중요한다."

"이건 아무나 할 수 있는 게 아닙니다."

"이 부분이 제일 좋다."

"이쪽에서 저쪽으로 한번 보세요."

쇼핑호스트는 이와 같은 지시어구를 사용해주며 고객의 시선을 붙잡도록 노력한다. '고객은 들어라, 쇼핑호스트만 말하겠다' 라는 식이라면 듣기에 지루해진다. 말하는 사람도 힘들다.

학교 수업 시간을 생각해보자. 칠판 앞에서 선생님이 학생들을 가르칠 때, 앞에서 자기 말만 하는 선생님 수업을 받은 적이 있는가? 자리에 앉은 학생들 대부분은 병든 닭처럼 졸기 일쑤였다. 자기 혼자 하는 말에 청중은 존다 라는 사실이다. 그 반대의 경우, 수업 시간마다 학생들에게 이거 해라, 저거 해라던 선생님의 수업 시간. 학생들은 매 시간마다 정신 똑바로 차리며 선생님의 지시를 따라 수업에 열중하던 기억이 있을 것이다.

실력이 좋은 쇼핑호스트는 상품 매출을 높이는데 그치는 것이 아니라 고객의 기억 속에 자기 이미지를 심어주는 능력의 소유자이기도 하다.

쇼핑호스트가 고객의 혈액형에 따라 상품 판매하는 멘트 사용법

고객이 O형일 경우

"고객님의 선택은 역시 최고이다."

"고객님의 선택을 믿다."

"고객님의 센스에 놀랐다. 역시 고객님이십니다."

O형의 사람은 자신이 최고이며 자신이 대우받는 사람이기를 원하는 경향이 높다. 상대방이 O형의 사람을 믿어주고 의지한다는 느낌을 받으면 기분이 좋아지는 스타일이다. 잠

자는 숲속의 공주를 깨우는 왕자가 되려는 스타일의 사람들이 많다.

고객이 A형일 경우

"고객님의 선택을 기다리겠다."

"고객님의 결정이 제 결정이다."

"제 마음… 고객님은 아실 거라 믿다."

A형의 사람은 신중한 성격에 자존심이 강하다. 그래서, 어떠한 문제에 대해서도 쉽게 나서질 않는다. 이런 스타일의 고객에게는 고객의 결정을 기다리겠다는 의사 표시를 알아듣기 쉽게 알려줘야 한다.

고객이 B형일 경우

"이런 상품, 그동안 없었다."

"이 상품을 선택하고 후회하신 분, 더 사지 못해서 후회하십니다."

"아직 모르십니까?"

B형의 사람은 호기심이 강하다. 쇼핑호스트는 이런 고객의 호기심을 자극해야 쇼핑까지 이어질 가능성이 높다. 일반적인 평범한 멘트는 B형 고객에게 그다지 매력적이지 못하다. 오히려, 자극적이고 호기심을 불러일으키는 멘트가 효과적이다.

고객이 AB형일 경우

"고객님께 진심으로 감사드린다. 만족하실 겁니다."

"고객님 같이 현명하신 분, 처음 뵙니다. 많이 배우게 된다."

"고객님 아니면 이 상품의 주인은 없다."

AB형의 사람은 상대방으로부터 신뢰를 받으면 좋아한다. 겉으론 차갑게 대하면서도 상대의 진심어린 말은 잊지 않는다. 이런 스타일의 사람은 겉으로 꾸미고 화려한 장식보다는 진솔한 말 한 마디가 중요하다.

쇼핑호스트는 이따금씩이라도 고객이 상품 소개에 참여할 수 있는 여지를 남겨둬야 한다. 모니터를 보고 있는 고객이 상품 소개 촬영 현장에 참여해서 자기 의견을 남기고, 다른 이에게도 상품의 좋은 점을 전달할 수 있는 공간을 마련해줘야 한다.

모든 상품 쇼핑은 쌍방향성이기 때문에 단순 주입형 일방성 쇼핑 안내보다는 상호 교류하는 쌍방향 쇼핑을 통해 고객의 참여가 이뤄지고 상품의 파급 효과가 더욱 커진다.

"고객님, 여름철 피부 관리 고민하시는 고객님을 위해 특별히 권해드린다."

사람들은 모두 어린이콤플렉스가 있다. 지금은 어른이지만 어린이였을 때 좋은 기억을 갖는 사람들이 많으며, 나이가 차서 어른이 된 후 저마다 어린이였을 때 부모로부터 무조건 받던 사랑에 대해 그리워하기도 한다.

이러한 부분을 쇼핑호스트가 보듬어주는 것이다. 고객을 어린이 취급하는 게 아니라 고객을 챙겨주고 보살펴주는 역할이다.

"남성 고객님을 위한 상품은 이쪽으로 보면 있다."

"여성 고객님을 위한 상품, 바로 이겁니다."

위 두 문장의 차이를 알겠는가?

남자는 자기 앞에 일어나는 일에 대해 민감한 반응을 보인다. ·남성성·으로 정면 상대에 대한 공격성을 갖는다. 반면에, 여자는 누군가 자기 옆에 오면 거부감부터 갖는다. ·여성성·은 자기 옆에 있는 낯선 사람을 싫어한다.

쇼핑호스트가 다루는 상품도 남성용 상품인지, 여성용 상품인지에 따라 상품 촬영 각도를 다르게 한다. 남성용 상품은 모니터 정면보다는 좌우 한 측에 진열하고, 남성용 상품 촬영 때는 정면에 미모의 여성 쇼핑호스트나 모델이 상품을 착용하고 서있도록 하면 좋다. 남성용 상품은 여성 쇼핑호스트가 판매하도록 하며, 이때 여성 쇼핑호스트는 남자 고객을 향해 '부탁'의 멘트를 건네도록 한다.

"고객님, 이쪽 봐주시겠까?"

"고객님, 이 상품 꼭 기다려주세요."

남자들에겐 슈퍼맨신드롬이 있어서 여성의 부탁을 들어주는 것에 대해 포만감을 갖는데, 인터넷홈쇼핑에서 쇼핑호스트의 작은 부탁이 남성 고객들의 쇼핑 실현을 이끌어낸다.

여성용 상품은 모니터 정면에 진열해두고, 쇼핑호스트와 촬영 참여자들은 상품 좌우 양측에서 상품을 소개하도록 한다.

여자 고객은 자기 앞에 놓인 상품에 대해 낯선 기분을 느끼지 못하는 대신, 상품 옆에서 홍보에 열 올리는 쇼핑호스트와 출연자들로부턴 고객인 자신이 우월하다는 묘한 쾌감을 갖는다.

가령, 상품 주위에서 상품을 갖고 싶어도 못 갖는 여자들의 상품 칭찬에 비해, 본인은 전화만 하면 얼마든지 쇼핑할 수 있다는 우월감을 갖는 것이다. 자기에겐 익숙하고 낯설게 보이지 않는 상품인데, 다른 여자들은 그 상품 너무 좋다는 말만 연거푸 하는 모습. 여자고객이 쇼핑을 하게 되는 순간이다.

Chapter 3

대박 아이템 MD 계획

●●●

인터넷홈쇼핑을 처음 시작하는 분들 중에는 그동안 인터넷쇼핑몰을 해온 경우와 TV홈쇼핑을 통해 상품을 유통해온 경우로 나뉘는데, 두 경우 모두 쇼핑호스트와 MD의 업무에 대해 유사하다고 생각하는 분들이 많다.

'쇼핑호스트' 란 쇼핑에 필요한 경험 안내자, 즉 '도우미' 의 역할이며, MD란 이러한 쇼호스트 섭외는 물론 쇼핑 프로그램에 대해 디스플레이 등의 모든 제반 과정에 이르기까지 상품 판매기획이나 유통업무를 담당하는 머천다이저를 말한다. 업무면에서나 구분 기준에 있어서 엄연한 차이가 있다.

하루가 다르게 쏟아져 나오는 상품들 가운데 소비자 트렌드에 맞는 상품을 준비하고 판매하는 전문 머천다이저(Merchandiser)는 백화점 외에 할인매장, 홈쇼핑, 인터넷 통신판매 등 유통업의 각계 각 층에 종사하는 상품기획자를 말한다.

유통업체에 근무하는 MD이지만 상품 제조업체에서도 대량 생산보다 다품종 소량생산을 하면서 매출을 높이기 위해 머천다이징 기법을 도입하는 중이며, 이와 연관된 분야로 Buying office(바잉오피스:무역)에 근무하는 MD 역시 해외시장의 개방 확대와 국내 상품의 경쟁력 강화로 수요가 늘어나는 중이다.

MD가 되기 위한 특별한 자격 요건은 없다. 그러나, 무역 분야의 바잉오피스 MD가 되고자 한다면 영어회화 능력은 필수이다.

좋은 MD가 되기 위한 성공 조건

1. 상품 트렌드 변화를 본능으로 알아야 한다.

상품은 시시각각으로 변한다. 오늘 신상품이 내일 더 나은 신상품으로 대체되기도 한다. 2007년 신생아 수는 45만명, 70초마다 한 명씩 태어난 셈이다. 지난 해 새로운 상품은 이보다 훨씬 많은 수의 종류가 새로 생겼다. 700원짜리 바나나맛 우유 제품이 1년에 1천억원어치 팔린다. 1억 4천 개가 넘는 물량이다.

물론, 사람은 물건에 비할 바가 아니다. 여기서 비교하고자 하는 수치는 이 지구상의 신생 수보다도 훨씬 많은 물량이 지구 상에 새로 생긴다는 상징적 비유이다.

이렇듯 종류를 헤아리기 어려운 수많은 상품이 이 세상에 새로 생기고, 대부분은 이름도 알리지 못한 채 사라진다. MD의 역할은 이러한 상품 가운데 옥석을 가리고 사람들에게 선보일 상품을 골라내는 선택자의 권한을 지닌다.

MD는 선택자의 권한을 가진 만큼 권한의 오남용에 대한 책임도 지닌다. MD가 골라낸 상품이 사람들의 주목을 받지 못할 경우 소비자는 상품에 대한 소비를 하지 않고, 사라지는 상품처럼 MD도 사라지고 마는 것이다.

따라서, MD는 소비자의 소비 트렌드에 발 빠르게 움직이며 소비자가 원하는 상품을 찾아내고 제시하는 중요한 역할을 지닌다. MD가 '추천하는 상품이 무조건 좋은 상품'이 아니라 '소비자가 요구하는 상품이 좋은 상품'이다.

2. 전문 상품을 정하고 오프라인 지식도 알아야 한다.

지난 1990년대 중반부터 국내에 씨앗을 내려 2000년대 초중반 활황세를 이룬 온라인쇼핑몰과 TV홈쇼핑은 철저한 온라인 판매 구조를 가졌다. 그러나, 이 분야에 일하는 MD들은 온라인 기능뿐만 아니라 오프라인 상품 유통구조에 대해서도 전문가 경지에 오른 사람들이었다.

그 의미는 오프라인 상품 유통구조가 온라인 유통으로 확충이 된 것일 뿐, 오프라인 상품 구조가 온라인으로 그 기반을 옮긴 것이 아니란 증거가 되는 셈이다.

상품이 기획되고 만들어지는 터전은 철저한 오프라인 구조이고, 온라인 유통은 단지 그러한 상품의 유통망 확충에 지나지 않았던 것이다. 결국, 오프라인 상품 전문가들만 살아남아 현재까지 그 생명력을 이어오고 있을 뿐, 온라인쇼핑몰 증가세에 진출했던 온라인 전문 MD들은 이제 생명력을 다해 어디론가 사라지고 말았다.

MD들은 상품전문가로서 오프라인에서 이뤄지는 상품 기획과 생산, 즉, 상품의 생로병사를 전문가로서 알아야 하며, 온라인 유통에서 온라인 소비자의 소비성향과 쇼핑패턴을 통해 오프라인 상품의 온라인 유통에 최선을 다했던 것일 뿐이었다.

3. 숫자에 강해야 한다.

MD의 역할은 상품의 기획과 유통도 중요하지만 가장 중요한 업무는 상품 유통 후의 정산이다. '정산' 이란 MD가 기획하고 유통한 상품의 투자 비용 대비하여 유통 후 얻어진 이익을 산출하는 방식이다. MD의 기획 의도가 좋고 상품 유통 후 소비자 반응이 좋았다고 하더라도 마지막 정산 결과 이익이 남지 않는다면 MD의 업무는 실패한 결과가 된다.

MD는 이러한 정산 업무를 통해 자신의 업무에 대해 '평가' 를 받게 되는데, MD가 가장 고민하고 스트레스를 받는 업무이다.

'정산' 업무는 비용과 투자 대비 이익 산출을 함에 있어서 숫자를 사용하는데 그 수치가 때로는 소수점 이하의 숫자로 나뉘는 동시에 MD의 업무성과가 소수점 이하로 드러난다는 것과 같다.

MD의 정확한 업무 결과를 산술적으로 표기하는 방식으로 숫자가 중요하게 쓰이는 까닭이다.

4. 마케팅적 이벤트 기획 능력을 개발해야 한다.

MD의 상품 기획은 시장조사와 소비자 선호도 조사 등의 상품 준비 과정을 거쳐 유통된다고 하더라도 적절한 이벤트가 병행되어야만 한다.

MD의 상품 성공 가능성에 대한 막연한 본능적 기대치만 갖고 유통에 도전하는 것처럼 무모한 것은 없다. 더구나, 온라인 유통의 경우, 인터넷 검색어에 의해 노출되고, 심할 경우 일 단위로 바뀌는 소비자 선호도에 따라 상품의 생명주기도 결정되기 때문에 강력한 이벤트 계획이 병행되지 않으면 아무리 좋은 상품일지라도 소비자에게 선택받기 어려워진다.

필자가 온라인쇼핑몰 사업을 하던 시기의 일이다. 봄여름용 여성 캐쥬얼 티셔츠가 경쟁력 있는 가격에 회사에 입고되었는데, 가격이 싸다는 장점이 있는 반면, 딱히 이렇다 할 홍보 수단이 없었다. 소매 부분과 몸 부분의 색상이 다르고, 몸 부분 중앙에 예쁜 별 모양이 그려진 프린트 셔츠. 그 당시, 필자는 TV 드라마를 보던 중 무릎을 탁 치게 되었는데, 바로 그 당시 최고 인기 드라마에 출연 중인 여자 연기자의 드라마 속 의상이 우리 회사가 야심차게 준비하던 셔츠와 스타일이 비슷했던 것이다.

다음 날 아침.

회사로 출근하자마자 MD들과 이벤트 기획안을 준비하고 해당 드라마 여자 연기자의 애칭을 섞어 '아무개스타일 셔츠' 라고 이벤트 판매를 온라인쇼핑몰에 올린 결과, 소비자 반응은 1분도 채 안 되어 나타나기 시작했다.

"따르릉. 따르릉."

게시판에 문의 글이 폭주하고 사무실 전화가 업무 마비 지경에 이를 정도로 폭주하기 시작했다. 하루 판매량은 그때 우리 회사 입고량의 거의 대부분 물량이 모두 소진될 만큼 폭발적인 판매량을 기록했다.

경쟁력 있는 상품을 확보했더라도 적절한 이벤트 홍보가 병행되어야만 상품 매출에 가속도가 붙고 소비자의 기억 속에서도 오래 남게 되는 것이다. 온라인 소비자의 쇼핑 특성은 오프라인보다 이벤트성이 있는 문화적 쇼핑 패턴을 보이던 터라 상품과 적절한 이벤트가 혼합된 성공 사례로 기록되었다.

MD란 단어는 사실 19세기 말부터 개념이 사람들 사이에서 쓰이기 시작되었다. 일반적인 머천다이징 제도의 채택은 19세기 말경 유럽과 미국에서 생겨난 연쇄점 형태의 'chain store' 라는 판매유통업체에서 시작된 것으로 알려지고 있다.

이후 1920년대에 머천다이징 업무를 수행하는 전담인을 머천다이저(MD)라는 명칭으로 사용하기 시작했다. 미국의 체인 스토어인 시어스 러벅회사가 1920년대에 머천다이저 제도를 채택해 체계화시켰던 것이 유래로 알려진다.

인터넷홈쇼핑의 경우, 인터넷쇼핑몰 고객을 대부분 유입한다는 측면에서 MD의 역할적 모델이 크게 다르진 않으나 이벤트와 인지도에 의존하는 평면적 상품 구성이 상품 판매를 위한 유일한 홍보 수단인 반면, 인너넷홈쇼핑은 TV홈쇼핑과 같은 인터넷방송을 통한 상품 유통 방식이란 점이 크게 다르다.

또한, TV홈쇼핑 고객 유입이 이뤄지는 IP TV가 각 가정에 일반화되면서 인터넷홈쇼핑은 인터넷쇼핑몰에서 진일보한 새로운 상품 유통 채널로 자리매김할 것이 확실하다. MD의 업무적 역할 중요성이 더욱 커지는 시장의 변화가 이뤄진다는 의미이다.

다음은 MD의 대박 판매 기획을 위한 인터넷홈쇼핑의 상품별 마케팅 노하우이다.

01 시간대별 상품

인터넷홈쇼핑 상품 구성 방법과 시간대에 따른 고객 공략법

TV홈쇼핑 고객은 직장인, 가정주부, 학생으로 나누고, 상품은 크게 소비자의 쇼핑이 이뤄지는 시간에 따라 아침 상품, 저녁 상품으로 나눌 수 있다.

아침 상품은 대개 오전 8시부터 12시 사이에 판매가 증가하는 상품으로, 청소기 등의 가정 생활용품과 건강식품류, 보험 등의 가족상품이 많고, 저녁 상품은 일반 식품과 주방 가전, 그리고 의류 등의 패션상품류가 주가 된다. 같은 패션 상품일지라도 아침 상품엔 속옷류가 중심이고 저녁 상품으로 외출 활동을 위한 의류가 주로 구성된다는 점이 차이가 있다.

상품 분류 기준을 아침과 저녁으로 나누는 기준은 활동 시간대에 따른 TV 시청자, 즉, 소비자의 '연령' 이다.

아침 시간에 TV 앞에 앉을 수 있는 시청자층은 아무래도 가정주부가 많은데, 남편이 회사에 출근하고, 아이들을 학교에 보낸 후 아침 드라마에 빠진 가정주부들이 소파에 앉는다. 이때, 드라마를 보던 여성들이 리모콘으로 텔레비전 채널을 이리저리 돌리다 보면, 지상파 채널 사이사이에 들어온 홈쇼핑 채널을 반드시 거치게 되는데, 이때 TV홈쇼핑을 거치면서 리모콘이 머무는 틈을 이용, 시청자를 홈쇼핑으로 유인하기 위한 TV홈쇼핑의 채널 포지셔닝 전략에 걸려든 시청자는 어느새 소비자가 되어 상품 구매까지 이뤄지는 것이다. 시청자이면서 소비자로 전환이 이뤄지는데 이런 전환은 하루 일과 시간 중에서 무수히 많이 일어난다.

정오 시각을 기준으로, 아침 시간엔 가정주부, 저녁시간엔 퇴근한 직장여성 내지는 상대적으로 TV 앞에 앉을 수 있는 여성을 대상으로 하는 상품을 배치시켰다.

인터넷 '홈' 쇼핑은 TV홈쇼핑과 다르다.

인터넷홈쇼핑의 아침 시간과 저녁시간의 구분 기준은 정오12시가 아니라 아침 9시부터 오후 7시가 되어야 한다. 아침 9시부터 오후 7시까지를 아침시간, 그 외 시간을 저녁시간으로 지정하고, 소비자 구분을 해보면, 인터넷홈쇼핑의 아침시간 고객은 직장인+가정주부들이다. 이 시간대엔 학생들만 고객층에서 제외된다.

아침시간대 후반 무렵, 즉 오후 12시부터 오후 7시까진 다시 직장인+학생의 시간이고, 가정주부가 빠진 자리를 학생이 채운다. 산술적으로 단순 계산해도 TV홈쇼핑보다 단순 고객층 비교는 피씨홈쇼핑이 2배가 된다. 따라서, 피씨홈쇼핑의 아침시간, 저녁시간 상품 구분은 학생용 상품이냐 아니냐에 따라 나눠질 뿐이다.

저녁시간대 중 저녁 7시부터 밤 11시까진 가정주부와 직장인이 빠지고, 학생소비자가 대다수를 차지한다. 이 시간대에는 학생용 상품으로 구성해야 좋은데, 전자게임기, 휴대폰 등의 이동통신기, 수능 대비 학습참고서 등이다.

저녁시간 중 새벽시간대에는 직장인들과 학생들을 위한 심야 상품으로 구성한다. 이 늦은 시각, 자기 계발에 힘쓰는 교육용 상품보다는 야식상품과 온라인 게임패키지 상품이 좋다.

인터넷홈쇼핑 상품은 TV홈쇼핑과 다르게 온라인 내에서 통용되는 무형의 콘텐츠 상품도 상품범주에 포함된다. 시간당 집객 효과도 높고, 상품 범주도 확대되는 것이다.

인터넷쇼핑몰에서 가지지 못했던 현상인데, 이는 컴퓨터가 텔레비전의 기능을 상당부분 흡수하면서 일어나는 소비상품의 쇼핑혁명이라 할 수 있다.

02 계절 및 기념일 상품

TV홈쇼핑에서는 각 종 계절과 기념일에 대비하여 상품을 구성한다. 특히, 기념일 중에서도 어린이 날, 어버이 날, 스승의 날, 성년의 날 등의 5월에 집중된 기념일 상품을 준비하기 위해 TV홈쇼핑에서는 해마다 5월의 매출 전략을 짜는 등 매우 부산하다.

실례로, 5월 6월은 놀이동산에서도 시즌 성수기로 보고 1년 매출의 대부분을 올리게 되는데, 에버랜드에 근무하던 A씨의 이야기를 들어보면, 이 기간엔 '돌' 을 갖다놔도 팔린다는 이야기가 있다고 한다.

TV홈쇼핑이건 오프라인 유원지에서건 1년 매출의 대부분을 올린다는 5월, 6월. 그리고 각 기념일에 따른 매출 증대 방법과 계절별 영업 전략은 어떤 게 있을까? 인터넷홈쇼핑은 계절과 기념일에 따르는 어떤 전략을 짜야할지 알아 보자.

봄, 여름, 가을, 겨울엔 각 계절에 소비자들이 많이 찾는, 속칭 '대박 히트' 될 수 있는 상품들이 있다.

이 경우, 내가 만든 인터넷홈쇼핑에서 판매가 어려운 상품은 다른 쇼핑몰과 연계해서 자유로운 판매 링크가 가능하다는 장점이 있는데, 혼자 하는 소규모 인터넷홈쇼핑일지라도 계절상품과 기념일 상품을 준비하는 방식의 기준은 '인터넷홈쇼핑 링크' 를 통해 매출을 높일 방법을 짜야 한다.

예를 들어, 해마다 2~3월이 되면 신학기에 맞춘 가방과 학용품류, 의류가 주 품목이고, 여름에는 자외선차단제와 물놀이 용품 등의 바캉스용품, 가을에는 여행상품과 건강식품류가 필요하다. 겨울에는 보온장구류와 겨울 의류, 그리고 스키와 스노우보드 상품이 매출이 높을 것으로 예상할 수 있는 것처럼 말이다.

다음은 인터넷홈쇼핑 초보자가 쉽게 따라할 수 있는 월별 필수 상품 목록이다. 내가 하려는 인터넷홈쇼핑에도 참조하자.

1월 : 행운상품류(복조리, 저금통, 의류), 미용성형상품

새해가 되면 사람들은 새로운 목표를 세우는데, 돈을 많이 벌겠다거나 살을 빼겠다는 목표가 많다. 일부 사람들은 담배를 끊겠다고 하고, 집을 사겠다는 목표도 세운다. 사업가는 돈을 더 벌기 위해 열심히 뛰겠다는 다짐도 하고, 가족의 건강을 목표로 하는 가정주부도 있다.

많은 사람들의 다양한 목표를 모아보면 공통되는 중심점이 생기는데, 그건 '돈'과 '미용'이 대부분이라는 점이다.

살을 빼겠다는 것도 '미용'과 돈을 벌겠다는 뜻이다. 살을 빼는데 '돈'이 드는 것이다. 살을 찌우는데도 돈이 들고 빼는데도 돈이 든다. 어찌 생각해보면, 아이러니한 구조인데, 사람들은 이것을 이상하지 않다고 생각한다.

'명제의 대우'는 성립한다는 수학 공식 덕분일까?

하여튼, 1월의 히트 예상 상품으로는 '돈'과 '미용'에 관련된 상품을 준비하는 게 좋고, 인터넷홈쇼핑의 특성상 단가가 높은 고가의 '금'이나 '건강식품 세트' 등의 상품보다는 젊은층에게 어필할 수 있는 중저가 상품이 좋다.

미용성형상품으로는 '5만원 내외의 헤어스타일링기구'나 '2~3만원 대의 미용보조기구' 등이 좋다. 네일아트 상품권도 좋고, 직장여성을 위해 집에서 혼자 할 수 있는 피부영양크림과 소형 마사지기도 좋다.

2월 : 봄의류, 신학기 가방류 등의 학용품, 어린이핸드폰

2월이 되면 바야흐로 신학기 시즌이다. 이때는 의류보다는 가방이 히트 상품이 된다. 또한, 처음 초등학생이 되는 아이들을 위해 부모들이 핸드폰을 사주기도 하고, 컴퓨터도 고가

이긴 하지만 쏠쏠한 매출 상승 효과를 볼 수 있다.

무엇보다도 2월을 대표할만한 히트 예상 상품 아이템은 '가방' 이다. 요즘 학생들은 핸드폰을 사도 저마다 개성에 맞춰 튜닝을 하고 독특한 디자인으로 다시 만들어 갖고 다닌다. 한 세대 전보다 학생 수는 줄었다지만 소비자 기준으로는 다양한 취향의 소비자가 늘어난 것이다.

이런 점 때문에 일반 패션상품기업에서는 다품종 소량생산으로 경영전략을 바꾸기도 하는데, '가방' 아이템은 이러한 소비자의 특성에 따라 다양한 디자인을 판매해야 한다.

대기업 인터넷쇼핑몰에서, TV홈쇼핑에서 판매하는 가방 상품이 잘 팔린다고 해도 또 다른 소비자들이 항상 존재하고 새로운 디자인의 신상품 가방을 찾아 쇼핑채널을 오고 감으로 인터넷홈쇼핑의 히트 상품이 될 소지는 무궁무진하다.

아이디어를 내보자면, 학생 가방에 미아방지 장치를 부착한 어린이 보호 가방을 출시하는 것도 방법이다.

예를 들면, 지난 3월 초, 초등학교 입학식이 끝났지만 5월이 되도 각 학교 앞에는 아이를 마중 나와 데려가는 학부모들이 적지 않다. 최근 벌어진 초등학생 관련 각 종 사건사고 때문에 학부모들의 불안감이 쉽게 사그라들지 않고 있는 것이다.

이럴 때, 아이의 가방에 미아방지 장치를 부착한 아이디어 상품을 판매해본다면 예상치 않은 큰 효과를 볼 수 있다.

미아방지장치는 어려운 것이 아니다. 핸드폰의 위치 추적 장치만 분리해서 가방에 부착할 수도 있고, 아이의 가방에 소형 네비게이션이나 소형 카메라를 부착해서 안전 귀가를 회사에 있는 부모가 인터넷을 통해 직접 살펴볼 수도 있다.

최근 학부모들은 아이에게 핸드폰을 사준 뒤 학교 귀가길이나 학원에 다니는 중간 중간에 아이의 위치확인 서비스를 받고 있는데도 불구하고 아이의 안전을 위한 상품을 계속 찾는 중이기도 하다.

3월 : 나들이 의류, 헤어 관리 상품, 피부보호상품, 컴퓨터

3월은 들과 산으로 웅크렸던 기지개를 풀고 나들이를 떠나는 시기이다. 이른 봄이긴 하지만 3월이라는 어감이 주는 봄의 기운과 들과 산에서 벌어지는 자연의 장관이 사람들을 불러모으기 때문이다.

사람들은 3월에 뭔가 새로운 걸 시작해보겠다는 각오를 세우곤 하는데, 절기상으로 '봄'은 계절의 시작이라는 점이 주요하게 작용한다. 이때는 컴퓨터도 매출이 나오는 시기이고, 이른 봄나들이에 피부보호제와 봄철 헤어스타일 관리 영양제 등이 팔리는 시기이다. 봄의류는 신년이 되면 구정 연휴 지나서 바로 출시되곤 하지만, 사람들이 봄의류에 대한 필요성을 느끼는 3월이 되야 매출이 본궤도에 오른다.

4월 : 피부영양제, 묘목, 꽃씨, 골프장부킹상품, 영화예매권

4월이 되면 사람들은 식목일을 기억하고 나무를 심겠다는 생각을 한다. 바쁜 직장인이라 식목일을 모른다고 할 수 있다. 그러나, 학교 다니는 학생들은 식목일 행사가 빠지지 않을 만큼 4월엔 식목일 매출이 중요하다.

식목일은 4월 5일 나무 심기 행사뿐 아니라 4월 한 달 동안 텃밭 가꾸기 등으로 소비 흐름이 번짐 효과가 생김으로 꽃씨 류의 상품이 매출 효과가 기대되는 품목이다.

주 5일 근무에 따른 주말 농장 가꾸기는 계속 생겨나는 추세이고, 아파트 단지 내에서도 1층 가정은 집 앞 화단에 텃밭을 꾸미기도 하고, 각 가정 거실 베란다 등에 미니 채소밭을 꾸미기도 한다.

모든 소비자의 작은 행동이 인터넷홈쇼핑에서 공략 해볼 만한 미니 틈새시장인 것이다. 또한, 남성과 여성을 위한 골프장 부킹상품도 매출을 기대할 수 있다. 예전 골프상품이라면 40~50대 성공한 중장년층의 독점적 상품으로 보는 경우도 많았지만, 최근엔 20~30대 젊은 골프층이 늘어났기 때문에 골프장 부킹 상품도 추천할 만한 상품이다.

골프장 부킹 상품은 전국 골프장을 대상으로 골프장 예약을 도와주는 회원제 상품으로 영간 회원비를 받고 골프장 부킹은 무료로 해주는 상품이다.

인터넷홈쇼핑에서 가능한 상품은 이외에도 20~30대 젊은 여성을 위한 패션너블한 골프웨어 판매를 시도해봄이 좋다.

5월 : 연령을 막론한 선물용품, 꽃다발 등의 축하용품, 상품권

드디어 5월. 5월은 선물용품와 파티용품 히트 시즌이다. 꽃다발의 1년 매출이 나오는 시기이고, 각종 상품권 매출이 급성장하는 시기이다.

5월은 사람들에게 지갑이 얇아지는 시기이면서 상품 판매자로서는 지갑이 두꺼워지는 시기이다. 인터넷홈쇼핑에서는 스튜디오를 새 단장하고, 가족을 위한, 어린이를 위한 상품 구성이 치중해야 한다.

가족사진촬영권도 좋고, 어린이 놀이동산 자유이용권 할인판매도 좋다. 각 종 상품권 매출도 기대되므로 어린이용 문화상품권과 어른을 위한 백화점 상품권도 준비해두자. 꽃다발은 1년 중 가장 특수가 기대되는 시즌이므로 업체 간 가격 인하전략으로 출혈경쟁을 하기 쉬운데, 이럴 땐 가격인하보단 독특한 꽃다발 상품을 구성하는 게 좋다.

가령, 어린이 꽃다발, 어버이 날 꽃다발, 성년의 날 축하 꽃다발을 판매할 경우, 일반적인 생화 꽃다발보다는 아기자기한 이벤트성 꽃다발로 시장을 공략해보자.

성년의 날에는 남자 여자 속옷으로 꽃모양을 만든 꽃다발을 준비해보고, 어린이 날에는 아이들이 좋아하는 만화주인공 인형이 가득한 인형다발도 좋다. 카드 게임을 좋아하는 아이들이 많으므로 카드다발을 꾸미는 것도 추천할만하다.

과자 안에 행운의 쪽지가 들어있는 행운과자다발도 아이디어 상품이 될 수 있고, 부모님을 위해선 어버이 날 저녁식사 뿐 아니라 가까운 나라를 다녀올 수 있는 해외여행권도 좋고 부모님 친구분들과 즐거운 시간 가질 수 있는 댄스교실수강권도 준비해봄직하다.

6월 : 전자사전, 다이어트 미용상품, 헤어액세서리

6월은 여름이다. 하지만 바캉스를 떠나는 휴가시즌은 아직 시간이 남아있고, 여름이긴 하면서도 뭔가 준비해야 하는 여름이다. 사람들은 6월이 되면 '여름'에 대한 즐거운 감정이 생기면서도 바캉스 해수욕장에서 드러낼 몸매관리에 들어간다.

다이어트가 집중적으로 이뤄지는 기간이 6월이 되는 셈이다. 이때는 술자리도 최대한 줄이고 퇴근 후 헬스크럽을 찾는 사람들이 많은데, 다이어트에 도움 되는 이벤트를 통해 인터넷홈쇼핑 매출 상승을 꾀해야 한다.

가령, 운동을 시작하는 사람들을 위해 헤어액세서리를 준비한다. 다이어트를 위해 조깅을 하거나 런닝머신을 이용하는 사람들이 많은데, 이들은 운동복을 찾기보단 달리기 운동에 거추장스러울 수 있는 헤어핀을 찾는다.

사람들 중에는 고무줄로 질끈 매거나 갖고 잇던 헤어밴드로 머리카락을 고정 시키기도 하지만, 이는 마땅한 헤어액세서리 상품이 아직 없기 때문이다. 여자들이 목욕탕 갈 때도 화장한다는 건 우스개만은 아니다. 아름다워지고 싶은 것, 꾸미는 것은 여자의 본능이기 때문에 헬스크럽에 런닝 머신을 뛰는 여성일지라도 주위의 시선에 대비하여 예쁘게 보이고 싶은 본능이 있다.

이때 필요한 상품으로 예쁜 디자인의 헤어핀을 특별 상품으로 준비하자. 런닝머신 위에서 달리는 여성을 보라. 남자들과 여자들 달리는 모습이 다르다. 여자들은 달릴 때도 예쁘게 보이고자 신경쓰며 달린다.

전자사전은 여름 휴가기간 해외여행을 계획하는 사람들을 위한 상품이다. 외국 여행을 나가기 위해 외국어 한 두 마디쯤은 공부하려는 사람들이 많은데, 두꺼운 종이사전은 싫고, 요즘 새로 출시되는 인터넷도 되는 전자사전이 좋다.

7월 : 게임기, 피부보호제, 제모제, 선그라스, 비키니, 여행지 정보상품

7월은 본격적인 여름 시즌이다. 이때부터는 바캉스 용품을 선보이고 해외 여행지 정보상품을 올려야 한다. 업체들 간에도 본격적인 매출 전쟁이 벌어지는 시기이므로 앞만 보고 달려야 한다.

여행지에 가서 잠이 안 올 때나 심심할 때를 위한 전자게임기가 좋고, 뜨거운 태양 아래에서 피부보호를 위한 보호제, 선그라스가 좋다. 제모제는 휴가지에서도 자주 쓰이는 상품이므로 여행용 제모제를 준비해야 한다. 또한, 비키니 수영복 등 새롭게 출시되는 디자인의 수영복을 일부 준비한다.

수영복 시장은 점점 브랜드 중심으로 옮겨왔기 때문에 사람들은 수영복의 디자인보다는 브랜드를 보고 구매하는 소비패턴이 있다. 상품구색용으로 여름 분위기 조장용 상품이 되는 아이템이 수영복이다.

8월 : 헤어액세서리, 바캉스용품, 숙취해소음료

인터넷홈쇼핑을 하는 사람들은 궁금해 한다. 7~8월에 다들 휴가가면 매출도 떨어지는 거 아닌지 말이다. 휴가지로 떠나는 사람들이 많을텐데 사람들이 인터넷 볼 시간이 있겠는가 고민한다.

어떤 상품을 팔아야 할지 그야말로 걱정하는 것이다. 고민하다 지친 대다수 인터넷홈쇼핑을 비롯한 거리의 상점과 쇼핑몰들은 휴업기간에 돌입한다. 휴가를 떠난 소비자들과 같이 떠나는 휴가인 셈이다. 사람은 일만 하고 살 수는 없으니 쉴 때는 쉬어야 하는 것도 맞다.

하지만, 인터넷홈쇼핑 운영자는 새로운 아이디어를 갖고 떠나야 한다. 휴가지에서의 소비자 확보전략이다.

휴가지에서 필요한 '라이터, 젓가락, 쓰레기봉투, 1인용 자리' 등의 상품을 준비한다. 특히, 라이터의 경우 인터넷홈쇼핑 주소를 인쇄해서 사람들에게 나눠준다. 인터넷홈쇼핑 홍보기간으로 삼는 것이다.

그 외에 홍보효과가 부족한 상품은 휴가지에서 현장 판매를 한다. 1인용 자리의 경우 의외의 매출을 기대할 수 있는데, 바닷가에서 사람들에게 유용한 상품이 될 수 있다. 특히, 여성 고객을 위해 모래사장에 앉는 자리상품으로서 판매가 가능하고, 갯바위나 휴가지 숙소 곳곳에서도 자리 상품이 필요하다.

또한, 숙취해소음료가 기대 이상의 효자상품으로 등장한다. 휴가지에서 사람들은 음주를 많이 하게 되는데, 휴가기간 중이라는 자유로움과 산과 바다의 정취 덕에 음주량이 늘어난다.

휴가지에서 약국 찾기란 하늘의 별 따기. 산이나 바닷가에 나가본 사람들은 기억날 것이다. 음주를 한 후 고생한 기억들도 많고, 약국 찾기가 어려운 휴가지 분위기에서 숙취해소음료는 아주 좋은 상품이다.

Chapter 3

9월 : 미용다이어트, 모발 건강 샴푸, 뮤지컬 공연

휴가가 끝나고 업무 현장으로 복귀한 사람들은 들떴던 휴가지에서의 열기와 기억을 잠시 잊지 못 하고 있는 상태이지만, 업무 현장으로 돌아와 일손을 다시 잡는다.

9월은 가을의 시작이면서 8월의 여름 기운이 아직 남은 시기적 특성이 있기 때문에 때로 더운 날씨도 있고, 가을 햇살이라지만 따가운 여름 태양 같기도 하다.

이 시기에 주목받는 상품으로는 여름철 손상된 피부에 영양을 주는 건강식품류와 모발 건강 샴푸가 중요하다. 얼굴을 비롯해서 휴가지에 드러나는 피부엔 자외선 차단제와 피부 보호영양제로 관리한 사람들일지라도 헤어스타일만큼은 자칫 소홀했던 경우가 많다.

푸석해진 머릿결, 모발 끝이 갈라지는 증세로 헤어샵을 찾는 사람들이 많은데, 이때 모발 보호 샴푸 등을 준비한다면 좋은 반응을 얻을 수 있다.

또한, 휴가 기간 동안 지친 사람들은 정서적 안정을 찾게 되면서 뮤지컬 공연을 보러가는 경우가 많이 생기는데, 휴식을 즐기러 휴가를 떠난 사람들이 오히려 더 피곤한 상태로 돌아오게 되는 것도 재미있는 현상이다.

어쨌든 정서적으로 피곤해진 사람들은 뮤지컬 공연장 등을 찾아 휴식을 취하려고 하는데, 인터넷홈쇼핑 상품으로 뮤지컬 공연권이나 문화상품을 소개하고 입장권을 판매하는 것도 좋은 아이템이다.

10월 : 소화제를 비롯한 건강식품, 다이어트 상품, 모자

10월은 추석 연휴 기간과 단풍놀이를 위한 기간이다. 가족 친지가 다시 모이고, 전국 유명 산에는 사람들이 모여 가을 정취를 즐기기 시작한다. 추석 연휴로 모이는 가족들은 화투놀이를 하던가 놀이공원 등을 찾아 가족들과 즐거운 한때를 보내게 되고, 산을 찾는 단풍놀이여행객들은 가을정취에 심신이 건강해짐을 받는다.

이 시기엔 소화제와 모자가 히트 예상 품목이다. 소화제는 약국에서 파는 알약류의 약 외에 식혜 등의 식품과 같은 살이 안 찌는 식품을 말한다. 모자는 가을 여행에 떠난 사람들이 모발 보호를 할 겸 등산 중 나뭇가지에 머릿결이 다치지 않기 위해 찾게 된다.

봄과 여름철 여행길에 보이는 흥겨운 술판과 들뜸보다는 수확의 계절 가을의 분위기답게 '관조자적인' 태도를 보이는데, 쇼핑하는 상품도 자세히 보면 정서적으로 도움되는 음반과 자동차 여행에 필요한 상품들이 주가 된다.

가을은 독서의 계절이라고 '책'을 준비하는 사람들이 있는데, 이는 오히려 역효과가 생길 수 있다. '책'은 여름 휴가 기간에 많이 팔리고, 가을엔 잘 팔리지 않는다. 책이 팔리지 않기 때문에 '독서의 계절'이라고 하며 책 읽기를 장려하는 것을 알아두자.

11월 : 임대사무실 및 원룸임대 정보, 라면

11월은 수학능력평가시험의 계절이다. 때 이른 겨울 날씨가 간혹 느껴지고 어디론가 여행을 가기보다는 1년을 마무리하며 12월을 준비하는 사람들이 많다.

11월이 되면 긴 초코릿 과자를 주고받는 속칭, '빼빼로데이'가 기념일인데 인터넷쇼핑몰과 각 매장에서는 초코릿 과자 준비에 열을 올린다.

이 시기 인터넷홈쇼핑에서 준비할 만한 히트 예상 품목은 '라면'과 '원룸 임대 정보'이다. 라면 상품은 갑자기 추워진 날씨에 아침과 저녁 시간 사람들이 자주 찾는 식사대용식품이 된다. 몸의 열량 소모가 많기 때문에, 늦은 오후 간식거리로도 라면 소비가 늘어난다.

원룸 임대 정보는 11월 중순 이후 물건이 많이 나오는데, 수능 이후 대학가 방학에 맞춰 하숙과 원룸이 비는 곳이 많다.

그러나, 다음 해를 준비하는 사람들과 전국 각 지에서 서울로 올라오는 예비대학생들이 원룸을 찾는 수요가 폭증하는 시기도 이때. 수학능력시험을 치르고 면접을 보기 위해 자신이 지원하는 대학가 근처 원룸을 찾는 지방 학생들이 많아진다.

인터넷을 통한 원룸 임대 등의 부동산 정보는 믿을 수 없는 곳이 많고, 주소지만 갖고 찾아다니다 보면 시간만 허비하게 되는 경우가 많다. 오프라인의 불편이 온라인의 대박상품이 되는 '진리'를 아는 판매자라면 시도해볼만한 상품이다.

특히, 인터넷홈쇼핑에서는 원룸 임대 정보와 함께 해당 원룸의 집 주변 모습과 이웃들의 인터뷰 등을 같이 공개할 수 있으므로, 아이들만 서울로 보내는 부모들에게도 좋은 안심상품이 될 수 있다.

12월 : 콘돔, 성인용품, 머플러 등의 패션잡화

12월은 1년 중 7~8월 이후로 상품 매출을 높일 수 있는 두 번째 성수기이다. 12월의 기념일은 크리스마스와 연말 송년회, 동창회 등의 각 종 모임이 수도 없이 벌어진다. 거리마다 모임장소로 북적대고 수능을 마친 학생들도 거리로 쏟아져 나와 그동안 억눌렸던 자유로움을 다시 느껴보며 친구들과 사람들과 거리에서 북적대게 된다.

이 시기엔 어른 소비자를 위한 콘돔과 성인용품의 매출이 높아진다. 패션잡화로는 머플러와 털모자 상품류가 많이 팔린다.

12월이라는 1년의 '마지막 달' 이 주는 상징적 의미와 함께 나이가 한 살 더 든다는 가벼운 공포감과 새로운 해가 온다는 기대감이 서로 한데 어울려 사람들의 지갑을 열게 만든다.

머플러와 털모자 상품은 패션잡화 아이템으로 추위를 막는 패션코디라기보다는 심리적 허전감을 메우는 패션 소품으로 사람들이 떠올리게 되는 경우가 많다.

"다음 주 모임 있는데."

모임에 앞서 입고갈 옷을 준비해둔 사람도 정작 그 날이 오면,

"쌀쌀한데 모자 없나? 머플러가 있었는데."

모자와 머플러를 찾곤 한다. 심지어 준비해둔 의상 스타일과 어울리지 않더라도 날씨 핑계로 걸치고 외출한다. 이는 사람들의 허전감을 채워주는 심리적 보완 장치가 되기 때문이다.

Chapter 3

03 여성 상품

여성 상품은 1년 중 집중 매출 기간을 따로 두지 않는다. 연간 소비 상품으로 시기에 따라 여성 상품 종류와 품목을 적절히 교체하면 된다. 여성상품의 판매 집중 시간은 오후와 퇴근 무렵, 그리고 저녁 식사 후 10시경이다. 이때는 친구들과의 잡담과 퇴근 후 시간 때우기, 저녁식사 후의 인터넷 자료 찾기 등으로 컴퓨터 앞에 앉기 때문이다

여성 상품을 판매할 경우엔 남자 쇼핑 호스트의 '저음' 섞인 멘트가 효과가 있고, 여자 쇼핑 호스트의 '자랑' 섞인 고음 멘트가 필요하다.

남자는 여자 시청자 편에서 볼 때, 왼쪽, 쇼핑 촬영 스튜디오에서 카메라를 마주 보는 우측에 서는 게 좋고, 여자도 마찬가지로 상품 소개할 때는 스튜디오 카메라를 마주 보는 위치에서 우측에 선다. 여자의 왼쪽 귀를 대상으로 한 청력 마케팅 방법인데, 여자는 왼쪽 귀가 약하다는 논리 때문이다. 그 이유는 왼쪽 귀가 여자의 감정선에 작용하는 우뇌의 영향을 받기 때문에, 반복식 멘트를 하다 보면 여성 고객 대다수의 상품에 대한 믿음을 갖게 할 수 있다.

남성 상품 04

남성 상품은 미용 상품과 유니섹스화 된 남성 의류가 주류를 이룬다. 남성 의류 집중 시기는 봄과 초여름, 늦가을이다. 남성 의류는 남자가 구매하는 경우보다 여자가 구매하는 경우가 많고, 상대적으로 멋진 남자 모델이 착용한 스타일리시한 상품이 판매가 잘 된다.

20대 중후반에서 30대 여성이 주된 쇼핑 구객이고, 그녀들의 남자라면 30대 남성인 경우가 대다수이므로 30대 남성의 표준 신체 사이즈와 빅사이즈 상품을 50:50 비율로 준비한다면 예상 외의 대박을 기대해 볼 수 있다.

또한, 남성상품의 서브 군으로 40~50대 남성을 대상으로 한 패션상품이 효과가 좋다. 20~30대 여성의 아버지 고객을 대상으로 한 상품으로 여성만의 '꾸미기 본능' 을 대상으로 한 전략이다.

남성 상품의 쇼핑방송 시간은 저녁시간과 아침 시간으로 한정하는 게 좋다. 남성 고객은 컴퓨터 앞에서 하루 일과 중 업무 시간엔 주로 앉아있지 않으나 아침 시간 짬을 내어 컴퓨터 앞에 앉거나 저녁에 약속 장소를 물색하는 등의 내일을 위한 준비로 컴퓨터 앞에 앉을 시간이 많으니 말이다.

남성 고객을 대상으로 할 때는 여성고객에게 효과적인 '말 많은 멘트' 는 삼가 하는 게 좋다. 남자의 쇼핑 패턴은 이야기를 많이 듣고 설득 당하기보다는 자기 주관에서 쇼핑할 경우가 많으며 남자는 자기 주관에서 '내가 필요하다' 라고 할 때 주저 없이 구매한다.

인터넷쇼핑몰에서 10대 남자고객은 '내게 어울릴까' 라는 여성적인 쇼핑심리를 보이기도 하지만 인터넷홈쇼핑에선 사정이 다르다. 남성 고객은 철저히 상품 품질주의, 상품이 남자에게 어필하는 이미지를 중심으로 구매한다. 남자는 새로운 것, 고급인 것, 독창적인 것을 좋아한다. 여자의 경우, 내가 꾸밀 수 있는 것, 나한테 어울리는 것이 중요하는 것과 다르다.

남자는 나한테 상품이 어울리지 않더라도 그 상품이 사회에서 고급으로 인정받는다면 구매한다. 상품에게 나의 체면과 자존심을 맞추려는 경향 때문이다. 따라서, 남성상품은 고가의 디지털 상품과 휴대폰과 자동차 등이 좋다.

예를 들면, 여자 속옷 판매방송 시간 주시청자가 남성이긴 하지만 매출은 남자가 만들지 않는 이유처럼 말이다. 남자는 시각적으로 쇼핑욕구를 느끼기 때문에 남자의 시각을 현혹하는 상품이 좋다. 남자는 시각, 여자는 청각이 쇼핑 호스트의 공략 포인트가 되는 셈이다.

유아동 상품 05

우리나라 2007년 신생아 수는 연간 45만명 가량이었다. 반대로 연간 낙태아 수는 35만 건. 신생아 수의 80%에 해당된다.

같은 해 혼인통계 결과 혼인은 34만 5천 6백 건으로 2003년 이후 증가세가 지속되었는데, 2007년엔 초혼 및 재혼 모두 증가했고 그 이유는 쌍춘년이 있었고 20대 후반 인구의 증가 등의 영향으로 보인다.

초혼 여자의 57.5%는 20대 후반(25~29세)으로 연령별 혼인 구분은 남자가 20대 후반에서 30대 초반에 결혼을 하고, 여자는 20대 후반 연령에 결혼을 했다. 평균 초혼 연령은 남자가 31.1세, 여자 28.1세로 2006년보다 각각 0.2세, 0.3세 높아졌다. 또한, 외국인과의 혼인은 38,491건으로 전년보다 약간 감소하기도 했다.

한 해에 50만명 가량 태어나는 신생아를 대상으로 한 상품시장이 크다. 그러나, 신생아가 컴퓨터 앞에 앉아서 자기 상품을 살 리는 만무한 까닭에 젊은 부모층을 공략해야 한다.

어린 유아동 상품 시장으로써 그들의 젊은 부모를 위한 상품 시장으로 인터넷홈쇼핑이 좋은 이유를 알아보자.

수도권 가정 외에 지방도시 가정을 위한 쇼핑 기회의 부여 측면에서 인터넷홈쇼핑은 인터넷쇼핑몰보다 한 단계 더 진일보한 서비스임에 틀림없다.

우리나라 말에 익숙하지 못한 결혼이민자와 국내 거주 외국인까지 고객으로 포함할 수 있는 인터넷홈쇼핑은 온라인 자동주문과 전화상담으로 물건을 팔던 TV홈쇼핑보다도 훨씬 더 성장 가능성이 높기 때문이다.

인터넷홈쇼핑의 경우 전화를 걸지 않아도 되고, 온라인 자동주문처럼 까다롭지 않다. 전화 응답 시스템의 안내에 따라 이것저것 전화기 버튼을 눌러야 하는 TV홈쇼핑의 쇼핑구조는 결혼이민자 가정에겐 바람직하지 못했던 게 사실이다.

인터넷쇼핑몰의 주문 시스템을 그대로 사용하되, 상품 설명과 이미지를 구체적으로 자세히 보여주는 인터넷홈쇼핑이야말로 한 해에 4만 건 가까이 이뤄지는 결혼이민자 가정에겐 가장 좋은 쇼핑 찬스인 것이다.

뿐만 아니라, 국내 한국인에게도 마찬가지이다. 인터넷쇼핑몰과 동영상에 익숙한 국내 10대, 20대 네티즌은 얼마 전 발생한 모 쇼핑몰의 개인정보 유출 사건을 기억하고 있는 바, 신상 정보 입력에 거부감을 갖기 시작했다.

이와 동시에, 인터넷쇼핑몰 대부분에 대해 개인정보 입력을 꺼려하던 차에 인터넷홈쇼핑의 등장으로 가격은 인터넷쇼핑몰 기준으로 저렴하되 서비스와 주문 방식은 TV홈쇼핑 방식 대로 살 수 있다면 그야말로 금상첨화인 것이다.

유아동 상품은 이와 같은 20대와 30대 젊은층을 적극 공략함으로서 매출을 높일 수 있는 품목이다. 나이 드신 부모님 세대가 손주 상품을 사기 위해 인터넷을 접속하지도 않을 뿐더러, 경제력이 약한 10대 청소년이 조카 선물을 사기 위해 인터넷쇼핑몰을 뒤지지 않기 때문이다.

따라서, 유아동상품은 20~30대 젊은 층을 대상으로 홍보마케팅을 해야 하는데, 이 경우 매스미디어 콘텐츠의 화젯거리를 이용해야 좋다.

예를 들면, 모 이동통신 기업에서 MUST HAVE란 글귀를 광고 전면에 사용한 적이 있는데, 이 문구를 내 상품 홍보 메인에 쓰는 방법처럼 말이다.

인터넷홈쇼핑에서 쇼핑호스트가 시청자들을 대상으로 "MUST HAVE 0000000"란 멘트를 하는 식이다. 글자 형태로 사이트에 사용하고, 판매방송에서도 멘트를 사용하는 것이다.

일전에 같은 이동통신사의 광고 문구였던 '현대생활백서 000' 는 모 출판사의 여성 자기계발서 제목으로 '여자생활백서' 로 쓰였고, 이 책은 당시 40만부가 팔려나갔다. 10,000원 가격 책의 인세 10%라고 하면 4억원 가까운 돈을 작가에게 선사했고, 출판사에겐 12억원 정도의 판매수익을 준 것이다.

20~30대 젊은층의 쇼핑 유발 전략은 '감성'에 호소하는 것이고, 이들의 감성은 광고 속에서 흔히 차용된다. 이들의 감성은 매스컴에 의해, 인터넷에 의해 조성되고 창조되고 전염되는데, 결국, 모니터 안에서 이들의 젊은 감성이 살아가는 셈으로 모니터를 살피는 젊은층의 세심함과 색감은 상상을 초월하니 이를 준비해야 한다.

유아동에 대한 20~30대 젊은이들의 감성은 '귀여움', '보호 본능', '미래' 정도로 요약된다. 특히, 조카는 귀엽지만 자기 아이는 원하지 않거나 결혼을 미루는 젊은층이 있는 만큼, 무조건 사랑스러운 아이를 위한 선물이라는 표현보다 '소중한 생명', '귀중한 가치' 등의 이미지 문구와 인터넷 축약어를 쓰더라도 '완소아가' 등처럼 귀여움을 갖게 하는 멘트가 좋다.

상품 구성은 유아동 의류와 장난감, 특히, 아동의 경우 유희왕카드 및 탑블레이드 등의 케이블 만화영화와 연계된 캐릭터 상품이 좋다. 판매시간대는 정오12시부터 오후4~5시까지가 좋다. 저녁시간보다 아침시간대가 판매 효율이 좋고, 유아는 부모의 시각으로, 아동의 경우 유행성 상품 구성이 대단히 중요하다.

유아 : 부모 선택, 가격 크게 무관, 건강 제일, 입에 넣어도 무해성, 세척소독 방식, 재사용 여부

아동 : 아이 선택, 부모 선택, 가격 중요, 건강 중시, 상품 상세 설명 중요, 견고성 여부, 지능 발달 도움 여부

유아와 아동의 상품 구성 시 참조할 쇼핑 판단 기준을 보면 위와 같다. 소비 주체가 같은 상품군이긴 하지만 유아와 아동이라는 연령 구분 면에서 다시 나눠지는 시장인 것이다.

06 식품 및 서비스

식품과 서비스상품의 MD 계획은 시간과 소비자 대상 구분은 크게 작용하지 않는데, 소비자가 검색을 통해 '선택 소비'를 할 경우가 많기 때문이다.

'선택 소비'란 소비자가 철저하게 자기 필요에 의해 구매를 하는 것으로, 판매자의 권유를 통한 판매보다 소비자가 주체가 되어 검색하고, 꼼꼼하게 내용을 알아본 후 구매를 하는 습성이 강조된다.

'식품'과 '서비스' 상품은 쇼핑호스트의 설명 시에도 주의해야하는데, '무조건 좋다' 식의 멘트는 소비자와의 논란의 불씨가 될 수 있고, 철저한 검증과 실험 결과가 중시되는 식품이며, 서비스 상품은 서비스 회사 자체의 브랜드력과 글자 그대로의 서비스력이 검증되어야 하는 상품이다.

'식품'은 부쩍 높아진 미국산 쇠고기 수입 논란에서도 있듯, 국민들의 지대한 관심분야이기도 하다. 중국의 가짜 달걀, 가짜 쇠고기 뿐만 아니라 쓰레기 만두 사태와 식품 속 이물질 첨가 사건사고 등, 식품은 이제 더 이상 판매자의 달콤한 멘트만으로 판매할 수 없는 부류의 상품군이 되어버렸다.

그에 반해, 서비스 상품은 서비스 주최사의 공신력과 서비스 상품 기반구조가 중요하다. 사실, 1인 피시홈쇼핑으로선 서비스 상품 판매사 중, 공신력 있는 회사와 직거래가 어렵다는 단점이 있는 반면, 의외로 주식회사 규모를 갖거나 보험 상품의 경우, 보험판매사 등은 1인 규모로 할 수 있는 구조이므로, 얼마든지 가능하다.

평생교육관리사도 해당 교육청에 신고제로 운영되는 1인 서비스 가능 상품이다. 또한, 무형의 상품 서비스 종류로 저작권대리중개업도 도전 가능하고, 1인 부동산중개사가 자기 1인 인터넷홈쇼핑을 통해 부동산 중개 및 거래 중개가 가능하게 된다.

인터넷쇼핑몰과 인터넷 사이트로서만 운영되던 평면적 단점을 초월한, 3차원적 동영상 방송이 가능해지는 것이다.

이 상품의 MD전략은 철저한 고증 자료와 신뢰성 높은 기관의 실험결과, 철저한 리콜제도와 A/S 제도의 운영을 홍보 전면에 내세워야만 높은 매출을 기대할 수 있는 상품이다.

따로 방송 시간을 잡지 않더라도 관련 증빙 자료와 설명을 통해 다른 상품 방송 사이사이 '짬' 광고만 하더라도 충분한 효과를 누릴 수 있다. 많은 멘트가 필요 없는 상품으로서, 상품 방송 사이에 짬 광고를 통해 소비자가 직접 주체가 되어 알아보고 스스로의 판단에 맡겨서 구매가 이뤄지도록 하는 게 이 상품이다.

식품 및 서비스 상품은 1인 인터넷홈쇼핑 상품 사이트의 첫 페이지 좌측 중앙과 우측 상단에 노출시켜두고, 소비자의 검색과 숙지 후 판단에 의해 구매가 이뤄지도록 유도한다.

섣부른 홍보성 멘트는 소비자의 의구심과 의혹만 증대시킬 뿐이고 상품 판매에 효과도 적을 뿐더러 나중에 과장 광고성 멘트라고 신뢰를 잃을 수 있다는 점에 유의하자.

07 미용성형 및 이미용

이 · 미용 상품은 TV홈쇼핑에서 여성을 대상으로 한 히트 상품 반열에 오른 분야이다. 바비리스 상품 뿐 아니라 혼자서 관리하는 헤어스타일의 컨셉으로, 비싼 헤어샵을 가지 않고 혼자서 집에서 스스로 하는 헤어관리를 겨냥한 상품은 대박상품이었다.

여자를 대상으로 한 상품은 높은 가격이 잘 팔리지만, 고가이면서도 상대적으로 저가시장을 공략한 상품이 대박이 난다. 고가임을 알면서 쓰던 여성 소비자가 조가의 동일 효과 상품이 출시되면, 그동안 지나친 소비를 바꾸게 되는 것이다.

가령, 헤어스타일 펌 가격이 10만원이고, 이 펌을 개발하여 독창적으로 서비스 하는 헤어샵으로 여성 고객이 몰리게 된다.

그런데, 누군가 이 헤어샵의 펌 기술을 고객 스스로가 혼자서도 충분히 만들어 낼 수 있는 펌 기구를 TV홈쇼핑에 출시했다고 하면 여성 소비자는 헤어 펌 기구를 구매하는 동시에 헤어샵 방문을 멈춘다. 스스로도 돈을 절약했다고 기뻐하며, 남는 돈으론 다른 아름다움을 위한 투자로 쓰는 것이다.

특허 받은 탈모 방지 샴푸로 히트 상품이 된 댕기머리 샴푸의 경우에도, 비싼 모발관리를 택하는 대신 저가형 샴푸로 돌아선 고객의 호응에 힘 입은 바가 큰 것이다.

TV홈쇼핑은 제한된 시간 편성 구조 탓에 시간대별, 고객별, 상품별로 한정된 시간을 갖고 최대의 매출을 올리기 위해 편성 싸움을 벌이는데, 1인 인터넷홈쇼핑은 철저한 자유 편성 운영 체제이면서도 결제에서도 온라인쇼핑몰의 편리함과 홍보 기능에선 상품페이지의 자세한 홍보 기능까지 가능하므로, 최대의 상품 판매 채널이 되는 것이다.

1인 인터넷홈쇼핑의 미용성형과 이 · 미용 상품 MD 전략은 철저한 시간대 선택과 방송 동영상의 편집 구조가 중요하다. 흔히, 다이어트 상품 홍보에서 많이 쓰이는 Before &

After 형태의 단순 비교는 눈으로 보여주는 실감 효과를 노린 마케팅인데, 미용성형과 이미용상품은 이 부분에서 약간 다른 방법을 써야 한다.

미용성형(최근 성형외과 등의 광고)은 개인별로 피부 조직과 개인별 골격 구조로 인한 시술 편차가 존재하는 상품이다.

따라서, 비포어 앤 애프터라는 단순 비교는 피해야 하고, 그 대신 시술 전과 시술 후의 환자의 자신감 회복에 초점을 맞춰야 한다.

미용성형의 부작용도 존재하며, 수술 결과가 마음에 안 들 수도 있다는 점, 그러나, 본인의 자신감 회복이 가장 중요하다는 점이다. 웃지 못 할 사실이지만, 미용성형 시술을 받은 환자의 경우 수술결과가 자기 마음에 들지 않는다며 시술비 결제를 거부하는 사태도 있고, 부작용이 너무 크다며 손해배상을 요구하는 환자도 많다는 것이 사실이다.

따라서, 1인 인터넷홈쇼핑의 경우, 미용시술 자체의 상품 광고는 객단가가 높긴 하지만 위험부담이 존재하므로 피해야할 상품이고, 그 대신 병원 자체를 홍보하는 방법을 택해야 한다. 병원 자체 홍보 방법에서도 시설과 보유 장비, 그리고 담당 의사진의 경력중심이 되어야 한다.

이 · 미용 상품의 경우, 까다로운 여성 소비자들은 화장품마저 자기 피부 상태에 따라 골라 쓰는 극도의 미세시장이 존재하는 만큼 이 · 미용 상품의 철저한 고증적 동영상을 시도해야 한다. 이 · 미용 상품의 능숙한 관리로 까다로운 헤어스타일을 연출하는 것이 아니라 누구나 손쉽게 연출 가능한 헤어스타일을 보여야 한다.

모델은 헤어 관리를 잘하는 모델보다는 일반인이 좋고, 단발머리 스타일보다는 긴 머리 스타일이 좋다. 이 · 미용 기구는 손쉽게 사용 가능하다는 방법을 위주로 보여주는 내용이어야 하며, 이렇게 누구나 쉽게 하는 헤어스타일이 헤어샵 가면 그동안 당신은 돈 얼마를 낭비하고 있었다는 속삭임 멘트가 필요하다. 그 돈으로 다른 미용 관리에 투자하면 어떤 어떤 게 가능하다고 끝내기 홈런까지 날려야 한다.

쇼핑호스트는 TV홈쇼핑에서도 고객에게 상품 정보를 전달하는 안내자이자 쇼핑가이드, 컨설턴트 역할이다.

'인터넷홈쇼핑' 에서도 마찬가지이다. 그러나, 때로는 침묵을 위주로, 시선과 동작만으로도 충분한 믿음을 줄 수 있다. 수많은 말보다 정직한 시선이 몇 배의 효과를 발휘하는 셈이다.

또한, 인터넷홈쇼핑은 TV홈쇼핑과 다르게 반복보기와 재구매가 가능한 곳이다. TV홈쇼핑처럼 방송 시간에 맞춰보는 시간적 제약이 없고, 누구나 자유롭게 다시보기, 반복보기로 쇼핑의 즐거움을 가질 수 있다. 이러한 특성이 1인 인터넷홈쇼핑의 장점인 것이다.

Chapter 4

인터넷·홈·쇼핑 상품 셀링 기법

●●●

"싸고 좋은 상품은 소비자가 먼저 알아보고 찾는다?"

TV홈쇼핑에서 쇼호스트로 활동 중인 C씨는 한달 매출이 평균 30억원 정도이다. 연간으로 따지자면 근 400억원 정도의 매출을 올리는 셈인데, 중소기업 규모의 매출을 혼자서 올리는 것일까?

물론, TV홈쇼핑이라는 큰 울타리를 찾아 들어온 소비자를 대상으로 하는 역할에 한정되어 있기 때문에 쇼핑호스트 C씨의 능력(?)만으로는 보기 어렵다. 여러 가지가 복합적으로 이뤄낸 결과수치이기 때문이다.

TV홈쇼핑은 대부분 생방송이다. 1회에 1시간 30분 내지 2시간 정도 진행되는데, 순서를 정해놓은 큐시트에 따라 쇼핑호스트의 자유로운 상품소개에 따라 진행된다. TV홈쇼핑의 경우, 상품 매출이 쇼호스트의 설득력 있는 언어 구사와 호감을 주는 이미지에도 영향을 받기 때문에 그들끼리의 인사는 "많이 파세요"이다.

쇼호스트는 '말(言)' 도 잘해야 한다. TV홈쇼핑의 등장과 함께 쇼핑호스트가 되려는 지원자가 많아졌는데, TV홈쇼핑 회사에 정식 데뷔하기 전에는 관련 학원에서 교육도 받는다. 쇼핑호스트가 되기 위해 받는 교육은 '발음과 발성, 메이크업, 방송언어, 표준어 구사, 상품기술서, 큐시트를 통한 실습' 등의 과정이 카메라 앞에서 실습으로 진행된다.

"최고의 제품이다."

이와 같은 멘트는 쓰면 안 된다. 방송위원회의 심의에 허위과장광고에 해당 될 수 있기 때문이다. 그렇다면 어떻게 써야할까? 미사어구를 완화시켜서 쓰면 된다. 물론, 인터넷홈쇼핑 영상은 방송이 아닐 경우 방송위원회의 심의에 저촉이 되진 않는다.

"매우 좋은 제품이다."

쇼핑호스트는 상품 촬영에 앞서 상품 제조사와의 미팅도 갖는다. 업체로부터 상품 설명을 들어야 인터넷홈쇼핑 촬영에서 이야기가 되기 때문이다.

TV홈쇼핑 방송에서 쇼핑호스트는 거의 100%의 경우, 각본 없는 이야기로 상품을 시청자들에게 소개하는 자리에 서는데, 이는 바람직한 것은 아니다. 1:1의 관계에서 누구를 만날 때 말할 내용을 미리 써서 그대로 이야기하는 경우는 없는 것처럼 자연스러운 화법이 좋긴 하지만 세세한 단어까지 규정하는 대본은 아니더라도 상품을 소개하는 순서 정도는 정하고 촬영에 임하는 게 좋다.

TV홈쇼핑은 상품 판매를 어떻게 하고 있을까? TV홈쇼핑이 시작된 1995년 7월, TV홈쇼핑 일 매출은 100만원 정도였는데, 2008년 1월 일 매출은 50억~100억 정도가 되었다.

그러나, TV홈쇼핑의 양적 성장에 비해 상품판매업자들은 오히려 손해를 보는 실정이곤 하는데, 많은 판매업체와 소수의 TV홈쇼핑 업체 사이의 유통망 경쟁으로 인해 다수의 판매업체가 히트 상품을 내지 못할 경우 바로바로 교체가 이뤄지기 때문이다.

판매업체로서는 부푼 꿈을 안고 TV홈쇼핑 방송을 시작하지만 첫방송에서 히트 상품이 되지 못하면 준비해둔 재고상품만 잔뜩 남아 회사 존폐마저 어려운 회사들이 많은 게 사실이다.

TV홈쇼핑에서 말하는 히트 상품 기준은 TV홈쇼핑이 정한 목표 매출인데 수수료 40%일 때 주문 기준으로 60분에 2억원 정도가 되어야 한다.

만약 60분 방송에 1억원 이하의 매출이 나왔다면 다음 방송 편성이란 어렵고 TV홈쇼핑과 이야기 해서 방송 시간을 사야한다. 광고를 사듯 돈을 주고 시간을 사야하는 것이다.

파는 곳이 있으니 사는 곳이 생기게 마련인데, TV홈쇼핑에선 '정액 방송'과 '특약 방송'으로 구분하여 시간을 판매한다. 이 방송 시간 가격은 한 시간에 5,000만원 정도로 TV홈쇼핑에다가 15%~20% 마진까지 추가로 줘야한다.

그러나, 이 시간을 사더라도 이익을 내는 기업은 별로 없어서 60분 만에 5천만 원의 돈이 흔적도 없이 사라지는 경우도 비일비재하다.

이에 비하면, 인터넷홈쇼핑의 경우, '시간을 살 필요도 없고', '막대한 수수료를 낼 필요도 없고', '결제를 기다릴 필요도 없다'.

다음은 인터넷홈쇼핑의 상품 셀링 기법에 대해 알아보자.

01 상품별 방송 큐시트?

인터넷홈쇼핑몰은 UCC 영상 콘텐츠로서 상품동영상을 만들고, 이 영상을 인터넷 쇼핑몰에 올려서 인터넷 이용자를 대상으로 상품 판매활동을 한다. 이는 통신사업법에 의해 통신사업자 번호를 부여받아 진행하는 것으로, 엄밀히 말하자면, 법에 의해 관리되는 인터넷 방송은 아닌 셈이지만, 인터넷방송 시대를 대비한 방송 콘텐츠 제작에 빗대어 설명한다.

방송 콘텐츠로서 세계 시장의 흐름은 단연 콘텐츠의 포맷(구성법)을 사고 판매하는 체계가 만들어졌다. 방송 콘텐츠 시장에서 포맷이 수익 모델이 된 것은 1990년대 리얼리티 프로그램이 생긴 이후인데, 포맷 개발만 하는 전문 회사들이 등장했다.

최초의 리얼리티 프로 '빅 브러더' 포맷을 전 세계 20여 개국에 판매한 네덜란드의 엔데몰사가 대표이다. 그 외에도, 데이트 프로, 서바이벌 쇼, 스타 오디션 같은 형태의 콘텐츠들이 대표적 포맷 콘텐츠이다.

2007년 세계 시장에서 콘텐츠 포맷 판매 규모는 약 3조원으로 매년 급성장하고 있는데, 최근 3년간 전 세계에 새롭게 유통된 포맷이 260여 개에 이른다. 포맷 수입국 1위는 미국이다.

따라서, 인터넷홈쇼핑의 상품 촬영 포맷 또한 다가올 방송 콘텐츠로서 저작권이 인정되는 지식재산인 만큼 정식 방송 콘텐츠와 같은 기준으로 준비해둬야 함이 옳다. 자신만의 독창적인 상품 촬영 기법과 상품 홍보 방식이 또 다른 저작권 재산이 되어 수익을 안겨줄 것이기 때문이다.

[상품 촬영 기획안] 작성 형식

상품 촬영 계획

상품명		스튜디오		스타일번호	
설명		카메라		판매예정	

● MD기획의도

● 촬영 내용

● 구성방법

● 예산 및 기타

제안		성명		☎	

Chapter 4

[상품 촬영 기획안] 세부 내용

"행복캐쥬얼 |콩|나|물|"

스튜디오팀 / 빅터 리 MD

■ 상품기획목적

입는 사람의 축복, 만드는 이의 행복
행복캐쥬얼 |콩|나|물|

싼 옷은 많지만 입을 옷은 줄어드는 국내 의류 시장,
인터넷쇼핑몰과 백화점, 할인점의 의류코너에 수북이 쌓여 가는 중국제 옷
옷을 만드는 이들의 열악한 근로조건과 환경에서 흘리는 눈물
그 눈물과 한숨이 찌든 옷을 입은 고객은 행복할까?
만드는 이들이 행복한 장인의 옷,
입는 이들에겐 축복인 행복한 옷 브랜드 런칭 기념

■ 판매 예정

매주(토,일) 오전 8시 50분 ~ 9시 50분(60분)
매주(매일) 오후 8시 50분 ~ 9시 55분(65분)

■ 촬영 장소

스튜디오 세트 촬영

■ MC

패션디자이너 Victor Lee

■ 쇼호스트

여자 : 문근영, 줄리아 로버츠 외

■ 구성

1) 형식 – STUDIO MAKING ǀ 유럽 패션여행의 스튜디오 버전

2) 구성 – 패션 정보와 시청자 개인 코디 감각 보유한 1인 MC 진행 + 유럽 현지 미술관 인터뷰 영상+ 뉴욕 패션위크 현지 인터뷰 영상+ 아시아 봉제공장 현실 영상

3) 내용 – 아시아 지역 패션 봉제 공장의 열악한 현실을 보여준 후,
각 종 시상식 장의 스타들의 뽐내기 드레스 장면 인서트
아시아 봉제공장 노동자의 눈물, 한숨이 옷에 찌드는 C.G.
우리 아이에게 옷 입히는 엄마 얼굴
기분이 이상한 어린이 얼굴 CU.

4) 증정 – 행복 지수 + 도전 정신 + 용기 + 행복을 가진 시청자를 선정, 행복캐쥬얼 콩나물 의상 증정

5) 예산 – 55,000,000원(의상 제작비 포함)

6) 기타

❶ 〈오늘의 행복인〉과 〈감동상〉을 받은 시청자를 대상으로 매월 콩나물과 함께 떠나는 패션여행 초청

❷ 여름휴가 특집 행사기간 (7월 중순) 시작하여 타 쇼핑몰 상품보다 경쟁력과 판매력이 있다는 것을 확인.

- 클릭율 55.7%
- 영상 상영 시간 중 판매 판매율 80%

[상품 촬영 기획안] 상품 촬영 기획안 작성 시 고려 사항

기획

상품 촬영을 통해 매출 목표를 설정하고, 상품 선택에 따른 촬영 방향을 정하며, 영상의

Chapter 4

내용이 예비 소비자에게 미칠 쇼핑 효과를 예측

기획의 요건

매출목표 설정, 소비자 선정, 영상 노출 시기와 영상 시간, 영상 준비(도입, 전개, 정리), 편집기준, 촬영 여건과 제작비 등

기획 과정

소비자 분석, 아이디어 개발, 촬영 방식 결정(스튜디오, 야외)

기획 고려사항

1) 인터넷홈쇼핑 측의 매출 목표
2) 패션 트렌드 – 적절성
3) 업로드 시간대 분석 – 국민생활패턴 의식조사 등에 의거한 생활시간대 참조
4) 소비자 분석 – 소비자 층의 주 관심사항과 요구사항
5) 경쟁사 상품 판매율 분석
6) 관련 영상 분석
7) 제작비와 제작여건 고려

촬영 방향 설정

1) 매출 목표(Theme)
- 이 상품 촬영이 왜 필요하며, 어느 소비자를 대상으로, 어떤 상품 소개 내용을, 어떻게 전달하며, 어느 정도의 매출 달성치를 얻을 것인가

2) 내용(Message)
- 매출 목표를 만들 수 있는 상품의 장점은 무엇인가
- 상품 디자인 위주인가? 상품 기능인가? 상품 가격 + 기능인가?

3) 포맷(제작방식) – 카메라 선정, 촬영 스타일(스튜디오 또는 야외)
4) 쇼호스트 선정 – MC 선정(진행자 얼굴이 상품 성격을 보인다)

[상품 촬영 기획안 : 방송 큐시트]

촬영 일정표

상품명 : 행복캐쥬얼 콩나물 / 판매 시작 : 2008년 가을

TIME	RUN TIME	꼭지	비고	촬영내용	촬영내용
00:05 02:00	2분	ID		오프닝 00' 05'' 상품 소개	
02:00 05:00	3분	쇼호스트 인삿말		시청자 인사 l 소식 상품 예고	
05:00	15초	상품 CU.		행복캐쥬얼 콩나물	
05:00 18:00	13분	쇼호스트 멘트		콩나물 소개 콩나물 공장, 디자이너 인사 콩나물 샘플 현장 공개	
18:00 18:32	32초	광고		콩나물 광고	
20:32	2분	자료 인터뷰		해외 아시아 공장	
20:32 33:32	13분	쇼호스트 멘트		아시아 공장 노동자 인터뷰 쇼 행사장 스타 의상 영상 아이에게 옷 입히는 엄마 얼굴	
33:32 34:10	38초	현장 영상		아시아 공장 상황, 노동자 눈물+한숨	
34:10 35:38	1분 28초	쇼호스트 인서트		콩나물 소개	
36:51	13초	ID		행복캐쥬얼 콩나물	
36:51 48:51	12분	쇼호스트 패널 인터뷰		인터뷰 '문근영' 인터뷰 '줄리아 로버츠' 인터뷰 '빅터 리'	
48:51 49:51	30초	ID		행복캐쥬얼 콩나물	
49:51 54:21	4분 30초	쇼호스트 최종 멘트		콩나물 브랜드 소개 콩나물 목표 비전 자선행사 소개	
54:21 54:55	34초	ID		마무리 ID 쇼호스트 끝인사 (54' 55'' 까지)	
55:05		END		END 55' 05''	

02 자막 배치 및 색감

인터넷홈쇼핑 '자막'에도 과학을 심자

TV홈쇼핑 자막은 흔히 'L바' 라고 하는데, 왼쪽에 상품 정보를 담고, 아래쪽에 상품 주문 전화번호와 남은 시간 정보, 제조사 이름과 상품 브랜드 로고 등의 정보를 싣는다.

단, 'L바' 에 텍스트가 많으면 시청자들이 읽기에 불편하므로 한 줄에 최대 8자 이상을 넣지 않는데, 'L바' 에서 '一바' 로 바뀐 이후엔 소비자의 정보제공을 위해 글자 제한은 없어진 듯 하다.

자막에 들어갈 텍스트 색상도 전자 제품엔 파란색, 회색, 언어웨어 등의 패션 제품에는 붉은 색, 보라색, 다이아몬드 등의 보석류는 금색과 핑크 색으로 다르다. TV홈쇼핑계의 일반적인 'L바' 대신에 GS홈쇼핑에선 '역L바' 란 걸 시도했었는데, 화면 오른쪽에 상품 정보를 넣는 이유에 대해 인간의 좌뇌는 이성적 행동을 제어하고, 우뇌는 감정을 다루기 때문이라고 했다.

TV홈쇼핑에는 댄스 음악이 들린다. TV홈쇼핑 관계자의 말에 의하면 쇼핑호스트의 상품 설명보다 음악이 나올 때 주문이 더 늘어난다고 한다. TV홈쇼핑의 주된 고객이 30대 이상 주부이기에 예전에 그들이 듣던 음악을 선호한다는 분석이다.

상품 자막은 업계에서 'L바(Bar)' 라는 명칭으로 불리는데, TV홈쇼핑의 원년인 1995년 미국의 HSN, QVC 등의 화면을 본 떠 사용하면서 'L바' 시작됐다. 그 후, 화면 하단에 '一바' 도 생겼다.

패션상품처럼 보여주기가 중요한 상품들을 위해선 탁월한 효과를 얻었다. 또한, 2003년 이후엔 LCD 모니터 TV, PDP TV 등의 디지털 모니터가 보급되면서 '一바' 가 주로 사용되고 있다. 와이드 화면으로 불리우는 디지털 기기의 주조 조건 상 세로 자막이 잘리는 현상이 발생하기도 했다.

'—바' 는 극장과 TV영화 등의 프로그램에서도 자주 쓰이는 자막 배치 형태이기 때문에 TV홈쇼핑에서도 거부감이 없으며, 인터넷홈쇼핑의 자막 배치 전략에도 무난하다는 평가를 받는다.

Chapter 4

03 진행자 멘트 방법

상품 촬영 시 쇼핑호스트의 이미지와 대화법은 상품 판매 결과에 영향을 줄 만큼 매우 중요하다. 게다가, 쇼핑호스트의 첫 인사는 사람과 사람 사이의 첫 만남처럼 상품에 대한 이미지와도 같다.

그런데, 쇼핑호스트의 역할에 대해 아직 익숙하지 않은 사람의 경우, 카메라를 보고 혼자 이야기한다는 것에 대해 다소 생뚱맞은 느낌도 가질 수 있다.

누가 그랬든가 '방송도 체질' 이라지 않은가? 하지만, 인터넷홈쇼핑을 시작한 이상, 쇼핑호스트를 따로 구할 여력이 안 된다면 사업자가 직접 쇼핑호스트로 나서야하는데, 이때 사용할만한 멘트를 미리 준비해두는 것도 좋은 방법이다.

"날씨가 춥다. 감기 조심하셔야죠?"

"오늘 어린이 날인데, 선물은 뭘로 하셨나요?"

"10월의 마지막 날이다. 잊혀진 계절 아세요?"

"4월 5일은 식목일, 나무 심으셨나요?"

위와 같은 이야기는 누구나 할 수 있는 이야기이지만 쇼핑호스트가 할 만한 첫인사 멘트로서는 좋지 않다. 상품에 대해 기대감을 갖고 보는 시청자들인데, 익히 들어왔던 식상한 멘트는 소비자의 기대치를 반감할 수 있기 때문이다.

쇼핑호스트는 자기만의 이미지와 자기만의 인터넷홈쇼핑의 특성을 잘 살린 멘트를 준비해둬야 한다. 그리고, 적절한 시기와 시간에 맞춰 멘트를 약간씩 변형하며 사용하는 게 좋다.

그러나, 인터넷방송 시대에 상품 촬영 영상에 임하는 쇼핑호스트로서도 '멘트' 는 논리적이고 상식적인 내용이어야 한다. 사람의 말이란 한번 흐르면 다시 돌아오지 않는 엎질러지는 물과 같기 때문이다.

듣는 시청자 입장에서 한번 듣지 못하면 다시 주워 담아 들을 수 있는 방법이 없다. 시청자를 위해 상품 정보에 몰입할 수 있는 멘트를 선택해야 하는 이유이다.

쇼핑호스트가 촬영에서 사용 가능한 멘트 작성 방법

키워드를 메모하라

상품에 대한 가장 중요한 정보를 미리 메모하여 촬영 시 빼먹지 않도록 주의해야 한다. 가격이 비싼 상품이라면 가격이 비쌀 수밖에 없는 이유를 미리 메모하여 두고 시청자들에게 사전에 충분히 납득시킬 수 있어야 한다.

간략하지만 내용 전달이 100% 가능하도록

영상은 신문과 같은 인쇄매체와 달라서 두고두고 볼 수 없는 단점이 있다. 시청자들과 쇼핑호스트는 1:1 친구가 만나 이야기 하듯 시간을 같이 쓰는 사이로 존재한다. 이럴 때, 시청자가 원하지 않는 이야기로 시간을 허비해버리면 다시 발걸음을 되돌릴 소비자는 없다.

고객이 원하는 것을 가능하게

쇼핑호스트가 상품에 대해 이야기를 하지만 고객은 자기가 원하는 가격이 있고, 자기가 원하는 상품의 색상과 원하는 배달시간이 있다. 판매자는 철저히 고객 편이 돼서 고객의 요구를 들어줘야할 의무가 있다. 고객이 없으면 판매자가 존재하기 어렵기 때문이다. 따라서, 쇼핑호스트의 멘트도 고객의 입장에서 고객이 원하는 바를 이야기하고 모두 가능하다는 결과를 보여줘야 한다.

상품의 고급 이미지와 쇼핑호스트의 고급 이미지를 맞추라

배고픈 쇼핑호스트 이미지는 고객의 발걸음을 되돌린다. 배고픈 이에게 물건을 사려는 사람은 별로 없다. 고객이 쇼핑을 한다는 것은 배가 고프지 않은 상태에서 즐기려는 문화적인 요소가 많다.

상대는 배고픈데 그렇지 않은 고객이 다가와서 상품을 산다는 것은 불가능하다. 쇼핑호스트는 고객의 입장이 되어 고객과 같이 배가 고프지 않은 상태로 쇼핑의 친구가 되어야 한다. 쇼핑은 배고프지 않은 사람의 '문화' 라는 점을 명심하자.

고객이 싫어하는 단어를 버린다.

'반대, 무질서, 비하, 마음에 없는 칭찬, 상대를 의심, 과장된 말' 등은 고객이 싫어하는 말이다. 정리해보면, 내가 듣기 싫어하는 단어가 고객이 듣기 싫어하는 단어와 같다.

상품을 소개하는 자리, 인터넷홈쇼핑의 상품 홍보 영상은 글자 그대로 '광고' 이다. '광고' 란 간결하면서 소비자가 알고자 하는 것을 정확하게 알려주는 단순, 명료성이 필요하다. 거추장스러운 미사어구도 불필요하고, 내 상품을 홍보하기 위해 다른 상품을 비하하는 험담도 하면 안 된다.

신뢰를 받기 위해 주장하고 반복하라

고객을 향한 멘트를 준비하면서 '주장의 반복' 이 때론 큰 효과를 가져 온다. 사람과 사람 사이에 대화를 할 경우, 한쪽이 "난 싫어"라고 하면 그 상대방은 이 말에 신뢰를 갖게 된다. '난 좋아' 도 마찬가지이다.

흔히, 사람끼리의 대화에서 서로의 감정 표혐, 서로의 진실한 생각에 대해 사실 그대로 말하는 것은 좋지 않다고 배웠기 때문에 '자기 의사가 분명한' 경우 상대방은 신뢰를 갖게 된다.

한번 주장했으면 적당한 시점 이후에 '재다짐' 을 해야 한다. 사람들은 어느새 쇼핑호스트의 말에 신뢰를 보내며 상품에 대해 자세하게 듣고 있을 것이다.

구매심리 단계에 따라 준비하라

쇼핑을 하려던 마음이 없는 사람도 어떤 상품을 우연히 보게 되면 몇 단계의 심리적 변화 과정을 거친다.

1) 단계 : 어떤 상품이지?

2) 단계 : 나쁘지 않은데~

3) 단계 : 살까 말까?

4) 단계 : 사도 괜찮을 것 같은데

5) 단계 : 더 좋은 거 없나?

6) 단계 : 속는 거 아니겠지?

7) 단계 : 밑져야 본전인데, 사두자.

8) 단계 : 잘 산 거겠지?

9) 단계 : 좋은데. 다른 거 없나?

10) 단계 : 친구에게도 알려야겠네.

이와 같은 10단계의 쇼핑 결정 과정을 거친다. 위 10단계에서 가장 중요한 1, 2단계는 상품에 대한 첫인상이자 쇼핑호스트에 대한 첫 느낌이 생기는 단계이다. 어떤 상품인지 정보를 접하고, 고객이 가진 정보에 대비해서 나쁘지 않다는 판단이 세워지는 단계이다.

일단, 나쁘지 않다는 판단이 선 고객은 바야흐로 '살까 말까' 를 고민하게 되는데, 지금 당장 필요한 것인지, 아니면 나중에 사도 되는 것인지 고민한다. 이 단계라면 판매자는 마음을 놓고 고객의 결정을 기다리기만 하면 된다. 시간의 차이가 존재할 뿐, 쇼핑은 하겠다는 고객이기 때문이다.

문제는 어떤 상품인지 처음 본 고객이 갖게 되는 상품 이미지인데, 상품을 처음 보고 바로 '그저 그렇군' 하게 되면 제 아무리 쇼핑호스트가 예쁘고 이야기를 잘한다고 해도 고객의 마음을 되돌리기란 정말 어렵다.

따라서, 판매자의 입장에서 처음 고객을 잡기 위한 전략은 '상품' 과 '쇼핑호스트' 를 비교해서 어느 쪽을 먼저 촬영 할 것인지 정해야 한다. 쇼핑호스트가 멘트를 먼저 시작할 경우엔 위 고객의 단계별 태도에 대해 미리 알고 시간대 별로 이야기를 진행하는 노련함을 갖춰야 한다.

고객을 직접 대하고 이야기 하는 판매가 아니기 때문에, 쇼핑호스트는 자기의 이야기에 따라 고객이 어떻게 반응하고 어떤 생각을 할 것인지 추측해야 하는데, 쇼핑호스트의 본능적인 '감' 이 중요한 역할을 차지하기도 한다.

04 생방송 고객응대 요령

TV홈쇼핑에서 활동하는 쇼핑호스트처럼 인터넷홈쇼핑에서 상품 소개 영상을 촬영하는 쇼핑호스트도 방송 현장이란 긴장감으로 촬영에 임하는 게 좋다. 똑같은 카메라와 스튜디오, 상품이 진열된 무대와 촬영장 분위기는 TV홈쇼핑이나 인터넷홈쇼핑이나 다르지 않기 때문이다.

다음은 촬영 현장에서 생방송일 경우 만나는 고객과의 응대법이다.

생방송은 인터넷홈쇼핑 고객들과 실시간으로 만나고 상품 매출의 결과가 현장에서 확인된다는 속도의 장점이 있는 반면, 작은 실수라도 여지없이 시청자들에게 보인다는 점에서 단점도 된다. 더구나, 쇼핑호스트가 멘트를 준비 안 하거나 말 실수를 하게 되면 수많은 시청자들은 그 정도에 따라서 상품에 대한 이미지까지 타격을 입게 되는 일이 비일비재 하다.

생방송은 그래서 초보 인터넷홈쇼핑 운영자들에겐 피해야할 일이기도 하지만 나중에 생방송만이 갖는 인터넷홈쇼핑의 매력이 있기 때문에 평소에 연습을 해두도록 한다.

방법 1. 상품을 완전히 파악한다.

준비 없는 기회는 실패와 같다. 상품에 대해 철저한 정보를 구하고, 상품에 대한 예상 질문 응답까지 만들어서 촬영에 임하자. 충분한 연습과 사전 학습은 필요한 시간에 빛을 발한다. 상품에 대해 잘 알아두면 고객으로부터의 어떤 예기치 못한 질문에도 대답할 수 있다는 것은 사실.

상품에 대해 파악할 내용은 아래와 같다.

; 브랜드명, 생산 배경, 원산지, 만드는 이, 상품 출시 과정, 상품 원자재의 좋은 점과 나쁜 점, 원자재부터 상품 출고까지 이뤄지는 모든 일들, 현재 유통 중인 곳, 상품 제조회사의 대표이사의 이력, 회사의 경영방침, 소비자들의 상품후기, 인터넷 등에 상품 관련 덧글, 회사 분위기, 해당 상품을 만드는 장소의 상태, 비슷한 상품의 종류, 해외에서 상품에 대한 반응, 상품에 대한 미래의 발전 비전 등

Chapter 4

방법 2. 고객을 확실히 이해시키고, 고객의 의견에 동의

인터넷홈쇼핑 상품 생방송 중 고객과의 전화 연결은 쇼핑호스트와 제작진도 긴장을 하게 되지만, 고객의 입장에서도 편안한 통화이지만은 않다. 사람은 남의 일에 방해가 된다는 생각을 하면 당황하고 이야기가 급해지게 되는데, 남의 일에 방해를 주지 않아야 한다는 무의식적 심리 때문이다.

생방송 중 전화를 걸어 상품에 대해 질문을 하거나 쇼핑호스트와 대화를 시도한다는 것 자체가 고객의 입장에서도 떨리는 일이다. 자기의 질문에 대해서도 혹시 엉뚱한 내용은 없는지 염려도 되고, 쇼핑호스트와의 대화를 하던 도중에 이상한 대답을 할까봐 고민스러운 것도 사실이다.

이 경우, 인터넷홈쇼핑의 방송 주도권은 쇼핑호스트가 갖고 있다는 점을 주시하자. 쇼핑호스트는 적어도 고객보다는 생방송에 임하는 자세가 안정적이고, 상품에 대한 정보도 많이 갖고 있으므로 전화를 걸어온 고객을 배려해야할 의무가 있다.

쇼핑호스트는 고객의 질문에 대해 대답을 하면서 간결하지만 정확한 답으로 고객을 확실히 이해시켜야 한다.

방송 시청 중 전화를 걸어온 고객과 쇼핑호스트와의 대화는 당사자만의 문제가 아니라 다른 시청자들에게도 고스란히 전달되기 때문이다. 고객의 질문과 쇼핑호스트와의 대답에서 시청자들은 상품 쇼핑의 재미에 추가된 남의 얘기를 보너스로 얻는다.

쇼핑호스트는 어떤 고객의 무슨 질문을 받을지 모르는 상황에서 재치 있게 대답하고 간결하면서 정확한 답을 내놓아야하는데, 쇼핑호스트의 이런 모습이 제대로 시청자들에게 전달되면 100점 쇼핑호스트로서 이미지도 각인되고, 상품에 대한 매출도 동반 상승하게 된다.

고객의 질문에 응하는 쇼핑호스트의 좋은 답안이란 '고객의 의견에 동의하면서 간결하

고 명확한 답변을 고객에게 다시 전달' 함이라 하겠다.

방법 3. 반론을 요령껏 다루다가 이야기의 종결을 시도한다.

문제는 그 다음이다. 생방송 중 연결된 고객의 전화. 쇼핑호스트는 고객에게 짧지만 간결한 답안을 제시했다. 대부분의 경우, 쇼핑호스트의 대답을 들은 고객은 자신이 가졌던 궁금증에 대한 답을 이해하고 전화를 끊는다.

그런데, 10건의 연결 중에 1~2건의 연결은 초점을 못 찾는 고객이 있다. 자신이 물어본 것에 대해 쇼핑호스트가 답변을 했음에도 정작 고객 본인이 이해를 못하고 재차 되묻는 것이다.

"저기요, 방송 보다가 궁금해서요. 1+1은 뭔가요?"

"네, 고객님. 전화 감사한다. 1+1은 2이다."

"그래요? 1+1은 2가 아닐 수도 있잖아요?"

이 유형이다. 그 전에 MBC 라디오 프로그램에 출연한 적이 있었는데, 방송국 한쪽 칠판에 적힌 전화번호를 봤다. 담당 작가하고 연출자가 적은 것이라고 했다.

무슨 번호인지 물어보니 '블랙리스트' 라며 고개를 가로젓는다. 이야기를 들어보니, 라디오 방송은 청취자와의 방송을 통해 현장감을 살리려 전화 연결을 많이 하는데, 경품을 건 퀴즈 코너가 간혹 있다고 한다. 그때 전화를 걸어오는 고질적인 단골이라고 한다.

단골이라 함은 라디오 방송 취지상 많은 사람에게 혜택이 돌아가도록 해야 함에도 매번 같은 사람이 퀴즈에 응모해서 경품을 노린다는 점이다. 전화번호를 바꿔가며 목소리를 달리 속여 가며 전화를 걸어대는데 초창기엔 속다가 나중에 알고는 미리 주의를 한다고 했다.

인터넷홈쇼핑 스튜디오 한쪽에도 이런 블랙리스트 고객을 관리하는 칠판을 두는 것도 좋은 방법일 수 있겠다. 하지만, 유능한 쇼핑호스트는 이 방법 대신 재치 있는 대화로 방송에서 생긴 일은 방송으로 해결할 줄 알아야 한다.

"저기요, 방송 보다가 궁금해서요. 1+1은 뭔가요?"

"네, 고객님. 전화 감사한다. 1+1은 2이다."

"그래요? 1+1은 2가 아닐 수도 있잖아요?"

같은 경우를 예로 적당한 응대를 알아보자.

"네. 고객님. 그렇군요. 다시 한번 알아보고 저희가 방송을 통해 말씀드리겠다."
툭.

전화를 끊는다. 고객의 기분도 상하지 않고, 다른 시청자들에게도 불필요한 대화로 주의가 산만하게 안 해 줄 수 있다. 더구나, 생방송을 계속 시청하게 할 수 있으니 나중에라도 더 좋은 고객으로 찾아올 수 있다.

이 방법이 너무 쉽게 끊는 경우라면 다른 방법도 있다.

"네, 고객님. 1+1은 많은 답이 될 수 있다. 저희가 지금 소개해드리는 상품도 많은 고객님에게 특별한 의미로 다가갈 수 있는데요, 그건 바로 고객님의 만족이다."

대화가 길고 조금 어렵다면 이 방법은 어떤가.

"네, 고객님. 1+1은 2가 아니라 ·과로·죠?"
"네?"
"일(事)+일(事), 일이 너무 많으니 과로죠."
"……"

자칫 심각해질 수도 있는 상황을 유쾌한 퀴즈 응답 시간처럼 재미있게 풀어낼 수 있다. 고객의 반론을 요령껏 응대하면서 이야기의 결론을 맺는 방법이다.

노련한 쇼핑호스트는 상황별 고객과의 대화법에 대해 숙달된 상태이므로 크게 긴장하지 않으며 대화를 이끌어나가지만 초보자의 경우 자칫 고객의 질문에 당황하게 되어 촬영 자체가 곤란해질 우려가 있다.

평소 연습을 많이 해두어 익숙한 말 습관이 되도록 자기 것으로 해야 한다.

05 방송 후 고객상담 요령

TV홈쇼핑을 예로 들어보자. 긴박한 생방송이 끝나고 카메라 뒤에서 쇼핑호스트와 방송을 진행하던 연출은 고객 주문 상황을 확인하고 방송 종료를 알린다.

"OK. 지름신 오셨어요. 대박!"

PD와 MD의 방송 종료 신호와 동시에 카메라 앞에 섰던 쇼핑호스트와 각 모델, 출연자들은 그제야 긴장을 푼다.

주문은 얼마나 들어왔는지 제일 궁금하다. TV홈쇼핑의 인격은 다른 거 다 필요없고, 오직 매출뿐이다. 매출이 상품의 인격을 말한다. 다행히 매출이 좋으면 그 날 방송에 참여했던 모든 이들의 마음도 안심이다.

만약 매출이 기대만큼 안 나왔다면 담당 PD와 MD는 부진 이유를 분석하고 보고서를 만들어야 한다. 주문 고객의 수가 적을 경우 해당 상품 방송에 참여했던 이들의 기분도 별반 좋을 리 없다.

"TM에서 막아봐."

홈쇼핑의 최종 업무는 고객 주문 접수를 받고, 고객 상담 전화를 처리하는 TM부서. TM은 텔레마케팅(Tele Marketing)의 줄임말로써 홈쇼핑 고객들의 궁금증을 전화로 상담하는 부서를 말한다.

홈쇼핑의 TM은 생방송 진행 시 쇼핑호스트가 다루는 고객의 질문과는 비교가 안 될 정도로 무수히 많은 상황에 처한다. 짐작할 수 없는 질문을 해대는 고객의 전화를 받고, 도저히 참기 어려울 만큼 답답한 고객의 전화를 감내해야 한다.

인터넷홈쇼핑은 초기엔 녹화 영상을 보여주는 것으로 시작하지만 얼마 지나지 않아 담당 MD와 피팅 모델, 쇼핑호스트가 함께 참여하는 보이는 실시간 영상으로 소비자와 만나게 된다.

이 경우, 생방송 형태로 영상이 끝나면 인터넷홈쇼핑 사이트에 고객들의 질문이 쏟아지게 된다. 물건을 구입한 고객부터 상품에 대한 여러 가지 질문이 모이게 된다. 물론, 일부는 사무실로 전화를 걸어 상담을 하게 되는데, 회사로 걸려온 고객의 문의 전화에 상황별로 대응하는 방법이다.

고객 유형별 카멜레온 대응방법

1) 충동구매 고객은 반품도 충동적이다.

컴퓨터 앞에 앉아서 인터넷을 하던 A씨. 우연히 인터넷홈쇼핑 영상을 보고 신용카드로 인터넷에서 쇼핑을 했다. 인터넷홈쇼핑몰이라는 사이트에서 쇼핑호스트의 이야기를 듣다 보니 '그럴듯' 해서 쇼핑했지만 컴퓨터 앞에서 일어서려니 뭔가 마음이 걸린다.

'집사람이 뭐라고 하지 않나?'

'지난 달 카드 결제대금도 만만찮게 나왔던데.'

'집사람이 앞으론 뭐 사지 말라고 했는데.'

아무래도 마음이 찜찜한 A씨는 결국 쇼핑몰로 전화를 걸어 주문 취소를 하려고 한다. 이때, 회사에서는 마지막 마케팅 상담을 하게 된다.

고객의 마음을 다시 돌려서 상품을 구매하도록 할 것인가, 고객의 요구대로 주문 취소를 하고 말 것인가?

'팔랑 귀' 라며 자기는 다른 사람의 이야기를 듣고 쉽게 믿는다는 사람들이 의외로 많다. 번번이 자신은 너무 잘 믿어서 탈이라고 하지만, 알고 보면 꼭 다른 이의 유창한 언변 때문에 팔랑귀(귀가 얇은 사람)이 되는 것은 아니다. 물건이 좋아서, 상품이 좋아서 꼭 필요했지만 현재 반드시 필요한 상품은 아니었다는 경우가 많다.

이런 유형의 사람들은 어느 일을 하더라도 행동이 빠르고 성급한 성격이며, 화를 내더라도 강렬하게, 뭔가 자기 눈에 들어왔다 싶으면 돌발적인 행동을 하곤 한다. 이러한 결과는 그 사람 본인에게 남과 다른 경쟁의식과 승부욕이 강한 경우가 많다.

이런 소비자와 전화 상담을 할 경우라면 고객의 요구에 바로바로 응대해주는 것은 삼가야 한다. 그렇다고, 이런 저런 이유를 핑계 대며 고객의 요구를 거절하라는 의미가 아니다. 이 고객은 평소 자신의 충동구매에 대한 주위 사람들의 평가(?)를 익히 들어온 터라 상담원이 자기를 무시한다는 인상을 받을 경우 고객은 더 화를 내며 감정 싸움으로까지 번질 수 있다.

상담원은 고객에게 불필요한 이야기를 하지 않는 대신 고객에게 정보가 될 만한 간결한 상품설명을 하고, 고객의 불만 사항이 무엇인지, 주문 취소를 하려는 사유가 무엇인지 한두마 질문을 하고 상담을 마쳐야 한다.

한 두 마디 상담은 이런 대화가 좋다.

"네, 고객님. 전화주셔서 감사한다. 주문 취소는 바로 해드리겠다. 저희가 사유를 남겨야 하는데 몇 가지 답만 부탁드린다."

전화를 걸어온 고객은 주문 취소가 어렵다는 대답을 들을 경우 화라도 내야겠다고 작정을 한 경우가 많은데, 의외로 손쉽게 '취소 가능'이라고 들으면 기분이 누그러진다. 불편할지 모르는 한 두 마디의 질문쯤은 정성껏 해줘야겠다고 호의적인 고객이 된다.

"상품 안내는 충분히 들으셨는지요? 이 상품의 장점은 어떤 점이라고 생각하시는지요?"
"상품 정보 중에 쇼핑호스트나 모델, 출연자로부터 받은 이미지는 어떠셨나요? 이 상품이 어떤 분들에게 어울릴까요?"
"상품 가격은 적당하다고 생각하시는지요? 생활에 큰 불편이 없다면 집에 두고 사용할 경우 소비자에게 좋은 상품 아닐까요?"

많은 상담 결과, 전화를 걸어온 고객은 자기 자신의 본연의 마음으로 돌아가 용기를 얻는다. 자기가 상품을 제대로 알고 샀으며, 집에 두고 쓰면 좋은 상품이란 걸 자기 입으로 다시 말하게 되는 것이다.

주문 취소는 이뤄지지 않는다.

2) 심사 숙고하는 고객은 반품도 거북이

지난 달부터 집에 창소기 하나 장만해야겠다고 벼르던 B씨. 이번 달 월급을 받기 전에 근 2, 3주간을 인터넷에서 청소기 상품 정보를 검색해보며 가장 가격이 싸며 기능이 좋은 상품을 고르는 중이었다.

상품 정보를 통해 전문가 식견의 상품 지식을 얻은 B씨. 드디어 쇼핑에 나서는데, 요즘 새로 생긴 인터넷홈쇼핑을 통해 쇼핑호스트의 이야기를 듣고 가장 좋다고 생각된 청소기를 샀다.

그런데, 사고 보니, 뭔가 상품 기능이 다른 제품에 비해 부족한 걸로 생각되어 주문 취소를 하려고 전화를 걸었다.

이 부류의 사람은 행동이 느리지만 자신의 이익을 위해서는 오랜 시간도 기다릴 수 있는 인내심의 소유자이다. 상품을 사게 되면 포장박스 안에 든 상품설명서를 글자 하나하나 읽어보며 쇼핑의 즐거움을 느끼는 사람이다.

하지만, 상품을 산 이후에라도 다른 제품이 더 좋은 게 있다면 먼저 산 제품을 반품할 구실을 찾는데도 도사가 많다. 전화상담원이 가장 까다롭게 생각하는 사람들인데, 이럴 경우 일어나는 상황은 대개 이렇다.

상품에 대해 자세한 정보를 꿰고 있다고 생각하는 고객. 상담전화쯤이냐 말로 물리치고 다른 제품을 살 생각을 하고 전화를 걸어온다. 이 때, 상담원은 고객에게 지식을 제공해야 한다.

"네, 고객님. 전화주셔서 감사한다."

"네. 이번에 청소기를 샀는데, 인터넷 정보엔 작동 시 소음이 적다고 했는데, 생각 이상으로 소음이 커서 주문 취소를 하려고요."

"네, 고객님. 바로 처리해드리겠다. 몇 가지 질문만 드리면 되는데요 부탁드린다."

"네."

"다른 제품과 저희 제품 가운데 부가 기능은 살펴보셨는지요? 저희 제품은 고장 시 품질보증 A/S 기간이 타 제품들보다 더 긴 점 말씀 들으셨는지요? 특히, 이번 판매기간 중에 구매고객님들께 이벤트 사은 행사로 ○○○을 증정하고 있는데요, 정보 제공은 받으셨는지요? 저희 제품이 타사 제품들보다 가격도 월등히 저렴하고 품질 보증기간도 길다는 장점 때문에, 인터넷 영상으로 충분한 정보를 받지 못하신 고객님들이 주문 취소를 하시려다가 안 하시는 분들이 많이 계십니다."

"아, 그래요? 그런 건 이야기 안 해주던데, 알겠다."

전화상담원이 전화를 걸어온 고객에 대해 알아차렸으며 대응전략까지 숙지하다는 뜻이다. 고객으로서도 자기 주장을 철회할 충분한 틈이 있기 때문에 상담원에 '말주변'에 당하는 게 아니라 자기 '의지대로' 주문 취소를 하겠다는 것이므로 방법도 쉽다.

3) 동반 구매 고객은 반품도 어려워

성격이 유약하고 우유부단한 고객은 전화 상담만으론 불안해서 회사로 찾아오는 경우도 많다. 대부분 친구나 가족을 동반하고 그들의 기세로 보아 '쳐들어온다'고 보일 때가 많은데, 쇼핑을 할 때 생각이 많고 살 지 말 지 혼자 결정하지 못하는 사람들의 경우이다.

이런 유형의 고객은 동반자를 데리고 와서 먼저 이야기를 꺼내는데 말 높낮이가 낮고, 행동이 조심스러운 면이 보인다.

회사 상담원은 고객의 이런 점을 숙지하고 고객을 배려하며 상담을 시작해야 한다. 상담의 성패는 물건을 산 고객이 아니라 같이 따라온 사람을 설득하느냐 마느냐에 있다. 회사 상담원은 고객과 같이 온 사람을 설득해야 하는 임무가 주어진다.

회사로 찾아올 때는 물건을 구매한 고객의 요청으로 따라왔지만, 나중에 돌아갈 때는 고객을 설득해서 데리고 갈 사람이기 때문이다.

"저, 이 것 좀 반품해주세요."

"네. 어떤 점이 마음에 안 드셨는지요? 저희가 바로 처리해드리겠다."

"그냥 반품하고 싶어서요. 주문 취소도 바로 처리 되죠?"

"네, 그렇게 해드리겠다. 고객님."

"(휴우)"

"아, 고객님, 혹시나 해서 말씀드리는데요, 이벤트 기간 중 구입하신 고객님이라서 혜택이 있으신데 확인해보셨나요?"

"(옆 사람 쳐다보며) 아뇨."

"네에. 고객님께는 사은카드가 상품과 함께 발송될 예정이었다. 할인권인데요, 저희 회사 제품 구입 시 할인도 해드리고, ○○○○○○○○○도 가능한 카드이다. 개인신상정보는 따로 필요없고요, 저희 회사에서 발급한 거라서 그냥 쓰면 되는 카드거든요."

"…… 몰랐는데."

"네, 고객님. 상품 받으면서 보시게 해드리기 위해 저희가 준비한 깜짝 선물이거든요. 회사 자체에서 추첨해서 한정 고객님들께만 보내드리는데. 몇몇 분들이 주문 취소하고 다른 분들이 카드 받은 거 아고는 다시 주문하시는데, 재주문 시에는 추첨 기회도 없고 카드가 동봉이 안 된다. 카드 의미가 깜짝 선물이거든요. 고객님은 제가 아직 취소 안 해드렸으니까 받으실 수 있으신데…… (고객과 같이 온 사람을 쳐다봐야 함)"

카드는 회사에서 준비한 주문 취소 고객 대비 사은품인 셈이다. 물건을 샀던 사람이 반품을 하고 싶다고 느낄 경우라면 '뭔가 서운해서' 일 경우가 대다수인데, 고객의 부족한 기분 2%를 채우기 위한 회사의 마케팅 상품인 것이다.

4) 직접 본인이 구매한 고객은 반품할 때도 자신 있게

물건을 자기가 산다는 것. 흔히, 경제권을 쥔다는 표현을 쓰는데, 자기 돈을 자기가 쓰는 사람은 생각 외로 많지 않다. 대개의 경우, 부모님께 드리거나 결혼한 사람이라면 부부 중 어느 한 쪽이 맡아서 경제활동을 하게 마련이다.

쇼핑을 하는 사람을 자세히 보면 돈을 쓰는 자세를 통해 경제권이 있는지 없는지 알 수 있다. 백화점에 들러 물건을 사는 사람이건, 인터넷에서 상품을 주문하는 사람이건 그 '표'가 난다.

어떤 사람은 인터넷에서 상품을 본 후 절차에 따라 주문을 하면 되는데, 회사로 전화를 바로 거는 일이 있다. 물건을 내가 사는데, 어떻게 누가 파는지 얼굴 한 번 안 보고, 이야기 한 번 안 해보고 살 수 있겠느냐는 생각을 가진 사람이다.

자신감을 갖고 스스로 결정해서 선택하기를 좋아하는 사람인데, 대부분 젊은 나이에 성공을 한 사람들로서 앞에 어려움이 닥치더라도 진취적 사고로 뚫고 나아가길 좋아하며 성실하고 남을 대할 때도 겸손한 태도가 몸에 배인 사람들이다.

이럴 경우, 회사 상담원은 고객의 의사를 존중하여 고객의 결정을 지켜주는 게 좋은 상담법이다. 다만, 회사의 고객으로서 주문 취소나 반품을 문의할 경우에 대비한 상담법을 알아본다.

"거기 어디죠? ㅇㅇㅇ상품인데, 주문 취소 할게요."

"네, 고객님. 바로 처리해드리겠다."

"바로 되죠?"

"네, 고객님. 고객님의 반품 및 주문 취소 업무는 그 사유를 여쭤보게 되어있는데요, 고객님의 주문 취소 사유를 부탁드린다."

"그런 것도 해요? 그냥 안 샀으면 하고요. 마음이 변해서."

"아, 그러세요. 네. 감사한다. 고객님. ㅇㅇㅇ고객님 맞으시죠? 마지막으로 상품 확인 해드리겠다. ㅇㅇㅇ고객님께서 주문하신 상품은 주문하신 분의 성함을 제품에 기록해드리는 특별상품이고요, 한정 이벤트 중인 상품이다. 다른 분들과 달리 소장가치를 드리기 위한 상품인데요, 저희 VIP팀에서 다양한 사은행사를 드리는 고객으로 분류해서 특별 감사행사를 해드리는 상품이다. 맞으세요?"

"그런 거 못 들었는데."

"아, 네. 고객님. 상품 배송 시에 안내카드가 발송되고요, 상품 주문 시 자동 추첨을 통해 선별고객으로 분류되십니다."

"그래요? 어떤 후원을 해주는데요?"

"네, ㅇㅇㅇ고객님. ㅇㅇㅇ기능과 ㅇㅇㅇ된다. 그리고, ㅇㅇㅇ고객님의 쇼핑 후 회사 판매 마진 일부를 ㅇㅇㅇ고객님의 성함으로 ㅇㅇㅇ에 후원한다."

상담에서 가장 중요한 것은 고객의 이름을 또박또박 불러주는 것이다. 자기의 노력으로 경제권을 가진 사람들은 자기에 대한 자부심이 강하다. 또한, 자기 외에 다른 이들에 대한 승부욕도 강한데, 자기보다 약하다고 생각되는 이들에겐 연민의 정도 높다. 그래서, 자기 이름으로 남을 돕는 걸 망설이지 않는다.

5) 안 살 물건, 질문만 하는 고객

인터넷홈쇼핑을 보면서 신제품을 발견한 D씨. 다짜고자 전화를 걸어 상담원에게 상품에 대해 묻는다.

지금 실시간 영상으로 보여주는 저 상품이 어떤 상품인지에 대해 상담원이 얘기해달라고 요구한다. 너무 막막한 상담원은 D씨에게 정중히 응대해드리기를 지금 영상 다 보면 자세한 정보 아실 거라고 이야기 한다. 쇼핑호스트가 잘 준비해서 안내해드릴 것이니 한번 보시라고 권한다.

결과는?

D씨는 상담원의 이야기에도 불구하고 몇 번이나 같은 요청을 하고 자기가 원하는 바를 얻지 못하면 그냥 전화를 끊는다.

이 부류의 사람들은 말이 많은 반면 평소 해야할 일이 별로 없는 타입이다. 무엇을 해도 바쁘지 않다. 회사에서도 능력을 인정받는 유능한 직원과는 거리가 멀다. 오히려, 남의 일에 간섭 잘하고 끼어들기 잘해서 다른 동료들이 피하려는 사람일 가능성이 많다.

이런 소비자의 전화를 받았다면 상담원은 최대한 간략한 전화 응대로 만족해야 한다. 쇼핑할 생각은 없으면서 이것저것 묻기만 하는 사람이 필요한 건 단지 정보일뿐, 자기 돈 내고 물건을 살 일은 거의 없다.

그럼, 왜 상품에 대해 궁금할까?

다른 이들과 이야기 할 때 자기 과시욕을 위한 '안주꺼리' 일 뿐이다. 다른 이들과 대화하기 위한 정보로, 자기가 모른다는 걸 인정할 수 없는 타입의 사람이다.

6) 의심 많은 고객, 사면서도 의심해

상담하기에 껄끄러운 사람들 가운데 '의심' 이 많은 사람들이 제일 어렵다. 심지어, 상담원과 전화 통화를 하면서 모니터에서 보이는 인터넷홈쇼핑 영상을 놓치지 않는다. 현재 실시간 영상이건, 녹화된 영상이건 간에 상담원의 말이 자기가 보고 있는 영상과 일치해야만 다소 안심을 하는 사람이다.

전화 통화를 하며 곁눈질하고, 상담원은 볼 수 없겠지만 이 사람은 컴퓨터 모니터를 보며 의심스럽다는 표정으로 상담원에게 질문한다.

"만약에", "그래요?", "진짜?" 같은 이야기를 자주 한다.

어쩌다가 상담원이 이해하기 어려운 말을 꺼내면 의심이 가중되어 '내가 그럴 줄 알았다' 식으로 바뀐다. 이 사람은 손해 보지 않으려는 성격인데, 물론, 손해를 본다는 의미가 아니다.

좋은 상품, 고객을 배려하는 판매, 정확한 상품 정보를 보여주는 실시간 영상마저 이런 사람의 불안까지 채워주기엔 역부족이다.

그게 문제이다. 상담원이 이 타입의 소비자와 대화를 한다면 'YES'를 많이 하되, 국내 상품 관련 기관의 공식 인증서와 관련 학계의 논문과 보고서 등의 자료를 인용해서 알려주면 효과가 높다. 이 타입의 고객은 TV영상보다는 신문과 같은 인쇄매체를 선호하는 사람이다.

7) 불친절하지만 큰손 고객

상담을 하다 보면 재미있는 사람의 유형도 있다. 전화로 상담하거나 회사에 찾아온 고객이라서 상담을 시작하는데, 말투가 투박하고 겉보기에도 무뚝뚝한 성격(혹자는 무 써는 성격이라고 하는)으로 보이는 사람.

상담원들은 사람들과 대화를 하는 게 직업인지라 여러 사람들과 이야기를 하지만 '대화가 유쾌한' 사람들을 선호한다. 같은 시간을 보내더라도 대화가 편안하고 이야기가 통하는 사람들을 만나고 싶어한다.

그러나, 상담업무에 노련한 경력자라면 오히려 '무뚝뚝한' 사람과 이야기 하기가 편하다고 말한다. 말도 별로 많이 안 하고, 이야기 상대방의 기분 따윈 자기와 관계없다며 자기 할 말만 하는 사람들이 '가짜'가 없다는 뜻이다.

자기 고집이 있지만, 상담원의 입장에선 고객의 고집만 들어주면 모든 게 OK. 고객은 상담원에게 자신을 설득하라고 요구하지도 않고, 상담원의 이야기를 들으려고 하지도 않는다.

단순한 성격이라며 자기 고집을 주장하는 타입의 사람들인데, 대개의 경우 자기 마음에 들면 많은 수량을 구매하는 깜짝 행사도 만들어준다. 상담원들이 자기보다 어린 여성들이라면 간혹 불친절하고 반말을 하기도 한다. 그러면서, 자기 이야기 끝에 항상 "난 성격이 단순해서 그래요."라며 "당신", "자네" 등의 호칭도 서슴지 않고 말한다.

이 타입은 다른 소비자보다도 상담내용에 따라 판매력도 높으며 상품 제조회사와 소비자의 의리가 있다. 회사와 소비자의 의리라는 것은 '회사 제품이 좋고 사람들이 친절하면 끝까지 회사 제품을 사주고 다른 사람에게도 추천해준다'는 의미이다. 주위 사람들은 이 사람의 성격을 알기 때문에 상품 추천의 신뢰도가 매우 높다.

8) 상담 시 필요한 노하우 6가지

(1) 대화의 70%는 고객에게 양보하라.

자기보다 말을 많이 하는 사람은 인기가 없다. 고객도 상담원과 같은 사람으로서 이야기하고 싶다. 고객이 원하지 않으면 상담원은 말을 오래 하지 않아야 한다.

(2) 상담 시작 1분 동안 좋은 인상을 심어라

사람을 만나면 첫인상이 가장 중요하다. 첫인상은 0.03초 안에 결정된다고 한다. 사람을 만나서 첫인상을 보고 상대방의 기분이 결정되는 것이다. 반면에, 상담은 만나서 하는 경우보다 전화를 통해 이뤄지는데, 전화통화는 3분이 기본 요금 부 과 시간이니 아끼지 말라. 10초를 이야기하건 3분을 이야기 하건 비용은 똑같다. 상담 시작 후 1분은 나머지 상담에 대한 고객의 생각을 만들어준다. 고객과 상담 을 시작하면서 처음 1분을 자기 것으로 만들어야 한다.

(3) 온몸으로 고객의 이야기를 들어라

상대방의 이야기를 경청해주는 사람을 싫어하는 일은 없다. 상담원은 고객과 상 담을 하면서 상품 판매에 힘쓰는 사람이 아니라 고객의 불만을 들어주는 사람이 란 걸 명심하자. 상담원은 자기 이야기를 하는 사람이 아니라 다른 사람의 이야 기를 정성껏 들어주는 사람이다. 이야기를 들을 때는 온몸으로 듣도록 한다.

(4) 고객의 이야기 도중 '맞다, 그렇다, 그랬군요'로 호응하라

고객의 이야기를 들으며 맞장구치기에 인색하지 말라. 이야기하는 상대방을 신나 게 만들라. 사람은 신나게 이야기 하다 보면 마음이 바뀌고, 생각이 바뀐다. 자 기를 돌아보게 된다. 다른 이에 대해 관대하게 변한다.

(5) 말하는 속도는 키보드 타이핑 속도에 맞추자

대화를 할 때는 말을 빨리 하는 것보다 천천히, 예를 들면, 우리가 신문을 읽는 속도에 맞추거나 컴퓨터 자판을 치는 속도에 맞추자. 느리게 치는 사람이 아니 라 1분에 200타 정도 타이핑 속도를 내는 사람이다. 사람의 귀는 소리를 받아들 이며 말을 알아듣는데, 귀에 익숙한 소리를 잘 받아들인다. 우리나라 사람들이 영어 회화를 하면서 가장 먼저 하는 과정도 '귀를 뚫는 일' 이다.

귀를 뚫는다는 것은 내 귀를 영어 말하는 속도에 익숙하게 만들라는 것이다. 상 대방의 말에 내 귀를 맞추는 건 좋지만, 상담원의 경우, 말하는 속도를 고객의 귀에 맞게 해야 한다.

(6) 고객을 가르치지 말라

상담을 하다 보면, 상담원의 이야기를 못 알아듣는 사람들이 의외로 많다. 참 많 다. 이 경우, 일부 상담원은 고객을 얕잡아보거나 짜증이 나게되어 고객을 가르 치려 드는 경우가 종종 발생한다.

그러나, 어떤 경우라도 상담원은 고객을 가르치려 들어선 안 된다. 고객은 왕이 다. 상담을 원하는 고객은 몰라서 물어보는 어린이가 아니라, 이해가 안 돼서 알 아보는 손님이다. 손님이 이해를 못했다면 그 책임은 회사의 안내 방식에 있다. 회사의 고객 연결 창구로서 상담원은 고객의 이해를 도와야 하고, 고객을 이해시 켜야 하는 의무가 있다.

Chapter 5

인터넷·홈·쇼핑 방송 광고 전략

01 _ 온라인 홍보 마케팅

02 _ 오프라인 홍보마케팅

●●●

iPTV 시대의 본격 시작을 알리며 멀티미디어 시대가 열렸는데, 많은 사람들은 컴퓨터가 선두에 설 것이라고 말한다. 미래의 미디어 기능은 쌍방향성이 중요하기 때문이다.

쌍방향 서비스가 되면 TV는 가족극장으로 남고 컴퓨터는 지구촌 사람들이 만들어가는 쌍방향 기능을 활용해서 세계를 통하게 만드는 창문이 된다.

미국 인텔社는 컴퓨터에 케이블TV 네트워크를 연결하는 기술을 개발했다. 이 기술은 컴퓨터 연결선 어댑터가 케이블 TV에서 받은 신호를 컴퓨터에 전달해주는데 전화모뎀보다 속도가 1천배 이상 빠르다.

쌍방향 컴퓨터의 발전 가능성을 예측하는 많은 기업들이 홈쇼핑, 주문형 뉴스(video on news), 게임과 기타 정보를 제공하는데 있어 더 큰 장점을 보는 것이다.

컴퓨터는 TV보다도 선명한 화면을 갖고 있으며 정보처리능력으로 그 외 서비스까지 할 수 있다는 것이다. 쇼핑은 물론 인터넷을 이용한 세계 정보 네트워크가 가능하다. 이미 투자가 거의 끝난 상태기 때문에 실용화만 남았다는 것도 매력적인 요소로 작용한다.

인터넷 · 홈 · 쇼핑이란 무엇일까?

인터넷홈쇼핑몰(INTERNET Home Shopping Mall) 이란 '집에서(at home) 인터넷에 근거한 컴퓨터 통신 기반에서 쇼핑을 한다.' 는 의미. 매장을 방문하는 대신 직접 인터넷 연결을 통한 주문에 의해 필요한 상품 혹은 서비스를 구입하는 행위를 인터넷 · 홈 · 쇼핑이라고 규정한다.

특히, 1995년 케이블 TV 프로그램 공급자 선정에 포함된 2개 쇼핑 전문 채널의 등장으로 TV라는 영상 매체를 통한 쇼핑이 처음으로 시작되었고, 대기업들의 홈쇼핑 진출이 활발해지면서 홈쇼핑 시장은 점차 커졌다.

그 후, 2008년부터 인터넷 기술이 핸드폰, 전자사전, 네비게이션 등의 모바일 통신기기 및 일반 전자 제품에까지 접목되면서 인터넷 기반 TV사업자 등장을 위한 iPTV 관련 법이

제정되면서 TV홈쇼핑의 고유 영역이었던 영상 매체를 통한 쇼핑이 모든 인터넷 가능 매체로 이동하는 획기적인 기술의 발전과 더불어, 수많은 인터넷 쇼핑업체가 인터넷을 통한 홈쇼핑사업으로 대이동하기 시작했다.

'인터넷 · 홈 · 쇼핑' 이란 인터넷 기반의 쇼핑사업으로 TV홈쇼핑과 같이 실시간 영상 제공을 통한 홈쇼핑 사업을 말하며, 인터넷홈쇼핑 사업을 영위하는 모든 쇼핑사이트가 '인터넷 · 홈 · 쇼핑몰' 이다.

'인터넷 · 홈 · 쇼핑' 은 인터넷 기반의 컴퓨터 뿐 아니라 인터넷이 가능한 iPTV, 휴대폰, 전자사전, 네비게이션 등에 이르기까지 영역 제한이 없는 매체 통합을 이루고 있다.

'인터넷 · 홈 · 쇼핑몰' 이 TV홈쇼핑보다 좋은 점은 정해진 상품 방송을 기다릴 필요가 없다는 것, 상품 검색만으로 모든 상품 구매가 가능하다는 것, TV뿐 아니라 컴퓨터, 휴대폰, 전자사전, 네비게이션 등 인터넷 가능한 모든 전자제품을 통해 쇼핑을 할 수 있다는 점이다.

또한, 1인만으로 사업 가능한 인터넷 · 홈 · 쇼핑은 소규모 자본으로 1인 다역 업무를 해내야하는 멀티 플레이어 사업이다. 당연히 자본이 부족하고 인력이 부족한 건 어쩌면 필수 사업 요소인 셈이다. 돈 없고, 사람이 부족하단 변명은 1인 인터넷 · 홈 · 쇼핑 필수 요건을 갖춘 자로서 어불성설이기도 한 것인데, 1인 인터넷 · 홈 · 홈쇼핑 사업자도 해낼 수 있는 온라인 오프라인 홍보방법을 알아보자.

01 온라인 홍보 마케팅

1) 'UCC 동영상'의 적극 활용

인터넷 포털 사이트의 쇼핑UCC 게시판이나, 블로그, 동영상 메뉴에 인터넷 · 홈 · 쇼핑몰에서 만든 동영상을 올리자. 특히, 세계 최대 동영상 사이트인 유튜브(www.youtube.com)에 동영상을 올리면 세계에서 본다.

2) '상품후기 마케팅'에 적극 활용하라

내 상품을 팔면서 내 사이트의 상품 게시판에만 머무르면 안 된다. 상품을 구매한 고객의 블로그에 들러 고객을 찾아가는 마케팅에 힘써야 한다. 소득 1만 1천 달러 넘는 국가의 소비자들은 '감성, 이벤트'를 소비 동기로 삼는다.

3) '고객 문자 메시지' 활용

상품 구매 고객을 위한 핸드폰 착신음, 벨소리 등의 무료 증정 서비스, 그리고, 신상품 홍보 서비스 대신 인사 서비스를 한다. 고객이 필요한 상품을 찾아 와서 소비로 이어지기 전에, 소비자의 부족을 일깨워 제안하는 것도 방법이다. 보험설계사들이 하는 방문 마케팅을 접목한 1인 홈쇼핑 마케팅의 성공 가능성이 높다.

4) 홈쇼핑 판매를 쉬고, 1인 방송 체제로 건너뛰라

인터넷 · 홈 · 쇼핑은 24시간 운영이 어렵다. 처음 시작할 때는 팔만한 상품도 적다. 이럴 땐, 판매자나 아니면 회사 디자이너 또는 인터넷방송과 제휴하던 간에 인터넷방송 콘텐츠를 넣어라. 상품을 파는 대신 소비자를 위하는 콘텐츠를 넣어라.

5) 익숙한 것은 철저히 빼라!

인터넷 포털 사이트의 지식검색, 블로그를 찾아가는 홍보, 광고 스팸 메일 보내기, 광고 스팸 핸드폰 문자 보내기, 각 쇼핑몰에서 아르바이트생 고용에게 올리게 하는 상품 후기 조작 등의 편법은 접자.

연예인사진을 인터넷에 올려서 내 사이트로 링크하거나 인터넷카페를 만들어 회원들에게 전체 메일을 보내는 등의 홍보는 득보다 실이 많다. 가장 큰 문제가 '식상하다' 는 것, '카피가 쉽다' 는 것이다.

Chapter 5

6) 홈쇼핑 방송과 같은 퀴즈 프로그램化

단방향 방송은 주입식 교육에 지친 소비자의 노리를 세뇌할진 몰라도 감동이 적다. 고객을 모니터 앞으로 불러오는 고도의 큐시트가 필요하다. 내 상품과 연계된 연관 퀴즈를 내고 상품도 준다.

7) 이메일 쿠폰

고객에게 보내는 이메일 쿠폰 방법을 적절히 사용하라. 이메일에 쿠폰을 넣어 보내고, 고객이 쿠폰의 번호를 자기 이메일 주소로 기입하면 상품 구매 시 할인 혜택 등을 준다.

8) 키워드는 절대 하지 마!

돈만 비싼 키워드 광고는 적대적 경쟁자의 부정 클릭으로 광고비만 수억 날릴 수도 있다. 키워드 말고 콘텐츠형 검색어를 노려라. '인기 검색어' 를 포함하는 카페와 블로그를 만들면 네티즌이 검색 시 키워드 광고처럼 첫 페이지에 노출 가능성이 높다.

9) 카페 오프 모임에 홍보 위한 참여는 오히려 역효과.

신비주의 전략이 필요하다. 요즘 다들 드러내놓는 시대라고 떠든다. 그러나, '침묵이 금' 인 경우가 더 많다. 다들 떠들면 역으로 조용한 사람이 주목받는다. 침묵도 때로는 금이다. 이따금 침묵의 상품방송도 좋다. 이벤트성으로 판토마임式 상품 방송을 해보자.

10) 동영상 재주가 있다면 동물 영상과 상품 홍보 방송을 편집하라.

상품 홍보는 사람만 하는 게 아니다. 벽에 그려진 그림도 말을 하고, 공원에 세워진 동상도 상품에 대해 의견이 있을 수 있다. 이 모든 것이 오디오와 동영상 편집으로 가능하다.

상품 방송에서 동상이 이야기 하고, 동물이 평가하는 상품 방송, 시청자가 곧 소비자인 1인 인터넷홈쇼핑에서 색다른 홍보 방법이다.

오프라인 홍보마케팅 02

1) '리모컨걸이'를 배포하라

핸드폰걸이가 아니라 리모컨걸이가 필요하다. 핸드폰걸이는 전화로 주문받는 시대의 방법이다. 인터넷홈쇼핑은 리모콘으로 주문한다. 고객의 리모콘에 달아둘 만한 리모콘걸이를 만들어 나눠주라.

2) 마우스 스티커를 배포하라

상품 배송 택배 업체에서 나눠주는 전화기 방향제가 있다. 소화물 택배 보낼 때나 택배가 필요하면 언제든지 자기네 택배사로 전화 걸어달라는 홍보 목적이다. 인터넷 · 홈 · 쇼핑은 스티커 대신 마우스 손목받침대가 필요하다. 마우스 클릭할 일 있으면 우리 인터넷 · 홈 · 쇼핑으로 클릭해 달라는 목적이다.

3) 동대문 소싱처를 바꾸라

해외에 더 먼저 알려라. 해외여행 가서? NO! 팩스를 이용하라! 알리바바닷컴, 야후재팬, 대만의 피시홈, 야후 글로벌이 내 상품 글로벌이 된다. 이탈리아에서 스톡 상품은 1만원 이하 금액으로도 좋은 상품 많다. 한국 가져와서 팔면 프리미엄이 붙어 10만원도 받는다.

4) 봄, 여름, 가을, 겨울 미끼상품을 걸어라!

1인 홈쇼핑 홍보엔 빈틈을 찾아라! 봄에는 황사마스크, 여름엔 반팔 선탠 or 부채, 가을엔 단풍모자, 겨울엔 머플러같은 고객 미끼 상품을 걸어라. 인터넷홈쇼핑은 시장 선점이 필요한 인터넷 사업이기도 하다. 작은 것이라도 미끼상품을 걸어 고객을 불러라!

5) 오너 드라이빙족들에겐 자동차 스티커 필수

자동차 뒤 트렁크 스티카는 뒷사람에게만 보인다. 자동차 뒷유리에 투명 테이핑과 사각지대 스티커를 붙여 보자. 저녁이 되면 뒷 자동차 헤드라이트에 내 차에 붙인 스티커가 빛이난다. 밤거리 사람들을 모두 내 고객으로 만들 수 있다.

볼륨을 높여라! 용기 있는 보이스피싱도 좋다. 자동차 스티커를 통해 미리 녹음해둔 내 사이트 홍보 멘트를 날려라! 열심히 뛴다는 건 박수갈채를 받는다, 요즘엔 내숭과 얌전이 손가락질 받는 시대이다.

6) 1인 홈쇼핑 첫 멘트, 홍보 멘트를 따로 만들어 써라

1인 인터넷홈쇼핑이 이뤄지는 곳은 회사, 가정집, pc방도 된다. 전자사전도 되고, 핸드폰도 된다. 영상보다 오디오에 비중을 두라! 재미있고, 한번 들으면 내 홈쇼핑 연상 브랜드로도 기억할 수 있는 소리로 해라. 모 콜라 브랜드의 광고 속 병뚜껑 따는 소리를 만든 음향감독은 백지 수표를 벌었다.

잘 만든 소리 하나가 내 홈쇼핑 먹여 살린다. 핸드폰 등 전화기 수신음, 착신음, 전화 울릴 때, 상대방이 전화 걸 때 등등 주변에 나눠주기도 하라!

7) 오프라인 주점, 슈퍼마켓과의 공동 홍보!

젊은이 거리의 주점과 손을 잡고 내 인터넷홈쇼핑 구매 고객에게 할인 쿠폰을 나눠주는 전략이다. 슈퍼마켓과의 지점 형태로의 공동 판매 전략도 가능하다.

가장 좋은 장소는 내가 운영하는 인터넷홈쇼핑 주변 업소들이다. 공동 홍보 전략을 짜기 전에 시장조사를 하러 거리로 나서자. 술을 파는 주점은 몇 개가 있고, 슈퍼마켓은 몇 곳이 있는 지 알아보고, 각 업소에 출입 고객 수를 예상해서 할인쿠폰 인쇄 장 수를 정한다.

그 후, 각 업소를 찾아가 공동홍보를 제안하고, 각 기 업소와 인터넷홈쇼핑에서 판매하는 상품에 대해 할인 비율을 정해서 인쇄비를 공동으로 부담하도록 한다.

인쇄물이 나오면 똑같은 이미지는 내 사이트에 올려두고, 실제 쿠폰은 각 업소에게 나눠주어 비치해두도록 한다. 비치 장소는 업소를 찾아왔던 손님들이 거쳐 가는 계산대 옆이 가장 좋다. 업소에서 깜빡 잊고 이야기를 못하더라도 손님이 먼저 보고 가져가는 일도 비일비재하기 때문이다.

8) 대학로 등의 젊은이 거리로 나서서 오프라인 앙케이트 인터뷰 홍보

1:1 앙케이트 동영상 인터뷰 방식의 홍보를 시도하라. 앙케이트에 응해준 대가로 내 쇼핑몰에서 상품 고르면 무료 배송 혜택을 준다.

고객은 어떤 상품을 달랠까 살피다가 맘에 드는 상품 다른 걸 산다. 그 앙케이트 고객의 친구들에게 구전 효과가 기대 이상이다.

9) 보험설계사, 자동차 영업사원 등과 동맹 맺기

내 만나는 고객은 한정, 하루 8시간 일과 시간에 잡상인 취급은 안 된다. 오히려, 자동차 영업사원, 보험설계사, 방문판매원 등과 동맹을 맺어라.

주위에 잘 찾아보면 한 명은 친한 사람은 누구나 있다. 처음엔 그 한 명과 동맹 맺어 고객을 만날 수 있는 가능성 횟수를 높여 가라.

10) 미스테이크(mistake) 홍보는 잠재 고객의 기억 속에 더 오래 남는다.

신촌 백화점 앞, 강남역 제과점 앞, 서울역 시계탑 앞, 압구정동 명품매장 앞, 대학로 패스트푸드점 앞 등처럼 사람들이 약속장소로 모이는 장소가 많다. 이런 장소에 내가 만든 현수막 하나 들고 나가자. 그리고, 사람들 앞에 던져라, 뭔가 설치하는 듯한 동작으로.

다시 주워 잡기를 여러 번, 사람들은 기다리는 지루한 시간, 신경 안 쓰는 척하며 다 본다.

"무슨 광고를 붙이는구나. 어, 아닌데? 어, 다시 하려고? 아니네? 저 사람 뭐야?"

길 가다 보면, 현수막을 거꾸로 붙이는 곳도 있고, 특이한 문구로 시선을 끄는 것도 있다. 그러나, 이런 방법은 몇 시간이 채 지나지 않아 철거당한다. 이 경우보단 사람들 앞에 서서 '행위홍보예술' 을 하는 게 더 효과 만점.

Chapter 6

인터넷·홈·쇼핑 방송언어 학습

●●●

프랑스 말이 아름답다는 이유는 그 국민들이 나라 말을 아름답게 가꾸려는 노력을 하고 있기 때문이다. 프랑스 말의 문자언어는 알파벳이다. 영어 철자와 같다. 프랑스 말의 아름다움은 ·음성언어·에서 나왔는데, 그 언어 표현 속도가 아름다운 말을 만드는 요인이 되고 있을 것이다.

전에 회사 거래처 사람과 이야기를 하던 도중에 신규 브랜드 런칭을 한다는 이야기를 들었다. 그 사람은 패션 상표를 정하려는데 뭐가 좋냐고 묻는다.

내 의견은 '언니' 였다. 영어 철자 표기는 'onnui'. 영어 표기도 좋고 우리 말을 사용하면서도 어색하지 않을 브랜드를 권해줬다고 생각했다. 솔직히 이 브랜드는 내가 다음에 사용할 것이기도 했다.

그런데, 상대방의 반응이 더 낯설었다. 고개를 여러 번 갸웃거리던 그 사람은 결국 웃고 만다.

"좀 이상해."

나중에 그 사람이 특허청에 등록한 패션 상표는 '쉬크엘르' 였다. 차갑다는 의미의 시크(chic)와 패션잡지로도 알려져 있는 젊은 여자라는 의미의 '엘르(elle)' 를 섞었다. 우리말은 안 되고 국적 불명의 짬뽕언어는 왜 괜찮다고 여기는 걸까?

그 사람이 하려던 패션 사업은 결국 얼마 지나지 않아 문 닫긴 했지만 예쁜 우리 말을 제외하고 무조건 남의 말이 멋지다는 느낌을 받는 사람들이 많다.

만약, 이 사람이 외국인에게라도 자기 상표에 대해 자문을 받았다면 외국인의 대답은 내 제안과 다를 바 없다는 걸 확신하지만 말이다.

우리도 국어를 문자와 발음 등 음성 언어적인 질을 높이는 방향으로 설정해야 한다. 세련된 한국어로 가꾸는 일에 많은 노력을 기울여야 하는 것이다. 한국어는 세계 동포까지 합해 7,500만 명이 사용하는 세력을 가졌다. 세계 3,000여 개 언어 중 15위 안에 드는 인기 언어인 셈이다.

이런 한국어를 아름답게 만들 의무와 책임은 우리나라 국민 모두에게 있는 것이고, iPTV와 휴대폰 등 모든 매체를 통해 방송과 실시간 동영상 등으로도 전달될 인터넷 '홈' 쇼핑의 운영자는 마음가짐을 새롭게 가져야 한다.

인터넷홈쇼핑도 인터넷을 통해 보이는 영상이면서, 인터넷방송이기도 한 점 때문이다. 낯선 사람들과의 첫 만남에서 격식을 갖춘 존칭어가 중요하듯 판매자로서도 자기 상품을 고객에게 소개하고 판매할 때는 올바른 멘트를 써야하며, 그건 방송언어인 것이다.

Chapter 6

방송 언어란?

방송언어(broadcast language)는 방송을 통해 표출되는 모든 말로서 방송에서 사용하는 음성언어이며, 일반인이 아닌 방송인이 방송에서 사용하는 말을 의미한다.

· 방송인 · 은 아나운서나 기자, 프로듀서를 비롯한 방송 직종과, 방송인(free lancer)으로 리포터(Reporter), MC(master of Ceremonies)를 비롯해서 통신원에 이르기까지 다양하다. 인터넷홈쇼핑의 상품 영상에 출연한 쇼핑호스트도 쇼핑방송의 방송인인 것으로, 방송언어를 써야할 의무를 부여받는 위치에 있다.

1) 방송 언어는 표준어

표준어란 국어를 대표하는 말로, 현대 서울 말이다. 한글 맞춤법도 표준어를 소리대로 적되 어법에 맞도록 해야 한다. 한글 맞춤법과 표준어 규정은 방송언어의 규범이 되어야 한다. 예를 들어 보자.

'부추' 는 서울에서 쓰는 표준어인데, 충청도 사투리로는 '정구지' 라고 부른다. 만약, 내 인터넷홈쇼핑에서 '정구지' 를 판다면 다른 지역 사람은 알아들을 수가 없다.

2) 방송 언어는 쉬워야

방송은 · 기록 · 이 없어서 듣는 것으로 끝난다. 따라서, 누가 들어도 이해하기 쉽고 전달이 잘 되는 말이어야 한다. 어려운 한자어나 외국어 등은 피해야 한다. 단, 학술용어나 전문용어를 사용할 경우 청취자에게 이해하기 쉽게 풀어서 말해야 한다.

TV광고를 생각해보자.

TV광고는 짧은 15초 또는 30초 동안에 시청자들에게 상품의 모든 것을 보여줘야 한다. 지금 기억나는 광고가 있는가? '미녀는 00를 좋아해' 라는 음료는 남자 모델의 이미지 매치와 귀에 반복되는 리듬으로 성공한 경우이다.

2006년 TV 광고 후 폭발적인 매출을 기록한 이 제품은 2005년 6월에 제조사가 신제품으로 내놓은 '모메존 석류' 를 전면 리뉴얼한 제품일 뿐이었다.

어떻게 보면, 신제품은 아닌 셈이었다. 그런데, 이 제품이 발매 한 달여 만에 100억원의 매출을 돌파한 기록은 시사한 바가 컸다. 이 제품의 이름 후보로는 '석류37.2' 등 다른 이름이 많았는데, 소비자의 귀에 제품명이 가장 잘 기억되도록 하고, 귀를 자극하는 음악리듬으로 TV광고를 공략한 것이었다.

이후, 소비자들은 인터넷을 찾아 어느 제품인지 알아보게 되고, 제품의 히트로까지 이러진 것이다.

방송언어는 이처럼 듣는 이들의 귀에 익숙하면서도 이해하기 쉬운 내용이어야 하며, 되담아 듣기가 어렵다는 점에 주의하여 간결하면서도 정확해야 한다.

3) 시청자, 청취자를 위한 존경어

방송은 '존경어' 를 쓴다. 방송언어는 시청자 중심의 존경어라야 한다. 방송인보다 시청자는 나이가 어린 경우도 있고, 많은 경우도 있으나 방송인보다 시청자의 수가 많은 대중이기 때문에 존경어를 쓰는 게 맞다.

방송인은 시청자를 대신해서 궁금한 것을 알아보거나, 오로지 시청자에게 알려주는 것이 목적이기 때문에 지나친 경어를 써서는 안 된다.

인터넷 '홈' 쇼핑의 고객이자 시청자는 미지의 인물이다. 판매자보다 연장자도 있고 어린 사람도 있을 게 분명하다. 대중 앞에서 연설하는 사람의 나이가 많음을 떠나 듣는 이들을 위한 존경어를 써야 하는 것과 같다.

4) 방송 언어는 품위가 있다.

방송에서는 표준어를 써야하며, 욕, 비어, 속어를 쓰면 안 된다.

TV를 보면 모 연예인들이 예능 프로그램을 통해 같은 출연자에 대해 비하하는 말을 하고, 시청자들을 상대로 호통 치는 경우도 있었다.

주 시청자들이 10대, 20대 연령의 사람들이었던 덕(?)에 '신선하다', '색다르다'는 시청자의 평가와 함께 그들의 인기가 급부상한 적이 있는데, 불과 수년 전만 하더라도 TV에서 점잖은 매너의 연예인이 최고의 인기를 얻던 것과 다르게 반사이익을 취한 일부 연예인의 경우로 생각된다.

그러나, '신선함'은 곧바로 '경박함'과 이어진다. 결국, 대다수의 사람들은 올바른 방송언어를 구사하지 않는 연예인에게 등을 돌렸다. 방송 참여에 적극적으로 나서는 시청자들은 관련 프로그램 게시판에 이의 제기를 하는 일도 생겼다.

그동안 본 적이 없었다는 이유로 '비호감' 이미지로 인기를 얻은 연예인들이 '비호감의 무례함'을 아는 시청자들에 의해 다시 퇴출당하는 현상이다.

인터넷홈쇼핑은 인터넷으로 연결되는 모든 시청자를 소비자로 끌어들일 수 있는 막강한 쇼핑수단이다. 따라서, 상품에 대한 자부심과 소비자에 대한 배려가 최우선으로 지켜야할 덕목이다.

부록

1 인터넷홈쇼핑에 필요한 iPTV & 인터넷방송 관련 법률

2 디지털 카메라 용어 사전

3 알기 쉬운 방송용어

특별부록1 몰티비를 통한 쇼핑몰 활용전략

특별부록2 영상소스 CD활용하기

01 인터넷 멀티미디어 방송사업법

법률 제8849호 신규제정 2008. 01. 17.

제1장 총칙

제1조(목적)

이 법은 방송과 통신이 융합되어 가는 환경에서 인터넷 멀티미디어 등을 이용한 방송사업의 운영을 적정하게 함으로써 이용자의 권익보호, 관련 기술과 산업의 발전, 방송의 공익성 보호 및 국민문화의 향상을 기하고 나아가 국가경제의 발전과 공공복리의 증진에 이바지하는 것을 목적으로 한다.

제2조(정의)

이 법에서 사용하는 용어의 뜻은 다음과 같다.

1. "인터넷 멀티미디어 방송"이란 광대역통합정보통신망등(자가 소유 또는 임차 여부를 불문하고, 「전파법」 제10조제1항제1호에 따라 기간통신사업을 영위하기 위하여 할당받은 주파수를 이용하는 서비스에 사용되는 전기통신회선설비는 제외한다)을 이용하여 양방향성을 가진 인터넷 프로토콜 방식으로 일정한 서비스 품질이 보장되는 가운데 텔레비전 수상기 등을 통하여 이용자에게 실시간 방송프로그램을 포함하여 데이터 · 영상 · 음성 · 음향 및 전자상거래 등의 콘텐츠를 복합적으로 제공하는 방송을 말한다.
2. "광대역통합정보통신망등"이란 「정보화촉진기본법」 제2조제5호의2에 따른 광대역통합정보통신망과 「전기통신기본법」 제2조제3호에 따른 전기통신회선설비를 말한다.
3. "실시간 방송프로그램"이란 인터넷 멀티미디어 방송 콘텐츠사업자 또는 「방송법」 제2조제3호에 따른 방송사업자가 편성하여 송신 또는 제공하는 방송프로그램으로서 그 내용과 편성에 변경을 가하지 아니하고 동시에 제공하는 것을 말한다.

4. "인터넷 멀티미디어 방송사업"이란 다음 각 목의 사업을 말한다.
   가. 인터넷 멀티미디어 방송 제공사업 : 인터넷 멀티미디어 방송에 제공하기 위하여 제18조 제1항에 따라 콘텐츠를 공급받은 인터넷 멀티미디어 방송 제공사업자가 해당 콘텐츠를 이용자에게 제공하는 사업
   나. 인터넷 멀티미디어 방송 콘텐츠사업 : 인터넷 멀티미디어 방송 제공사업자에게 인터넷 멀티미디어 콘텐츠를 공급하는 사업
5. "인터넷 멀티미디어 방송사업자"란 다음 각 목의 사업자를 말한다.
   가. 인터넷 멀티미디어 방송 제공사업자 : 인터넷 멀티미디어 방송 제공사업을 하기 위하여 제4조제1항에 따른 허가를 받은 자
   나. 인터넷 멀티미디어 방송 콘텐츠사업자 : 인터넷 멀티미디어 방송 콘텐츠사업을 하기 위 하여 제18조제2항에 따라 신고 · 등록하거나 승인을 받은 자

제3조(다른 법률과의 관계)

인터넷 멀티미디어 방송사업에 대하여는 다른 법률에 우선하여 이 법을 적용한다.

제2장 사업의 허가

제4조(인터넷 멀티미디어 방송 제공사업의 허가 등)

① 인터넷 멀티미디어 방송 제공사업을 하고자 하는 자는 방송위원회의 허가 추천을 받아 정보통신부장관의 허가를 받아야 한다.

② 제1항에 따른 허가 대상자는 법인에 한한다.

③ 제1항에 따른 허가 추천을 받고자 하는 자는 다음 사항을 포함한 허가 신청서를 방송위원회 및 정보통신부장관에게 제출하여야 한다.

   1. 법인명, 주소 및 대표자의 성명
   2. 콘텐츠 수급계획을 포함한 사업계획서
   3. 재정 및 기술능력을 입증하는 서류
   4. 시설계획서(주요 시설의 임차 시는 임차계획을 포함한다)

5. 그 밖에 대통령령으로 정하는 사항

④ 방송위원회는 인터넷 멀티미디어 방송 제공사업을 허가 추천함에 있어서 다음 각 호의 사항을 심사하여 그 결과를 공표하여야 한다.

1. 방송의 공적 책임 · 공정성 · 공익성의 실현 가능성
2. 콘텐츠 수급계획의 적절성 및 방송영상 산업 발전에 대한 기여도
3. 유료 방송시장에서의 공정경쟁 확보 계획의 적정성
4. 조직 및 인력운영 등 경영계획의 적정성
5. 재정 및 기술능력
6. 그 밖에 사업 수행에 필요한 사항

⑤ 정보통신부장관은 방송위원회가 제1항에 따라 허가 추천한 자에 대하여 다음 각 호의 사항을 심사하여 허가한다.

1. 신청인이 설립 중인 법인인 경우에는 해당 법인의 설립이 확실한지 여부
2. 시설계획이 적정한지 여부

⑥ 방송위원회와 정부통신부장관은 허가 추천과 허가를 함에 있어서 특별한 결격사유가 없는 한 3개월 이내에 하여야 한다.

⑦ 제1항에 따른 인터넷 멀티미디어 방송 제공사업의 허가 추천 및 허가에 필요한 절차, 심사기준에 대한 배점, 그 밖에 필요한 사항은 대통령령으로 정한다.

제5조(허가기간 등)

① 인터넷 멀티미디어 방송 제공사업의 허가기간은 5년의 범위 이내에서 대통령령으로 정한다.

② 인터넷 멀티미디어 방송 제공사업의 재허가에 대하여는 제4조를 준용한다.

제6조(사업권역)

① 인터넷 멀티미디어 방송 제공사업은 전국을 하나의 사업권역으로 한다. 다만, 제4조제1항에 따른 사업허가 시 「중소기업기본법」 제2조제1항에 따른 중소기업자의 요청이 있고 정보통신부장관과 방송위원회가 특별히 필요하다고 인정하는 때에는 그러하지 아니하다.

② 「전기통신사업법」 제34조제3항제1호 및 제2호에 따른 기간통신사업자가 제4조제1항에 따른 허가를 받은 경우에는 허가를 받은 날부터 대통령령으로 정하는 기간 이내에 「방송법」 제12조제2항에 따라 방송위원회가 고시한 모든 방송구역에서 서비스를 개시하여야 한다.

제7조(결격사유)

① 다음 각 호의 어느 하나에 해당하는 자는 제4조제1항에 따른 인터넷 멀티미디어 방송 제공사업을 할 수 없다.

1. 국가 또는 지방자치단체
2. 제8조 및 제9조에 따른 주식 또는 지분의 소유 제한을 초과한 법인
3. 제24조제1항에 따라 허가가 취소된 후 3년이 경과되지 아니한 자

② 다음 각 호의 어느 하나에 해당하는 자는 제4조제1항에 따라 허가를 받은 법인의 임원이 될 수 없다.

1. 미성년자 · 한정치산자 또는 금치산자
2. 파산선고를 받고 복권되지 아니한 자
3. 이 법, 「방송법」, 「전기통신기본법」, 「전기통신사업법」 및 「정보통신망 이용촉진 및 정보보호 등에 관한 법률」을 위반하여 벌금 이상의 형을 선고받고 그 집행이 종료(집행이 종료된 것으로 보는 경우를 포함한다)되거나 그 집행이 면제된 날부터 3년이 경과되지 아니한 자
4. 「형법」 제87조부터 제90조까지, 제92조, 제101조, 「군형법」 제5조부터 제8조까지, 제9조제2항, 제11조부터 제16조까지 또는 「국가보안법」 제3조부터 제9조까지의 규정에 따른 죄를 범하여 금고 이상의 실형을 선고받고 그 형의 집행이 종료되지 아니 하거나 집행을 받지 아니하기로 확정되지 아니한 자 또는 집행 유예기간 중에 있는 자
5. 「보안관찰법」에 따른 보안관찰처분이나 「치료감호법」에 따른 치료감호의 집행 중에 있는 자

③ 외국인이나 외국의 법인 또는 단체의 대표자는 제4조제1항에 따라 허가를 받은 법인의 대표자가 될 수 없다.

제8조(겸영금지 등)

① 인터넷 멀티미디어 방송 제공사업자가 주식을 발행하는 경우에는 기명식으로 하여야 한다.

②「신문 등의 자유와 기능보장에 관한 법률」에 따른 신문 또는「뉴스통신진흥에 관한 법률」에 따른 뉴스통신을 경영하는 법인(대통령령으로 정하는 특수관계자를 포함한다)은 인터넷 멀티미디어 방송 제공사업자의 주식 또는 지분 총수의 100분의 49를 초과하여 소유할 수 없다.

③「독점규제 및 공정거래에 관한 법률」제2조제2호에 따른 기업집단 중 자산총액 등 대통령령으로 정하는 기준에 해당하는 기업집단에 속하는 회사와 그 계열회사(대통령령으로 정하는 특수관계자를 포함한다) 또는「신문 등의 자유와 기능보장에 관한 법률」에 따른 신문이나「뉴스통신진흥에 관한 법률」에 따른 뉴스통신을 경영하는 법인(대통령령으로 정하는 특수관계자를 포함한다)은 종합편성 또는 보도에 관한 전문편성을 행하는 인터넷 멀티미디어 방송 콘텐츠사업을 겸영하거나 그 주식 또는 지분을 소유할 수 없다.

④ 인터넷 멀티미디어 방송 제공사업자는「방송법」제2조 및 같은 법 시행령 제1조의2에 따른 텔레비전방송채널사용사업 · 라디오방송채널사용사업 및 데이터방송채널사용사업별로 각각 전체 사업자수의 5분의 1을 초과하여 방송채널사용사업을 경영(겸영하거나 주식 또는 지분 총수의 100분의 5 이상을 소유하는 경우를 말한다)할 수 없다.

제9조(외국인의 주식소유 제한 등)

① 다음 각 호의 어느 하나에 해당하는 자는 다른 하나에 해당하는 자와 합산하여 인터넷 멀티미디어 방송 제공사업자 또는 인터넷 멀티미디어 방송 콘텐츠사업자(종합편성이나 보도에 관한 전문편성을 행하는 인터넷 멀티미디어 방송 콘텐츠사업자를 제외한다)의 주식(의결권 있는 주식에 한하며 주식예탁증서 등 의결권을 가진 주식의 등가물 및 출자지분을 포함한다. 이하 같다) 또는 지분을 총 발행주식 또는 지분의 100분의 49를 초과하여 소유하지 못한다.

1. 외국의 정부나 단체
2. 외국인

3. 외국의 정부나 단체 또는 외국인(「증권거래법」 제2조제20항제1호에 따른 특수관계인을 포함한다. 이하 이 호에서 같다)이 최대주주인 법인으로서 발행주식 총수의 100분의 15 이상을 그 외국정부나 단체 또는 외국인이 소유하고 있는 법인(인터넷 멀티미디어 방송 제공사업자의 경우에는 해당 인터넷 멀티미디어 방송 제공사업자의 발행주식 또는 지분 총수의 100분의 1 미만을 소유한 법인을 제외하고, 인터넷 멀티미디어 방송 콘텐츠사업자의 경우에는 해당 인터넷 멀티미디어 방송 콘텐츠사업자의 발행주식 또는 지분 총수의 100분의 1 미만을 소유한 법인을 제외한다)

② 제1항 각 호의 어느 하나에 해당하는 자는 종합편성 또는 보도에 관한 전문편성을 행하는 인터넷 멀티미디어 방송 콘텐츠사업자의 주식 또는 지분을 소유할 수 없다. 〔본조신설 2008.1.17〕〔〔시행일 2008.4.18〕〕

제10조(초과소유 주주 등에 관한 제한 등)

① 제8조 또는 제9조를 위반한 경우 위반의 원인을 제공한 주식 또는 지분을 소유한 자는 그 소유분 또는 초과분에 대한 의결권을 행사할 수 없다.

② 방송위원회는 제8조 또는 제9조를 위반한 자나 그 위반의 원인을 제공한 주식 또는 지분의 소유자에 대하여 6개월 이내의 기간을 정하여 해당 사항을 시정할 것을 명할 수 있다.

③ 제2항에 따라 시정명령을 받은 자는 그 기간 이내에 해당 사항을 시정하여야 한다.

제11조(허가사항의 변경)

① 제4조제1항에 따라 인터넷 멀티미디어 방송 제공사업의 허가를 받은 자가 허가사항 중 대통령령으로 정하는 사항을 변경하고자 하는 때에는 대통령령으로 정하는 바에 따라 변경허가를 받아야 한다.

② 변경허가의 절차 및 심사 내용 등에 대하여는 제4조를 준용한다.

제3장 공정경쟁의 보장 및 촉진

제12조(공정경쟁의 촉진)

① 정부는 인터넷 멀티미디어 방송 제공사업의 효율적인 경쟁체제 구축과 공정한 경쟁 환경 조성을 위하여 노력하여야 하고 다른 사업에서의 지배력이 인터넷 멀티미디어 방송 제공사업으로 부당하게 전이되지 아니하도록 하여야 한다.

② 제1항에 따른 효율적인 경쟁체제 구축과 공정한 경쟁 환경의 조성을 위한 경쟁정책 수립을 위하여 인터넷 멀티미디어 방송 제공사업에 대한 경쟁상황 평가를 실시하기 위하여 평가위원회를 구성한다.

③ 평가위원회의 위원은 9인으로 하며, 위원장은 방송위원회위원장과 정보통신부장관이 공동으로 한다.

④ 평가위원회는 인터넷 멀티미디어 방송 제공사업자에 대하여 제2항에 따른 경쟁상황 평가를 위하여 필요한 자료의 제출을 요청할 수 있다.

⑤ 다른 사업에서의 지배력이 인터넷 멀티미디어 방송 제공사업으로 부당하게 전이되지 아니하도록 하기 위한 구체적인 방법, 경쟁상황 평가를 위한 구체적인 평가기준 · 절차 · 방법, 평가위원회의 설치 · 조직 · 업무 · 위원의 선임방법 · 위원의 임기 및 신분 등에 대하여는 대통령령령으로 정한다.

제13조(시장점유율 제한 등)

① 특정 인터넷 멀티미디어 방송 제공사업자는 해당 사업자와 특수관계자인 인터넷 멀티미디어 방송 제공사업자를 합산하여 「방송법」 제12조제2항에 따라 방송위원회가 고시한 방송구역별로 인터넷 멀티미디어 방송, 종합유선방송, 위성방송을 포함한 유료방송사업 가입 가구의 3분의 1을 초과하여 서비스를 제공할 수 없다. 다만, 이 법이 시행된 후 1년 이내에는 5분의 1을 초과하여 서비스를 제공할 수 없다.

② 방송위원회는 인터넷 멀티미디어 방송 제공사업자가 제1항을 위반하게 된 경우에 해당 사업자에 대하여 6개월 이내의 기간을 정하여 해당 사항을 시정할 것을 명할 수 있다.

③ 제2항에 따라 시정명령을 받은 사업자는 그 기간 이내에 해당 사항을 시정하여야 한다.

제14조(전기통신설비의 동등제공)

① 인터넷 멀티미디어 방송 제공사업자는 인터넷 멀티미디어 방송 제공사업을 하고자 하는 자로부터 해당 서비스의 제공에 필수적인 전기통신설비에의 접근 및 이용에 관한 요청이 있는 경우 자기 보유설비의 부족, 영업비밀의 보호 등 합리적이고 정당한 사유 없이 이를 거절하지 못한다.

② 인터넷 멀티미디어 방송 제공사업자는 합리적이고 정당한 사유 없이 다른 인터넷 멀티미디어 방송 제공사업자가 사용 중인 자기 보유설비의 사용 등을 중단하거나 제한하지 못한다.

③ 인터넷 멀티미디어 방송 제공사업자는 자기 보유설비를 다른 인터넷 멀티미디어 방송 제공사업자에게 부당하게 차별적인 대가와 조건으로 제공하여서는 아니 된다.

④ 제1항부터 제3항까지의 규정에 따른 전기통신설비의 범위, 설비제공의 거절 · 중단 · 제한 사유, 설비제공의 방법 · 절차 및 설비 이용대가의 산정원칙 등에 관하여 필요한 사항은 대통령령으로 정한다.

제15조(이용약관의 신고 등)

① 인터넷 멀티미디어 방송 제공사업자는 그가 제공하고자 하는 서비스에 관하여 요금 및 이용조건(이하 "이용약관"이라 한다)을 정하여 방송위원회에 신고(변경신고를 포함한다)하여야 하고, 이용요금에 대하여는 방송위원회의 승인(변경승인을 포함한다)을 받아야 한다.

② 제1항에 따라 서비스에 관한 이용요금의 승인(변경승인을 포함한다)을 받고자 하는 자는 가입비, 기본료, 사용료, 부가서비스료, 실비 등을 포함한 요금산정의 근거자료(변경할 경우에는 신 · 구 내용 대비표를 포함한다)를 방송위원회에 제출하여야 한다.

제16조(이용자 보호)

① 인터넷 멀티미디어 방송 제공사업자는 자신이 제공하는 서비스에 관하여 이용자로부터 제기되는 정당한 의견이나 불만을 즉시 처리하여야 한다.

② 인터넷 멀티미디어 방송 제공사업자는 서비스나 전기통신설비의 제공 과정에서 취득한 개별 이용자에 관한 정보를 보호하기 위한 조치를 취하여야 하며, 취득한 개인 정

보를 공개하여서는 아니 된다. 다만, 본인의 동의가 있거나 다른 법률의 규정에 따른 적법한 절차에 따른 경우에는 그러하지 아니하다.

③ 인터넷 멀티미디어 방송 제공사업자는 제2항에 따른 개별 이용자 정보의 부당한 제공으로 이용자에게 손해를 입힌 경우에는 정당한 배상을 하여야 한다.

제17조(금지행위)

① 인터넷 멀티미디어 방송 제공사업자는 사업자 간의 공정한 경쟁 또는 이용자의 이익을 저해하거나 저해할 우려가 있는 다음 각 호의 어느 하나에 해당하는 행위를 하거나 제3자로 하여금 이를 행하도록 하여서는 아니 된다.

1. 정당한 사유 없이 인터넷 멀티미디어 방송 서비스의 제공을 거부하는 행위
2. 이용약관의 내용과 다르게 인터넷 멀티미디어 방송 서비스를 제공하거나 이용계약과 다른 내용으로 이용요금을 청구하는 행위
3. 인터넷 멀티미디어 방송 서비스의 제공 과정에서 알게 된 이용자의 정보를 부당하게 유용하는 행위
4. 부당하게 이용자를 차별하여 현저하게 유리하거나 불리한 이용요금 또는 이용조건으로 인터넷 멀티미디어 방송 서비스를 제공하는 행위
5. 우월적 지위를 이용하여 인터넷 멀티미디어 방송 콘텐츠사업자에게 부당한 계약을 강요하거나 적정한 수익 배분을 거부하는 행위
6. 다른 방송사업자의 방송 시청을 부당하게 방해하거나 서비스제공계약의 체결을 방해하는 행위
7. 정당한 사유 없이 다른 방송사업자의 서비스 제공에 필수적인 전주, 관로, 통신구 등 전기통신설비의 사용 또는 접근을 거절·중단하거나 제한하는 행위

② 방송위원회는 공정거래위원회와 협의하여 인터넷 멀티미디어 방송 제공사업자가 제1항 각 호의 어느 하나에 해당하는 행위를 하는 경우에는 해당 인터넷 멀티미디어 방송 제공사업자에게 위반행위의 내용 및 정도, 위반행위의 기간 및 횟수, 위반행위로 인하여 취득한 이익의 규모 등을 고려하여 매출액 100분의 2 이하에서 대통령령으로 정하는 과징금을 부과할 수 있다. 다만, 매출액이 없거나 매출액의 산정이 곤란한 경우로서 대통령령으로 정하는 때에는 5억원 이하의 과징금을 부과할 수 있다.

③ 방송위원회는 제2항에 따라 과징금 부과 처분을 받은 자가 납부기한 이내에 과징금을 납부하지 아니한 때에는 국세 체납처분의 예에 따라 징수한다.

④ 제1항 각 호에 따른 행위의 세부적인 유형 및 기준에 필요한 사항은 대통령령으로 정한다.

제4장 인터넷 멀티미디어 방송 콘텐츠

제18조(콘텐츠의 공급 등)

①「방송법」 제2조제3호에 따른 방송사업자,「전기통신사업법」 제21조에 따른 통신사업자 및 다른 법률의 규정에 따라 콘텐츠를 제작 · 공급하는 사업을 하는 자는 누구든지 인터넷 멀티미디어 방송용 콘텐츠를 인터넷 멀티미디어 방송 제공사업자에게 공급할 수 있다.

② 제1항에 따라 콘텐츠를 공급하고자 하는 자는 방송위원회에 신고 또는 등록하여야 한다. 다만, 인터넷 멀티미디어 방송 제공사업자에게 보도 또는 상품 소개와 판매를 전문으로 하거나 보도 · 교양 · 오락 등 다양한 분야를 종합적으로 편성한 콘텐츠를 제공하고자 하는 자는 방송위원회의 승인을 받아야 한다.

③ 제2항의 신고, 등록 및 승인에 필요한 구체적인 절차 및 방법에 관한 사항은 대통령령으로 정한다.

제19조(콘텐츠사업 발전시책 등)

정부는 다른 법률에서 따로 정하고 있는 경우를 제외하고는 인터넷 멀티미디어 방송 제공사업자에게 공급되는 콘텐츠 간의 공정경쟁과 관련 산업의 진흥을 위하여 필요한 재원의 마련 등 콘텐츠사업 발전을 위한 시책을 별도로 수립 · 시행하여야 한다.

제20조(콘텐츠 동등접근)

① 제18조제2항에 따라 신고 · 등록하거나 승인을 받은 인터넷 멀티미디어 방송 콘텐츠 사업자가 제공하는 방송프로그램을 방송위원회가 대통령령으로 정하는 기준에 따라

고시한 경우(이하 "주요방송프로그램"이라 한다) 일반 국민이 이를 시청할 수 있도록 다른 인터넷 멀티미디어 방송 제공사업자에게도 공정하고 합리적인 가격으로 차별 없이 제공하여야 하며 주요방송프로그램의 계약 행위 등에 있어 시청자의 이익 및 공정거래질서를 저해하여서는 아니 된다.

② 방송위원회는 제1항의 주요방송프로그램을 고시함에 있어서 문화관광부장관, 방송사업자 및 시청자의 의견을 들어야 한다.

③ 방송위원회는 제1항을 위반한 인터넷 멀티미디어 방송 콘텐츠사업자에 대하여 금지행위의 중지 등 필요한 시정조치를 명할 수 있다. 이 경우 방송위원회는 시정조치를 명하기 전에 당사자에게 기간을 정하여 의견진술의 기회를 주어야 한다. 다만, 당사자가 정당한 사유 없이 이에 응하지 아니하는 때에는 그러하지 아니한다.

제21조(방송프로그램의 구성과 운용)

① 인터넷 멀티미디어 방송 제공사업자는 직접사용채널을 운용할 수 없다.

② 인터넷 멀티미디어 방송 콘텐츠사업자가 제공하는 실시간 방송프로그램의 내용심의에 대하여는 「방송법」 제32조, 제33조 및 제100조를 준용한다.

③ 인터넷 멀티미디어 방송 제공사업자가 제공하는 실시간 방송프로그램에 관하여는 「방송법」 제70조제1항부터 제3항까지의 규정을 준용한다. 이 경우 "종합유선방송사업자"는 "인터넷 멀티미디어 방송 제공사업자"로, "채널"은 "인터넷 멀티미디어 방송 제공사업자가 제공하는 실시간 방송프로그램의 단위"로 본다.

④ 「방송법」 제69조, 제71조부터 제74조까지, 제76조, 제76조의3, 제76조의5, 제78조제1항부터 제4항까지의 규정 및 제78조의2는 콘텐츠사업자의 프로그램 편성, 국내방송프로그램의 편성, 외주 제작 방송프로그램의 편성, 광고, 협찬고지, 프로그램의 공급, 보편적 시청권 보장을 위한 조치, 중계방송의 순차편성 권고, 재송신에 관하여 이를 준용한다. 이 경우 "방송사업자"는 "인터넷 멀티미디어 방송 제공사업자 또는 인터넷 멀티미디어 방송 콘텐츠사업자"로 본다.

⑤ 재난방송에 대하여는 「방송법」 제75조를 준용한다. 이 경우 "방송사업자"는 "인터넷 멀티미디어 방송 제공사업자"로 본다.

제5장 보칙

제22조(사업의 휴지 또는 폐지)

① 인터넷 멀티미디어 방송 제공사업자가 그 사업의 전부 또는 일부를 휴지 또는 폐지하고자 하는 때에는 그 휴지 또는 폐지 예정일 30일 전까지 그 내용을 해당 서비스 이용자에게 통보하고 방송위원회 및 정보통신부장관에게 신고하여야 한다.

② 인터넷 멀티미디어 방송 콘텐츠사업자가 그 사업의 전부 또는 일부를 휴지 또는 폐지하고자 할 때에는 그 내용을 방송위원회에 신고하여야 한다.

제23조(사업자의 출연 등)

① 방송위원회와 정보통신부장관은 인터넷 멀티미디어 방송사업의 진흥 및 이용자의 복지 증진을 위한 사업에 사용하기 위하여 인터넷 멀티미디어 방송 제공사업자로 하여금 「방송법」 제36조에 따른 방송발전기금과 「정보화촉진기본법」 제33조에 따른 정보통신진흥기금에 출연하도록 할 수 있다.

② 제1항에 따른 출연금의 귀속, 징수 및 배분비율, 운용 및 관리 등에 필요한 사항은 대통령령으로 정한다.

제24조(허가취소 및 사업정지)

① 정보통신부장관은 방송위원회와 협의하여 인터넷 멀티미디어 방송 제공사업자가 다음 각 호의 어느 하나에 해당하는 때에는 이 법에 따른 해당 사업의 허가를 취소하거나 1년 이내의 기간을 정하여 사업의 정지를 명할 수 있다. 다만, 제1호에 해당하는 때에는 그 허가를 취소하여야 한다.

1. 거짓이나 그 밖의 부정한 방법으로 제4조제1항에 따른 허가를 받은 때
2. 제4조제1항에 따른 허가를 받은 날부터 1년 이내에 사업을 개시하지 아니하거나 1년 이상 계속하여 휴업한 때
3. 제10조제2항 및 제13조제2항에 따른 명령을 이행하지 아니한 때

② 제1항에 따른 처분의 기준, 절차, 그 밖에 필요한 사항은 대통령령으로 정한다.

제25조(과징금)

① 정보통신부장관은 방송위원회와 협의하여 인터넷 멀티미디어 방송 제공사업자가 제24조제1항 각 호의 어느 하나에 해당하는 때로서 그 허가의 취소나 사업의 정지가 해당 사업의 이용자 등에게 심한 불편을 주거나 그 밖에 공익을 해할 우려가 있는 경우에는 그 사업의 정지 또는 허가의 취소 처분에 갈음하여 인터넷 멀티미디어 방송 제공사업 매출액의 100분의 3 이하에 해당하는 금액의 범위 내에서 그 사업의 정지나 허가의 취소 사유 및 위반행위로 인하여 취득한 이익의 규모 등을 고려하여 과징금을 부과할 수 있다.

② 정보통신부장관은 제1항에 따라 과징금 부과 처분을 받은 자가 납부기한 이내에 과징금을 납부하지 아니한 때에는 국세 체납처분의 예에 따라 징수한다.

③ 제1항에 따라 과징금을 부과하는 위반행위의 종별과 과징금의 금액, 그 밖에 필요한 사항은 대통령령으로 정한다.

제26조(시정명령 등)

① 방송위원회는 인터넷 멀티미디어 방송 제공사업자가 다음 각 호의 어느 하나에 해당하는 때에는 그 시정을 명하여야 한다.

1. 업무처리절차가 현저히 이용자의 이익을 저해한다고 인정되는 때
2. 사고 등에 의하여 인터넷 멀티미디어 방송 제공에 지장이 발생한 경우에 필요한 조치를 신속하게 실시하지 아니하는 때
3. 그 밖에 이 법 또는 이 법에 따른 명령을 위반한 때

② 정보통신부장관은 방송위원회와 협의하여 제4조제1항에 따른 허가를 받지 아니하고 인터넷 멀티미디어 방송 제공사업을 경영한 자에게 해당 서비스 제공의 중지를 명할 수 있다.

③ 방송위원회는 제18조제2항에 따른 신고 또는 등록을 하지 아니하거나 승인을 받지 아니하고 인터넷 멀티미디어 방송 콘텐츠사업을 한 자에게 해당 서비스 제공의 중지를 명할 수 있다.

④ 방송위원회는 제17조제1항을 위반하는 행위가 있을 때에는 해당 사업자에게 위반행위의 중지, 이용약관의 변경, 계약조항의 삭제 등 시정에 필요한 조치를 명할 수 있다.

제27조(벌칙)

① 다음 각 호의 어느 하나에 해당하는 자는 2년 이하의 징역 또는 3천만원 이하의 벌금에 처한다.

1. 제4조제1항에 따른 허가(변경허가를 포함한다)를 받지 아니하고 인터넷 멀티미디어 방송 제공사업을 경영한 자
2. 제14조제1항을 위반하여 필수적인 전기통신설비에의 접근 및 이용에 관한 요청을 합리적이고 정당한 사유 없이 거절한 자
3. 제14조제2항을 위반하여 다른 인터넷 멀티미디어 방송 제공사업자가 사용 중인 자기 보유설비의 사용 등을 합리적이고 정당한 사유 없이 중단하거나 제한한 자
4. 제14조제3항을 위반하여 자기 보유설비를 다른 인터넷 멀티미디어 방송 제공사업자에게 부당하게 차별적인 대가와 조건으로 제공한 자
5. 제16조제2항을 위반하여 정보를 공개한 자
6. 제24조제1항에 따른 사업정지명령을 위반한 자

② 법인의 대표자, 법인 또는 개인의 대리인 · 사용인 및 그 밖의 종업원이 그 법인 또는 개인의 업무에 관하여 제1항제2호부터 제4호까지의 위반행위를 한 때에는 행위자를 벌하는 외에 그 법인 또는 개인에 대하여도 각 해당 호의 벌금형을 과(科)한다. 다만, 법인 또는 개인이 그 위반행위를 방지하기 위하여 해당 업무에 관하여 상당한 주의와 감독을 게을리하지 아니한 때에는 그러하지 아니하다.

제28조(과태료)

① 다음 각 호의 어느 하나에 해당하는 자에게는 1천만원 이하의 과태료를 부과한다.

1. 제12조제4항에 따른 자료를 제출하지 아니한 자
2. 제15조제1항에 따른 이용약관의 신고를 하지 아니하거나 이용요금 승인을 받지 아니하고 인터넷 멀티미디어 방송 제공사업을 한 자
3. 제15조제2항에 따른 자료를 제출하지 아니한 자
4. 제16조제2항에 따른 이용자에 관한 정보 보호를 위한 조치를 취하지 아니한 자

5. 제22조에 따른 신고를 하지 아니한 자

6. 제26조에 따른 시정명령 등을 이행하지 아니한 자

② 제1항에 따른 과태료는 대통령령으로 정하는 바에 따라 방송위원회 또는 정보통신부장관(이하 "부과권자"라 한다)이 부과 · 징수한다.

③ 제2항에 따른 과태료 처분에 불복하는 자는 그 처분을 고지받은 날부터 30일 이내에 부과권자에게 이의를 제기할 수 있다.

④ 제2항에 따른 과태료 처분을 받은 자가 제3항에 따라 이의를 제기한 때에는 부과권자는 지체 없이 관할 법원에 그 사실을 통보하여야 하며, 그 통보를 받은 관할 법원은 「비송사건절차법」에 따른 과태료 재판을 한다.

⑤ 제4항에 따른 기간 이내에 이의를 제기하지 아니하고 과태료를 납부하지 아니한 때에는 국세 체납처분의 예에 따라 징수한다.

부칙

부칙 [제8849호,2008.1.17]

① (시행일)이 법은 공포 후 3개월이 경과한 날부터 시행한다.

② (소관 사무에 관한 경과조치)이 법에 따른 방송위원회와 정보통신부장관의 권한은 방송과 통신을 통합한 기구가 출범할 때까지 존속한다.

③ (소관 상임위원회에 대한 경과조치)이 법에 대한 국회 소관 상임위원회가 정하여지기 이전에는 이 법의 개정이나 폐지는 국회에 특별위원회를 설치하여 심사 · 처리한다.

④ (소유제한에 관한 경과조치)이 법 시행 당시 제8조제3항에 따른 법인이 「방송법」에 따른 보도에 관한 전문편성을 행하는 방송채널사용사업을 행하는 법인의 주식 또는 지분을 소유하고 있는 경우에 당해 방송채널사용사업자가 보도에 관한 전문편성을 행하는 인터넷 멀티미디어 방송 콘텐츠사업을 하고자 하는 때에는 제8조제3항에도 불구하고 그 법인이 소유하고 있는 주식 또는 지분의 한도 내에서 주식 또는 지분을 계속 소유할 수 있다.

⑤ (시행령의 제 · 개정 소관)이 법에 따른 대통령령은 방송위원회와 정보통신부장관이 합의하여 제 · 개정한다.

대통령령 제 호

인터넷 멀티미디어 방송사업법 시행령 제정안

제1조(목적)

이 영은 「인터넷 멀티미디어 방송사업법」(이하 "법"이라 한다)에서 위임된 사항과 그 시행에 관하여 필요한 사항을 규정함을 목적으로 한다.

제2조(정의)

이 영에서 사용하는 용어의 정의는 법이 정하는 바에 의한다.

제3조(제공사업의 허가)

① 법 제4조제3항제5호에서 "그 밖에 대통령령으로 정하는 사항"이라 함은 다음 각호의 사항을 말한다.

1. 법인의 정관
2. 법인의 등기부등본
3. 설립예정 또는 설립 중인 법인인 경우 그 관련 서류
4. 법인의 주식 또는 지분 소유에 관한 서류
5. 그 밖에 방송통신위원회가 허가심사에 필요하다고 판단하여 요구하는 서류

② 방송통신위원회는 법 제4조제3항에 따른 허가신청서를 접수한 때에는 법 제4조제4항 각호의 사항을 심사하여 허가여부를 결정하고, 허가를 하는 경우에는 신청인에게 허가서를 교부하여야 한다.

③ 법 제4조제7항에 따른 인터넷 멀티미디어 방송 제공사업의 허가 심사기준은 법 제4조제4항 각 호의 사항을 심사사항으로 구성하고, 심사기준에 대한 배점은 해당 심사사항의 중요도를 고려하여 심사사항별로 방송통신위원회가 정하여 고시하되, 일정한

점수 이상을 얻은 경우에 허가대상 법인으로 선정한다.

④ 인터넷 멀티미디어 방송 제공사업의 허가에 필요한 구체적인 절차, 방법, 세부심사항목, 그 밖에 필요한 사항은 방송통신위원회가 고시한다.

제4조(허가기간)

법 제5조제1항에 따른 인터넷 멀티미디어 방송 제공사업의 허가기간은 5년으로 한다. 다만, 인터넷 멀티미디어 방송 제공사업을 해당 사업자에게 최초로 허가하는 경우의 허가기간은 3년으로 한다.

제5조(재허가)

① 법 제5조제2항에 따라 인터넷 멀티미디어 방송 제공사업자가 재허가를 받고자 하는 경우에는 허가기간 만료 6개월 전까지 방송통신위원회에 재허가 신청을 하여야 한다.

② 제1항에 따른 재허가의 심사기준은 제3조제3항에 따른 심사사항 및 다음 각호의 사항으로 구성한다.

1. 이전 허가 당시 사업계획, 허가조건 또는 기타 준수사항의 이행 여부
2. 방송통신위원회의 시정명령, 과징금 · 과태료 처분의 내용 · 횟수와 이에 대한 이행 여부

③ 그 밖에 인터넷 멀티미디어 방송 제공사업의 재허가에 관하여는 제3조를 준용한다.

제6조(전국 서비스 개시기간)

① 법 제6조제2항에서 "대통령령으로 정하는 기간"이라 함은 3년의 범위 이내에서 방송통신위원회가 법 제4조제1항에 따른 허가를 하면서 허가신청법인의 재정능력, 전기통신설비의 구축수준 및 시설계획 등을 고려하여 정하는 기간으로 한다.

② 방송통신위원회는 제1항의 적용을 받는 인터넷 멀티미디어 방송제공사업자가 천재 · 지변 기타 부득이한 사유로 인하여 제1항에 따른 기간 이내에 서비스를 개시할 수 없을 때에는 해당 사업자의 신청에 의하여 2년의 범위 이내에서 1회에 한하여 연장할 수 있다.

제7조(겸영금지 등)

① 법 제8조제2항 및 제3항에 따른 "대통령령이 정하는 특수관계자"에 관하여는「방송법 시행령」제3조제1항부터 제4항까지의 규정을 준용한다.

② 법 제8조제3항에서 "대통령령으로 정하는 기준"이라 함은「독점규제 및 공정거래에 관한 법률」 제14조의 규정에 따라 상호출자 제한 기업집단으로 지정된 기업집단 중 그 지정된 날을 기준으로 자산총액이 10조원 이상을 말한다.

제8조(변경허가)

① 법 제11조제1항에 따라 다음 각호의 어느 하나에 해당하는 경우에는 변경허가를 받아야 한다.

1. 인터넷 멀티미디어 방송 제공사업자의 합병 · 분할 또는 주식취득(발행주식 총수의 100분의 15 이상을 소유하거나 경영을 지배하려는 공동의 목적을 가지고 주식을 취득하여 경영권이 실질적으로 변경되는 경우에 한한다)
2. 인터넷 멀티미디어 방송 제공사업의 전부 또는 일부의 양도 · 양수
3. 사업권역
4. 허가조건

② 그 밖에 인터넷 멀티미디어 방송 제공사업의 변경허가에 관하여는 제3조를 준용한다.

제9조(공정경쟁의 촉진)

법 제12조제5항에 따라 인터넷 멀티미디어 방송 제공사업자는 방송통신위원회가 고시하는 바에 따라 인터넷 멀티미디어 방송 제공사업의 회계를 다른 사업과 구분하여 정리하여야 한다.

제10조(경쟁상황평가)

① 법 제12조제1항 및 제2항에 따른 효율적인 경쟁체계 구축과 공정한 경쟁정책 수립을 위하여 방송통신위원회에 인터넷 멀티미디어 방송 제공사업 경쟁상황 평가위원회(이하 "평가위원회"라 한다)를 둔다.

② 평가위원회의 직무는 다음 각 호와 같다.

1. 법 제12조제2항에 따른 경쟁상황 평가
2. 인터넷 멀티미디어 방송사업의 효율적인 경쟁체제 구축과 공정한 경쟁 환경의 조성을 위한 자문
3. 그 밖에 인터넷 멀티미디어 방송사업의 공정경쟁정책 수립을 위하여 위원장이 필요하다고 요청한 사항의 검토 등

③ 평가위원회는 경쟁상황 평가를 실시하기 위하여 서비스의 수요대체성 · 공급대체성, 서비스 제공범위 및 지리적 범위, 이용자의 특성 등을 종합적으로 고려하여 단위시장 또는 관련시장을 획정한다.

④ 평가위원회는 경쟁상황 평가를 실시함에 있어서 다음 각 호의사항을 종합적으로 고려한다.

1. 경쟁사업자 수, 경쟁사업자 상호간의 주식 또는 지분 소유관계, 진입장벽, 시장점유율, 콘텐츠 수급관계 등 시장구조
2. 서비스 이용에 관한 정보접근의 용이성, 대체 서비스 또는 사업자 전환의 용이성 등 이용자의 대응력
3. 사업자의 요금 · 품질의 수준, 수익성 등 시장성과
4. 인터넷 멀티미디어 방송 제공사업의 요금 · 품질 경쟁 및 기술 혁신의 정도
5. 인터넷 멀티미디어 방송 제공사업 관련 시장상황 등

⑤ 평가위원회는 경쟁상황 평가의 실시에 관한 일부 업무를 전문 연구기관에 위탁할 수 있다.

제11조(경쟁상황 평가위원회의 구성과 운영)

① 평가위원회 위원장(이하 "위원장"이라 한다) 이외의 위원은 다음 각 호의 자 가운데 방송통신위원회 위원장이 임명 또는 위촉하는 자로 구성한다.

1. 관계 행정기관의 고위공무원 이상의 공무원
2. 「고등교육법」에 의한 대학이나 공인된 연구기관에서 방송 · 통신 또는 공정경쟁에 관한 강의나 연구를 10년 이상 담당하고 있는 자
3. 판사 · 검사 또는 변호사로서 10년 이상 재직한 자
4. 방송 · 통신 또는 미디어 사업에 관련된 협회 또는 단체 등에서 10년 이상 근무한 자

5. 시민단체(「비영리민단간단체지원법」 제2조에 따른 비영리민간단체를 말한다)에서 방송 · 통신 또는 공정경쟁에 관한 업무에 종사하고 있는 자로서 학식과 경험이 풍부한 자

② 위원의 임기는 2년으로 하되, 1회에 한하여 연임할 수 있다. 다만, 직위를 정하여 임명 또는 위촉되는 위원은 그 직위에 재임하는 기간으로 한다.

③ 위원장은 평가위원회의 회의를 소집하고 그 회의를 주재한다.

④ 위원장이 평가위원회의 회의를 소집하고자 하는 경우에는 회의일시 · 장소 및 부의사항을 회의 개최 7일 전까지 각 위원에게 서면 또는 전자문서 등으로 통지한다. 다만, 긴급을 요하거나 부득이한 사유가 있는 경우에는 그러하지 아니하다.

⑤ 평가위원회는 재적위원 과반수의 출석과 출석위원 과반수의 찬성으로 의결한다.

⑥ 평가위원회는 필요한 경우에 관계공무원 또는 관계전문가의 의견을 들을 수 있다.

⑦ 위원장은 평가위원회의 사무를 처리하기 위하여 방송통신위원회소속 공무원 중에서 지명하는 간사 1인을 둔다.

⑧ 평가위원회에 출석한 위원에 대하여는 예산의 범위 안에서 수당을 지급할 수 있다. 다만, 공무원인 위원이 그 소관업무와 직접 관련되어 출석하는 경우에는 그러하지 아니하다.

⑨ 평가위원회의 구성과 운영에 관하여 이 영에서 정한 것 이외에 필요한 사항은 평가위원회의 의결을 거쳐 위원장이 정한다.

제12조(전기통신설비의 동등제공)

① 법 제14조제1항부터 제3항까지의 규정에 따른 필수적인 전기통신설비는 당해 인터넷 멀티미디어 방송 제공사업에 필요한 설비로서 이에 대한 접근 및 이용이 거부 · 제한되어 직접 구축하거나 다른 사업자의 대체설비를 이용하고자 하는 인터넷 멀티미디어 방송 제공사업자가 해당 시장에서 경쟁력이 현저히 저하되 어 공정한 경쟁이 사실상 불가능해 지는 경우를 말하며, 그 구체적인 설비의 범위는 방송통신위원회가 정하여 고시한다.

② 법 제14조제1항 및 제2항에 따른 설비제공의 거절 · 중단 · 제한 사유는 다음 각 호의 어느 하나에 해당하는 경우를 말한다.

1. 접속하는 설비가 기술기준이나 국가표준에 부합하지 아니하는 경우
2. 기술방식의 차이 등으로 인하여 전기통신설비를 제공하기 위해서는 해당 전기통신설비를 이용하는 사업 운영에 현저한 손실 또는장애가 발생할 정도로 설비의 재설계 또는 변경이 필요한 경우
3. 전기통신설비를 제공하는 경우 해당 전기통신설비를 이용하여 제공하는 서비스에 현저한 장애를 초래하는 경우
4. 다른 사업자에게 제공할 여유설비 또는 여유용량이 부족한 경우
5. 당해 인터넷 멀티미디어 방송 제공사업자의 영업비밀을 보호하기위하여 상당한 필요성이 있는 경우
6. 천재 · 지변, 사업의 휴지 · 폐지 및 기술적 장애

③ 법 제14조제1항에 따른 필수적인 전기통신설비에의 접근 및 이용을 하고자 하는 자는 요청설비의 구간, 장소, 종류, 규격, 사용기간 및 사용용도를 해당 설비를 보유한 인터넷 멀티미디어 방송 제공사업자에게 서면으로 요청하여야 한다.

④ 제3항에 따른 요청을 받은 인터넷 멀티미디어 방송 제공사업자는 그 요청일로부터 15일 이내에 요청 설비의 제공가능여부, 제공 가능시기 등을 요청사업자에게 통보하여야 하며, 제2항 각 호의 어느 하나에 해당되어 제공이 불가능한 경우에는 그 사유를 서면으로 통보하여야 한다.

⑤ 제3항에 따른 요청을 받은 사업자는 제4항에 따라 요청사업자에게 제공가능 통보를 한 경우 그 요청일로부터 45일 이내에 요청사업자와 계약을 체결하고 방송통신위원회가 정하는 기간 이내에 해당 설비를 제공하여야 한다.

⑥ 법 제14조제4항에 따른 전기통신설비의 이용대가는 제공설비의원가를 기준으로 해당 사업자간 협의하여 정할 수 있다. 이 경우 이용대가는 감가상각비와 투자보수 및 운영비용을 토대로 합리적이고 공정하게 산정하여야 하며, 투자보수의 산출에 있어서 신규 설비에 대한 투자위험을 반영할 수 있다.

⑦ 제1항부터 제6항까지의 규정에 따른 전기통신설비의 동등제공에 관하여 그 밖에 필요한 사항은 방송통신위원회가 고시한다.

제13조(과징금)

① 법 제17조제2항에서 "매출액"이라 함은 당해 인터넷 멀티미디어 방송 제공사업자의 인터넷 멀티미디어 방송 제공사업의 직전 3개 사업연도의 연평균 매출액을 말한다. 다만, 당해 사업연도 초일 현재 사업을 개시한지 3년이 되지 아니하는 경우에는 그 사업개시 후 직전 사업연도 말일까지의 매출액을 연평균 매출액으로 환산한 금액을 말하며, 당해 사업연도에 사업을 개시한 경우에는 사업 개시일부터 위반 행위일까지의 매출액을 연매출액으로 환산한 금액을 말한다.

② 법 제17조제2항에 따라 과징금을 부과하는 위반행위의 종별과 그에 대한 과징금 부과 상한액 및 산정기준은 별표 1과 같다.

③ 법 제17조제2항에서 "매출액이 없거나 매출액의 산정이 곤란한 경우로서 대통령령이 정하는 때"라 함은 다음 각 호의 어느 하나에해당하는 때를 말한다.

1. 영업을 개시하지 아니하거나 영업중단 등으로 인하여 영업실적이 없는 때
2. 재해 등으로 인하여 매출액 산정자료가 소멸 또는 훼손되어 매출액 산정이 곤란한 경우

제14조(과징금의 부과 및 납부)

① 방송통신위원회가 법 제17조제2항에 따라 과징금을 부과하고자 하는 경우에는 당해 위반행위를 조사 · 확인한 후 위반사실 · 부과금액 · 이의방법 및 이의기간 등을 서면으로 명시하여 이를 납부할 것을 과징금 부과대상자에게 통지하여야 한다.

② 제1항에 따라 통지를 받은 자는 통지를 받은 날부터 20일 이내에 과징금을 방송통신위원회가 정하는 수납기관에 납부하여야 한다. 다만, 천재 · 지변 기타 부득이한 사유로 인하여 그 기간내에 과징금을 납부할 수 없는 경우에는 그 사유가 없어진 날부터 7일 이내에 납부하여야 한다.

③ 제2항에 따라 과징금을 납부 받은 수납기관은 과징금을 납부한 자에게 영수증을 교부하여야 한다.

④ 과징금의 수납기관은 제2항에 따라 과징금을 수납한 때에는 지체없이 그 사실을 방송통신위원회에 통보하여야 한다.

제15조(금지행위의 유형 및 기준)

① 법 제17조제4항에 따른 금지행위의 유형 및 기준은 별표 2와 같다.

② 방송통신위원회는 특정 금지행위에 적용하기 위하여 필요하다고 인정하는 경우에는 제1항에 따른 금지행위의 유형 및 기준에 대한 세부기준을 정할 수 있다.

제16조(콘텐츠사업의 신고 또는 등록 및 승인 대상)

① 법 제18조제2항 본문에 따라 다음 각 호의 어느 하나에 해당하는 자(법 제18조제2항 단서에 해당하는 자를 제외한다)는 방송통신위원회에 인터넷 멀티미디어 방송 콘텐츠사업의 신고를 하여야 한다.

1.「방송법」제2조제3호에 따른 방송사업자로서「방송법」에 따라 허가 또는 승인을 받거나 등록한 바에 따라 송신 또는 제공하는 콘텐츠(종합유선방송사업자 및 위성방송사업자의 경우에는 직접 사용 채널의 콘텐츠에 한한다)를 편성의 변경이 없는 실시간 방송프로그램의 형태로 인터넷 멀티미디어 방송 제공사업자와 계약을 체결하여공급하고자 하는 자(다만,「방송법」에 따라 방송채널사용사업자로서 방송통신위원회에 등록하지 아니한 경우에는 방송통신위원회에신규 등록하여야 한다)

2.「전기통신사업법」제21조에 따라 방송통신위원회에 신고한 부가통신사업자(「전기통신사업법」제21조 단서에 따라 신고가 면제되는 부가통신사업자를 포함한다)로서 그 신고한 바에 따라 제공하는 콘텐츠를 인터넷 멀티미디어 방송 제공사업자와 계약을 체결하여 공급하고자 하는 자

3. 법 제18조제1항에 따른 "다른 법률의 규정에 따라 콘텐츠를 제작 · 공급하는 사업을 하는 자"로서 인터넷 멀티미디어 방송 제공사업자와 계약을 체결하여 콘텐츠를 공급하고자 하는 자

② 법 제8조제3항 및 법 제18조제2항 단서에 따라 「방송법」 제2조제3호에 따른 방송사업자 중 보도 · 홈쇼핑 전문 또는 종합편성 방송채널사용사업자로서 송신 또는 제공하는 콘텐츠를 편성의 변경이 없는 실시간 방송프로그램 형태로 인터넷 멀티미디어 방송 제공사업자와 계약을 체결하여 공급하고자 하는 자는 방송통신위원회에 인터넷 멀티미디어 방송 콘텐츠사업의 승인을 받아야 한다.

제17조(콘텐츠사업의 신고 또는 등록 절차)

① 제16조제1항에 따라 인터넷 멀티미디어 방송 콘텐츠사업의 신고를 하고자 하는 자는 다음각 호의 사항을 기재한 인터넷 멀티미디어 방송 콘텐츠 사업 신고서(법 제18조제1항에 따른 "다른 법률의 규정에 따라 콘텐츠를 제작 · 공급하는 사업을 하는 자"는 이를 증명하는 서류를 포함한다)를방송통신위원회에 제출하여야 한다.

1. 사업자명 · 대표자명
2. 상품(서비스)명
3. 콘텐츠 공급분야
4. 주된 사무소의 소재지
5. 주요시설의 소재지
6. 납입자본금(법인인 경우에 한한다)
7. 발행주식 또는 지분 총수의 100분의 5 이상을 가진 주주 또는 출자자의 구성(법인인 경우에 한한다)
8. 법 제9조의 규정에 따른 외국인의 주식소유 현황(법인인 경우에 한하며 관련 증빙서류를 첨부하여야 한다)

② 방송통신위원회는 제1항에 따른 신고서를 접수한 때에는 신고 내용이 법령에 위배되는지 여부와 사실관계의 확인을 거쳐 14일 이내에 신고필증을 교부하여야 한다.

③ 제1항의 규정에 따라 방송통신위원회에 신고한 인터넷 멀티미디어 방송 콘텐츠사업자가 제1항 각호의 사항을 변경한 경우에는 변경이 있은 날로부터 7일 이내에 이를 방송통신위원회에 신고하여야 한다.

④ 제16조제1항제1호에 따른 인터넷 멀티미디어 방송 콘텐츠사업의 등록에 관하여는 「방송법」제9조제5항 본문을 준용한다.

⑤ 그 밖에 인터넷 멀티미디어 방송 콘텐츠사업의 신고 또는 등록에 필요한 구체적인 절차 및 방법에 관하여는 방송통신위원회가 고시한다.

제18조(콘텐츠사업의 승인 절차)

① 제16조제2항에 따라 인터넷 멀티미디어 방송 콘텐츠사업의 승인을 받고자 하는 자는 제17조제1항 각호의 사항을 기재한 인터넷 멀티미디어 방송 콘텐츠 사업 승인신청서

를 방송통신위원회에 제출하여야 한다. 다만, 신규 승인을 받고자 하는 경우에는「방송법」제9조제5항 단서를 준용한다.

② 방송통신위원회는 제1항에 따른 승인신청서를 접수한 날로부터 30일 이내에 승인여부를 결정하고 그 결과를 신청인에게 통보하여야 한다.

③ 제1항에 따라 승인을 얻은 인터넷 멀티미디어 방송 콘텐츠사업자가 승인받은 방송콘텐츠 공급분야를 변경하고자 하는 경우에는 방송통신위원회의 변경승인을 받아야 한다.

④ 제1항부터 제3항까지의 승인 및 변경승인에 필요한 구체적인 절차 및 방법 등에 관하여는 방송통신위원회가 고시한다.

제19조(콘텐츠 동등접근)

① 방송통신위원회는 법 제20조제1항에 따라 인터넷 멀티미디어 방송 콘텐츠사업자가 제공하는 방송프로그램에 대하여 다음 각 호의 기준을 고려하여 주요 방송프로그램을 고시한다.

1. 해당 방송프로그램의 시청률 또는 시청점유율
2. 해당 방송프로그램에 대한 국민적 관심도
3. 해당 방송프로그램에 대한 접근 및 이용 또는 거래의 거절 · 중단 · 제한으로 인하여 인터넷 멀티미디어 방송 제공사업자의 경쟁력이 현저히 저하되어 다른 사업자와의 공정한 경쟁이 저해되는지 여부

② 방송통신위원회는 법 제20조제3항에 따른 금지행위의 세부기준과 의견진술에 필요한 사항을 정하여 고시할 수 있다.

제20조(방송프로그램의 구성과 운용)

① 법 제21조제2항에 따라 준용되는 「방송법」 제32조에 따른 「방송법 시행령」 제21조제1항 제21조의2 각호 이외의 부분 중 "방송사업자"는 "「방송법」제2조제3호에 따른 방송사업자 또는 제17조제4항 또는 제18조제1항 단서에 해당하는 인터넷 멀티미디어 방송 콘텐츠사업자"로 본다.

② 법 제21조제3항에 따라 준용되는「방송법」제70조에 따른「방송법시행령」제53조제1항

제2호 가목 중 "이상으로 할 것"은 "이상으로 할 것(텔레비전방송을 행하는 인터넷 멀티미디어 방송 콘텐츠사업자의 수가 그 이상인 경우에 한한다)"로 보고, 「방송법 시행령」같은 조 같은 항 같은 호 나목 및 다목 중 "방송채널사용사업자"는 "방송채널사용사업자(인터넷 멀티미디어 방송 콘텐츠사업자인 경우에 한한다)"로 보며, 「방송법 시행령」제54조제1항 중 "공공채널과 종교의 선교목적을 지닌 채널"은 "공공채널과 종교의 선교 목적을 지닌 채널(인터넷 멀티미디어 방송 콘텐츠사업자의 방송프로그램에 한한다)"로 본다.

③ 법 제21조제4항에 따라 준용되는「방송법」제69조에 따른 「방송법 시행령」제50조제1항 각호 외의 부분 같은 조 제4항 각호 외의 부분 같은 조 제5항 본문 제52조 각호 외의 부분 중 "방송사업자" 및 제50조제4항 제1호 다목 중 "방송채널사용사업자"는 각각 "「방송법」제2조제3호에 따른 방송사업자 또는 제17조제4항 또는 제18조제1항 단서에 해당하는 인터넷 멀티미디어 방송 콘텐츠사업자"로 본다.

④ 법 제21조제4항에 따라 준용되는「방송법」제71조에 따른 「방송법 시행령」제57조제1항 각호 외의 부분 같은 조 제2항 본문 및 단서 같은 조 제4항 중 "방송사업자", 제57조제1항제3호 중 "지상파방송채널사용사업자를 제외한 방송채널사용사업자"는 각각 "「방송법」제2조제3호에 따른 방송사업자에 해당하는 인터넷 멀티미디어 방송 콘텐츠사업자"로 본다.

⑤ 법 제21조제4항에 따라 준용되는「방송법」제72조에 따른「방송법시행령」제58조제3항 중 "방송사업자"는 "「방송법」제2조제3호에 따른 방송사업자 또는 제17조제4항 또는 제18조제1항 단서에 해당하는 인터넷 멀티미디어 방송 콘텐츠사업자"로 본다.

⑥ 법 제21조제4항에 따라 준용되는「방송법」제73조에 따른 「방송법 시행령」제59조제1항 같은 조 제2항 제2호 라목 같은 조 같은 항 제3호 가목 같은 조 제3항 각호 외의 부분 본문 같은 조 같은 항 제1호 같은 조 제4항 각호 외의 부분 같은 조 같은 항 제2호 중"방송사업자" 및 같은 조 제2항제2호 각목 외의 부분 중 "방송채널사용사업자"는 각각 따른「방송법 시행령」제58조제3항 중 "방송사업자"는 "「방송법」제2조제3호에 따른 방송사업자 또는 제17조제4항또는 제18조제1항 단서에 해당하는 인터넷 멀티미디어 방송 콘텐츠사업자"로 본다.

⑦ 법 제21조제4항에 따라 준용되는「방송법」제74조에 따른「방송법시행령」제60조제1항 각호 외의 부분 같은 조 같은 항 제1호 제2호 및 같은 조 제2항 각호 외의 부분 본문

중 "방송사업자"는 각각 따른「방송법 시행령」제58조제3항 중 "방송사업자"는 "「방송법」제2조 제3호에 따른 방송사업자 또는 제17조제4항 또는 제18조제1항 단서에해당하는 인터넷 멀티미디어 방송 콘텐츠사업자"로 본다.

⑧ 법 제21조제4항에 따라 준용되는「방송법」제76조의3에 따른「방송법 시행령」제60조의3 제1항 각호외의 부분 제60조의5 제1항 각호외의 부분 중 "방송사업자"는 각각 따른「방송법 시행령」제58조제3항 중 "방송사업자"는 "「방송법」제2조제3호에 따른 방송사업자 또는 제17조제4항 또는 제18조제1항 단서에 해당하는 인터넷 멀티미디어 방송 콘텐츠사업자"로 본다.

⑨ 법 제21조제4항에 따라 준용되는「방송법」제78조 제1항부터 제4항까지의 규정에 따른「방송법 시행령」제61조제1항 각호 외의 부분중 "종합유선방송사업자"는 "인터넷 멀티미디어 방송 제공사업자"로 본다.

⑩ 법 제21조제4항에 따라 준용되는「방송법」제78조의2의 규정에 따른「방송법 시행령」제61조의3제2항 각호 외의 부분 중 "방송사업자" 및 제61조의3제2항제1호나목 중 "종합유선방송사업자"는 각각 "인터넷 멀티미디어 방송 제공사업자"로 본다.

제21조(사업자의 출연)

① 방송통신위원회는 법 제23조제1항에 따라 인터넷 멀티미디어 방송 제공사업자에게「방송법」제36조에 따른 방송발전기금에 출연하도록 할 수 있다. 다만, 인터넷 멀티미디어방송 제공사업을 허가받은 후 3년이 경과할 때까지는 그러하지 아니하다.

② 제1항에 따른 출연금은 당해 인터넷 멀티미디어 방송 제공사업으로 발생한 연간 매출액의 100분의 6의 범위 안에서 당해 인터넷멀티미디어 방송 제공사업자의 재정상태 · 가입자수 및 이용요금과 사업운용의 공공성 등을 참작하여 방송통신위원회가 고시하는 징수율에 따라 산정한다.

③ 인터넷 멀티미디어 방송 제공사업자는 제2항에 따른 출연금의 산정에 필요한 자료를 방송통신위원회에 제출하여야 한다.

④ 방송통신위원회는 제1항 및 제2항에 따라 산정된 출연금을 징수하고자 하는 때에는 출연금 납부금액 납부기한 및 수납기관을 명시한 납부통지서를 해당 인터넷 멀티미디어 방송 제공사업자에게 송부하여야 한다.

⑤ 제4항에 따라 통지를 받은 인터넷 멀티미디어 방송 제공사업자는 납부기한 내에 방송통신위원회가 정한 수납기관에 출연금을 납부하여야 한다.

⑥ 그 밖에 출연금의 징수, 산정 및 부과 등에 관하여 필요한 사항은 방송통신위원회가 고시한다.

제22조(허가취소 및 사업정지)

① 법 제24조제2항에 따른 허가취소 및 사업정지 처분의 기준은 별표 3과 같다.

② 동일한 인터넷 멀티미디어 방송 제공사업자가 여러 개의 위반행위를 한 경우에는 다음 각 호의 기준에 따라 처분한다.

1. 가장 무거운 위반행위에 대한 처분의 기준이 허가취소인 경우에는 허가취소 처분을 한다.
2. 각 위반행위에 대한 처분의 기준이 사업정지인 경우에는 그 정지기간을 합산한다. 이 경우 합산하는 경우에도 처분의 총 기간이 1년을 초과할 수 없다.

③ 방송통신위원회는 제1항에 따른 허가취소 또는 사업정지 처분을한 경우에는 해당 인터넷 멀티미디어 방송 제공사업자에게 서면으로 이를 통지하여야 한다.

제23조(과징금)

① 법 제25조제1항에서 "매출액"이라 함은 제14조제1항에 따른 매출액을 말한다.

② 법 제25조제3항에 따라 과징금을 부과하는 위반행위의 종별과 과징금의 금액은 별표 4와 같다.

③ 방송통신위원회는 제2항에 따라 과징금의 금액을 정함에 있어서는 위반행위의 정도 및 횟수 등을 참작하여야 한다.

④ 법 제25조제1항에 따른 과징금의 부과에 관한 그 밖의 사항에 관하여는 제15조를 준용한다.

제24조(과태료)

① 방송통신위원회가 법 제28조제2항에 따라 과태료를 부과할 때에는 당해 위반행위를 조사 · 확인한 후 위반사실 · 이의방법 및 이의기간 등을 서면으로 명시하여 이를 납

부할 것을 과태료처분대상자에게 통지하여야 한다.

② 하여 과태료 처분대상자에게 구술 또는 서면에 의한 의견진술의 기회를 주어야 한다. 이 경우 지정된 기일까지 의견진술이 없는 때에는 의견이 없는 것으로 본다.

③ 방송통신위원회는 과태료의 금액을 정함에 있어서는 당해 위반행위의 동기와 그 결과 등을 참작하여야 한다.

④ 과태료의 징수절차에 관하여는 「국고금관리법 시행규칙」을 준용한다. 이 경우 납입고지서에는 이의신청방법 및 이의신청기간을함께 기재하여야 한다.

⑤ 법 제28조제3항에 따라 이의를 제기하려는 자는 이의제기 신청인의 성명, 과태료 부담자와의 관계, 과태료 처분내역, 이의신청 사유, 신청일 등을 서면으로 명시하여 방송통신위원회에 제출하여야 한다.

부칙

(시행일) 이 영은 공포한 날부터 시행한다.

[별표 1]

위반행위의 종별 과징금 부과 상한액 및 산정기준(제13조제2항 관련)

1. 위반행위 종별에 따른 과징금 부과 상한액

가. 법 제17조제1항제1호 · 제2호 및 제4호에 따른 행위 : 매출액의 100분의 1 이하

나. 법 제17조제1항제3호에 따른 행위 : 매출액의 1000분의 15 이하

다. 법 제17조제1항제5호부터 제7호까지에 따른 행위 : 매출액의 100분의 2 이하

라. 매출액이 없거나 매출액 산정이 곤란한 경우 : 5억원 이하

2. 과징금의 산정절차 및 기준

가. 과징금 산정단계

과징금은 법 제17조제2항 본문의 규정에 따른 참작사유와 이에 영향을 미치는 위반행위의 주도여부, 관련 시장에 미치는 영향 등을 고려하여 기준금액에 필수적 가중, 추

가적 가중, 감경을 거쳐 산정한다.

나. 과징금 산정단계에 따른 산정방식 및 고려사유

1) 기준금액 산정

가) 기준금액은 위반 인터넷 멀티미디어 방송 제공사업자의 위반기간 동안 위반행위로 인하여 직접적 또는 간접적으로 영향을 받는 서비스에 대한 매출액(이하 "관련 매출액"이라 한다)에 부과기준율을 곱한 금액으로 하되, 관련매 출액의 100분의 2를 초과하지 아니한다.

나) 부과기준율은 위반행위의 내용 및 정도에 따라 중대성의 정도를 구분하여 정한다.

다) 관련매출액을 산정함에 있어 위반기간은 위반행위의 개시일부터 종료일까지의 기간으로 하며, 매출액은 영업보고서 등 회계자료를 기준으로 정한다.

라) 관련매출액이 없거나 매출액의 산정이 곤란한 경우에는 중대성의 정도에 따라 5억원 이하의 금액을 기준금액으로 하되, 해당 인터넷 멀티미디어방송 제공사업자 및 유사 역무제공사업자의 재무제표 등 회계자료와 가입자 수 및 이용요금 등 영업현황 자료 그 밖에 과거실적 · 사업계획 · 시장상황 등을 종합적 으로 고려하여 산정한다.

2) 필수적 가중

가) 기준금액에 위반행위의 기간 및 횟수를 고려하여 기준금액의 100분의 50의 범위 안에서 가중한 금액을 합산하되, 위반행위로 인하여 취득한 이익의 규모에 상당하는 금액과 비교하여 이 중 큰 금액을 필수적 가중을 거친 금액으로 한다.

나) 위반행위의 기간은 단기 · 중기 · 장기로 구분하여 차등 가중하고, 동일한 위반행 위가 반복되는 경우에는 반복되는 위반행위의 횟수에 비례하여 가중한다.

3) 추가적 가중 · 감경

가) 필수적 가중을 거친 금액에 위반행위의 주도 여부, 위반행위의 고의 · 과실 여부, 위반행위에 대한 조사의 협조여부, 위반행위에 대한 조사 중위반행위의 지속 및 확대 여부, 위반행위로 인한 시장점유율 또는 가입자 수 변화 등 위반행위가 관련 시장에 미치는 영향 등을 고려하여 필수적 가중을 거친 금액

의 100분의 50의 범위 안에서 가중 또는 감경한다.

3. 세부기준

기준금액, 필수적 가중, 추가적 가중 · 감경의 각 단계별 세부 고려사유와 가중 · 감경 비율에 대한 세부기준, 그 밖에 과징금의 부과에 관하여 필요한 세부적인 사항과 방법 등에 관한 사항은 방송통신위원회가 정하여 고시한다.

[별표 2]

금지행위의 유형 및 기준(제15조제1항 관련)

Ⅰ. 서비스 제공 거부행위

법 제17조제1항제1호에 따른 금지행위는 다음 각 호의 어느 하나에 해당하는 경우로 한다.

1. 인터넷 멀티미디어 방송 제공사업자의 당해 사업구역 내에서 특정 이용자의 인터넷 멀티미디어 방송 서비스 이용 요청을 설비의 부족 등 정당한 사유 없이 거부하는 행위
2. 정당한 사유없이 특정 이용자에게 특정 서비스의 공급을 거부하는 행위
3. 정당한 사유없이 요금의 체납 등 이용약관에서 정한 사유에 해당하지 않음에도 불구하고 인터넷 멀티미디어 방송 서비스의 제공을 일방적으로 중단하거나 이용계약을 해지하는 행위
4. 정당한 사유없이 인터넷 멀티미디어 방송 서비스를 다른 전기통신역무 등과 묶어서 판매하는 경우에 인터넷 멀티미디어 방송 서비스만의 제공을 거부하는 행위

Ⅱ. 이용약관과 다른 서비스 제공 또는 이용요금 청구행위

법 제17조제1항제2호에 따른 금지행위는 다음 각 호의 어느 하나에 해당하는 경우로 한다.

1. 이용약관과 다른 내용으로 부당하게 서비스를 제공하여 해당 이용자의 이익을 현저히 저해하는 행위

2. 이용약관과 다른 내용으로 부당하게 요금을 청구하여 해당 이용자의 이익을 현저히 저해하는 행위
3. 이용자의 서비스 이용의사를 확인하지 않고 서비스를 제공하여 이용자의 이익을 현저히 저해하는 행위

Ⅲ. 이용자 정보의 부당한 유용행위

법 제17조제1항제3호에 따른 금지행위는 다음 각 호의 어느 하나에 해당하는 경우로 한다.

1. 인터넷 멀티미디어 방송서비스의 제공 과정에서 알게 된 이용자의 정보를 부당하게 공개하거나 제3자에게 제공하는 행위
2. 인터넷 멀티미디어 방송서비스의 제공 과정에서 알게 된 이용자의 정보를 자신의 영업활동에 부당하게 유용하는 행위

Ⅳ. 부당한 이용자 차별행위

법 제17조제1항제4호에 따른 금지행위는 다음 각 호의 어느 하나에 해당하는 경우로 한다.

1. 인터넷 멀티미디어 방송서비스의 이용요금, 이용조건 및 이용장비 등을 다른 이용자에 비하여 부당하게 차별적으로 제공하거나 제안하는 행위
2. 장기이용 또는 다량이용 계약체결자에게 부당하게 차별적인 조건으로 인터넷멀티미디어 방송서비스를 제공하는 행위
3. 특정 이용자에 대하여 고의적으로 서비스 안내의 차별, 특정 서비스 판매사실의 누락 등을 통하여 다른 이용자에 비하여 불리한 이용요금 또는 이용조건으로 이용계약을 체결하여 인터넷 멀티미디어 방송 서비스를 제공하는 행위
4. 인터넷 멀티미디어 방송서비스를 다른 전기통신역무 또는 방송역무 등과 묶어서 판매하는 경우에 인터넷 멀티미디어 방송서비스만을 이용하는 이용자보다 부당하게 차별하여 유리한 이용요금 또는 이용조건으로 인터넷 멀티미디어 방송 서비스를 제공하는 행위

Ⅴ. 인터넷 멀티미디어 방송 콘텐츠사업자에 대한 우월적 지위 남용 행위

법 제17조제1항제5호에 따른 금지행위는 다음 각 호의 어느 하나에 해당하는 경우로 한다.

1. 우월적 지위를 이용하여 부당하게 인터넷 멀티미디어 방송 제공사업자의 손해배상 책임을 제한하거나 인터넷 멀티미디어 방송 콘텐츠사업자의 해지권을 제한하는 등 인터넷 멀티미디어 방송 콘텐츠사업자에게 현저히 불리한 계약을 강요하는 행위
2. 우월적 지위를 이용하여 부당하게 인터넷 멀티미디어 방송 콘텐츠사업자에게 다른 인터넷 멀티미디어 방송 제공사업자와의 콘텐츠공급계약 체결을 거부하도록 하거나, 부당하게 차별적인 조건으로 체결하도록 강요하는 행위
3. 우월적 지위를 이용하여 부당하게 인터넷 멀티미디어 방송 콘텐츠사업자에게 현저히 불리한 수익 배분 또는 정상적인 관행에 비추어 과도한 경제상의 이익을 요구하거나 현저한 경제상의 손해를 감수하도록 강요하는 행위

Ⅵ. 다른 방송사업자의 사업을 방해하는 행위

법 제17조제1항제6호에 따른 금지행위는 다음 각 호의 어느 하나에 해당하는 경우로 한다.

1. 다른 인터넷 멀티미디어 방송 제공사업자의 서비스 이용을 방해할 목적으로 해당 인터넷 멀티미디어 방송 제공사업자의 시설이나 장비를 손괴하는 등 부당하게 서비스 제공을 방해하는 행위
2. 다른 인터넷 멀티미디어 방송 제공사업자의 사업을 방해할 목적으로 해당 인터넷 멀티미디어 방송 제공사업자와 이용자간의 서비스제공계약 체결을 부당하게 방해하는 행위
3. 다른 인터넷 멀티미디어 방송 제공사업자의 인터넷 멀티미디어 방송서비스 또는 자신의 인터넷 멀티미디어 방송서비스에 대하여 이용요금, 이용조건, 서비스의 품질에 대하여 거짓의 정보를 제공하여 서비스 제공계약의 체결을 부당하게 방해하는 행위
4. 부당하게 이용자와 다른 인터넷 멀티미디어 방송 제공사업자의 인터넷 멀티미디어 방송 서비스 제공을 배제하는 내용의 배타적 이용계약을 체결하는 행위

Ⅶ. 필수적인 전기통신설비의 사용 · 접근의 거절 · 중단 · 제한 행위

법 제17조제1항제7호에 따른 금지행위는 다음 각 호의 어느 하나에 해당하는 경우로 한다.

1. 다른 인터넷 멀티미디어 방송 제공사업자의 서비스 제공에 필수적인 전주,관로, 통신구 등 전기통신설비의 사용 또는 접근을 요청하였을 때 정당한 사유 없이 협의 또는 계약의 체결을 거부하거나 체결된 계약 등을 불이행하는 행위
2. 다른 인터넷 멀티미디어 방송 제공사업자가 계약 등에 의하여 정당하게 사용 중인 전주, 관로, 통신구 등 전기통신설비에 대해 정당한 사유없이 이를 차단하거나 제한하는 행위
3. 정당한 사유없이 전주, 관로, 통신구 등을 이용하고 있는 다른 인터넷 멀티미디어 방송 제공사업자가 이용하는 것과 차별적인 가격이나 이용조건을 제시하여 전기통신설비의 사용 또는 접근을 제한하는 행위

[별표 3]

인터넷 멀티미디어 방송 제공사업자의 허가취소 등의 처분기준(제22조제1항 관련) 위반행위 해당 법조문 처분기준

1. 거짓 그 밖의 부정한 방법으로 허가를 받은 때 법 제24조제1항제1호 허가의 취소
2. 허가를 받은 날로부터 1년 이내에 사업을 개시하지 아니하거나 1년 이상 계속하여 휴업한 때 법 제24조제1항제2호 허가의 취소 또는 사업정지 6개월
3. 제10조제2항에 따른 명령을 이행하지 아니한 때 법 제24조제1항제3호 사업정지 6개월
4. 제13조제2항에 따른 명령을 이행하지 아니한 때 법 제24조제1항제3호 사업정지 3개월

비고

1. 방송통신위원회는 당해 위반행위가 사업정지에 해당하는 경우에는 위반행위의 정도 및 횟수 등을 참작하여 사업정지 기간의 2분의 1의 범위 안에서 가중 또는 감경할 수 있다.

2. 방송통신위원회는 사업정지 처분을 하는 경우에 위반행위의 정도를 감안하여 사업정지 기간동안 사업의 일부 정지처분을 할 수 있다.

[별표 4]

위반행위의 종별 과징금 금액(제23조제2항 관련) 위 반 행 위 해당 법조문과 징금금액

1. 허가를 받은 날로부터 1년 이내에 사업을 개시하지 아니하거나 1년 이상계속하여 휴업한 때 법 제25조제1항 5억원 이하
2. 제10조제2항에 따른 명령을 이행하지 아니한 때 법 제25조제1항 제11조제1항에 따른 매출액의 1000분의 15 이하(다만, 제11조제3항 각 호의 어느 하나에 해당하여 매출액이 없거나 매출액의 산정이 곤란한 경우에는 5억원 이하로 한다. 이하 같다)
3. 제13조제2항에 따른 명령을 이행하지 아니한 때 법 제25조제1항 제11조제1항에 따른 매출액의100분의 1 이하

디지탈 카메라 용어 02

-알파벳순-

AE
자동 노출로 광량 조건에 따라 셔터 속도와 조리개 값을 조절함으로써 적정한 노출을 자동적으로 얻음.

AF
자동 초점으로 자동적으로 카메라 렌즈의 초점을 조절하는 시스템.

AF / AE Lock
자동 초점이나 자동 노출을 고정하는 기능으로 일반적으로 셔터를 반 정도 누르면 초점과 노출이 고정.

Artifact(ing)
JPEG 파일이나 기타 압축 파일에서 명백하게 이미지에 부정적인 영향을 미치는 컬러 또는 선 오류.

AWB(Automatic White Balance)
자동적으로 화이트 밸런스를 조절하는 기능.

barreling(원통형 왜곡)
초광각 렌즈에 의해 발생하는 왜곡으로 이미지는 구형으로 연장되어 나타남

bit(비트)
binary digit의 약칭, 컴퓨터의 기억장치는 모든 신호를 2진수로 고쳐서 기억. 2진수에서의 숫자 0,1과 같이 신호를 나타내는 최소의 단위.

bit depth(비트심도)
이미지에서 각 픽셀을 표시하는데 사용하는 비트 수치로, 컬러나 톤의 범위를 결정.

bitmap
픽셀 그리드를 형성하는 이미지로 각 픽셀의 컬러는 특정한 비트수로 결정.

BMP
윈도우 호환 컴퓨터에서 사용되는 그래픽 포맷으로 일반적인 비트맵 된(bitmapped) 파일 포맷의 일종으로 TIFF 파일 같은 비압축 파일.

bracketing
측정된 노출 값 전후로 노출을 설정하여 같은 피사체를 여러 장면 촬영하는 기법.

byte
8개 비트를 묶어 바이트(byte)라고 하며 정보를 표현하는 기본단위. 바이트는 256 종류의 정보를 나타낼 수 있어 숫자, 영문자, 특수문자 등을 모두 표현.

CCD(Charge Coupled Device)
빛을 전기적 신호로 변환 고체 촬상 소자. 화소로 구성되어 있고 크기는 CCD의 대각선 직경을 인치로 표현하며 CCD가 클수록 사진의 화질이 좋아짐.

CCD-RAW
CCD에서 포착한 데이터를 다른 처리 없이 그대로 저장한 파일.

CF
Compact Flash 의 약자. 가장 일반적인 플래시 메모리의 일종으로 type I과 type II를 지원.

CMOS
PC 카메라에 주로 쓰이는 센서의 일종.

DPI
프린터에서 출력해야 할 출력물의 해상도를 조절할 때나 스캐너로 사진이나 슬라이드 필름, 그림 등을 스캔받을 때 입력물의 해상도를 조절할 때 쓰이는 단위. 1인치당 표현되는 점의 갯수가 많을수록 더 많은 점의 수로 표현, DPI가 높을수록 해상도도 높아짐.

Dye Sub
Dye Sublimation의 줄임말로 프린터 용지로 잉크가 열전사되는 프린트 과정.

EV(Exposure Value)
노출치 또는 노출값으로 이미지를 밝고 어둡게 할 수 있는 수치. CCD의 고유 감도와 피사체의 밝기와 연관하여 조리개와 셔터 속도의 조합이 항상 같은 노광량을 갖도록 계열화한 것.

Exif
사진 파일 저장형식의 하나로 대부분의 디지탈 카메라에서 채택.
촬영된 사진에 촬영일, 셔터스피드, 조리개값, 줌배율, 플래시 사용여부 등 세부적인 부가정보 기록.

F 값(F-number)
렌즈의 초점 거리를 주어진 렌즈 구경의 지름으로 나눈 수치로 렌즈의 밝기를 표현.
수치가 낮을수록 밝은 렌즈이며 렌즈가 밝다는 것은 같은 조건에서 더 많은 빛을 받아들일 수 있다는 의미로 셔터스피드와 조리개를 좀 더 폭넓게 사용할 수 있음.

IEEE-1284
카드리더기와 같은 기기나 프린터에 사용되는 고속의 양방향 전송 규격.

IEEE-1394
디지탈 비디오와 PC에서 사용되는 초고속의 데이터 전송 규격으로 파이어 와이어라고 알려져 있다. 주로 디지탈 가전 분야와 PC 멀티미디어 부문의 데이터 전송에 쓰임.

IR(Infra-Red)
디지탈 카메라와 PC 또는 디지탈 카메라 상호간에 케이블 없이 무선(적외선)으로 데이터를 전송하는 방법.

ISO(International Standardization Organization)
필름의 감도를 나타내는 규격화된 수치로 수치가 높을수록 빛에 민감하여 밝은 이미지를 구현하고 이미지가 조금 거칠어짐.

JPG
디지털 카메라에서 가장 많이 쓰는 파일 포맷으로 JPEG라고도 한다. 국제표준화 기구와 국제전신 전화 자문기관이 공동으로 제정한 규격으로 GIF 포맷 방식과 더불어 현재 가장 많이 쓰이고 있는 압축저장 방식.

LCD
액정 모니터, 디지털 카메라에는 보통의 TFT LCD와 저온 폴리실리콘 LCD가 사용.
LCD는 고해상도로 색의 표현이 자연스러운 장점이 있지만, 밝은 곳에서는 잘 보이지 않음.
최근에는 하이브리드 LCD라고 하는 야외에서도 밝게 보이는 액정이 나오고 있음.

LED(Light Emitting Diode)
발광 다이오우드.
반도체에 전압을 걸면 빨간색이나 녹색 또는 노란색으로 발광.
카메라나 전원 공급 장치 및 기타 기기에서 사용되는 불빛으로 저전압 소전력으로도 응답속도가 빠르므로 카메라 파인더 표시장치로 액정표시장치와 더불어 널리 사용됨.

MB(Mega Byte)
메가바이트는 컴퓨터의 하드디스크, 램, 디지탈 카메라의 메모리 등 저장장치의 용량을 나타내는 단위.

Mired(Micro Reciprocal Degree)
캘빈도에 기초한 색온도 눈금으로 미레드 눈금은 1,000,000을 캘빈 색온도로 나눔으로써 측정. 색보정 필터를 지정하는데 사용.

ND 필터
ND필터는 렌즈를 통과하는 빛의 양을 감소시키는 역할을 하는 필터. ND 뒤에 붙는 숫자가 커질수록 색이 진해지고 빛을 차단하는 역할이 높아짐.

Ni-Cd
니켈 카드늄으로 디지탈 카메라에 많이 사용되는 충전용 배터리의 한 종류.

Ni-MH
니켈 메탈수소로 이 역시 디지탈 카메라에 사용되는 충전용 배터리의 한 종류.
니켈 카드늄 전지에 비해 사용 가능시간이 김.

NTSC
표준화된 비디오 출력방식의 하나로 우리나라와 미국에서 채택하고 있는 비디오 출력의 방식.

유럽지역에서는 PAL방식을 사용.
대부분의 디지탈 카메라는 NTSC방식과 PAL방식을 모두 지원하고 있지만 두 방식은 서로 호환되지 않으므로 제품 구입시 방식을 확인해야 함.

optical resolution(광학해상도)
디지털로 포착된 이미지에서 각 픽셀당 RGB값이 오리지널 장면으로부터 측정될 때 이미지 해상도는 광학해상도를 가짐.

PC 렌즈(perspective control lens)
사각 교정용의 렌즈로 35mm 일안 반사식 카메라 렌즈는 대형 카메라와 같이 보디 측에서 컨트롤할 수 없으므로, 렌즈의 경동 전반부에 상하 좌우 시프트 기능을 장치하여 상을 바르게 교정시킬 수 있는 렌즈.

PCMCIA
노트북에 마련된 확장용 카드 슬롯으로 컴팩트 플래쉬 메모리에 저장된 데이타를 노트북에 사용하고자 할 경우 PCMCIA 슬롯을 이용하여 데이타를 전송.

Pixelization
디지탈 이미지에서 계단처럼 왜곡이 생기는 현상을 의미.
'jaggies' 라고도 알려져 있음.

RGB
적색(Red), 녹색(Green), 청색(Blue)의 약자로 다른 모든 컬러의 기본이 되는 색.

RS-232
대부분의 PC에서 지원하는 시리얼 데이터 전송방식으로 디지탈 카메라의 데이타 전송용으로 채택.

S영상 단자
S영상 단자는 최근 출시되는 TV, VCR, Hi-8mm 비디오등 AV 기기에 탑재되어 있는 단자. 이는 휘도신호와 색신호를 각기 별도로 전송하기 때문에 컴포지트(RCA핀 단자접속의 혼합신호)에 의한 해상도 저하, 크로스 컬러, 도트 방해 등의 발생이 적음.

signal-to-noise ratio(시그널과 노이즈 비율)
아날로그 시그널에서 유효한 정보와 불필요한 전자 간섭 사이의 비율.

SLR(일안리플렉스)
렌즈를 통해서 온 화상이 거울을 통해 그대로 뷰 파인더에 비치게 되는 형식으로 실제 촬영되는 장면이 그대로 보이는 장점을 지니고 있음.

specular highlights(스펙큘러 하이라이트)
고광택 표면에 의해 광원이 밝게 반사되는 것.

SSFDC(Solid State Floppy Disc Card)
스마트미디어를 가리키는 말로 스마트미디어의 예전 이름.
작은 플로피 디스크처럼 생겼다고 하여 붙여진 이름.

supersampling(슈퍼샘플링)
아날로그 시그널 범위를 최종 디지탈 시그널에 필요한 단계보다 광범위하게 양자화하거나 차단하는 것으로 디지탈 카메라에서 수퍼 샘플링을 하면 어두운 톤이 확대되어 그림자의 디테일이 향상됨.

S-VHS
S-VHS에서 S란 수퍼(super)를 뜻하며 이러한 수퍼 VHS는 일반 VHS(일반 가정용 VCR시스템에서 사용되는 가정용 홈 시스템을 말한다)의 확장 포맷.

TIFF(Tagged Image File Format)
국제 표준의 비압축 그래픽 데이타 저장 파일포맷의 하나로 이미지 픽셀 데이타인 비트맵 파일의 가장 많이 쓰이는 포맷.

tone curve(톤곡선)
콘트라스트나 밝기를 수정할 때 이미지의 입력 및 출력 톤 범위를 나타낸 그래프.

TTL(Through The Lens)
카메라에 설치된 노출계 중 촬영용 렌즈를 통하여 들어와 실제 촬영되는 장면의 밝기로부터 노출을 재는 경우에 사용되는 용어.

TTL 조광
배경광과는 관계없이 주요 피사체가 적정노출로 되게 하기 위해 플래시의 조광레벨을 제어하는 기능.

TTL-BL조광
멀티패턴측광에 의해 얻어진 화면 전역의 밝기를 기초로 조광제어를 하는 BL 조광 방식.

USB(Universal Serial Bus)
PC에 외부기기와 연결하도록 만들어진 규격으로 기존에 사용되던 시리얼 및 패러렐 전송방식을 대체하여 많이 사용되고 있음.
USB는 PC의 주변기기를 쉽게 연결 사용하기 위해 개발되었으며 음성과 압축된 영상을 실시간, 12Mbps 전송 속도(시리얼 방식의 최대 100배)로 처리할 수 있는 PC연결 방식.

UV 필터(Ultra violet filter)

자외선 흡수 필터로 아지랑이나 안개의 영향에서 벗어날 수 있도록 자외선을 흡수하여 원경을 선명하게 찍을 수 있음.
스카이라이트 필터 처럼 노출은 변하지 않음.

white balance(화이트 밸런스)

광원에서 빨간색, 초록색, 푸른색의 상대적인 강도를 뜻함.
카메라로 촬영된 이미지 중 가장 밝은 부분이 흰색으로 표현되도록 빨간색, 초록색, 푸른색의 밝기를 조절하는 기능.

-한글 순-

가이드 넘버(guide number)

플래시를 사용하는 촬영에서 적정한 노출을 얻을 수 있도록 플래시의 광량을 실용적으로 표시한 숫자를 말한다. 약자로 GN이며 수치가 클수록 광량도 많아진다. 광원에서 피사체까지의 거리(일반적으로 feet)를 가이드 넘버로 나누면 F수(조리개 값)가 된다. 즉,
가이드 넘버 / 촬영거리 = 적정 조리개 값
가이드 넘버 / 적정 조리개 값 = 촬영거리(발광거리)

강제발광

플래쉬 모드의 한 종류로 한낮에도 플래시를 자유롭게 발광시키는 기능이다.

감도(sensitivity)

필름이나 인화지 등의 빛을 느끼는 정도를 약칭하여 감도라고 한다. 조리개를 더 넓게 개방함으로써 보다 많은 빛이 들어오게 하는 렌즈의 상대적인 능력이다. 감도표시는 미국의 ASA, 독일의 DIN, 영국의 BIS, 일본의 JIS 등 나라마다 다르게 하고 있었으나, 1981년부터 국제적인 표시로서 ASA와 DIN을 토대로 한 ISO가 사용되고 있다.

감마(gamma)

감광재로의 콘트라스트 상태를 나타내는 척도로 특성곡선의 경사도, 즉 농도의 변화 / 노광량의 변화를 말한다. 단위로 g(감마)라는 기호를 사용한다.

개방측광(full-aperture metering)

방식 렌즈의 조리개를 개방한 채 조리개를 죄었을 때와 같은 조건으로 측광할 수 있도록 고안된 TTL 측광 방식이다. 조리개 링을 회전시키면 전기적인 저항 값이 변하면서 기계적으로 노출계의 회전을 컨트롤하여 적정한 셔터 속도를 표시한다.

고스트 이미지(Ghost image)

태양광과 같은 매우 밝은 광원을 촬영하면 렌즈 내의 오목면에 반사되어 광원부와 대칭적인 화면 위치에 플레어(flare)가 생겨 화상의 선명도를 떨어뜨린다. 이것을 고스트 이미지라 한다.

계수(factor)

필터를 사용함으로 생기는 광선의 손실을 보충하기 위해 증가시켜야 하는 노출의 양을 표시하는 수치이다.

계조(gradient)

이미지의 가장 밝은 부분에서부터 가장 어두운 부분을 어느 정도의 단계로 표시하는지에 대한 것을 계조라고 말한다. 계조의 스텝수가 많으면 보다 충실한 이미지 재현이 가능하다. 보통의 디지탈 카메라에는 RGB 각각의 색신호에 대해 256단계의 계조를 가지고 있고 이들 3가지 색이 256색의 단계를 표현하여 총 1,677만 색상의 트루컬러를 재현한다. 하이라이트, 쉐도우가 존재하고 중간농도가 풍부하면 그라데이션이 좋다고 하며 중간농도의 범위가 좁으면 콘트라스트가 강한 사진이 되기 쉽다.

과다 노출(overexposure)

노출이 과다하여 발생하는 현상으로 밝게 하이라이트 된 부분의 컬러는 소프트웨어적으로도 사실상 복원이 불가능하다.

과 초점거리(hyperfocal distance)

렌즈의 초점거리를 무한대에 맞추었을 때 카메라로부터 모든 피사체가 선명하게 초점이 맞기 시작하는 가장 가까운 지점까지의 거리를 말한다.

관용도(latititude)

화상의 질이 극단적으로 저하되지 않는 범위 내에서 허용되는 노출과다나 노출 부족의 정도로 특성곡선에서 직선부분의 휘도 값이라 할 수 있다. 관용도가 클수록 어두운 곳에서도 노이즈가 적게 발생한다.

광각 렌즈(wide-angle lens)
표준렌즈보다 초점 거리가 짧은 렌즈를 말하며 화각이 60도 이상으로 넓다. 일반적으로 28~40mm 정도를 말하며 25mm 이하는 초광각 렌즈로 구분한다. 표준렌즈에 비해 넓은 범위로 찍히며 촬영 대상이 렌즈에 가까울수록 크게 과장된다. 광범위하게 촬영되고 배경은 작게 찍히므로 원근감이 강조된다.

광각 왜곡(wide-angle distortion)
광각 렌즈로 피사체에 접근해서 촬영할 때 생기는 원근감의 변화로 피사체의 형태가 길게 늘어나 보이거나 원래의 위치보다 더 멀리 떨어진 것처럼 보인다.

광원
사진에서 말하는 광원은 촬영용 조명 광원을 말한다. 자연광으로는 태양, 인공광으로는 사진전구, 스트로보, 플래쉬 벌브 등을 들 수 있다.

광학 줌(optical zoom)
실질적으로 다중 초점 거리를 갖는 카메라를 의미한다. 광학 줌은 디지탈 줌과는 구별되고 여러 개의 렌즈를 조합해서 움직이므로 초점 거리를 줄이거나 늘릴 수 있으며 다양한 화각과 원근감 또는 멀리 있는 사물을 크게 촬영할 수 있는 장점을 지닌다. 보통 2~3배 줌 이상을 내장하고 있는 제품이 많고 단초점 렌즈보다 선호하는 편이지만 렌즈밝기가 어두워지는 단점이 있다.

광학 해상도(optical resolution)
카메라의 이미지 센서가 물리적으로 기록할 수 있는 절대값을 말한다. 디지탈로 포착된 이미지에서 각 픽셀당 RGB 값이 오리지널 장면으로부터 측정될 때 이미지 해상도는 인터폴레이션이 아닌 광학해상도를 가진다.

구경
빛의 강도를 조절하는 다양한 직경의 렌즈 오프닝이다. 직경은 f스톱으로 표시되고, 렌즈의 초점거리를 f 스톱으로 나누면 직경이 결정된다.

구면 수차
광축에 평행으로 입사된 빛이 렌즈를 투과할 때 렌즈의 주변부를 통과한 빛이 렌즈의 중심부를 통과한 빛보다 더 짧은 거리에 초점을 맺는 현상으로서 렌즈의 표면이 구면의 형태이기 때문에 발생하는 결함 중의 하나이다.

그라데이션(gradation)
계조라고도 한다. 네거티브나 인화상의 쉐도우와 하이라이트 사이의 농도 단계를 말한다.

그레이 카드(gray card)
정해진 비율만큼의 광선을 반사하는 카드로 보통 반사율18%의 회색 면과 반사율90%의 백색 면을 가진다. 정확한 노출계의 수치를 얻기 위해서 사용되거나 컬러 작업에서 알고 있는 회색 톤을 얻기 위해서 사용된다.

네거티브(negative)
포지티브에 대한 반대어로 현상된 사진의 화상에서 피사체의 명암이 반대로 기록된 것을 말한다. 컬러 네거티브의 경우는 명암이 반대일 뿐 아니라 색도 그 보색이 된다.

노출(exposure)
감광재료의 감광면에 빛을 작용시키는 것을 말한다. 일본의 광학용어 원안작성위원회에서는 대체적으로 수동측의 감광재료를 주체로 한 경우에는 노광으로 인간이나 조리개, 셔터 기구등 빛을 주는 측을 주체로 한 경우에는 노출로 정리하고 있다.

노출계(exposure meter)
촬영에 필요한 적정 노출량을 알아내기 위하여 셔터 속도와 조리개 값을 산출하는 측광기구이다. 계산된 조리개와 셔터속도의 조합을 지시해 준다.

노출 보정
촬영의도에 따라 노출을 자유롭게 조정할 수 있는 기능이다.

노출 부족(underexposure)
이미징 시스템에 전해진 빛의 양이 적어서 사진이 너무 어둡게 나오는 현상을 말한다. 특히 촬영시 노출부족이 되면 쉐도우 부분의 계조 재현이 어려워진다.

다이렉트 측광(direct metering)
TTL 측광의 한 방식으로 노광 중에도 밝기의 변화에 대응할 수 있는 이점이 있고 스트로보와의 동조에도 이 다이렉트 측광이 이용되는데 이때는 스트로보의 발광회로를 제어함으로써 적정한 노광량을 얻도록 되어 있다.

다등 촬영
2개 이상의 플래쉬를 사용해서 입체감이 있는 사진을

촬영하는 방법.

단초점 렌즈(short lens)
초점거리가 일정한 교환렌즈로 줌 렌즈처럼 자유롭게 초점거리를 바꿀 수 있는 렌즈가 아니다. 실제 눈으로 보는 각도보다 넓은 범위를 기록한다.

대구경 렌즈
렌즈의 초점거리에 비해 유효구경이 크고 밝은 렌즈를 대구경 렌즈라고 한다.

데이라이트 싱크로(daylight synchro)
역광 상태의 피사체가 상대적으로 어두워지는 것을 방지하기 위해 플래시가 필요 없는 낮일지라도 플래시를 발광시켜 적정 노출을 얻는 방법이다. 카메라에서 자동적으로 발광하는 것은 오토 데이라이트 싱크로라고 한다.

동조(synchronize)
카메라 셔터가 열리는 것과 동시에 플래시가 터질 수 있도록 작동시키는 것을 말한다.

디옵터(diopter)
렌즈의 능력을 표시하는 광학적 용어로 사진에 있어서는 주로 클로즈업 보조 렌즈의 확대 능력과 초점거리를 지칭한다.

디지탈 줌(digital zoom)
촬영시 보여지는 이미지나 촬영한 사진의 일부를 확대하여 보여주는 기능으로 디지탈 줌을 사용하여 촬영하면 이미지의 해상도가 많이 떨어진다. 멀리 있는 피사체를 확대촬영할 수 있는 장점이 있지만, 이미지의 저하로 자주 사용하지는 않게 된다.

라이팅(lighting)
피사체를 효과적으로 촬영하기 위한 채광법을 말한다. 특히 야외 인물촬영에서 자연광의 채광상태를 잘 이용하고 반사판 등을 적절히 사용한다.

레인지 파인터(range finder)
레인지란 거리나 구역을 정한다는 뜻으로 거리를 측정하기 위한 파인더이다. 초점을 맞추는 거리계와 들여다 보는 창이 일체로 된 파인더로 레인지 파인더가 내장된 카메라를 RF 라고 부른다.

렌즈(lens)
피사체에 초점을 맞추기 위해 한 개 이상의 광학유리로 만들어진 광학 기구를 말한다. 렌즈의 크기와 곡률, 배치가 렌즈의 초점거리와 화각을 결정한다. 피사체에서 반사된 빛은 CCD로 들어가기 전 렌즈를 통해 CCD에 초점이 맞추어 지는데, 디지탈 카메라의 렌즈는 CCD 전용렌즈가 사용되며 자동 초점방식과 수동초점 방식이 있다. 필름 카메라와 달리 렌즈를 교환할 수 있는 제품이 별로 없다는 것이 단점이다.

렌즈밝기(F값)
렌즈의 초점 거리를 유효구경으로 나눈 것을 F로 표시하고 렌즈밝기라 한다. F값은 그 수치가 낮을 수록 렌즈가 밝다.

렌즈후드(lens hood)
렌즈후드는 불필요한 광선을 막는 역할을 하는 것으로 직사광이 직접 렌즈에 닿으면 화상의 선명도가 떨어진다. 그러므로 렌즈의 앞면에 설치하면 빛이 반사되어 생기는 플레어 현상을 막을 수 있다. 렌즈 후드는 앞이 열린 라파형, 사각형 등이 있으며 장착하는 방식에 따라 구분되어 있다.

로우 앵글(low angle)
앙각이라고도 부른다. 낮은 위치에서 피사체를 쳐다보며 촬영하는 것으로서 올려다보는 각도이기 때문에 인물을 로우 앵글로 촬영을 하면 다리가 길어 보이며 과장됨과 희망을 표현할 수 있다.

로우키(low key)
화면에 어두운 부분이 많아 전체적으로 어두운 상태의 사진을 말한다. 하이키(high key)의 반대이다.

리모콘
무선으로 셔터와 카메라의 기본적인 동작을 가능하게 하는 장치. 카메라의 부속품 중 하나로 편리하게 셀프 촬영이 가능하다.

망원 렌즈(telephoto lens)
유효 초점 거리가 실제 렌즈의 길이보다 길게 만들어진 렌즈를 말한다. 먼 거리의 피사체를 좀 더 가까이 촬영하고 싶을 때 사용하게 된다.

매크로(macro)
작은 피사체를 가까이에서 촬영하는 기능으로 최단거리로 초점을 조절할 수 있는 능력이다.

매크로 렌즈(macro lens)
근접 촬영을 위해 설계된 렌즈로 마이크로 렌즈 또는

접사 렌즈라고 불린다.

미러 렌즈(mirror lens)
반사 망원 렌즈라고도 한다. 오목 거울의 집광성을 이용한 반사광학계의 렌즈와 일반렌즈를 결합하여 만든 렌즈로서 긴 초점거리에 비해 매우 컴팩트한 망원 렌즈이다.

메모리 카드
내부 메모리는 일정한 용량을 가지고 있기 때문에 대부분의 디지탈 카메라는 외부 보조 저장 매체격으로 전용 메모리 카드를 장착하여 사용하게 되어 있다. 메모리의 종류로는 PCMCIA 카드, 고체 메모리 카드, 3.5" 플로피 디스크 등이 있다. 일반적으로 고체 메모리카드를 사용하는데, 컴팩트 플래쉬 카드와 스마트 미디어 카드가 있다. 이 외에도 마이크로 드라이버, 메모리 스틱, SD 메모리 카드, 멀티미디어 카드 등이 사용되고 있다.

메인 라이트(main light)
촬영에 기본이 되는 광원으로 키 라이트라고도 부른다. 가장 짙은 그림자를 만들고 피사체의 질감과 양감을 뚜렷이 나타낸다.

멀티 스팟 포커스(Multi Spot Focusing)
다중 초점 조절로 자동초점시 초점을 적절하게 맞추기 위해서 이미지의 각기 다른 부분의 초점 거리를 평균한 값으로 초점거리를 조절한다.

멀티 BL조광
플래쉬 광을 TTL 5분할 센서로 측광하고 조광제어를 하는 BL조광방식으로 배경과 주피사체의 양쪽 모두 밸런스를 맞춰 제어하므로 조광정도가 정밀하다.

모니터 발광
멀티 BL조광의 경우 플래쉬가 발광을 하기 전에 순간적으로 발광하여 촬영 화면의 상황을 파악하는 것이다. 아주 짧은 시간 동안 발광하므로 육안으로 구분하기는 힘들다.

바운스 촬영
광원을 피사체에 직접 비추지 않고 천장이나 벽, 반사판에 비춰 그 반사광으로 피사체를 조명하는 것을 말한다. 광량이 약해지기는 하지만 확산광이 되어 부드러운 광선으로 통해 세부적으로 표현한다.

반사식 카메라(reflex camera)
파인더 시스템 내에 거울을 내장시킨 카메라로 렌즈로부터 들어온 빛을 거울로 반사시켜서 초점을 맞추는 시스템이다. 일안 반사식 카메라와 이안 반사식 카메라로 나누어져 있다. 일안 반사식(SLR) 카메라는 촬영 렌즈를 통한 빛을 거울로 반사시켜 렌즈의 초점거리가 변하더라도 필름상에 찍히는 상과 같은 것을 파인더로 볼 수 있다. 이안 반사식(TLR) 카메라는 같은 초점거리의 촬영용 렌즈와 파인더용 렌즈를 상하로 배치한 카메라이다.

발광금지
플래쉬 모드 중 발광을 금지하는 모드로 야경이나 실내의 분위기 있는 사진을 표현할 경우 사용한다.

발광 다이오드
일반적으로 카메라의 뷰 파인더의 근처에 위치하고 있는 카메라의 상태를 표시하는 LED를 말한다. 저전압 소전력으로 동작이 가능하고 응답속도가 비교적 빠르므로 전가기기의 표시장치에 많이 사용되고 있다.

배터리
디지탈 카메라는 액정 모니터와 플래쉬 등 전자부품의 동작으로 전력 소모가 많은 편이다. 배터리에는 알칼라인, 니카드, 니켈수소, 리튬이온 전지가 주로 사용되며 전력소비를 대비해 충전식 배터리를 사용하는 것이 경제적이다.

백 라이팅(back lighting)
피사체의 배경을 조명하는 보조광선을 말한다. 또한 피사체의 뒤에서 역광으로 조명하는 광선도 백 라이트라 한다.

벌브(bulb)
셔터속도의 일종으로 B셔터라고 한다. 셔터 버튼을 누르고 있는 동안 셔터가 계속해서 열린 상태로 있고 셔터에서 손을 떼면 셔터는 닫힌다.

보간된 해상도(Interpolated Resolution)
인위적으로 픽셀을 추가함으로써 의도하는 화질을 구현하는 것을 말한다. 이미지의 크기만을 부풀린 것이다.

뷰 파인더(viewfinder)
촬영할 피사체를 보고 구도를 설정하기 위한 카메라의 작은 창으로 일안 리플렉스 방식과 이안 방식이 있다. 일안 반사식 카메라는 렌즈를 통해 들어온 빛이 뷰 파인더에 전해지므로 시차가 없다. 뷰 파인더는 실제로 촬영되는 피사체를 그대로 보여주는 광학식 뷰 파인더와 액정 화면에서 보여지는 이미지가 그대로 전달되는 전자식 뷰 파인더로 나눌 수 있다. 일부 디지탈 카메라에서는 액정 화면의 채용으로 뷰 파인더를 대체하는 경우도 있다.

브래킷(bracket)
측정된 노출값보다 어느 정도 높거나 낮게 단계적으로 노출값을 설정하여 여러 장 촬영하는 방법이다. 동일한 피사체를 여러 번 촬영하는 것으로 적절한 노출의 이미지를 얻기 위해 사용한다.

브로드 라이팅(broad lighting)
메인 라이트가 거의 정면으로 카메라 쪽을 향한 모델의 얼굴을 비추는 조명법으로, 주로 포트레이트를 찍을 때 사용된다.

보정필터
광원의 색조직을 조절하여 육안에 의한 명암감이나 색채감에 가깝게 사진을 만들기 위한 필터를 보정 필터라고 한다.

분할측광(contrast light compensated meter)
촬영되는 화면 안에서 몇 가지로 분할하여 측광하는 시스템이다. 분할하여 측광된 노출의 평균을 산출하는 TTL 측광방법으로 역광 촬영시 이 분할측광으로 노출을 보정할 수 있다. 제조사에 따라 분할이 2분할에서 6분할까지 나뉜다.

비네팅
사진의 가장자리가 둥그런 모양으로 어둡게 되는 현상이다. 렌즈의 이미지 서클이 부족하여 이미지의 일부분을 가리는 경우나 렌즈의 앞부분에 렌즈 후드나 필터같은 부착물에 의해 이미지의 일부가 가려지는 경우 발생한다.

비점수차(astigmatism)
비스듬한 각도에서 들어오는 광선의 초점을 정확한 곳에 맺지 못하는 렌즈의 결점으로 인해서 생기는 오차.

비구면 렌즈
복합렌즈를 구성하는 모든 렌즈의 표면은 구면의 일부 형태를 취하고 있으므로 이는 모두 구면수차의 원인이 된다. 특히 대구경의 렌즈에서는 복합렌드의 여러 매 중 1매 이상을 비구면 렌즈를 사용하여 구면수차를 개선한다.

삼각대(tripod)
카메라를 고정시키기 위한 3개의 다리를 가진 도구로 높이와 각도를 임의로 조절할 수 있다. 촬영시 흔들림을 방지하기 위해 사용된다.

상태 표시창(status display)
디지털 카메라의 동작 상태와 환경설정 등을 나타내는 역할을 한다. 액정 모니터를 사용하지 않고 뷰 파인더를 사용하여 촬영할 경우 이용되며 한눈에 카메라의 상태를 파악할 수 있어 편리하다.

색보정 필터(color compensating filter)
컬러이미지 촬영시 컬러 밸런스를 조절하거나 부족한 광원을 보정하는데 사용되는 컬러 필터로 CC필터라고 한다. 노랑(yellow), 마젠타(magenta), 시안(cyan), 파랑(blue), 녹색(green), 빨강(red)의 각 색으로 농도 0.25에서 0.5에 이르는 40여가지 종의 필터가 있어 대부분의 색조정이 가능하다.

색수차(chromatic aberration)
다양한 색의 광선이 서로 다른 각도로 굴절되기 때문에 동일한 면에 초점을 맺지 못하는 렌즈의 왜곡현상이다. 보통 밝고 어두움의 경계부분에서 푸른빛이나 보라색 빛으로 나타난다.

색온도(color temperature)
열을 방사하는 물체의 색을 절대온도의 단위로 나타낸 것을 색온도라 한다.

셔터(shutter)
정해진 시간 동안 CCD나 필름을 빛에 노출시키기 위해 열리고 닫히는 기계 장치이다. 셔터는 조리개와 연동하여 피사체를 적정하게 노출시켜 CCD에 영상을 기록한다.

셔터 우선식(shutter-priority)
적정 노출을 얻기 위한 자동 노출의 한 방식으로,촬영자가 셔터 속도를 먼저 결정하면 카메라가 자동적으로 그 셔터속도에 맞는 조리개 값을 정한다.

셔터스피드
CCD 또는 필름에 빛이 닿을 수 있도록 셔터를 개방하는 시간을 말한다. 보통 디지탈 카메라는 필름 카메라보다 셔터스피드가 느리다.

수동 노출(manual exposure)
촬영자가 조리개 값과 셔터 속도를 결정하는 노출방식으로 일반적으로 수동모드를 말한다.

수차(aberration)
렌즈는 광학적 결함으로 피사체의 상을 변형시키거나 콘트라스트를 떨어뜨리거나 색을 번지게 하는 등의 결함을 만들어낸다. 수차에는 비점수차, 구면수차, 코마수차, 색수차, 만곡수차, 실타래형 왜곡 등이 있다.

스카이라이트 필터(skylight filter)
아주 엷은 분홍색 필터로 자외선을 흡수하며 맑은 날 푸른 하늘 때문에 화면의 전체적으로 푸른기가 생기는 것을 막을 수 있다.

술통형 왜곡(barrel distortion)
이미지의 모서리 부분이 중심부 쪽으로 휘어지는 왜곡현상으로 초점 거리가 짧을 수록 그 정도가 커진다.

스마트미디어(Smart Media)
디지탈 카메라에 사용되는 메모리 중 하나로 작고 가볍다. 3.3v용과 5v용의 두 가지 종류가 지원된다.

스팟 측광(spot metering)
카메라의 자동 노출 시스템의 일종으로 화상의 중심부의 아주 좁은 범위를 측광하여 이를 기준으로 전체 이미지의 노출값을 찾아주는 방식이다.

싱크로 촬영(flash synchronization)
싱크로 플래시 촬영이라고도 한다. 셔터 속도에 스트로보나 섬광전구 등이 동조되어 촬영되는 것을 말한다. 이에 대해서 슬로 셔터로 열려 있는 동안에 싱크로 시키는 기법을 오픈 플래쉬라 한다.

슬로우 싱크로
플래쉬모드 중 하나로 셔터속도에 플래쉬가 동조해서 촬영되는 것을 말한다. 슬로우 싱크로는 선막 싱크로와 후막 싱크로로 나누어져 있는데, 선막 싱크로는 플래쉬를 발광시키는 타이밍이 선막 종료 직후에 설정되어 있고 후막 싱크로는 이와 반대로 플래쉬를 발광시키는 타이밍이 셔터가 닫히기 직전에 설정되어 있다.

시차(parallax)
뷰 파인더로 본 촬영 범위와 실제 렌즈와 약간의 차이가 생기는데 이를 시차라 한다. 피사체까지의 거리가 가까울수록 이 차가 커진다.

실루엣(silhouette)
피사체보다 배경이 훨씬 더 밝게 조명된 사진을 말한다. 즉 피사체의 윤곽선으로 된 그림자인데, 이는 역광촬영으로 피사체를 검게 표현하게 된다.

실타래형 왜곡(pincushion distortion)
이미지의 모서리 쪽으로 휘어지는 왜곡현상으로 이미지 전체가 오목해진다. 초점 거리가 길 수록 그 현상이 심해진다.

아웃 포커스(out of focus)
아웃 오브 포커스가 정확한 명칭이다. 초점이 벗어나 있다는 것을 뜻하는 말로 표현 의도에 따라서는 전체적으로 초점을 맞추지 않고 주요한 피사체에 초점을 맞추어 바로 앞이나 배경을 뿌옇게 하여 피사체를 부각시킬 수 있는 촬영 방법이다.

액정모니터(LCD)
디지탈 카메라, PC 및 노트북용 모니터, 캠코더에 많이 쓰이는 액정 화면으로 디지탈 카메라에는 일반 TFT 타입과 해상도가 높은 저온폴리실리콘 타입의 LCD가 가장 많이 사용되고 있다. 밝은 실외 촬영시 액정모니터를 사용하여 촬영을 하면 빛이 반사되어 잘 보이지 않는 특성이 있다.

앵글 파인더
각도를 변경하여 볼 수 있는 파인더로 로우 앵글의 촬영에 유용하다.

어안 렌즈(fisheye lens)
초점 거리 17mm 이하의 단초점 렌즈로 술통형의 왜곡을 만들어 내는 특수 렌즈이다. 극도로 넓은 시계(180도) 까지도 표현할 수 있다.

역광(back light)
일반적으로 피사체의 뒤쪽에서 카메라를 향해 광선이 비추고 있는 경우를 말하는 것으로 역광촬영에서는 빛과 그림자가 강조되어 개성적인 사진이 만들어진다. 피사체의 윤곽을 밝게 조명하므로 배경보다 피사체를 돋보이는 효과를 볼 수 있다.

역산식 카운터
필름 카메라는 촬영한 매수를 촬영매수에 표시하지만, 디지탈 카메라는 보통 촬영가능한 매수를 표시한다. 이를 역산식 카운터라 한다.

연사촬영
움직이고 있는 피사체나 움직이는 동작을 연속적으로 촬영하는 것으로 연사모드에서 셔터버튼을 계속 누르고 있으며 촬영된다.

원통형 왜곡(barreling)
부적절한 모니터나 초 광각 렌즈에 의해 발생하는 왜곡으로 이미지는 구형으로 연장되어 나타난다.

이미지 센서(Image Sensor)
종래의 아날로그 카메라는 빛이 감광되는 필름을 사용했으나, 디지탈 카메라는 이미지 데이터를 얻기 위해 전기적인 이미지 센서를 사용한다.

인 포커스(in focus)
촬영시 초점이 맞춰진 경우를 말한다.

일안 렌즈
보통 SLR인 수동카메라에서 많이 쓰는 렌즈로 보는 것과 실제 촬영하는 것이 하나의 렌즈를 통해 이루어진다.

자동 노출(automatic exposure)
적정한 노출이 되도록 카메라가 셔터 속도와 조리개 값을 자동적으로 조정하는 노출방식이다.

자동 플래쉬(automatic flash)
피사체로부터 들어오는 광선을 측정하여 적절한 노출량이 들어오면 자동적으로 플래쉬를 발광하는 방식이다.

장초점 렌즈
표준렌즈보다 초점거리가 길며 화각이 좁은 렌즈를 말한다. 장 초점 렌즈는 실제보다 훨씬 좁고 가깝게 보이며 콘트라스트가 저하하고 색수차도 발생되기 쉬운 특성이 있다.

적목현상(red-eye effect)
플래쉬를 사용한 촬영에서 인물의 눈동자가 토끼처럼 빨갛게 표현되는 현상이다. 이는 플래쉬의 빛이 망막의 모세혈관에 반사되어 발생하는 것이므로 적목감소 모드로 촬영을 하면 촬영 전에 미리 플래쉬를 터트려 동공을 작게 하여 적목현상을 방지할 수 있다.

전자식 셔터(electronic shutter)
셔터 컨트롤을 기계식에 의하지 않고 전자 부품을 써서 제어하는 셔터로 정밀성이나 고장이 적다.

접사(close-up)
클로즈업과 같은 의미로 피사체에 접근하여 촬영한 사진을 말한다. 근거리 촬영보다 더욱 피사체에 접근하여 촬영한 것으로 피사체의 작은 부분을 확대촬영하거나 꽃이나 곤충을 가까이에서 촬영한다.

접안부(eyepice)
뷰 파인더에 눈이 닿는 부분을 접안부라 한다. 아이피스라고도 한다.

조리개
카메라 렌즈의 구경을 조절하여 필름면에 도달되는 빛의 밝기와 피사계 심도를 조절하는 기구이다.

조리개 우선 AE(depth priority program AE)
자동 노출의 한 방식으로 촬영자가 조리개 값을 먼저 설정하면 셔터스피드를 자동으로 조절해 적정 노출에 알맞게 조절하는 방식이다.

줌(Zoom)
먼 거리의 피사체를 가까이 있는 것처럼 확대촬영할 수 있는 기술로 망원경을 사용하는 것과 같은 기능이다. 줌은 렌즈를 조절하여 초점거리를 조절하는 광학 줌과 촬영시 화상의 일부분을 잘라내어 화상을 확대하는 디지탈 줌이 있다. 디지탈 줌은 광학 줌에 비해 화질이 저하된다.

중앙중점 평균측광
이미지의 중앙부를 기준으로 전체 노출 값을 결정하는 자동노출방식으로 가장 일반적인 측광 방식이다.

초점(focus)
카메라의 렌즈를 통하여 들어온 빛이 CCD에 상을 맺는 위치를 말한다. 렌즈와 상의 거리에 따라 사진이 흐리거나 선명해진다.

초점 거리(focal length)
무한대에 초점을 맞추었을 때 렌즈의 광학적 중심에서 초점면까지의 거리를 말한다. mm로 표시하며 초점거리가 길어질수록 화각은 좁고 상의 배율은 커진다. 35mm 카메라에 사용되는 일반적인 표준 렌즈의 초점거리는 50mm이고, 광각 렌즈는 35mm 이하, 망원렌즈는 80mm 이상이다.

촬영 모드
촬영시 선택할 수 있는 모드를 말하며 일반적으로 프로그램모드(P모드), 조리개 우선모드(A모드), 셔터스피드 우선모드(S모드), 매뉴얼모드(M모드)로 나누어져 있다.

촬영 범위
말 그대로 카메라의 촬영범위를 말하는 것으로 보통 카메라는 일반촬영모드와 매크로(근접)촬영 모드가 있다. 일반촬영모드의 경우 50cmm에서 무한대, 근접 촬영은 카메라의 성능에 따라 최고 피사체에 1~2cm 까지 근접촬영이 가능하다.

카드 리더(Card Reader)
촬영된 데이타를 컴퓨터로 전송하기 위해 사용되는 기기이다. USB 방식과 패러렐 방식이 있으며 메모리를 카드 리더에 삽입하여 사용한다. 시리얼 포트에 비해 속도가 확실히 빠르고 전송하기에 편리한 장점이 있다.

컨버전 렌즈(conversion lens)
촬영용 렌즈의 앞이나 뒤에 접속시켜서 전체적으로 초점거리가 바뀌도록 설계한 것을 말한다. 컨버전 렌즈에는 광각, 어안, 망원 등이 있다.

컴팩트 플래쉬(Compact Flash)
디지탈 카메라에서 사용하는 메모리 카드 중의 하나로 작고 가벼워서 많은 제품에 많이 쓰인다. 타입 I과 타입 II를 지원한다.

크로핑(cropping)
이미지의 불필요한 부분을 지우는 것을 의미한다. 크로핑은 촬영시 카메라를 움직여 시도할 수 있고, 완성된 사진을 편집 프로그램을 사용해서 잘라버릴 수 있다. '트리밍'이라고도 한다.

클로즈-업(close-up)
접사 링이나 벨로즈, 혹은 보조 렌즈를 이용해서 근접한 거리의 피사체에 초점을 맞춰 촬영하는 것을 클로즈-업 촬영이라고 한다.

트리밍(trimming)
촬영이 끝난 후에 화면 구성을 하는 것으로 불필요한 부분을 확대시 정리하는 것을 말한다. 크로핑(cropping)이라고도 한다.

파노라마(panorama)
파노라마 촬영모드로 전환하여 찍고 싶은 구도를 촬영범위 내에 넣어서 재미있는 사진을 연출할 수 있는 기능이다. 파노라마 촬영모드를 따로 지원하는 카메라도 있으며 프로그램을 통해 간단하게 편집할 수도 있다.

파이어와이어(firewire)
고속의 데이터 전송 인터페이스로 IEEE1394로 알려져 있다.

패닝(panning)
움직이는 피사체를 촬영할 경우 피사체가 움직이는 방향으로 같은 속도로 카메라가 따라가며 촬영하는 기법이다. 저속 셔터로 피사체를 따라가며 촬영하면 배경은 흐려지고 피사체만 정지되어 보여 좋은 효과를 볼 수 있다.

패러랙스 오류
촬영자가 뷰 파인더를 통해 보는 이미지 범위와 실제 촬영되는 이미지 범위의 오차를 말한다. 컴팩트형 디지탈 카메라에서 생기는 현상으로 시야율이 100%가 아니라면 약간씩 패러랙스 오류가 발생한다. 이러한 현상은 촬영자가 촬영범위를 바라보는 뷰 파인더와 렌즈와의 위치가 다르기 때문에 나타난다.

팬 포커스(Pan-focus)
화면의 전체가 모두 선명한 모습으로 표현되는 것을 말한다. 전체적으로 핀트를 맞추는 것을 팬 포커스라 하는데, 피사계 심도가 깊은 촬영을 말한다.

펌 웨어(Firmware)
기계 내부의 ROM이라는 메모리에 저장된 명령어들로 구성된 프로그램으로 기기를 동작시키는데 쓰이며 펌 웨어를 업그레이드 함으로써 기기의 성능도 향상시킬 수 있다. 카메라는 물론 기타 디지탈 주변기기까지 모든 컴퓨터 기반 제품에서 볼 수 있다.

편광 필터(polarizing filter)
빛은 각 방면에 진동해가며 직진하는데, 이런 진동을 일정방향만으로 한정하여 유해한 반사광을 차단하기 위한 필터를 말한다. 수면이나 유리창의 반사 등을 제거하거나 청공광을 뚜렷이 표현할 경우 렌즈에 장착하여 사용한다.

포커스 락(focus lock)
자동으로 초점을 맞추어 주는 카메라에서 중앙에 맞추어진 초점을 기억한 후 구도를 변경하여 촬영할 경우 사용하게 되는 기능이다. 일반적으로 셔터버튼을 반 정도 눌러 초점을 맞추고 구도를 바꾸어 촬영을 한다.

프로그램 AE(programmed AE)
EV치에 의해서 결정된 조리개와 셔터속도의 조합으로 노출하는 셔터를 프로그램식이라 하지만, 이것에 AE기구를 연동시켜서 노출을 자동화시킨 방식을 프로그램 AE방식이라 한다.

플래쉬(flash)
어두운 곳에서 촬영할 경우 밝은 빛을 순간적으로 비추어 밝게 해주는 것으로 플래쉬 모드에는 자동플래쉬, 강제발광, 발광금지, 적목감소, 슬로우 싱크로 등이 있다.

플레어(flare)
렌즈로 들어오는 빛이 렌즈 면이나 렌즈 경통 내 혹은 카메라 바디 내에서 반사되어 선명도를 떨어지게 하는 것을 말한다.

피사계 심도(depth of field)
렌즈가 초점을 맞추었을 때 사진에서 선명하게 나타나는 범위를 피사계 심도라고 한다. 렌즈의 초점거리가 짧아지면 피사계 심도가 깊어지고 동일한 렌즈라도 조리개의 조임에 따라 피사계 심도는 달라진다. 전체적으로 초점이 맞으면 피사계 심도가 깊은 것이고 어는 한부분에만 초점을 맞추면 피사계 심도가 얕은 것이다.
*피사계 심도에 대해서는 강좌란 14번에 별도로 자세히 설명되어 있다.

피사체
촬영되는 대상물을 말한다. 사진의 주제가 될 대상의 인물이나 풍경, 정물 등을 가리키는 말로 사용된다.

픽셀(pixel)
화소, CCD를 말할 때의 단위가 픽셀이다. 보통 해상도를 640 x 480 / 800 x 600 / 1,024 x 768 / 1,280 x 960 등으로 표현하며 숫자가 클수록 고 화질을 의미한다.

하이 앵글(High angle)
높은 각도에서 아래로 내려보며 촬영하는 방법이다. 이는 객관성이 강한 앵글로 로우 앵글과 대조적이다. 하이 앵글로 촬영을 하면 상황의 전체가 보이므로 설명적인 표현이 가능하다.

핫슈(hot shoe)
외장 플래쉬를 장착할 수 있도록 카메라의 상단에 설치되어 있는 장치로 외장 플래쉬에 전기신호를 보내고 플래쉬를 고정하는 역할을 한다.

해상도(Resolution)
컴퓨터의 그래픽 화면이나 TV, 카메라 등 그래픽을 표시하는 장치의 정밀도를 나타내는 말이다. 이미지를 구성하는 픽셀의 수에 의해 대부분 결정된다.

화각(angle of view)
렌즈에 따라 화면에 촬영되는 피사체의 범위를 말한다. 렌즈의 초점거리와 촬영되는 화면의 크기에 따라 결정되어진다.

화소수
디지탈 카메라가 얼마나 많은 픽셀로 이미지를 표현하는가를 나타내는 것이 화소수이다. CCD의 성능을 말하는 것으로 화소수가 높을수록 좀 더 고 화질의 이미지를 구현한다.

화이트밸런스
이미지의 가장 밝은 부분이 흰색이 되도록 빨간색과 녹색, 파란색의 밝기를 조절하는 것으로 카메라의 화이트 밸런스 조절기능을 사용하면 일광용 표준 RGB 밸런스로부터 이탈된 광선을 보정할 수 있다.

화질(image quality)
렌즈는 완전한 것이 아니므로 약간의 수차가 있다. 이런 수차 때문에 화상은 모두 만족할만 하지 못한 경우가 있는데, 화상의 좋고 나쁨을 판단하는데 쓰이는 말이 화질이다.

후드(lens hood)
렌즈에 입사하는 광선 중 화각 바깥쪽의 빛은 내면반사와 플레어의 원인이 된다. 이런 유해 광선과 먼지, 오물이나 빗방울로부터 렌즈를 보호하기 위해 렌즈 앞에 장착하는 렌즈 가리개를 후드라 한다.

후막 싱크로(rear-curtain flash sync)
일반적으로 슬로우 싱크로 모드 촬영시 셔터의 앞쪽막이 열리는 순간에 플래쉬가 동조하게 되어 있는데, 후막 싱크로는 셔터의 뒤쪽막이 닫히기 직전에 플래쉬가 발광한다. 이는 빛의 흐름이 운동방향과 반대로 나타나므로 자연스러운 빛의 움직임을 표현한다.

알기 쉬운 방송 용어 03

일반용어

가라오케
'가라'는 비었다(空)는 말이며, '오케'는 오케스트라의 준말로 빈(空)오케스트라라는 뜻의 일본식 조어. 즉 가수의 음성이 들어가 있지 않고, 반주 음악만이 녹음되어 있는 것을 말한다. 원래는 녹음관계 용어로 동시녹음의 반대말인데 지금은 가수가 레코드 취입 때나 TV 음악쇼에 출연할 때 흔히 이러한 연주 테이프를 사용하기도 한다. 초기 스낵바, 카바레에 설치되어 붐을 이루었고, 근래에는 세계 곳곳에 '가라오케' 전용 사교장이 성업중이다. 테이프, 스피커, 마이크앰프가 갖춰진 장치는 일본에서 1973년경 간사이(關西)의 음향기기 메이커가 상품으로 개발하기 시작했다.

가시청권(可視聽圈 : service area)
특정 라디오,TV 방송국의 시청취가 가능한 지역의 범위. 프라이머리(primary coverage)라고도 한다. 이 시청취가능 범위내의 수용자를 주 시청자(primary audience)라고 한다.라디오는 그 전파의 성질상 야간에는 반사파가 멀리까지 도달한다. 이에 비해 TV의 전파는 주야간 언제나 도달범위가 동일하다. 現, 이 가시청권자의 수에 따라 광고료책정액이 정해진다.

가입TV(subscription television : STV)
유료 TV(pay TV)의 일종이다. 공중파를 이용한다는 점에서는 일반TV와 같으나 STV가 '방송'(broadcasting)과 구별되는 점은 STV의 신호는 해독기(decoder)를 가진 가구에서만 수신이 가능하다는 점이다. 가입자는 주파수가 변조(scrambled)된 신호를 받게 된다. 재원은 해독기 안의 테이프에 STV의 시청상황을 기록하는 방법과, 해독기 월 대여료, 해독기를 작동한 기록인 시청카드에 의한 월정요금 등이 있다. 유료 케이블처럼 STV의 매력은 상업 TV에서 볼 수 없는 특별 프로그램을 제공한다는 점과 광고가 없다는 점이다. 그러나, 케이블은 유선이나 STV는 무선이라는 점이 다르다. 대부분의 STV는 프로그램의 대부분을 장편 영화로 채우고 있다.

각본(script)
극으로써 상영, 촬영, 방송할 수 있는 조건을 구비한 대본. 미국, 영국에서는 영화나 방송용 대본을, 일본에서는 라디오.텔레비전의 방송용 대본을 스크립트라고 칭한다. 단순히 드라마의 대본에만 한하지 않고 스포츠 중계, 뉴스.보도프로그램, 텔롭(telop) CM에 이르기까지 일체가 방송 대본에 포함된다. 흔히 영화는 시나리오, 무대연극은 극본, TV에서는 스크립트 또는 대본(영어로는 teleplay라고도),CM에서는 스토리보드(storyboard)로 쓰는 예가 많다.

각색(dramatization)
문학, 기록 등 문장으로 쓰여진 작품을 소재로 하여 영화, 연극의 각본이나 라디오 . TV드라마의 대본으로 다시 쓰는 일을 말한다. 이 때 각색의 소재가 되는 오리지널 작품을 원작이라고 한다. 프로듀서는 원작자의 양해를 얻어서 원작의 전부 또는 일부를 방송에 적합한 대본으로 구성한다. 원작은 모두 이 각색 이라는 과정을 거쳐서 방송의 극본이 된다. 한편 희곡작가, 시나리오 작가가 원작에 의존하지 않고 방송 드라마의 각본으로 바로 사용할 수 있게 쓴 작품을 오리지널 각본이라고 한다.

개런티(guarantee)
본래는 '보증' 이라는 의미로 계약 흥행때의 보증 출연료를 뜻하지만, 뜻이 변해 일반적으로 영화, 방송, CM, 비디오 또는 공연등의 출연료를 뜻하는 말이 되었다. 경험, 지위, 인기 등에 따라 출연료는 차이가 많지만 방송국의 경우 규정에 따라 출연자의 등급이 정해져 있다. 그러나, 보통 드라마의 주역이라면 높은 개런티를 받지만, 같은 배우가 좌담회의 게스트로 나왔을 때는 낮은 액수를 지불하는게 일반적인 행태이다. 거꾸로 재방송을 한다든지 할 때에는 개런티를 할증하는 경우도 있다. 생략해서 '개러'라고도 하는데, 이 때는 대개의 경우 '캐러'로 잘 못된 발음을 쓰는 것을 볼 수 있다.

텔롭(Telop)

프로그램 끝부분에 제작진의 이름등을 담은 ending 부분의 자막을 Telop (텔롭)이라고 하지만, 이는 credit라고 해야 바른 것이다. telop은 television opaque card projector의 머리글자를 합쳐서 만든 용어로, 텔레비전 방송에 사용되고 있는 자막카드의 투사용 장치 또는 자막 그 자체를 일컫는 용어이다. 필름이나 슬라이드에 비하면 훨씬 쉽게 만들 수 있기 때문에 프로그램의 타이틀이나 커머셜,인명,지명, 기타 수퍼임포즈용 스틸 사진의 방송에 많이 사용되고 있다. 카드에는 손으로 쓴것 ,인쇄물이나 사진 따위를 붙인 것, 사진식자에 의한 것 등이 있다. credit란 넓은 의미에서는 커머셜이다.. 또는 '제공 ****식품'이라고 말하는 것처럼 제공자 명을 전달하는 것을 "credit을 부여한다"고도 한다. 또한, 프로그램의 제작에 참여한 사람들의 명단을 가리킨다. 우니나라에서는 크레디트 라는 말을 많이 사용하지 않고 있지만, 미국에서는 흔히 쓰는 말이다. 컴퓨터의 발달로 인해 現, 텔롭이란 진정한 의미는 퇴색되어가고 있다. 예전의 인쇄(식자) 문화에서 벗어나 수정이나 제작에 용이한 컴퓨터 문자 발생기로 인해 모든 방송국들이 바뀐것이다.

큐시트(Cue-Sheet)

프로그램의 개시에서 종료까지 무엇을 어떤 타이밍에서 방송 또는 녹음, 녹화할 것인가를 일정한 형식에 따라 기입하게 되어 있는 진행표를 말한다. 큐시트는 연출자가 기입하고 카메라및 기술담당자에게 넘겨지며 방송실시의 기본자료가 된다. 방송의 큐시트는 원래 라디오 방송에서 쓰던 것으로 제작담당자가 프로그램의 진행상 필요한 사항을 세밀하게 정한 타이밍에 맞추어 수동조작하는 각각의 스탭, 즉 VTR담당이나 음향효과 담당자에게 구두로 지시할 것을 시각적으로 도표화 한 표현수단이었다.

PD와 큐시트

PD에게 큐시트의 의미는 복합적이다.

(1) 프로그램의 단순진행표

(2) 스탭과의 약속된 언어

(3) 구성의 흐름과 내용을 분석하는 보고서

(4) 제작일지로서의 기능

(5) 제작비 정산시 필요한 참고자료 등이다.

여기서 (3)의 의미는 PD에게 매우 중요하다. 기획이 끝나고 출연자 섭외가 완료되고 대본이 작성되면 녹화용 큐시트를 작성하게 되는데, 이때 연출자는 큐시트를 작성하면서 머리속으로 가상의 프로그램을 제작해 나간다. 그 과정에서 흐름상 무리한 부분, 녹화상황에서 불가능한 부분, 녹화순서를 바꿔야 할 부분, 프로그램의 하일라이트인 부분, 빠르고 느린 프로그램의 템포, 방송될 때 기대되는 순간 시청률의 위치 등이 파악된다. 한마디로 큐시트는 PD에게 전략 상황판의 역할을 하는 것이다. 따라서 큐시트는 반드시 연출자가 작성하는 원칙이다.

request hour[리퀘스트 아워]

청취자들이 전화나 우편으로 방송에 참여해서 진행되는 프로그램. 대체적으로 2가지 형식의 프로그램을 들 수가 있다. 첫째는 음악DJ프로그램으로 청취자가 엽서나 전화로 음악을 신청하고 그 신청곡에 의해 진행하는 형식의 음악프로그램이며, 두번째 형식의 프로그램은 상담 프로그램으로서 청취자들의 상담거리나 어떤 사안에 대한 의견을 전화나 엽서로 방송사에 보내 출연자나 토론자들과 함께 상담하는 형식의 프로그램이다.

립 앤 리드(rip and read)

뉴스 방송의 가장 간단한 형식으로 단지 통신사로부터 받은 텔렉스나 뉴스원고를 그대로 읽는 뉴스방송 형태이다.

블럭 버스터(block buster)

상대국 프로그램을 제압하고자 제작 편성되는 대형 특집물이나 영화. 보통 1시간에서 2시간정도의 단일 와이드 프로그램으로 시청취율 장악을 위한 프로그램이다. 광고계에서는 때때로 텔레비전의 집중적이고 강력한 스파트광고를 블럭버스터라고도 한다.

스닉 인(sneak in : SI)

해설이나 낭독 등이 진행되고 있는 사이에 음악이나 효과음이 천천히 페이드인 되는 것을 뜻한다.

스네이크 아웃(sneak out : SO)

스니크 인과는 반대로 해설이나 낭독과 함께 배경에 흐르던 음악이나 효과음이 천천히 사라지는 것을 말한다.

스테이션 브레이크(station break;SB)

한 프로그램이 끝나고 다음 프로그램으로 넘어가는 시간을 말한다. 라디오의 경우에는 SB시간으로 80초가 확보되어 있다. 이 SB시간에 스파트 광고방송을 할수 있다.

스탠바이 프로그램(stand-by program)

공연 중계나 스포츠중계시 중계가 예정대로 진행되지 않을경우나 생중계가 일찍 끝날시에 대비해서 준비되어 있는 프로그램. filler(raincoat program)라고도 한다.

카메라

C.U(Close Up)
사람의 눈만 잡는다든가, 촛불의 불꽃만 잡는다.

C.S(Close Shot)
사람의 눈썹에서 턱까지 잡는다.

T.B.S.(Tight Bust Shot)
머리끝에서 어깨의 선까지 잡는다.

B.S(Bust Shot)
머리끝에서 젖가슴까지 잡는다.

W.S(Waist Shot)
허리까지 잡는다.

K.S(Knee Shot)
무릎까지 잡는다.

M.S(Medium shot)
머리끝에서 발까지 잡는다.

F.S(Full Shot)
집 전체가 보일 정도로 멀리 잡는다.

L.S(Long Shot)
아주 먼 거리에서 잡은 전망 같은 것.

카메라의 동작

Follow Shot
피사체의 움직임을 따라 다니는 것.

Zoom in(Out)
줌을 동작하여 피사체에 다가 들어간다.(나온다)

Tilt Up(Down)
카메라가 수직으로 올라간다.(내려간다)

PAN
카메라가 수평으로 좌 또는 우측으로 움직인다.

Dolly in(Out)
카메라가 피사체로 다가간다.(후퇴한다)(또는 TRUCK in out)

CRAIN SHOT
카메라를 기중기에 실어서 잡는다.

부감
위에서 내려다 본 샷.

양각
아래에서 치켜 올려본 샷.

Focus in
카메라의 촛점이 맞지 않는데서 맞어 들어간다.

Focus out
카메라의 촛점이 맞어 있는데서 흐려져 간다.

Reaction Shot
반응을 나타내는 연기를 잡은 샷.

기타 연출용어

FADE in(Out)
화면이 밝아온다.(어두워진다)

Wipe in(Out)
기계 조작으로 화면이 다른 화면으로 밀려 가면서 바뀐다.

Dissolve(Over Lap)
한 화면에 다른 화면이 겹쳐지면서 바뀐다.

프로그램

Audience participation program
시청자 참가 프로그램. '공개방송'이라고도 하며 일반 시청자를 스튜디오에 참가시켜 웃음이나 박수소리를 효과로 이용한다.

Audition
견본으로 제작한 프로그램 또는 탤런트의 능력을 테스트 하는 일.

Back-timing
프로그램의 시간을 끝에서부터 계산하는 일. 연출자나 탤런트가 그 프로그램을 정시에 끝내는데 도움이 된다.

Rehearsal(리허설)
무대 공연이나 실제 공연에 앞서 출연자나 스태프들이 사전에 연습하는 것.

Fomat
라디오나 TV의 프로그램의 처음부터 끝까지의 형식.

Insert
어느 프로그램에 삽입되는 말이나 화면, 특히 설명하거나 강조하는 경우에 사용한다.

pace
프로그램 진행의 속도.

package show
바로 방송에 쓸 수 있도록 테이프나 필름에 수록 해 둔 프로그램.

public service program
공익을 주목적으로 하는 프로그램.

Request program
청취자나 시청자의 희망에 따라 방송 내용을 결정하는 형식의 프로그램.

공개 프로그램(Open program)
일반 청취자들의 적극적인 방송참여 유도를 위한 방송 형식. 공개홀이나 스튜디오에 일반인들을 방청시켜 진행하는 프로그램.

런닝오더(Running Order)
프로그램의 아이템을 시간순으로 정리한 목록표.

레인코트 프로그램(Raincoat program)
스포츠 실황 중계 등이 날씨 등의 이유로 중계 방송이 불가능할 때가 있다. 이에 대비하여 미리 방송 준비를 해두는 프로그램이 있다. 우리나라에서는 흔히 스탠바이(stand-by) 프로그램이라고도 한다.

르뽀(Reportage)
사건이나 인물 등을 탐방하여 보고 형식으로 제작하는 프로그램.

리퀘스트 아워(Request hour)
청취자들이 전화나 우편으로 방송에 참여해서 진행되는 프로그램.

매거진 포맷(Magazine format)
한 프로그램 안에 잡지처럼 다양한 화제와 다양한 주제를 다루는 형식의 프로그램.

버라이어티쇼(Variety show)
노래, 춤, 개그, 토막극 등 다양한 형태를 하나로 묶은 형식의 연예 프로그램.

사회자(M.C)
Master of Ceremony, 프로그램 진행자.

생방송(Live broadcasting)
프로그램의 제작과 동시에 방송되는 것.

앵커맨(Anchor Man)
대체로 뉴스 프로그램 진행자를 뜻한다.

와이드 프로그램(Wide program)
방송시간이 장시간인 프로그램.

방송기기

Audio meter
1950년 미국의 A.C Neillsen사가 개발한 자동시청자 조사기

Broadcasting satellite
방송용 위성

Camera light
카메라 앞에 추가해서 설치한 조명. 빨간불이 켜지는 터것라이트와는 다름

Control room
조정실. 스튜디오와 음향으로부터 격리되어 있다. 스튜디오에서 일어나는 일을 기술적으로 조정하는 방.

Directional microphon
지향성 마이크. 어떤 일정한 방향에 감도가 강한 마이크

Echo chamber
인공적으로 반향 또는 잔향을 만드는 것. 울리는 소리, 산에서 "야호"라고 외치는 소리를 만들어 내는 장치

Floor
스튜디오, 스튜디오의 바닥

Inter Com
Inter Communication의 약자. 스튜디오와 조정실을 연결하는 송수화 장치

Open set
옥외장치

개방스튜디오(Open Studio)
방송이 제작되는 과정을 스튜디오 밖에서 일반인들이 지켜볼 수 있도록 방음유리벽이나 특수자재로 설계제작된 스튜디오

나그라(Nagra)
야외촬영시 동시녹음을 위해 쓰는 휴대용 녹음기. 이 나르라는 상표명이다

데드 마이크(dead mic)
작동상태에 있지 않은 마이크. 고장난 마이크란 뜻이 아니라 콘솔에서 마이크 페이더(fader)를 내려 그 마이크가 작동되지 않고 있다는 뜻이다

돌비시스템(Dolby System)
테이프 녹음재생시에 소음을 감소시키는 녹음방식으로 발명자 Ray Dolby의 이름을 딴 상표이다. 따라서 돌비시스템을 이용해서 녹음한 테이프는 재생시에도 돌비시스템을 사용하여야 한다

리더 테이프(Leader Tape)
녹음 테이프 중 녹음이 시작되는 부분이나 끝나는 부분 또는 어떤 특정한 부분을 표시하고자 할 때 편집해서 끼워 넣는 테이프로 플라스틱, 금속류, 종이류의 리더 테이프가 있다

마이크로폰(Microphone)
통상마이크(mic mike)라고 한다. 마이크의 종류는 리본마이크, 무선코일마이크, 콘덴서마이크(Condenser mike) 크리스탈마이크 등이 있다

방송 전용선(Program line)
중계방송시 중계현장과 방송사간을 연결하는 전용회선

방풍필터(wind filter)
마이크의 내부나 혹은 외부에 장착되어 바람에 의해 발생되는 소음을 제거하는 장치

스크래치(Scratch)
레코드나 테이프 표면에 흠집이 있는 것. 레코드는 이 스크래치로 인해서 잡음이 발생한다

스플라이싱 테이프(Splicing Tape)
녹음 테이프를 편집할 때 사용하는 접착 테이프

앰프(amplifier)
볼륨이나 혹은 입력 신호의 강도를 증가시키는 장치

오디오 믹서(Audio mixer)
여러 가지 음원의 오디오 신호를 받아서 그 여러 가지 소리를 상대적인 레벨로 조정하여 하나의 혼합된 신호를 만들어내는 전자회로 및 장치

오픈 릴(Open reel)
녹음 테이프를 걸어담은 형태의 테이프

중계차(Outdoor broadcastion Van
OB Van)
방송국에서 떨어져 있는 장소 등에서 중계방송하고자 할 때 중계방송에 필요한 일체의 장비를 실은 자동차

콘솔(Console)
사운드 레코딩, 믹싱,조명기재 조작 등을 하는 조정실의 스윗칭데스크

크롬 테이프(Chrome Tape)
초미립 자성체를 기본 자성재료로 사용하는 테이프로 고음역의 감도가 매우 높고 재생할 때 매우 선명한 음질이 유지된다. 따라서 클래식 음악에 많이 사용되는 고급 테이프이다

필터(filter)
라디오나 텔레비전의 오디오에서 사람이 얘기하는 소리를 전화를 통해서 하는 것처럼 들리게 하는 전자장치. 그 때 사용하는 마이크를 필터마이크라고 한다

하울링(Houling)
스피커에서 마이크로 피드백될 경우 발생하는 "뿌"하는 듣기 싫은 저주파 발진. 리포터가 현장 녹음을 할 때는 반드시 이어폰을 끼고 녹음 중 이런 소리가 날 때는 그장소를 피해야 한다. 컴퓨터 장치, 지하철관장치, 고압선이 흐르는 지역 등에서 많이 발생한다

하이 파이(Hi Fi)
라디오, 녹음기, 텔레비전 등 소리재생장치를 통해서 재생되는 소리나 원음에 가깝고 음역이 넓어서 저음부와 고음부가 모두 잘 나는 앰프를 말함. High Fidelity의 준말

방송인

agent
배우, 작가 등을 대표하여 광고대리점, 광고주,광고국과 교섭하는 사람

AD
Assistant director의 약자. 조연출

Audio man
음향 기술자

Call boy
출연자를 섭외하는 사람

Director
연출자. 연기, 음악, 카메라쇼트 등 연출에 관한 모든 요소를 감독, 조정하며 전체로서 하나의 정리된 것을 만들어가는 책임을 진 사람

Floor manager
스튜디오에서 조정실에 있는 연출자의 대리 역할을 하는 스텝. 조정실로부터 오는 연출자의 지시를 스튜디오 속의 출연자에게 전달한다

M.C
Master of Ceremonies의 약자. 프로그램 진행자. 사회자

Moniter
송출되고 있는 프로그램을 그 질이나 구성효과 등을 전반에 걸쳐 조사하는 일. 또는 그 일을 위촉받은 사람

Producer-director
프로듀서와 디렉터를 겸하여 프로그램 제작의 행정관리와 연출을 하는 사람

Scripter
작가. 스크립터

Talent
모든 텔레비젼의 출연자 또는 연기자

나레이터(Narrator)
프로그램의 객관적인 진행상황이나 해설을 하는 사람. 뉴스 논평가와는 다른 뜻으로 쓰인다

디스크 쟈키(Disk Jockey
D.J)
음악 프로그램의 진행자. DJ는 아나운서와 에디터믹서의 역할을 복합적으로 수행하여 일한다

앵커(Anchor)
대체로 뉴스 프로그램 진행자를 뜻한다

프로듀서(producer)
하나 이상의 프로그램의 기획을 총괄하는 사람. 우리나라에서는 프로듀서, 디렉터, 연출가를 명확히 구분하지 않고 혼용하고 있으나 본래는 구분되어야 할 개념이다. 프로듀서는 프로그램의 제작, 기획을 담당하며 디렉터는 연출을 맡는다

프로덕션(production)
프로그램을 만들기 위해서 구성된 스탭. 또는 그 회사를 말한다. 라디오, 텔레비젼 프로그램의 제작, 구성, 연출의 과정을 말한다

프리랜서(freelancer)
특정 방송사나 특정 기업에 전속되어 있지 않고 자신의 판단에 따라 개개 프로그램에 참여 여부를 결정하고 계약을 맺는 가수, 개그맨, MC, 스크립라이터, 리포터, 연기자 등을 말함

기술

ad-lib
스크립트에 없거나 미리 연습하지 않은 즉흥적인 대사, 동작 연주, 연출

부록 3

After-recording
완성된 화면에 맞춰 대사, 음악, 효과 등을 녹음하는 일. '에프레코' 라고도 한다.

AM
Amplitude modulation의 약자. 진폭변조

Announcer booth
아나운서 방송실

Audience flow
시청자의 흐름. 어떤 일정한 시간에 시청자가 채널을 돌리는 일

BG
Background의 약자. 배경음

Booster
난청지역을 커버하기 위한 중계전문의 소전력 방송국.채널을 중앙국과 같은 것을 쓴다

Call sign
방송국의 호출부호

CM
Commercial Message의 약자. 생필름 슬라이드 등으로 방송되는 광고 메시지

Continuity
하나의 스토리가 처음부터 끝까지 원활하고 알기 쉬운 흐름을 갖는 일. 스크립트

Cue
개시신호

Delayed broadcast
시간을 늦추어서 방송하는 일

Dissolve
현재의 화면이 스며들어감에 따라 다음 화면이 서서히 나타나는 것

Dubbing
하나 또는 둘 이상의 Sound track을 하나의 master track으로 옮기는 것. 카세트로 녹음 취재해온 것은 그대로 방송할 수 없다. 그것을 편집실 더빙기에서 릴 Tape으로 옮기는 작업을 말함

Editing
중요한 부분을 강조하고 중요하지 않은 부분을 제거하는 일

Effect
인위적인 시각적, 청각적 효과

FM
frequency modulation의 약자. 주파수 변조에 의한 단파방송

Fold back
음악이나 음향효과를 스튜디오에 있는 출연자에게 들리게 하는 일

Inter Cut
같은 scene을 짧은 시간에 여러 관점에서 촬영하는 일

log
FCC의 규정에 의해서 각 방송국에서 보존하는 전 방송활동의 기록

N.G
no good의 약자. 방송을 하다가 잘못됐을 때 N.G라고 말하고 다시 방송을 한다

Test pattern
카메라 또는 수신기 화면을 조정하기 위한 특수한 도안. 보통 프로그램을 방송하기 저에 이것을 잠시 방송한다.

Theme music
주제음악. 프로그램 개시 또는 종료때에 그 프로그램에 signal로 사용하는 음악

가두녹음(VOX-POP)
거리에 나가 직접 일반인들의 의견을 취재 녹음하는 것. The voice of people란 뜻이다

가청취권(Service area)
특정 라디오 방송의 청취가 가능한 지역

게인(gain)
볼륨(volume)이라고도 한다. 방송시에 게인을 올리고 내린다고 하는 것은 오디오의 소리를 크게 하거나 작게 한다는 뜻이다

블라스팅(Blasting)
호흡할 때 훅 하는 소리로 인해 발산하는 마이크 잡음

빌보드(Billboard)
프로그램 처음부분이나 끝부분에 스폰서를 간단히 밝히는 것. 미국의 최대음악잡지로 주 1회 발행하고 있다

싸인 온(Sign on)
방송개시. 우리나라 경우에는 애국가, 네트워크 표시, 심의규정준수, 방송책임자와 광고책임자명 등으로 방송의 시간을 알린다

송출
방송국의 스튜디오로부터 송신소 또는 가맹사에 연결되어 있는 마이크로 회선으로 프로그램을 보내는 것

수신호(Hand signal)
유리로 차단된 스튜디오 안밖에서 출연자나 제작자 사이에 손을 이용해서 의사소통을 하는 신호. 수신호에는 남은 시간을 알려주는 신호, 대담을 끝내라는 신호, 음악을 내보내는 신호, 전화연결을 하겠다는 수신호 등이 있다.

스탠바이(Stand-by)
출연자나 스탭에게 방송준비를 알리는 시간

스파트(spot)
프로그램과 프로그램 사이에 들어가는 광고, 공지사항 프로그램 안내 등을 말한다

오프 마이크(Off mic)
출연자가 마이크로부터 멀리 떨어져서 말하는 것, 보통 출연자가 마이크로부터 1미터 이상 떨어져서 말하는 것이다

온 마이크(On mic)
출연자가 마이크에 접근하여 말하는 것. 출연자가 마이크로부터 30cm 이내에 위치하는 것을 콘텍트마이크라고 한다

스플라이싱 테이프(Splicing Tape)
녹음테이프를 편집할 때 사용하는 접착 테이프

엠비엔트 노이즈(Ambient noise)
오디오에서 녹음된 음이 재생될 때 나타나는 잡음

주파수(frequency)
단위시간(보통 1초)당 한 점을 통과하는 파동의 숫자. 1초에 천 개의 파동이 지나가면 천 Hz가 된다

컷(cut)
방송을 위하여 사전에 준비된 일정 분량의 음향자료. 취재된 음성일 수도 있고 음악의 한 부분일 수도 있다. 녹음테이프에서 필요하지 않은 부분을 잘라내는 것

컷 아웃(Cut out)
내보내고 있던 음악이나 말, 화면 등을 갑자기 줄이거나 없애버리는 것

큐(Cue, Q)
대사, 연기, 음악, 효과 등의 시기 등을 지시하기 위해 정해놓은 사인. 몸짓, 손짓, 인터컴 등의 통화장치 등을 통해 지시를 전달함

큐 시트(Cue sheet)
한 프로그램의 시작부터 끝까지의 전 과정을 일정한 형식에 따라 구체적으로 기입해 놓은 방송진행표. 방송 시작전에 작성되어 모든 스탭에게 돌려져 방송진행 전 과정의기본틀이 된다

키 스테이션(Key station)
네트워크에서 가장 중요한 곳으로 네트워크 프로그램의 송출을 수행한다

프라임 타임(Prime time)
시청취율이 가장 높고 따라서 광고비도 가장 비싼 방송시간대(주로 출.퇴근시간). 드라이브 타임(drive time)이나 골든 아우어(golden hours), 골든 타임(golde time), 픽 타임(peak ti e) 등이 같은 뜻의 말임

특별부록1

몰티비를 통한 쇼핑몰 활용전략

광고없이 마케팅까지 도와주는 무료 쇼핑동영상 호스팅

몰티비란?

쇼핑몰을 위한 동영상 서비스, 몰티비(MallTB)를 소개합니다. 몰티비는 국내 1위의 쇼핑몰 솔루션인 〔메이크샵〕을 운영하는 (주)코리아센터닷컴이 운영하고 있습니다. 2006년 말부터 "쇼핑UCC"라는 개념을 도입해 동영상을 활용한 쇼핑몰 마케팅을 선도하고 있습니다.

쇼핑몰만을 위한 특별한 기능

몰티비가 쇼핑몰만을 위한 동영상 서비스라고 구분될 수 있는 특징이 세 가지 있습니다.

첫째, 몰티비 동영상에는 광고가 없습니다. 다음, 네이버 등을 사용해서 동영상을 등록하면 재생 앞/뒤에 타사의 광고가 고객에게 노출됩니다. 때로는 성인물/폭력성 광고, 경쟁업체의 광고가 노출될 가능성도 있어 고객에게 나쁜 인상을 줄 수 있습니다. 몰티비 동영상에는 광고가 없기 때문에 이 부분에서 안심하고 사용할 수 있습니다. 특히 다음, 네이버 등 포털 동영상에서는 노골적인 상업성 동영상을 단속하고 있습니다.

둘째, 동영상에 관련상품을 지정할 수 있습니다. 고객이 단지 동영상만을 보는 것이 아니라 관련상품을 바로 클릭해서 구매로 이어지게 하는 부분은 몰티비의 가장 큰 특징입니다.

셋째, 동영상에 쇼핑몰 고유의 로고를 설정할 수 있습니다. 로고는 이미지 형태, 텍스트 형태 모두 가능하며 클릭하면 쇼핑몰로 이동하도록 링크를 걸 수도 있습니다. 카페나 블로그에 퍼간 동영상에도 로고가 그대로 노출이 되기 때문에 마케팅 포인트로 활용하실 수 있습니다.

쇼핑몰 마케팅 지원

몰티비로 등록한 동영상은 몰티비닷컴(www.malltb.com)을 통해 소비자들에게 널리 홍보하고 있습니다. 몰티비닷컴에서 동영상을 감상하다가 상품을 클릭하면 즉시 쇼핑몰로 이동해서 구매할 수 있도록 연결됩니다.

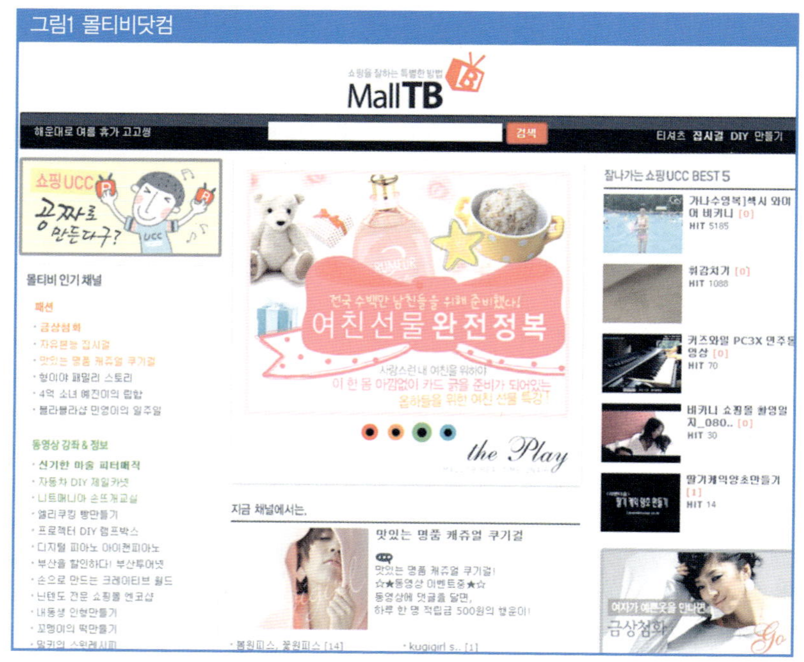

그림1 몰티비닷컴

또, 몰티비닷컴에 등록된 동영상은 다음(www.daum.net)과 파란(www.paran.com)에 자동으로 검색 노출이 됩니다. 쇼핑 동영상UCC를 활용해서 입소문 마케팅(buzz marketing) 효과를 볼 수 있습니다.

몰티비닷컴은 소비자에게 쇼핑UCC(동영상)과 다양한 쇼핑정보를 제공하는 서비스입니다. 검색제휴, 웹진 운영 등지속적인 프로모션을 통해 소비자들에게 입소문을 타고 있습니다. 또 좋은 컨텐츠는 별도의 독립채널로 구성해 특별한 마케팅을 제공한다고 하니 판매자가 잘 활용한다면 훌륭한 마케팅 기회가 될 것입니다.

플래시-비디오(FLV)방식

프로그램을 따로 구입하거나 설치하지 않아도 쉽게 동영상을 등록할 수 있습니다. 동영상 파일을 업로드 하면 몰티비의 시스템에서 자동으로 처리가 됩니다. 촬영한 카메라의 기종이나 코덱에 관계없이 Avi, mpg, mov 등 다양한 형식의 파일도 시청하는데 문제가 없도록 자동으로 플래시-비디오(FLV) 변환됩니다. 플래시-비디오는 인터넷에서 가장 널리 쓰이는 동영상 방식이며 쇼핑몰 고객이 별도의 프로그램을 설치하지 않아도 문제없이 동영상을 볼 수 있는 있습니다. 애써 올린 동영상을 고객의 PC환경 때문에 볼 수 없거나, 고객에게 불편을 끼친다면 큰 손해가 아닐 수 없는데 플래시-비디오는 문제가 발생할 확률이 가장 낮은 방식입니다.

또 동영상을 등록하는 과정도 게시판에 글을 하나 쓰는 것 만큼 쉽고 빠릅니다. Active-X 등 프로그램 설치가 필요없기 때문에 PC를 느리게 하거나 프로그램 충돌을 일으키지 않고, 구형PC나 매킨토시에서도 동영상을 등록할 수 있습니다.

표1 인터넷 동영상 플랫폼 비교

	플래시-비디오	WMV	실버라이트
재생 가능한 환경	윈도우, 매킨토시, 리눅스, 풀브라우징 핸드폰 등	윈도우98이상 (버전별 호환성 낮음)	윈도우 비스타 이상 (XP는 별도 설치해야함)
화질	VP6를 쓸 경우 높음	고화질 가능	높음
구축비용	저렴함	고비용	고비용
편의성	작동속도 빠름. 전세계 98%의 PC에 설치되어 있음.	윈도우에서만 가능. 버퍼링 자주 발생. 버전별 코덱 달라 문제발생함 (avi, asf, wmv 등)	대부분의 PC에 설치되어있지 않아 고객 불편 초래함.
부가기능	디자인 적용 가능함, 특수효과, 자막 등 구현가능	추가기능 개발 어려움	다양한 기능 추가 가능하지만 초기단계라 전문가 부족

편집 프로그램 제공

몰티비에서는 간편하게 자막, 이미지, 화면효과를 입력할 수 있는 동영상 편집 프로그램을 무료로 사용할 수 있습니다. 프리미어, 베가스 등 비싸고 어려운 프로그램 없이도 간단한 편집 작업을 할 수 있어 유용합니다.

편집 프로그램은 따로 구입하거나 설치를 하실 필요 없고 웹상에서 즉시 사용할 수 있습니다. 편집 프로그램을 활용하시면 동영상에 자막을 쉽게 넣을 수 있고, 자막에는 쇼핑몰로 직접 연결되는 링크를 걸 수도 있습니다. 자막에 링크를 걸면 동영상이 카페나 블로그에 퍼

가지더라도 고객을 쇼핑몰이나 상품 구매 페이지에 방문하도록 유도할 수 있어 중요한 마케팅 수단이 됩니다.

고화질의 무료 동영상 호스팅

몰티비의 화질은 다른 동영상 서비스에 비해 높은 수준입니다. On2 Technology의 VP6 코덱을 사용해서 좋은 화질을 구현했습니다.

표2 플래시-비디오의 코텍 비교

	Sorenson	On2 VP6	H.264
비용	무료	유료	유료 혹은 무료
화질	낮은 화질	높은 화질, 색감 우수	고화질
비고	유튜브(구) 대부분의 스트리밍 상품에서 사용	다음, 네이버 등 포털에 도입 용량(트래픽)대비 고화질	IPTV 유튜브의 최근 동영상 아이팟과 호환됨

VP6는 On2에서 독점 공급하는 고화질의 비디오 코덱입니다. VP6를 사용하면 구축비용이 높아짐에도 화질에 신경썼다는 점을 알 수 있습니다. 국내에서 다음, 네이버, 싸이월드 등에서 On2를 사용하고 있으며 유튜브는 Sorenson코덱을 기본으로 사용하고 최근에는 H.264방식을 쓰고 있습니다.

몰티비는 메이크샵 프리미엄 서비스 고객, 그리고 인터넷에서 쇼핑몰을 운영하거나 오픈마켓에서 판매하는 판매자 여러분께 서비스하고 있습니다. 타솔루션 및 오픈마켓 판매자는 2008년 7월부터 서비스를 이용하실 수 있습니다.

서비스 문의 : help@malltb.com / 02-2026-3736 / www.malltb.com